예비부모교육 2판

How to be a good parent

이희경 오유미 전종희 공저

신정

부모란 자녀의 아버지와 어머니를 일컫는다. 자녀는 어릴 때에 부모를 자신의 전부라고 생각하며 최고로 의미 있는 사람으로 여긴다. 또한 부모는 자녀를 키우면서 자녀를 통해 그때까지 경험하지 못한 많은 기쁨을 누리며 행복해 한다. 흔히 가족을 떠올리면 부모와 자녀로 구성된 단란한 가정이 연상되는데, 그만큼 부모의 책임 있는 역할은 가정의 존속에 중요한 역할을 한다고 할 수 있다.

누구나 결혼하여 자녀를 낳으면 부모가 되는데, 오늘날 많은 젊은이들이 부모가 되는 것을 쉽게 여기지 않고 결혼에 대하여 회의감을 가지는 경우가 많다. 그것은 대부분이 자녀의 양육과 교육에 대한 책임의 부담이 크게 작용하기 때문이다. 그러나 부모가 된다는 것은 매우 신비하고 자연스러운 인생의 한 과정이며 부모됨을 누릴 수 있는 인류의 특권이다. 건강한 남녀가 만나 사랑을 하여 결혼하고 그들을 닮은 자녀를 출산하는 것은 큰 축복이며 인류의 존속과 번영을 가져오는 의미 있는 일이다.

그런데 부모가 될 준비를 하지 않고 아기를 낳았다는 이유로만 부모가 된다면, 부모 되기(How to be a parent)에 부담을 가지는 것은 당연할 것이다. 자녀와 부모가 모두 행복한 가정이 되려면, 우리 예비부모들은 어떤 준비를 해야 할까?

본서는 장차 좋은 부모가 되고자 준비하려는 예비부모를 위해 저술되었다. 좋은 부모란 자녀를 잘 키우고, 더불어 건강하고 아름다운 가정을 만들어가며 삶의 질을 높여가는 부모를 말한다. 좋은 부모가 되어가는 과정을 인생 이야기의 형식으로 소개하였다. 제 1부에서는 결혼이야기를 통해 사랑해요, 결혼해요 그리고 함께하기 내용을 소개하였으며, 제 2부에서는 자녀를 낳고 키우는 이야기를 통해 부모로서의 첫걸음과 영・유아기의 부모, 영・유아기 부모-자녀 관계 향상에 대해 소개하였다. 제 3부에서는 가족 이야기를 통해 아동・청소년기의 부모, 중년기・노년기의 이해와 아름다운 가정 만들어가기를 소개하였고, 마지막 제 4부에서는 함께 사는 세상 이야기를 통해 더불어 사는 세상과 폭력 없는 세상, 그리고 봉사,

기부하는 세상을 소개하였다.

부디 좋은 부모가 되려는 예비부모에게 본서가 유익한 정보가 되기를 바란다.

본서가 나오기까지 도움을 주신 신정출판사 최용구 대표님을 비롯한 편집부 여러분들께 깊은 감사를 드린다.

2020년 2월

저자 일동

PART 01

결혼이야기

PART 01
결혼이야기

Chapter 01
사랑해요

사랑하는 것이 인생이다.

사람과 사람 사이의 결합이 있는 곳에 기쁨이 있다.

by 괴테

사랑은 인간이 기쁨으로 추구하는 기본적인 요구이다. 사랑하는 마음은 말로 다 표현할 수 없을 만큼의 가치가 있는 인간의 고귀한 에너지이다. 그러나 간혹 사랑하는 연인이나 가족 사이에 지나칠 만큼의 불화가 생기기도 하며 심지어 사랑하는 사람 사이에 증오와 폭력, 때로는 돌이킬 수 없는 사건이 발생하기도 하여 사랑이 지속되지 못하고 퇴색되기도 하며 상처를 남기는 경우가 종종 있다. 사랑이라는 감정은 누구나 저절로 긍정의 행동으로 발휘되는 것이 아니다. 사랑의 마음은 다른 정서와 마찬가지로 어릴 때부터 키워지고 성숙되는 인간의 정서이다. 사랑은 어느 날 갑자기 샘물이 솟듯이 출현하는 감정이 아니며 출산부터 지속적으로 사랑으로 보살펴지고 사랑을 주고받는 관계 속에서 건강하게 서서히 자라는 정서이다. 이 장에서는 사랑이란 무엇인지, 그리고 어떠한 사랑의 유형이 있는지 알아보고, 건강하고 자연스런 사랑을 키워 나가기 위한 연습을 해보자.

Chapter 01 사랑해요

1 사랑이란

우리는 일상생활에서 사랑이라는 말을 무수히 많이 사용하고 있다. 사랑이란 말은 부모와 자녀 사이에도 사용되고 남녀, 친구 간에도 그리고 부부간에도 사용된다. 사랑은 과연 어떤 의미를 지니고 있을까? 사랑은 보는 관점에 따라 다양하게 해석되므로 한 마디로 정의하기에는 어려움이 따른다.

영어 love는 독일어의 liebe와 마찬가지로 '기뻐하다', '즐겁게 하다'라는 의미의 라틴어 lubere에서 유래하였다. 우리가 사용하고 있는 '사랑'은 15세기 중세 국어에서부터 발견된다. 중세 국어에서는 'ᄉᆞ랑'으로 표기되었는데 이 시기 'ᄉᆞ랑'은 '애(愛)'의 의미만을 가진 것이 아니라 '사(思), 모(慕)'의 의미도 포함한다. 이때까지는 '생각'의 의미를 가진 사(思)의 의미가 강했으나 점차 애(愛)의 의미가 되었다.

사랑은 누군가의 안위를 염려(念慮)하고 생각하면서(사, 思), 만나기를 원(모, 慕)하고 그리워(연, 戀)하는 감정이다. 그리고 그것은 인지적 판단과 정서적 요소가 결합된 구체적 행위로 드러나기도 한다. 스피노자(Spinoza)는 사랑의 본질에 대하여 한마디로 기쁨이라고 정의하였다. 이런 관점에서 본다면, 사랑의 기쁨은 인간의 작은 완전성에서 더 큰 완전성으로 이행할 수 있게 만드는 동력이라 할 수 있다. 오르테가(Ortega)는 사랑의 기쁨을 인정하면서도 사랑은 아픔과 고뇌에 있다고도 하였다(김경호, 2015).

사랑은 사람 사이, 즉 인간관계에서 경험할 수 있는 가장 행복하고 오묘한 감정이다. 사랑은 가장 황홀하면서 때로는 가장 고통스러운 체험이기도 하다. 사랑은 한 인간과 한 인간이 서로를 강렬하게 원하며 서로를 융합시키는 신비스러운 마력을 지니고 있다. 사랑은 누구나 동경하는 체험이며 동서고금을 막론하고 예술과 문학의 변함없는 주제였다. 한 개인의 삶에서도 사랑은 기쁨과 슬픔, 환희와 고통, 행복과 불행을 좌우하는 가장 중요한 요인이다(권석만, 1997).

표준국어대사전(국립국어원, 2017)에 의하면, 사랑이란 어떤 사람이나 존재를 몹시 아끼고 귀중히 여기는 마음 또는 그런 일, 어떤 사물이나 대상을 아끼고 소중히 여기거나 즐기는 마음 또는 그런 일, 남을 이해하고 돕는 마음 또는 그런 일, 남녀 간에 그리워하거나 좋아하는 마음 또는 그런 일, 성적인 매력에 이끌리는 마음 또는 그런 일 그리고 열렬히 좋아하는 대상이라고 하였다.

프롬(Fromm)에 의하면, 인간이란 근본적으로 고독한 존재이며, 그 같은 고독감과 공허함을 극복하기 위하여 사람들은 사랑을 한다고 주장하였다. 그는 사랑하는 사람과 관련시켜 사랑에 대하여 다음과 같이 정의하였다. 첫째, 사랑이란 상대의 생활과 성장에 대한 적극적인 관심이며, 둘째, 사랑은 상대에게 표현되거나 표현되지 않는 욕구에 대한 자발적 반응이고, 셋째, 사랑은 상대를 있는 그대로 보아주며 그의 개성을 존중하는 태도이다. 그리고 사랑은 이심전심으로 상대방이 무엇을 느끼고 무엇을 원하는지를 아는 상태 또는 행동이다(김향숙, 2001).

사랑에 대한 많은 분석들에 의하면, 사랑의 개념을 그리스어의 아가페(agape), 필로스(philos), 그리고 에로스(eros)의 개념에서 유추하기도 한다. 아가페 또는 영적인 사랑은 사랑하는 사람에게 요구하지 않고 자기희생을 하는 것이다. 필로스는 형제애라고도 하는데, 이것은 깊고도 지속적인 우정을 말한다. 에로스는 성적인 또는 신체적인 사랑으로서 성적 매력과 욕망을 따르는 사랑이다. 부부관계는 보통 이 세 가지 요소를 모두 포함하는 경우도 있지만 사람에 따라 차이가 있을 수도 있다. 이 관점에서 보면 사랑이란 어떤 사람이나 대상에 대한 강한 애착, 애정, 또는 헌신으로 상대방의 삶과 성장을 위한 적극적인 관심이다(Duvall & Miller, 1985).

종합해 보면 사랑의 정의는 학자들이나 관점에 따라 다르게 표현되고 있다. 사랑은 기쁨, 즐거움, 생각, 염려, 소중함, 존중, 성적 매력, 고통, 아픔, 그리고 고독과 공허함의 극복과 같은 많은 단어가 동원되어 표현된다. 결론적으로, 사랑이란 상대방과의 관계를 통해 얻게 되는 기쁨이나 즐거움이며, 상대방을 소중히 여기고 존중하는 마음이고 슬픔과 고통을 기꺼이 감수하는 긍정적 태도라고 정의할 수 있다. '사랑'은 누군가에게 향하는 긍정의 마음과 행동이므로 상대와의 관계 속에서 기쁨은 나누어 배가시키고 슬픔은 나누어 당면한 문제를 극복하는 삶의 원동력이 되며 활력소가 된다.

2 사랑의 유형

1) 열정적 사랑과 동반자적 사랑

사회심리학자들은 사랑의 유형을 분류하고 설명하기 위해 다양한 접근을 해왔다. 많은 연구에서 열정적 사랑과 동반자적 사랑이 연령, 성별 그리고 문화에 관계없이 수용되어 왔다(Kim & Hatfield, 2004). 이에 열정적 사랑(passionate love)과 동반자적 사랑(companionate love)에 대해 알아보고자 한다.

먼저, 열정적 사랑은 강렬한 사랑의 에로스적인 특징을 갖는다. 즉, 다른 사람과의 결합을 간절히 바라는 상태와 심오한 생리적 각성 상태를 말한다. 열정적 사랑은 도취 또는 열병(infatuation)과 정서적 유대감(emotional bonding)으로서 보통 낭만적 관계와 관련되어 있다(Főrster, 2010). 낭만적 사랑(romantic love)은 상대에 대한 강렬한 느낌과 신체적·정서적 친밀감으로 맺어진 깊은 관계를 의미한다. 더욱이 낭만적 사랑은 끊임없이 왕성하게 하며 지속하도록 하는 경험의 역동적 구조(dynamic structure of experience)로 정의되어 왔다. 이러한 역동적 구조에는 성숙한

(mature) 형태와 미숙한(immature) 형태가 있다(Sussman, 2010).

성숙한 사랑관계의 요소에는 필요성(needing), 베풀기(giving), 낭만(romance), 우호(companionship) 등이 포함되며, 성숙한 낭만적 사랑은 사랑하는 사람들 사이에 상호 성장을 가져오게 하여 환경을 창조하는 데 도움을 준다. 따라서 낭만적 사랑은 건전한 다른 교육을 더 받도록 동기를 유발하며, 돈을 벌고, 지식을 성취하고, 성숙한 관계 애착을 허용하고, 각 파트너가 자아존중감과 복지를 증대시키게 한다. 반면에 미숙한 사랑은 부적응적 사회환경을 조성할 수 있다. 부적응적 사랑관계의 요소에는 권력·소유·보호·동정심·왜곡 등이 포함되며, 이러한 미숙한 사랑에는 강박관념, 불확실성, 그리고 불안과 같은 특성들이 있다. 미숙한 사랑은 사랑에 눈이 멀고 외적이며, 통제를 넘어선 것으로 지각되는 경향이 있다. 미숙한 낭만적 사랑은 행동통제를 벗어나고, 부정적인 생활결과를 가져와서 개인의 일상생활에 스며들어 사랑중독(love addiction)에 빠지게 될 수 있다.

다음으로 동반자적 사랑은 정서적 측면에서 고요하고, 장기간의 애착, 정서적 감정을 이끌어내는 특징을 갖는다. 동반자적 사랑은 인지적 측면에서 일상 활동에 대한 정상적 상황을 고려하는 반면에, 열정적 사랑은 인지적 과정을 방해하며 사랑받는 사람에 대하여 반복적이고 강박관념적 사고를 반영한다(Podina, Uscatescu, & Mogoase, 2014).

열정적 사랑은 주관적 복지의 정서적 측면과 깊이 관련되어 있는 반면에, 동반자적 사랑은 열정적 사랑보다 삶의 만족에 깊이 관련되어 있다. 동반자적 사랑은 덜 강렬하지만, 자신들의 삶이 깊이 관련되어 있는 사람들을 위한 따뜻한 애정 느낌과 온화함을 중요시한다. 따라서 동반자적 사랑은 우정과 같은 사랑으로 종종 묘사되고, 가치의 공유, 깊은 애착, 장기간의 관여와 친밀감을 포함한다. 사람들은 이러한 사랑의 유형을 장기간에 걸쳐 발전시키며 더 많은 정서적 신뢰를 갖는다. 동반자적 사랑은 파트너들 간에 온화하지만 안락한 정서적 상태를 포함하며 서로 더 좋아하고 존중하는 유형이다. 따라서 동반자적 사랑에 있어서 사람들은 다른 변인들이 동일할 때 열정적 사랑보다 더 만족감을 느끼게 된다.

많은 연구에서 사랑은 행복, 만족 그리고 긍정적 정서에 대한 중요한 예언요인으로 나타났다. 사랑관계에 있어서 키스, 성관계, 정서적 접촉 및 동료애(companionship)와 같은 다양한 행동이 행복에 공헌하는 것으로 나타났다. 어떤 사랑의 유형이 더 효과적으로 행복을 증대시키는지는 잘 알려져 있지 않다. 한국과 미국에서 수행된 연구결과, 동반자적 사랑은 삶의 만족에 영향을 미치는 가장 강력한 예언요인이었으나, 열정적 사랑은 긍정적 정서의 가장 강력한 예측요인이었다(Kim & Hatfield, 2004). 이러한 결과는 사랑과 행복의 관계는 다차원적이라는 것을 시사한다.

2) Sternberg의 사랑의 3요소와 8가지 유형

(1) 사랑의 3요소

스턴버그(Sternberg, 1986)는 사랑의 현상을 인간 기능의 세 가지 구성요소, 즉 친밀감(intimacy), 열정(passion) 그리고 결정(decision)/헌신(commitment)의 작용으로 설명하였다. 그의 이론을 사랑의 삼각형이론(triangular theory of love)이라고 하는데, 사랑은 친밀감, 열정 및 결정/헌신이라는 세 가지 요소가 삼각형을 이루고 있다는 것이다(Diessner, Frost, & Smith, 2004).

친밀감이란 사랑하는 관계에서 유대를 통해 밀접하게 연결된 감정을 말한다. 이것은 사랑하는 관계에서 따뜻함의 경험을 포함한 감정에 초점을 두고 있다. 즉, 친밀감은 사랑의 공유, 상호이해, 친밀한 의사소통의 촉진으로 이루어지는데, 일반적으로 관계에 대한 정서적 투자(emotional investment in the relationship)에서 나오는 것이다.

열정은 낭만, 신체적 매력, 성적 성취 및 사랑관계의 가능성을 이끄는 동기가 된다. 스턴버그(Sternberg)는 성적 욕망(sexual desire)을 열정의 핵심으로 본다. 그러나 그는 또한 자아실현에서 자아존중과 지배/복종에 이르기까지 다양한 범위에 걸친 다양한 욕구가 열정에 영향을 미칠 가능성이 있다고 인정하였다.

결정/헌신은 두 가지로 구성되는데, 그 중 하나는 현재에 그리고 다른 하나는 미래에 구성되는 것이다. 현재에 관한(단기적) 쟁점은 어떤 사람을 사랑할 것인지 또는 사랑하지 않을 것인지를 결정하는 것이다. 미래에 관한(장기적) 쟁점은 사랑받기 위해 헌신을 유지하는 것이다. 스턴버그(Sternberg)의 사랑의 3요소를 그림으로 나타내면 다음 [그림 1-1]과 같다.

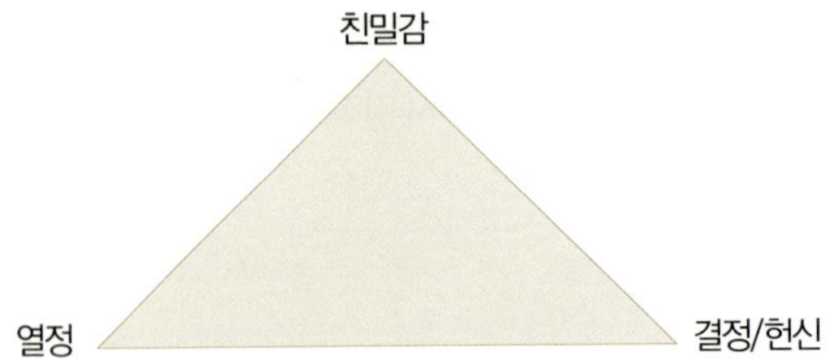

▌그림 1-1▐ Sternberg의 사랑의 세 가지 요소

출처: Sternberg, R. J. (1986). A triangular theory of love. Psychological Review, 93, 119-135.

(2) 사랑의 8가지 유형

스턴버그(Sternberg, 1986)는 친밀감, 열정 및 결정과 헌신이라는 사랑의 세 가지 요소가 복합적으로 작용하여 사랑의 유형이 다음과 같이 8가지로 분류될 수 있다고 하였다.

① 좋아함(liking)

이 사랑은 열정과 결정/헌신은 없고 단지 사랑의 구성요소인 친밀감을 경험할 때 나타난다. 즉, 우정관계에서 경험하는 감정으로 사람들은 상대방에 대하여 강렬한 열정 느낌이나 장기간의 헌신 없이 다른 사람에 대해 밀접함, 따뜻함 그리고 유대를 느낀다.

② 열병(infatuation)

이 사랑은 첫눈에 반하는 사랑이다. 친밀감과 결정/헌신이 없는 상태에서 열정적 각성(passionate arousal)을 경험하는 것이다. 열병은 심장박동의 증가, 가슴의 두근거림, 호르몬분비의 증가, 생식기의 발기 등과 같은 신체증상에서 나타나는 높은 정도의 심리·생리적 각성이라는 특징을 갖는 경향이 있다.

③ 무의미한 사랑(empty love)

이 사랑은 열정이나 친밀감이 없는 상태에서 한 사람이 다른 사람을 사랑하는 헌신에서 나오는 것이다. 수년 동안 관계가 부진한 상태에서 진행된 것으로서, 상호 정서적 친밀감과 신체적 매력을 잃은 상태이다. 사랑에 대한 헌신이 강하지 않으면 그러한 사랑은 전혀 가까워질 수 없다.

④ 낭만적 사랑(romantic love)

이 사랑은 사랑의 요소 중 친밀감과 열정이 조화를 이룬 것이다. 낭만적으로 사랑하는 사람들은 서로 신체적으로 이끌릴 뿐만 아니라 정서적인 유대를 가지고 있다. 낭만적인 사랑의 관점은 로미오와 줄리엣 같은 고전문학작품에서 나타나는 사랑과 유사하다.

⑤ 동반자적 사랑(companionate love)

이 사랑은 헌신을 통한 친밀감의 결과에서 나타난다. 열정은 없으며 사랑의 친밀감, 결정/헌신요소가 결합되어 발전한 것이다. 이것은 본질적으로 장기간의 우정과 신체적 매력(주요 열정의 원천)이 사라지는 결혼에서 빈번하게 발생하는 종류이다.

⑥ 어리석은 사랑(fatuous, stupid love)

이 사랑은 친밀감이 아닌 열정과 결정/헌신으로 결합되어 있다. 어떤 점에서 보면 헌신이 지속적이지만 안정된 친밀감이 없이 열정을 토대로 이루어진 것이다.

⑦ 완전한 사랑(consummate love)

이 사랑은 완벽하고 완전한 사랑이라고도 하는데, 친밀감, 열정 및 헌신이라는 세 가지 요소 모두가 충분히 조화를 이루고 있는 것이다. 이것은 많은 사람들이 추구하는 사랑이지만, 이러한 사랑을 유지하기란 쉬운 일이 아니다.

⑧ 사랑부재(nonlove)

친밀감, 열정 및 헌신이라는 세 가지 요소가 모두 없는 상태이다. 미혼의 미국 대학생들에게 스턴버그의 이론을 적용한 조사연구에서, 남녀관계의 시간(length of relationship)은 높은 헌신과 상관관계가 있었다. 즉, 관계가 길면 길수록 헌신도 더 높게 나타났다. 그리고 불안감(insecurity)이 크면 클수록 관계에서의 친밀감과 열정 및 헌신은 더 낮으며 만족감도 더 낮은 것으로 나타났다(Madey & Rodgers, 2009). 이 연구는 사랑은 남녀관계가 지속적이고 서로 불안감을 해소할 수 있을 때 헌신 정도가 더 높다는 것을 나타낸다.

스턴버그의 사랑의 세 가지 요소가 복합적으로 작용하여 나타난 8가지 유형은 [그림 1-2]와 같다.

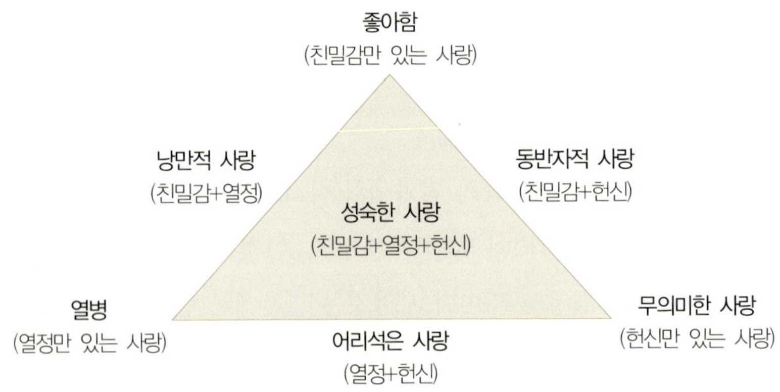

[그림 1-2] Sternberg의 사랑의 유형

출처: Sternberg, R. J. (1986). A triangular theory of love. Psychological Review, 93, 119-135.

실습 1-1 사랑의 삼각형 검사

다음 문장들은 현재 당신이 사귀고 있는 이성친구 또는 배우자에 대한 당신의 심리상태를 기술한 것입니다. OO는 이성친구 또는 배우자의 이름을 뜻합니다. 각 문장의 OO에 대한 당신의 태도를 잘 나타내는 정도를 찾아 적절한 숫자에 O표해 주십시오.

번호	문항	전혀 아니다				보통 이다				매우 그렇다
1	나는 OO의 행복을 위해서 적극적으로 지원한다.	1	2	3	4	5	6	7	8	9
2	나는 OO과 따뜻한 관계를 맺고 싶다.	1	2	3	4	5	6	7	8	9
3	나는 힘들 때 OO에게 의지할 수 있다.	1	2	3	4	5	6	7	8	9
4	OO는 힘들 때 나에게 의지할 수 있다.	1	2	3	4	5	6	7	8	9
5	나는 OO와 나의 모든 것을 공유할 의향이 있다.	1	2	3	4	5	6	7	8	9
6	나는 OO으로부터 상당한 정서적 지지를 받고 있다.	1	2	3	4	5	6	7	8	9
7	나는 OO에게 상당한 정서적 지지를 주고 있다.	1	2	3	4	5	6	7	8	9
8	나는 OO과 말이 잘 통한다.	1	2	3	4	5	6	7	8	9
9	나는 내 인생에서 OO를 매우 중요시한다.	1	2	3	4	5	6	7	8	9
10	나는 OO와 친밀감을 느낀다.	1	2	3	4	5	6	7	8	9
11	나는 OO와 편안한 관계를 느끼고 있다.	1	2	3	4	5	6	7	8	9
12	나는 OO를 정말 이해하고 있다고 느낀다.	1	2	3	4	5	6	7	8	9
13	나는 OO가 나를 정말 이해하고 있다고 느낀다.	1	2	3	4	5	6	7	8	9
14	나는 내가 OO를 정말 신뢰한다고 느낀다.	1	2	3	4	5	6	7	8	9
15	나에 관한 매우 개인적인 정보를 OO와 공유하고 있다.	1	2	3	4	5	6	7	8	9
16	OO를 보기만 해도 나는 흥분된다.	1	2	3	4	5	6	7	8	9
17	나는 낮에도 OO에 대해서 생각하는 나 자신을 자주 발견한다.	1	2	3	4	5	6	7	8	9
18	OO와 나의 관계는 정말 낭만적이다.	1	2	3	4	5	6	7	8	9
19	나는 OO이 매우 매력적이라고 느낀다.	1	2	3	4	5	6	7	8	9
20	나는 OO를 이상화하고 있다.	1	2	3	4	5	6	7	8	9
21	나는 OO처럼 나를 행복하게 만드는 사람을 상상할 수 없다.	1	2	3	4	5	6	7	8	9
22	나는 다른 어떤 사람보다도 OO와 함께 있고 싶다.	1	2	3	4	5	6	7	8	9
23	OO와의 관계보다 더 중요한 것은 이 세상에 없다.	1	2	3	4	5	6	7	8	9
24	나는 OO와 신체적으로 접촉하는 것을 특히 좋아한다.	1	2	3	4	5	6	7	8	9
25	OO와의 관계에는 '마술적'인 점이 있다.	1	2	3	4	5	6	7	8	9
26	나는 OO를 찬미한다.	1	2	3	4	5	6	7	8	9
27	나는 OO 없는 인생을 생각할 수 없다.	1	2	3	4	5	6	7	8	9
28	OO와 나의 관계는 열정적이다.	1	2	3	4	5	6	7	8	9
29	낭만적인 영화나 책을 볼 때면 OO를 생각하게 된다.	1	2	3	4	5	6	7	8	9
30	나는 OO에 대해서 공상을 하곤 한다.	1	2	3	4	5	6	7	8	9
31	내가 OO에 대해서 염려하고 있다는 것을 알고 있다.	1	2	3	4	5	6	7	8	9
32	나는 OO와의 관계를 지속시키기 위해 최선을 다하고 있다.	1	2	3	4	5	6	7	8	9

33	다른 사람이 우리 사이에 끼어들지 않도록 나는 OO에 대해 헌신할 것이다.	1	2	3	4	5	6	7	8	9
34	나는 OO와의 관계가 흔들리지 않을 것이라는 점에 대해 자신감을 가지고 있다.	1	2	3	4	5	6	7	8	9
35	나는 어떤 난관에도 불구하고 OO에게 헌신할 것이다.	1	2	3	4	5	6	7	8	9
36	OO에 대한 나의 사랑은 남은 인생 동안 계속되리라고 예상된다.	1	2	3	4	5	6	7	8	9
37	나는 OO를 위해서 항상 강한 책임감을 느낄 것이다.	1	2	3	4	5	6	7	8	9
38	OO에 대한 나의 사랑은 확고한 것이다.	1	2	3	4	5	6	7	8	9
39	나는 OO와의 관계가 끝나는 것을 상상할 수 없다.	1	2	3	4	5	6	7	8	9
40	나는 OO에 대한 나의 사랑을 확신한다.	1	2	3	4	5	6	7	8	9
41	나는 OO와의 관계가 영원히 지속될 것이라고 생각한다.	1	2	3	4	5	6	7	8	9
42	나는 OO와 사귀는 것을 잘한 결정이라고 생각한다.	1	2	3	4	5	6	7	8	9
43	나는 OO에 대한 책임의식을 느낀다.	1	2	3	4	5	6	7	8	9
44	나는 OO와의 관계를 계속 유지할 작정이다.	1	2	3	4	5	6	7	8	9
45	설혹 OO와 갈등이 생긴다 해도 나는 여전히 우리 관계를 유지할 것이다.	1	2	3	4	5	6	7	8	9

출처: 연미희, 김진숙(2001). 부모교육 이론과 실제. 동문사. 17-18.

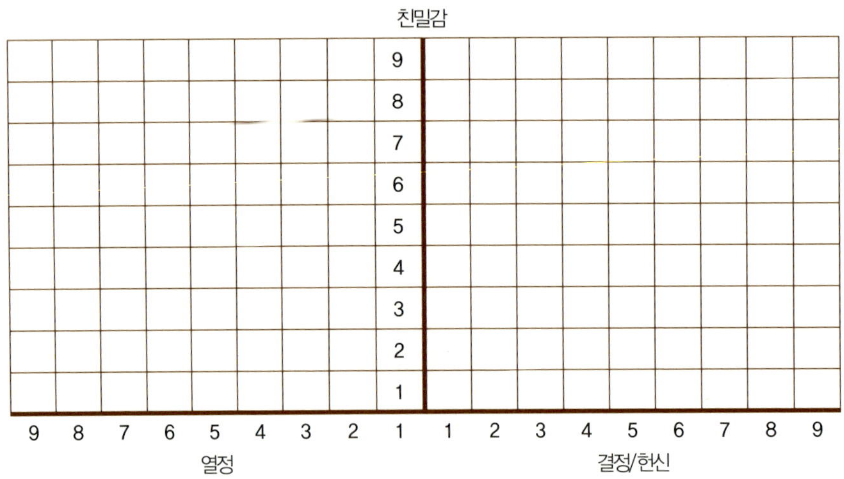

■ 채점 방법

- 1~15번 문항의 합산 (친밀감 점수) :
- 16~30번 문항의 합산 (열정 점수) :
- 31~45번 문항의 합산 (결정/헌신 점수) :
- 각각의 합산점수를 15로 나누어 위 표에 점을 찍어 삼각형을 그려보세요.
- 삼각형의 모양은 어떤 모양인가?
- 어떤 것은 크고 어떤 것은 작은가?
- 이것이 당신의 사랑에 시사하는 점은?
- 이성친구 또는 배우자와 사랑의 삼각형은 어떤 모양인가?

3) Lee의 사랑의 6가지 유형

사회학자 리(Lee, 1973)는 사랑을 색깔이 있는 바퀴에 비유하였는데, 사랑은 1차적 기본색과 그것들이 혼합된 2차색의 틀로 구성되어 있다는 견해이다. 각 사랑의 유형이 사랑의 이유를 설명하고 있는데, 우선 1차적 사랑의 유형을 열정적 사랑(낭만적 사랑, eros), 유희적 사랑(ludus) 그리고 우정적 사랑(우애적 사랑, storge)의 세 가지로 제시하였고, 2차적 사랑의 유형을 소유적 사랑(mania: eros와 ludus), 실용적 사랑(논리애, pragma: storge와 ludus), 이타적 사랑(헌신애, agape: eros와 storge)의 세 가지로 분류하였다. 그는 색깔에 정답이 있는 것이 아니며 사람에 따라 다르게 나타난다고 하여, 어떠한 사랑의 유형이 좋고 나쁜지를 구별할 수 없다고 하였다. 6가지 각 사랑의 특징은 다음과 같다(이태손, 2015).

첫째, 열정적 사랑(eros)은 낭만적인 사랑으로 불리는 유형으로 정서적 감정을 수반하는 특징이 있다. 열정적 사랑의 소유자들은 사랑을 인생에서 가장 중요한 것으로 생각하고 있으며, 자신이 원하는 사람에 대한 신체적 이상형이 뚜렷하다. 따라서 자신의 이상형에 맞는 상대를 만나게 되면 첫눈에 반해 버린다. 이상적인 연인을 만나서 함께 사는 것이 삶에서 가장 중요하다고 생각하며, 상대에 대해서는 그 사람이 자신에게 몰두하기를 바라지만 소유하려 하지 않으며, 경쟁자의 존재도 두려워하지 않는다. 이들은 말이나 접촉을 통하여 사랑을 표현하는 것을 좋아한다. 오직 한 사람, 단 한 번의 사랑이라고 믿으며 다른 타인에 대해서는 배타성이 강하다. 상대방에게 모든 것을 요구하거나 기대하고 숙명적 운명적인 만남이라고 믿는다. 한꺼번에 뜨거워지는 이 유형은 결혼까지 이어지기란 그리 쉽지 않다.

둘째, 유희적 사랑(ludus)은 사랑을 일종의 게임 또는 유희라고 생각한다. 완전히 사랑에 빠지거나 헌신할 의사가 없고 정서가 자제된 사랑을 보여 주며 미래에 대해 함께 계획하는 것도 꺼린다. 한 대상에서 다른 대상으로 떠날 준비가 되어 있어서 상대에 대해서도 매우 허용적이며, 한 대상에만 몰입하지 않으므로 상대가 관계에 너무 집착하지 않도록 자주 만나는 것을 피하고 상대가 질투하는 것도 싫어한다. 따라서 이 유형의 사람들에게 사랑은 다양한 대상과 노는 상호작용 게임일 뿐이다. 이들은 상대방의 욕구나 입장에는 관심이 별로 없으며 자기만족이 중요하다. 이 유형은 단 한 사람과의 긴밀하고 지속적인 관계는 원치 않으며 성적인 대상으로 즐기려 할 뿐 결혼까지 가는 것을 고려치 않는다고 한다. 이들은 바람기 있다는 말을 종종 듣게 된다.

셋째, 우정적 사랑(storge)은 우애적 사랑으로 시간이 흐르면서 서서히 익는 사랑을 말한다. 신체적인 이상형이 없어 시간이 흐르면서 우연히 사랑하게 되는 지속적인 정에 근거한 사랑을 구축한다. 서로에 대하여 지나친 감정의 표현보다는 공유할 수 있는 관심사에 대해 이야기하기를 더 좋아한다. 이 유형의 사람들은 관계가 장기간 안정적이라는 특징이 있고, 대체적으로 우호적인 공동체 내에서 성장할 가능성이 높다. 이러한 사랑의 시작은 서로의 취미활동이 비슷했거나 같은과 친구, 같은 신앙을 갖고 있어서 만나는 빈도가 잦아지다보니 누가 먼저 사랑을 느꼈는지 정확히 알기 어려운 상태에서 관계가 발전하곤 한다. 열정은 없다고 하더라도 오래된 친구처럼 깊게 신뢰하고 상대방에 대한 요구도 과하지 않다.

넷째, 논리적 사랑(pragma)은 친구 같은 사랑과 유희적인 사랑이 결합된 논리적이고 실용적인 특징을 갖는 사랑이다. 이 사랑의 특징은 상대가 자신의 기준에 적합한지를 의식적으로 판단하고 고려하여 적절한 상대를 찾는다. 이 유형의 사람들은 그 어떤 상대도 자신을 희생할 만큼 가치가 있다고 생각하지 않으며 자신과 서로 어울리는 배경과 관심사를 가진 적절한 후보를 의식적으로 물색하면서 황홀한 낭만이나 육체적인 매력은 그다지 추구하지 않는다. 논리적 사랑은 사랑하는 방식이 사려 깊고 사랑이 이루어지기 위한 상황이나 조건이 갖추어지지 않는다면 사랑의 진전을 참고 견디는 입장에 있다. 완전하게 논리적인 사랑을 하는 이들은 적지만 이러한 유형의 사랑은 완벽주의 경향이나 사랑하는데 있어서 내부불안이 많은 이들에게 빈번하게 발견된다. 그러나 사랑에 따르는 사회적인 책임을 잘 이행하고 성실하게 노력하는 점에서 극단적인 경우가 아니라면 배우자로선 긍정적인 상대이다.

다섯째, 소유적 사랑(mania)은 이기적이면서 극단적인 감정으로 휘말리는 사랑이다. 열정적인 사랑과 유희적인 사랑의 결합으로 인해 나타나는 사랑으로 극도의 의존성과 강한 질투가 특징이다. 이 유형의 사람들은 열정적인 사랑의 특징으로 인해 강렬하면서도 육체적인 자극을 필요로 하는 관계를 원한다. 유희적인 사랑의 특징으로 인해 자기가 상대를 사랑한 만큼 사랑을 받지 못할지도 모른다는 생각에 사랑하기를 두려워한다. 서로의 속박 때문에 각자의 성장을 기대하기 어렵고 상대방의 행동 하나하나와 사소한 변화에 과민한 반응을 보인다.

여섯째, 이타적 사랑(agape)은 열정적인 사랑과 친구 같은 사랑이 결합해 아무 조건 없이 좋아하고 돌봐주며 용서하고 베풀어 주는 헌신적인 사랑이다. 이 유형의 사람들은 자신을 드러내지 않으며 사랑의 상호성을 기대하지 않고 친구 같은 사랑의 요소를 포함하고 있다. 이들은 사랑하는 대상에게 애정 어린 관심과 보살핌을 베풀어야 할 의무를 강하게 느끼며, 진정한 사랑은 주는 것이라 생각하고 실천하는 사랑이다. 이타적 사랑의 수준은 거의 종교적인 수준이다.

이상에서 우리는 다양한 사랑의 유형을 고찰하였다. 이처럼 다양한 사랑의 유형들 중에서 사람들은 어느 한 가지 유형의 사랑을 선호할 수도 있지만, 사랑을 표현할 때에는 다양한 유형이 복합적으로 작용할 수 있을 것이다. 또한 이러한 사랑의 유형들은 살아가면서 변화할 수도 있다. 그러나 다른 사람을 배려하며 존중하고 함께하는 동반자적 공동체의식에는 변함이 없어야 할 것이다.

실습 1-2 사랑의 유형검사

1: 전혀 그렇지 않다 2: 대체로 그렇지 않다 3: 반반이다 4: 약간 그렇다 5: 매우 그렇다

1	우리는 처음 만난 후 즉시 서로에게 끌렸다.	1 2 3 4 5
2	우리 사이에는 강한 전기교류와 같은 작용이 일어난다.	1 2 3 4 5
3	우리의 성교는 매우 강렬하고 만족스러웠다.	1 2 3 4 5
4	내가 느끼기에 우리는 서로를 위해 태어난 것 같다.	1 2 3 4 5
5	우리는 신체적으로 매우 빨리 끌리게 되었다.	1 2 3 4 5
6	우리는 서로를 진정으로 이해한다.	1 2 3 4 5
7	내 연인은 내가 이상적으로 생각하는 신체적 아름다움을 갖고 있다.	1 2 3 4 5

8	나는 나의 연인에게 약간의 불확실함을 남겨 두려고 한다.	1	2	3	4	5
9	나는 나에 대해 모르는 것이 있다는 것 때문에 내 연인이 마음의 상처를 받지 않을 것이라고 믿는다.	1	2	3	4	5
10	나는 때때로 나의 두 연인이 서로에 대해 알아차리지 못하도록 해야 할 때가 있다.	1	2	3	4	5
11	나는 사랑의 상처로부터 쉽게 그리고 빨리 헤어날 수 있다.	1	2	3	4	5
12	만약 내가 다른 사람들과 한 행동에 대해내 연인이 알아차린다면 그 사람은 화를 낼 것이다.	1	2	3	4	5
13	내 연인이 나에게 너무 의존하려고 할 때 나는 약간 물러서고 싶어진다.	1	2	3	4	5
14	나는 여러 다른 파트너들과 사랑의 게임을 즐긴다.	1	2	3	4	5
15	나는 실제로 사랑에 빠지고 나서 한참 후에야 사랑하고 있음을 깨닫는다.	1	2	3	4	5
16	연인은 먼저 서로를 한동안 돌보는 마음이 있고 난 후에야 사랑을 할 수 있다.	1	2	3	4	5
17	나는 내가 한 때 애정관계에 있었던 거의 모든 사람과 좋은 친구관계를 유지하고 있다.	1	2	3	4	5
18	가장 좋은 사랑은 오래된 친구 관계에서 생겨나는 것이다.	1	2	3	4	5
19	내 연인과 내가 언제부터 사랑하는 사이가 되었는지 정확히 말하기 힘들다	1	2	3	4	5
20	사랑은 실제로 깊은 우정관계이고 신비스러운 정서가 아니다.	1	2	3	4	5
21	나의 가장 만족스러운 애정관계는 좋은 친구관계에서 발전된 것이다.	1	2	3	4	5
22	나는 상대방과 진정으로 깊은 관계에 들어가기 전에 그 사람이 앞으로 어떤 사람이 될 것인지 생각해본다.	1	2	3	4	5
23	나는 연인을 선택하기 전에 내 인생을 주의 깊게 계획하려고 노력한다.	1	2	3	4	5
24	비슷한 배경을 가진 사람을 사랑하는 것이 가장 좋다.	1	2	3	4	5
25	연인을 선택하는 데에 주로 고려할 것은 그가 내 가족을 어떻게 보는가이다.	1	2	3	4	5
26	파트너를 고르는 데 중요한 요인은 그 사람이 좋은 부모가 될것인가이다.	1	2	3	4	5
27	파트너를 고르는 데 고려해야 할 것중 하나는 내 직업에 대해 그가 어떻게 생각하는 가이다.	1	2	3	4	5
28	누군가와 심각한 관계가 되기 전에 나는 우리가 아이를 가질 경우를 생각해서 그 사람의 유전적 배경이 나의 것과 얼마나 잘 맞을지 알아보려고 한다.	1	2	3	4	5
29	내 연인과 나의 일이 순조롭지 못하면 나는 위장장애를 일으킨다.	1	2	3	4	5
30	사랑이 깨질 때 나는 너무 우울해져서 자살까지도 생각해본 적이 있다.	1	2	3	4	5
31	때로 사랑에 빠져 있다는 것에 너무 흥분해서 잠을 잘 수가 없다.	1	2	3	4	5
32	내 연인이 나에게 신경을 쓰지 않을 때 나는 심신이 편치 않았다.	1	2	3	4	5
33	내가 사랑에 빠져 있을 때 나는 다른 것에는 잘 집중하지 못한다.	1	2	3	4	5
34	내 연인이 다른 누군가와 함께 있다는 의심이 생기면 나는 편안하게 있을 수가 없다.	1	2	3	4	5
35	내 연인이 나를 한동안 무시한다면 나는 그 사람의 관심이 돌아오도록 하기 위해 때로 어리석은 행동도 한다.	1	2	3	4	5
36	나는 연인이 어려울 때 내가 할 수 있는 일을 다하려고 한다.	1	2	3	4	5

37	나는 연인이 고통을 당하는 것보다는 오히려 스스로 고통당하려고 한다.	1	2	3	4	5
38	내 자신의 행복보다는 내 연인의 행복을 우선시하지 않으면 나는 행복해질 수 없다.	1	2	3	4	5
39	나는 보통 내 연인의 소망을 이로도록 하기 위해 스스로의 소망을 기꺼이 희생한다.	1	2	3	4	5
40	연인이 원한다면 내가 갖고 있는 것은 무엇이든 사용할 수 있다.	1	2	3	4	5
41	내 연인이 나에게 화가 났을 때에도 여전히 나는 그 사람을 전적으로 그리고 무조건적으로 사랑한다.	1	2	3	4	5
42	나는 내 연인을 위해 모든 것을 인내할 것이다.	1	2	3	4	5

출처: 노유진(2006). 성인 애착유형이 미혼남녀의 사랑유형과 이성교제에 미치는 영향. 중앙대학교 대학원 석사학위논문.

■ 검사결과의 채점방법

1~7번까지는 '열정적 사랑' 8~14번까지는 '유희적 사랑' 15~21번까지는 '우정적 사랑' 22~28번까지는 '논리적 사랑' 29~35번까지는 '소유적 사랑' 36~42번까지는 '이타적 사랑'

① 열정적 사랑은 점
② 유희적 사랑은 점
③ 우정적 사랑은 점
④ 논리적 사랑은 점
⑤ 소유적 사랑은 점
⑥ 이타적 사랑은 점

검사결과에서 점수가 가장 높은 1위와 2위가 자신이 선호하는 사랑유형이다.

3 사랑 연습

1) 애착과 사랑

우리는 세상을 살아가면서 남과 더불어 공동체의 구성원으로 생활하기 때문에 집단 속의 관계형성은 매우 중요하다. 의미 있는 타인과의 관계형성에 중요한 영향을 미치는 유대감이 애착(attachment)이다. 발달심리학에서 말하는 애착이란 영아가 타인과의 긍정적 · 정서적 유대관계를 형성하는 것을 말하는데, 애착이 강조되는 이유는 유아의 부모와의 초기 애착이 일생의 관계형성에 영향을 주기 때문이다. 영유아는 다른 포유동물과 달리 생존기술을 거의 가지지 않고 태어나므로, 부모나 가족구성원들과의 긴밀한 애착을 강렬하게 형성함으로써 생존하게 된다. 초기에 형성된 애착은 일생을 살아가면서 겪게 되는 대인관계에 많은 영향을 미친다(Gilovich, Keltner, & Nisbett, 2006).

영유아기의 애착은 안정애착과 불안애착으로 분류되는데, 어릴 때 안정적인 애착을 형성하면 안정적인 애착정서가 이후의 성장에도 긍정적으로 작용한다. 즉, 어릴 때 어머니나 아버지와 안정적 애착을 형성하면 학교의 선생님이나 친구들과도 안정적인 관계를 맺는 데 도움이 되며 이후 청년기에 친구관계에서도 안정적 애착으로 확대되어 건강하고 자연스런 사랑을 하게 된다. 또한 애착은 세대 간에도 연속성이 있어서 어머니가 어릴 때에 안정애착을 형성했으면 자신이 어머니가 되어 자녀를 민감하게 양육하여 자녀가 안정애착을 형성하게 한다. 유아기에 부모와 형성한 애착 유형은 성인기의 배우자 선택과 결혼 적응도에도 영향을 미치며(전효정, 1999) 안정애착 유형이 불안애착 유형보다 결혼만족도와 부부간의 만족감이 높게 나타난다(전효정, 1999; 김덕일, 1996).

청소년기 이후에는 애착의 대상이 사랑하는 연인으로 전환되며 낭만적 애착으로 나타난다. 낭만적 애착은 이성 간에 형성되는 정서적 유대감으로, 영아가 양육자와 형성하는 애착과는 다른 점이 있다. 영아 애착은 양육자가 일방적으로 보살핌을 제공하지만 이성친구나 배우자 간의 애착은 상호 호혜적인 보살핌을 주고받으며 성적 특성이 강하게 작용한다. 그러나 영유아기에 확립한 애착 패턴은 이후로도 지속되어 이성관계의 애착에 그대로 활성화된다(장휘숙, 1997; 박은선, 2007). 대학생 및 성인을 대상으로 한 애착검사에서 안정애착 점수가 높은 사람이 낮은 사람보다 자기효능감, 자아존중감이 높고 대인관계에서 유리한 특성을 보였다(심효정, 2009). 사랑하는 사람 사이의 애착은 낭만적이지만 때로는 오래 지속되기 어려우며 때로는 집착으로 나타나기도 한다. 그러므로 사랑하는 사람과의 안정적이며 건강한 사랑을 지속하기 위한 안정애착 형성이 중요하다.

실습 1-3 성인애착검사

※ 성인애착에 대한 질문입니다. 평소 자신이 생각하는 가장 가까운 정도에 V표해 주세요.

1. 결코 그렇지 않다 2. 드물게 그렇다 3. 가끔 그렇다 4. 자주 그렇다 5. 항상 그렇다

번호	문 항	1	2	3	4	5
1	다른 사람에게 의지하려는 내 자신을 용납하기 힘들다.	1	2	3	4	5
2	버림받을까봐 걱정하는 일은 별로 없다.	1	2	3	4	5
3	사람들과 친해지기가 비교적 수월하다.	1	2	3	4	5
4	내가 필요로 할 때마다 다른 사람들은 가까이에 없다.	1	2	3	4	5
5	나의 친구/애인/배우자가 나를 진정으로 사랑하지 않는 것 같다는 생각이 종종 든다.	1	2	3	4	5
6	누군가가 가까이 다가서려고 하는 것을 별로 두려워하지 않는다.	1	2	3	4	5
7	나는 다른 사람에게 의지하는 것이 편안하다.	1	2	3	4	5
8	다른 사람들은 내가 원하는 만큼 가까이 하고 싶어 하지 않는 것 같다.	1	2	3	4	5
9	다른 사람들과 친해지는 것이 다소 부담스럽다.	1	2	3	4	5
10	내가 필요로 할 때 사람들이 항상 가까이에 있을 것이라고 생각한다.	1	2	3	4	5
11	나는 종종 나의 친구/애인/배우자가 나와 함께 있고 싶어 하지 않을 것 같아 걱정한다.	1	2	3	4	5
12	누군가 나와 너무 가까워지려고 하면 불편해진다.	1	2	3	4	5
13	나는 타인을 완전히 믿을 수 없다고 생각한다.	1	2	3	4	5
14	나는 상대방과 하나로 융화되고 싶다.	1	2	3	4	5
15	사람들이 내게 의지하려는 것이 편하게 느껴진다.	1	2	3	4	5
16	내가 필요로 할 때, 누군가가 곁에 있다 하더라도 그 사람에게 항상 의지할 수 있을 것 같지는 않다.	1	2	3	4	5
17	상대방과 하나로 융화되고자 하는 내 욕망이 사람들을 나로부터 멀어지게 한다.	1	2	3	4	5
18	종종 나의 친구/애인/배우자는 내가 편하게 느끼는 정도보다 더 친밀해지기를 원한다.	1	2	3	4	5

출처: 김경미(2010). 대학생의 성인애착, 사회적지지 및 학교생활적응과의 관계. 국민대학교 교육대학원 석사학위논문.

■ 검사결과의 채점방법

- 의존(6문항): *1, 4, *7, 10, 13, *16. 합계: 점
- 불안(6문항): *2, *5, 8, 11, 14, 17. 합계: 점
- 친밀(6문항): 3, *6, 9, 12, *15, *18. 합계: 점

*문항은 역채점 문항임.

• '의존(dependent)'은 개인이 자신에게 중요한 타인을 신뢰하고 의존하는 정도. 점수가 높을수록 의존가능성의 수준이 높다.

2) 사랑의 태도

사랑에 대한 관점이나 태도는 다양하게 나타날 수 있다. 그러나 사랑은 적어도 육체적, 정신적 결합을 갈망하는 연모와 그리움의 감정을 포함하면서, 타인을 아끼고 배려하며 존중하고 존경하는 태도를 요구한다. 이에 덧붙여, 사랑은 상대방의 안녕과 행복을 기원하는 인지적이고 정서적인 판단과 윤리적이고 실천적 행위를 포함한다. 이러한 요소를 기반으로 하여 사랑은 타인과의 유대를 강화하면서 자신의 정체성을 발견해 나가는 '생의 원동력'으로 작용한다(김경호, 2015).

또한 사랑이 무엇으로 구성되는지에 대한 담론으로 에리히 프롬(Erich Fromm)의 《사랑의 기술》에 의하면 사랑은 보호, 책임, 존경, 지식의 네 가지 요소로 구성된다(이정서, 2016).

첫 번째 요소는 보호이다. 보호는 대상에게 관심을 가지고 그를 보호하기 위해 노력하는 것이다. 사랑은 사랑하고 있는 자의 생명과 성장에 대한 적극적 관심이다. 사랑하는 대상의 생명과 성장을 위해서 그 대상을 보호하지 않는다면 그것을 사랑이라고 할 수 없다.

두 번째 요소는 책임이다. 책임은 보호와 관심의 한 부분이다. 책임 및 의무는 흔히 주어지는 것으로 생각되지만 진정한 의미의 책임이란 자발적인 것으로 상대에 대한 스스로의 적극적인 응답이다. 상대의 요구에 대하여 자발적이고 적극적인 책임이 뒤따를 때 비로소 그 감정을 사랑이라고 말할 수 있다.

세 번째 요소는 존경이다. 존경은 상대를 존중하는 마음이며, 존경심을 가짐으로써 상대에게 적극적으로 응답하고 상대방의 우위에 서려고 하지 않는 마음이다.

마지막으로 사랑을 구성하는 요소는 지식이다. 지식은 상대방에 대해서 아는 것을 의미한다. 이는 단순히 아는 것이 아니라 상대방을 올바르게 이해하는 것을 뜻한다.

이상에서 보듯이 우리는 일상생활에서 어떤 태도로 사랑의 감정을 가지고 표현할 것인가 하는 것은 매우 중요하다. 왜냐하면 사랑에 대한 기본 태도는 타인에 대한 그리움을 포함하면서도 상대방에 대한 존중과 배려심도 가져야 하기 때문이다. 이를 토대로 우리는 혼자만의 세계에서 나와 타인과의 관계형성을 통해 공동의 힘을 더 배가시킴으로써 어떤 목표를 달성시킬 수 있기 때문이다. 따라서 서로 보호하며 존중하고, 서로 아끼고 배려하는 태도를 지니게 될 때 비로소 한 사람은 상대방을 사랑한다고 할 수 있을 것이다.

3) 자기표현과 사랑

자기표현은 자기노출(self-disclosure)이라고도 하는데, 이것은 타인과 친밀한 감정 및 정보를 나누는 것이다. 아론(Aron, 1995) 등의 연구에 의하면, 자신의 중요한 정보를 드러낸 사람들이 중요한 정보를 드러내진 않았으나 우호적 대화를 나눈 대학생들보다 서로 더욱 가까워졌다. 깊은 자기표현은 두 사람이 관계를 보다 가깝게 할 수 있다. 또한 자기표현은 상대방과의 보조를 맞추면서 이루어질 때 관계형성이나 진전에 도움이 된다. 따라서 자기표현은 대등한 수준에서 상호 교환되고 점진적으로 이루어져야 관계형성에 효과적일 수 있다(한덕웅 외, 2008). 자기표현은 대인관계에 있어서 다양한 방법으로 나타날 수 있는데 적절한 언어를 사용하기 또는 예의를 표하기 등이 여기에 해당한다.

그런 측면에서 채프맨(Chapman, 1995)은 사랑을 표현하고 이해하는 일에 있어서 각자가 사용하는 언어가 다를 수 있다고 주장하였다. 따라서 상대방에게 사랑을 효과적으로 전달하기 위해서는 상대방이 사용하는 제1의 사랑의 언어를 기꺼이 익혀야만 한다는 것이다. 자신의 제1의 사랑의 언어를 식별하는 방법에는 다음의 세 가지가 있으며, 이는 동시에 상대방의 사랑의 언어를 식별하는 방법이 된다.

첫 번째 방법은 본인이나 친구나 배우자 그리고 주위 사람들로부터 쉽게 상처를 받는 것이 무엇인가를 알아보는 것이다. 상처를 받는다는 것은 그 행동이 자신에게 그만큼 중요하다는 것을 의미한다. 그러므로 상처받는 것에 정반대가 되는 것이 자신의 사랑의 언어가 된다는 말이다.

두 번째 방법은 자신이 친구나 배우자, 혹은 주위 사람들에게 가장 많이 요구하는 것이 무엇인지를 살펴보는 것이다. 자신이 가장 많이 요구하는 것이 바로 자신이 사랑을 가장 많이 느낄 수 있는 것들일 수 있기 때문이다.

세 번째 방법은 자신이 상대방에게 사랑을 표현하기 위해 가장 많이 사용하는 행동이 무엇인지를 살펴보는 것이다. 사랑을 표현하는 자신의 방법이 바로 자신이 사랑을 느낄 수 있는 사랑의 언어가 된다(박신애 · 박정희, 2003).

상자 1-1 남녀의 사랑 욕구

남자	여자
목표지향적임. 유능함, 타인의 인정과 신뢰, 자율성, 힘의 과시, 찬사 등을 받고 싶어함	관계지향적임. 친밀함, 관심, 보살핌, 대화를 원함
여자가 자기를 필요로 한다고 느낄 때 힘이 생기게 되고 그 문제를 해결해 주어야 한다고 생각하는 반면, 도움 · 보살핌 · 조언 · 충고를 받으면 자존심을 손상받고 조종당하고 있는 듯한 느낌을 가짐	남자가 자기를 사랑하고 있다고 느낄 때 마음이 움직이게 되고, 어떤 문제의 해결보다는 이해와 공감을 원함. 도움 · 보살핌 · 조언 · 충고를 받으면 호의 · 관심 · 애정으로 간주함
스트레스를 받게 되는 상황에서 타인을 만나기보다 혼자 조용히 할 수 있는 활동, 예컨대 등산이나 낚시를 하고 싶어함	스트레스를 받게 되면 타인과의 대화를 통해 감정을 표출하고 공감을 받고 싶어함

출처: 이명조(2012). 청년심리학: 일과 사랑. 한국외국어대학교 출판부. p.187.

감수성 높이기

1. "사랑" 하면 떠오르는 단어를 5가지 써 보세요.
2. 자신의 첫사랑의 경험을 떠올려보고 가장 먼저 연상되는 말이 무엇인지 써 보세요.

Chapter 02

결혼해요

1. 결혼이란
2. 행복한 결혼
3. 가족

결혼 전에는 눈을 크게 뜨고 보라.

그러나 결혼 후에는 한쪽 눈을 감고 보라.

by 토머스 풀러

결혼이란 남녀가 부부관계를 맺고 사회적 승인을 얻어 새로운 가족을 형성하는 것이다. 시대가 변하면서 배우자 선택의 기준과 결혼관도 변화되었다.

사람들은 누구나 행복한 결혼생활을 꿈꾸게 된다. 그러나 신혼의 불길 같았던 사랑의 계절은 가고 권태기에 빠지게 되기도 하며 어느 때는 사랑이 식은 것 같다는 생각에 외로워하기도 한다. 결혼 만족도란 결혼생활의 실제와 기대 간의 차이를 얼마나 줄이느냐에 달려 있다. 이것은 혼자만의 노력으로 이루어지는 것이 아니라 부부가 공동으로 인생의 목표를 설정하고 함께 노력하는 것이 중요하다. 행복한 부부생활은 행복한 가정의 좋은 본보기이며 이는 두 사람의 동반자적 일체감이 요구된다. 오늘날 이혼율의 증가는 결혼에 대하여 부정적 시각을 갖게 할 수 있으나, 한편으로는 예비부모들에게 행복한 결혼생활을 계획하고 준비하도록 경종을 울리는 신호로 볼 수 있다. 미혼의 예비부모에게 묻는다. '나는 평생에 결혼을 몇 번 하고 싶은가?' 이 장에서 이 질문에 답하기 위해 배우자의 선택과 행복한 결혼에 대하여 진지하게 생각해 보기를 바란다.

Chapter 02 결혼해요

1 결혼이란

1) 결혼의 의미

결혼을 떠올리면 '인생의 새 출발, 새 가정 꾸리기, 하나가 아닌 둘의 시작' 등 두 사람이 새롭게 시작하는 뜻깊은 의미로 다가온다. 인류의 삶에서 오랜 역사를 지닌 결혼의 의미는 사회문화적인 관점에 따라 다르게 해석될 수 있다. 결혼이 성립되기 위한 전제조건들이 각 민족이나 나라의 문화에 따라 방법, 내용, 절차 등에서 다르기 때문이다.

표준국어대사전(국립국어원, 2017)에 의하면 결혼이란 남녀가 정식으로 부부관계를 맺는 것이다. 학자들의 견해에 따르면 결혼이란 남녀 간의 관계가 사회적으로 승인된 것으로서 성적 관계를 제공하며, 자녀양육을 정당화하고 배우자 간의 분업을 설정하는 것이며(Duvall & Miller, 1985), 둘 또는 그 이상의 사람들이 가족을 형성하는 사회적 유형으로 승인받은 것(Schaefer, 2010)을 의미한다.

앵글로색슨어로 wedd란 신랑이 신부에게 맹세한다는 의미도 있지만, 한편으론 신랑이 신부의 아버지에게 지불하는 돈이나 물건을 의미하기도 한다. wedding이란 번식의 목적으로 신부를 산다는 의미도 포함된다(정아란 · 유정희, 2014). 이 외에도 결혼이란 적절한 연령에 도달한 두 남녀가 자유의사를 가지고 상대적으로 지속적인 기간 동안 정서적 · 성적 · 사회적 · 경제적으로 결합하는 것이다(정현숙

· 유계숙 · 최연실, 2006).

종합해 보면 결혼이란 두 사람이 비교적 영속적인 기간 동안 서로 애정과 친밀감을 나누고, 성욕 충족과 함께 가계를 계승하며, 사회의 기본단위인 가족을 구성하여 자원을 공유하고 노동력을 재생산하는 기능을 한다. 사람들은 결혼식을 통해 사회적으로 부부임을 공표하며, 혼인신고를 함으로써 결혼의 합법성을 부여받는다.

이상과 같이, 결혼의 의미에 대하여 학자에 따라 표현의 차이를 보이지만, 포괄적으로는 남녀 간의 관계, 가족형성 그리고 사회적 승인 등의 공통적인 요소가 포함되어 있다. 따라서 일반적으로 결혼이란 남녀가 정식으로 부부관계를 맺고 사회적 승인을 얻어 새로운 가족을 형성하는 것이다. 두 사람은 결혼으로 가정을 이루고 자녀를 낳아 양육하며 부부간의 역할분담을 통해 재생산기능을 하게 된다.

2) 결혼의 동기

대부분의 사람들은 일생을 통하여 한 번 혹은 그 이상의 결혼생활을 선택하고 경험한다. 결혼은 자신이 선택한 사람과 인생을 공유한다는 의미를 지니며 서로에 대한 애정, 신뢰, 친밀성 등이 강하게 작용하여 결혼을 한다. 오늘날 이혼율이 급증하고 동거나 독신 생활이 결혼의 대안으로 점차 늘어나고 있는 현실이다. 그러나 독신 생활을 선택할 때에는 여러 가지 이유로 인해 부정적인 영향을 받기도 한다. 독신보다 결혼을 지향하는 문화적 규범이나 외로움, 부모의 압력과 경제적인 압력 그리고 독립에 대한 두려움이 있을 수 있다. 또한 독신은 사회적 편견과 대중매체에 반영된 일부의 부정적 이미지로 인해 독신에 대한 수치심을 느끼기도 한다.

이에 반해 여러 가지 요인이 결혼을 선택하도록 유도하기도 한다. 사랑하는 사람과 정서적 안정을 느낄 수 있으며, 상대방의 신체적 매력과 성을 통해 외로움을 달래거나 합법적인 성관계와 동거를 위해 결혼을 선택한다. 또한, 자녀를 갖고 싶은 욕구 및 경제적 안정을 위해 결혼을 한다. 이미 결혼을 한 주변 사람들의 영향을 받기도 하며, 부모의 인정 및 성인으로서의 사회적 지위를 얻기 위해서 결혼에 대한 동기를 부여받기도 한다.

성인들은 결혼을 하거나 독신상태로 머무르는데 이렇게 하는 데에는 나름대로 이유를 지닌다. 스테인(Stein, 1975)은 결혼을 결정하는 데 영향을 미치는 동기요인들을 밝혀내기 위하여 22세~45세 독신들을 대상으로 인터뷰를 실시하였다. 이 결과를 토대로 결혼이나 독신상태를 유도하는 요인을 〈표 2-1〉과 같이 네 가지로 제시하였다.

표 2-1 결혼 및 독신의 선택 동기

결혼을 선택하게 하는 외부적 요인 (pushes toward to marriage)	결혼을 선택하게 하는 개인적 요인 (pulls toward to marriage)	독신을 선택하게 하는 외부적 요인 (pushes toward singlehood)	독신을 선택하게 하는 개인적 요인 (pulls toward singlehood)
• 경제적 안정 • 매스컴의 영향 • 부모의 요구 • 가정에서 독립 • 사회적 기대(독립에 대한 부담, 외로움, 다른 대안이 없음) • 결혼을 장려하는 문화 • 성생활 • 독신의 불편함	• 부모의 영향 • 가족에 대한 책임 • 친구들의 결혼생활 • 결혼에 대한 낭만적 생각 • 사랑(신체적 매력, 정서적 애착) • 안전, 사회적 지위, 명성	• 결혼이 가져오는 제한적인 상황(숨막힐 듯한 두 사람의 관계, 자아실현의 방해, 지루함, 불행, 분노, 기대하는 역할의 수행 및 순응) • 배우자와의 제한된 소통 • 성생활의 제한 • 친구의 부족, 고독, 외로움 • 이동 및 특별한 경험의 통제 • 여성운동의 영향 및 참여	• 경력 관리 • 다양한 경험 • 자아만족감 • 성적 요구 • 다양한 생활양식 • 변화와 실험에 대한 자유 • 이동의 자유 • 우정의 유지 • 집단의 지지 문화(남성집단, 여성집단, 특별집단 등)

출처: Duvall, E. M., & Miller, B. C. (1985). Marriage and development. Harper Collins Publishers. p.268.

결혼과 독신에 대한 사회적인 기대나 개인적 기대는 상황과 개인에 따라 너무나 다양하게 나타나고 있음을 알 수 있다. 결혼이 개인과 가족의 안정에 유리하다고 생각되기도 하지만 결혼이 개인의 생각과 행동을 제약하여 독신을 더 선호하게도 한다.

결혼의 동기에 대한 국내연구를 보면 결혼의 우선적 동기는 다르게 나타난다는 것을 알 수 있다. 이성해(1973)의 연구에서는 '가계계승을 위해서'가 25.5%로 가장 높은 응답률을 나타냈고, 윤영주(1976)의 연구에서는 여대생의 73.8%와 기혼여성의 56.2%가 '사랑 · 심리적 안정을 위해서'라고 응답하였다. 윤달원(1978)의 연구에서는 '경제적 안정을 위해서'가 38.3%로 가장 높았으며, 김미숙(1987)의 연구에서는 '결혼은 남녀의 애정으로 결합된 새로운 가정설립을 위한 것이다'에는 6.1%만 응답하였다. 결혼의 동기는 연구 결과마다 다소 다르게 나타남을 알 수 있다.

전문직과 비전문직 30~40대 싱글 여성 18명을 대상으로 인터뷰한 연구에서 결혼을 선택하는 이유가 다양하게 나타났는데 그 내용을 제시해 보면 다음과 같다(왕석순 외, 2015).

첫째, 30~40대 싱글 여성들은 배우자가 자신의 기준점에 도달하지 못하는 이유들(감정적 일치감과 배우자에 대한 조건들)로 인해 결혼을 선택하지 않았다. 이러한 결론은 그들이 배우자 선택을 함에 있어 과거의 전통적인 사회와는 달리 정서적이고 관계적인 측면을 강조한다는 것을 의미하며, 자신들만의 기준점이 명확한 것으로 해석되어 그 기준에 부합하지 않을 경우 쉽게 결혼을 선택하지 못하는 것으로 예측된다. 또한 혼자 있기를 즐겨하거나 이성을 거부하는 등의 자신들의 성격적인 특성이 결혼을 선택하지 않는 이유로 나타남을 알 수 있다. 사회에서 한 개인의 성격이 형성되는 과정을 사회문화적 맥락에서 볼 때, 인터넷 및 스마트폰의 발달, 개인주의 가치관의 팽배 등 사회문화적 변동은 혼자 있음에도 만족할 수 있는 조건들을 창출해내는 것으로 해석된다. 더불어 참여자들은 자신들만의 자유롭고 편안하며 독립적으로 활동이 가능한 라이프 스타일에 만족하며, 결혼 후 확대되는 관계망에 대한 두려움, 결혼 후 희생할 것에 대한 부담감 등 복합적인 요소들의 작용으로 인해 결혼을 선택하지 못하는 것으로 보인다.

둘째, 원가족의 부정적 경험과 마찬가지로 지나친 결속감도 결혼에 이르지 못하는 원인으로 나타났다. 이러한 결과는 무엇보다 부모들의 건강한 결혼생활을 담보할 수 있는 부부관계 향상을 위한 부부교육의 내용이 필요함을 시사한다. 이는 건강한 부모세대의 존재가 건강한 차세대의 부부를 견인하기 때문이다. 또, 끈끈한 가족관계가 싱글 여성의 결혼을 방해하는 주요 원인으로 분석되었는데, 성인기의 부모와의 건강한 분리는 건강한 부부관계에서 비롯되므로 여기에서도 역시 부부관계 향상을 위한 교육이 중요함을 시사한다.

셋째, 부모나 형제자매, 친구 등이 행복하지 못하고 힘겨운 결혼생활을 하는 것을 목격하거나 결혼에 대한 부정적인 인식 및 가치관에 대한 이야기를 들으면서 싱글 여성들은 자신의 결혼을 고민하거나 결혼을 선택하지 않는 경우가 있다. 이러한 결과들은 결혼 장려를 위한 인구교육에서 주변 사람들의 결혼에 대한 인식과 가치관이 싱글 여성들에게 미치는 영향력이 매우 크기 때문에 앞으로 인구교육의 대상은 결혼과 출산을 앞둔 미혼 여성 외에 광범위한 인구집단을 대상으로 실시되어야 함을 시사해 준다.

넷째, 싱글 여성들은 자신이 가보지 않은 결혼의 삶에 대해 도박과 같은 막연한 불안감을 갖기도 한다. 실제 기혼자들의 결혼의 실상은 사람에 따라 상황에 따라 다양하게 펼쳐지지만, 평범한 삶을 살아가는 대다수의 기혼자들은 자신의 결혼생활과 출산, 양육의 경험을 어떻게 받아들이고 인식하는가에 대한 내용도 인구 교육에 포함시켜 싱글 여성들이 가질 수 있는 결혼, 출산, 양육에 대한 막연한 불안감이나 왜곡된 인식을 바로잡고 객관적이고 현실적인 인식을 할 수 있도록 도울 필요가 있다.

상자 2-1 잘못된 동기에 의한 결혼

1. 임신을 하면 반드시 결혼을 해야 한다.
2. 관계가 깨어진 상대에게 보여주기 위해 결혼을 해야 한다. 결혼을 통해 헤어진 사람에게 자신의 가치를 보여주어야 한다.
3. 지배당하던 부모로부터 독립된 자신을 보여주기 위해 부모에 대한 반발로 결혼을 해야 한다.
4. 자신이 처한 가정환경 및 가족 관계 등 불만족한 상황에서 벗어나기 위해 결혼한다. 배우자에게 위로 받고 새로운 환경에서 생활할 수 있다.
5. 독신으로 사는 것은 외롭고 쓸쓸하므로 고독에서 탈출하여 결혼을 통해 극복할 수 있다.
6. 상대방의 신체적 매력은 나의 부족함을 채울 수 있고 행복한 결혼생활의 조건이 된다.
7. 혼인 연령이 되어 주변의 압력으로 결혼 독촉을 받아 주변 사람들을 안심시키고자 결혼한다.
8. 결혼을 통해 사회적 지위를 높일 수 있으며 배우자의 지위로 신분상승을 위해 결혼한다.
9. 상대방의 부족한 점을 채워주면서 동정적 사랑을 통해 배려와 도움을 주어 베푸는 결혼을 해야 한다.

3) 배우자 선택

사람들은 의식적으로 결혼을 준비하는 경우도 있고, 때로는 데이트를 하다가 사랑에 빠지고 그 사랑의 지속으로 결혼을 하는 경우도 있을 것이다.

시대가 변하면서 배우자 선택의 기준과 함께 결혼관도 변화되어 더 이상 결혼을 의무와 임무에 기초한 평생 헌신(lifelong commitment)이라고 보지 않게 되었으며, 어떤 사람들은 결혼을 친밀감을 토대로 한 일시적인 합의로 보았다. 이혼 또한 과거에는 실패의 상징이었으나 지금은 '자유'와 '새로 시작하다'라는 의미로 나타나게 되었다(Henslin, 2009).

사람들은 누구나 결혼을 통해서 행복감을 갖고 싶어하고 결혼만족도를 극대화하고 싶어할 것이다. 그렇다면 '성공적인 결혼이란 어떤 것인가?' 이에 대한 답은 '성공적'(successful)이란 말을 어떻게 정의하는가에 달려 있다. 레슬리와 콜만(Leslie & Korman, 1989)은 성공적인 결혼이란 부부가 갈등이 거의 없으며 기본적으로 주요 쟁점에 동의하고, 레저시간에 같은 관심사나 흥미로 즐기며 서로 자신감과 애정을 보여주는 상태라고 보았다. 티오(Thio, 2007)는 성공적인 결혼이란 열정이 있으며 개인적 성장 기회를 제공하는 것이라고 하였다. 한편으로는 성공적인 결혼이란 객관적인 사실을 통해서 나타날 수도 있지만 가치판단의 문제라고 보기도 한다.

배우자를 선택하는 조건들은 다양하기 때문에 이를 간단히 설명하기란 쉬운 일이 아니다. 실제로 많은 연구들에서도 다양하고 복합적인 관계로 설명하고 있다. 그러나 배우자를 선택하는 데 있어서 크게 외적 조건과 내적 조건으로 나누어 설명하기도 한다. 외적 조건들로 연령・외모・재산・직업 그리고 학력 등을 들 수 있으며, 내적 조건은 인간의 마음에 관련된 요인들로서 성격・성취욕・매력 등을 들 수 있다.

김경신 등(1995)의 연구에 의하면, 대도시 소재 미혼 대학재학생, 대학중퇴자 및 대학졸업자(남: 약 95%, 여: 약 80%)를 대상으로 한 연구에서 다음과 같은 결과를 보였다. 즉, 배우자 선택 시 배우자의 외적 조건에 대한 남녀 간의 차이는 수입,

재산, 학력, 직업, 건강상태, 장래성 등의 조건에서 유의하게 나타났는데, 남성보다는 여성이 더 높은 수준의 배우자를 원하는 것으로 나타났다. 배우자 선택의 내적 조건 중에서 남성은 전체적인 매력 정도, 애정표현력, 유머감각, 대인관계의 원만성 등의 조건에서, 여성은 내적 조건의 모든 항목에서 자신보다 더 높은 수준의 배우자를 원하는 것으로 나타났다. 또한 남성과 여성은 비교적 동질적이고 상호보완적인 배우자를 선호하는 것으로 나타났는데, 남성보다는 여성이 이러한 경향이 더 강한 것으로 나타났다.

맹미현(2011)은 미혼 여교사를 대상으로 한 연구에서 다음과 같은 결론을 얻었다. 여성의 교육수준 향상과 취업으로 인해 결혼이 개인의 선택으로 변화되었으며 결혼의 유형은 중매혼에서 자유혼으로 늘어나고 있다. 결혼시장에서는 산업사회 이후로 남성의 경제적 자원이 중시되었으나 지식기반사회에서는 직업여성이 늘어나면서 여성의 사회적 자원도 중요해지고 있다. 따라서 남녀 모두 개인의 자질이 배우자 선택의 자원으로 중시되고 있다고 볼 수 있다. 직업여성들은 결혼을 개인의 선택으로 보고 있어 결혼 규범이 변화고 있는 추세이다. 그러나 우리나라에서는 여전히 연애혼과 함께 중매혼이 공존하고 부모의 의사가 결혼 결정에 중요하게 작용하는 것으로 나타나고 있다. 또한 결혼 결정에 가장 큰 영향을 미치는 요인으로 성격, 경제적 능력, 가치관, 가정환경의 순으로 나타났다(맹미현, 2011).

반승원(2013)은 20~30대 미혼대학생과 직장인을 대상으로 한 연구에서, 여성이 남성보다 외적인 요인을 많이 고려하였는데, 특히 경제력, 직업, 장래성 등에서 남성보다 고려 정도가 뚜렷이 높게 나타나 여성들이 남성들의 능력을 유난히 우선시함을 알 수 있었다. 배우자 선택요인은 전 세계 공통적으로 내적 요인을 많이 고려한다는 연구결과를 뒷받침하듯 전체적으로는 외적 요인보다 내적 요인을 많이 고려하는 것으로 나왔지만 남녀 차이에서는 남자보다 여자가 내적인 조건보다 사회적인 외적 조건을 많이 고려하고 있는 것으로 나타났다.

이도현(2014)은 수도권과 서울시 기혼자를 대상으로 한 설문조사에서, 결혼 전에 배우자를 선택하는 데 가장 중요하게 생각하는 외적 요인은 건강상태, 가정환경, 외모 순이었으며, 결혼 전 가장 고려했던 내적 선택 요인은 성격, 정서적 성숙, 매력 정도의 순으로 나타났다.

이러한 연구 외에도 이혼이나 결혼만족도에 미치는 요인들로서 성격요인에 관한 연구가 많았다. 이를 통해서 보면 배우자 선택에서 성격이 중요한 요인임을 알 수 있다.

상자 2-2 남녀 대학생의 연애대상과 결혼대상에 대한 선호 특성

남녀 대학생의 연애대상과 결혼대상에 대한 선호 특성

순위	연애대상		결혼대상	
	여자	남자	여자	남자
1	친절과 이해심	친절과 이해심	친절과 이해심	친절과 이해심
2	신체적 매력	재미있는 성격	건강	건강
3	재미있는 성격	지성	지성	지성
4	지성	신체적 매력	신체적 매력	경제적 능력

출처: 이명조(2012). 청년심리학: 일과 사랑. 한국외국어대학교 출판부. p.210.

상자 2-3 배우자 선택의 요소

배우자 선택의 요소

요소	내용
의식적 요소	• 종족, 민족, 고향, 교육배경, 문화배경, 가정배경이 비슷한 상대, 비슷한 계층 • 사회적·경제적 이득, 개인적 이득
무의식적 요소	• 어릴 때 돌보아준 이성 부모와 비슷한 사람 • 열등감을 보상하는 대상

출처: 김영희, 고태순(2006). 함께 생각해 보는 아동발달과 육아. 양서원. pp.29-31.

실습 2-1 나의 결혼관

※ 결혼관에 대한 질문입니다. 평소 자신이 생각하는 가장 가까운 정도에 V표해 주세요.

	문 항	전혀 아니다	별로 아니다	약간 그렇다	대체로 그렇다	매우 그렇다
1	결혼은 심리적인 안정감을 준다.	①	②	③	④	⑤
2	결혼은 경제적 능력이 있어야 할 수 있다.	①	②	③	④	⑤
3	안정된 직장을 갖지 못하면 결혼을 늦출 수 있다.	①	②	③	④	⑤
4	부모로부터 사회·경제적으로 독립하기 위해 결혼이 필요하다.	①	②	③	④	⑤
5	결혼은 좋은 것이다.	①	②	③	④	⑤
6	결혼은 조건이 비슷한 사람끼리 하는 것이 좋다.	①	②	③	④	⑤
7	결혼에 있어서 적령기란 없다.	①	②	③	④	⑤
8	결혼이라는 법적인 구속 없이 동거할 수 있다.	①	②	③	④	⑤
9	결혼은 외로움을 덜어준다.	①	②	③	④	⑤
10	배우자는 자신보다 내 가족과 더 잘 어울릴 수 있는 사람인지 고려한다.	①	②	③	④	⑤
11	하고 싶은 공부나 일을 하기 위해 결혼을 하지 않을 수도 있다.	①	②	③	④	⑤
12	결혼과 관계없이 사랑한다면 성관계를 가질 수 있다.	①	②	③	④	⑤
13	결혼은 상호보완적인 관계이다.	①	②	③	④	⑤
14	결혼은 사랑보다 조건이 먼저이다.	①	②	③	④	⑤
15	결혼은 적합한 상태가 나타날 때 하는 것이다.	①	②	③	④	⑤
16	기간 등 조건을 정해놓고 계약결혼을 할 수 있다.	①	②	③	④	⑤
17	결혼은 인생을 풍요롭게 한다.	①	②	③	④	⑤
18	부모가 결혼을 반대할 경우에는 부모의 의사를 따른다.	①	②	③	④	⑤
19	부부 사이가 좋지 않고 결혼생활이 불행할 경우 이혼해야 한다.	①	②	③	④	⑤
20	결혼하지 않고도 자녀를 가질 수 있다.	①	②	③	④	⑤
21	결혼은 사랑의 완성이다.	①	②	③	④	⑤
22	배우자 선택은 누군가 중개자(결혼중개업체)가 있는 것이 좋다.	①	②	③	④	⑤
23	맞벌이부부의 경우, 집안일을 똑같이 나누어서 해야 한다.	①	②	③	④	⑤
24	결혼할 생각이 있다면 먼저 살아보는 것이 좋다.	①	②	③	④	⑤
25	결혼을 하면 자유로운 생활과 행동에 방해를 받는다.	①	②	③	④	⑤
26	결혼은 필수가 아니라 선택이다.	①	②	③	④	⑤
27	오늘날에는 여성도 남성도 똑같이 가족부양의 책임이 있다.	①	②	③	④	⑤
28	결혼 시 연령차는 큰 문제가 되지 않는다.	①	②	③	④	⑤
29	결혼은 성생활이 있어야 유지된다.	①	②	③	④	⑤

출처: 이세영(2013). 대학생의 결혼관과 출산의지에 관한 연구. 원광대학교 대학원 석사학위논문.

■ 채점 방법

– 결혼의 의의(6문항): 1, 5, 9, 13, 17, 21	합계	점
– 배우자선택 조건 및 방법(6문항): 2, 6, 10, 14, 18, 22	합계	점
– 결혼가정과 생활설계(9문항): 3, 7, 11, 15, 19, 23, 25, 27, 29	합계	점
– 결혼에 대한 시각(8문항): 4, 8, 12, 16, 20, 25, 26, 28	합계	점

• '결혼의 의의'는 점수가 높을수록 결혼에 대해 긍정적임을 나타낸다.
• '배우자 선택조건 및 방법'은 점수가 높을수록 결혼에 대해 보수적 경향을 갖는 것으로 해석한다.
• '결혼과정과 생활설계'와 '결혼에 대한 시각'은 점수가 높을수록 결혼에 대해 변화된 가치관의 경향을 갖는 것으로 해석한다.

2 행복한 결혼

1) 결혼만족도

사람들은 누구나 행복하고 즐거운 결혼생활을 꿈꾸게 된다. 행복한 결혼생활이란 다양한 의미가 있겠지만 일반적으로 결혼만족도로 표현된다.

이유경(2011)에 의하면, 결혼만족도란 결혼적응, 삶의 만족, 생활만족, 결혼행복감, 결혼만족감 등 다양하게 표현된다. 다양한 결혼만족도의 정의가 갖는 공통점은 개인이 결혼에 대해 갖는 기대와 결과 사이의 일치 정도인데 결혼만족도의 정도는 상대방의 보상 여부에 따라 달라진다. 그러므로 개인이 지각하는 결혼생활에 대한 기대수준은 주관적 판단에 의해 평가된다.

김경미(2009)는 결혼만족도란 조화롭고 기능적인 부부관계를 이루는 데 필수 요소로서 개인이 결혼생활 전반에서 경험하는 즐거움, 만족, 행복 등과 같은 주관적 감정을 총칭하는 개념이라고 하였다. 이에 따라 학자들은 결혼만족도를 결혼생활의 실제와 기대 간의 차이에서 오는 개인적, 주관적인 만족 정도라고 정의하고, 결혼만족도에 관련된 개인적, 환경적 요인을 밝히고자 많은 노력을 기울여 왔다.

한국성과학연구소에서 한국 기혼여성 1천명을 대상으로 설문조사를 실시한 결과 지금의 결혼생활에 만족하느냐에 관한 질문에서 60%가 만족한다고 하였다. 20대는 83.1%로 가장 높았고, 30대 65.8%, 40대는 55.1%, 50대는 45.8%로 점차 감소하였다. 신혼의 불길 같은 열정적 사랑을 지나 어느덧 아이들과 더불어 정신없는 시간을 보내면서 권태기에 빠지게 된다. 하는 일마다 탐탁지 않고 어느 때는 사랑이 식은 것 같다는 생각에 외로워하기도 한다(이윤수, 2005).

이상의 내용을 통해서 볼 때 결혼만족도를 높이는 것은 결혼생활의 실제와 기대 간의 차이를 얼마나 줄이느냐에 달려 있다고 볼 수 있다. 그렇다면 결혼생활의 기대 정도를 어떻게 보느냐 또는 어느 수준에서 정하느냐 또는 결혼생활에서 충족시켜야 할 것은 무엇인가가 중요할 것이다. 이러한 것은 혼자만의 노력으로 이루어지는 것이 아니라 부부가 공동으로 인생의 목표를 설정하려는 노력이 중요할 것이다. 이를 위해서는 부부가 충분한 대화를 나누며 조그만 일이라도 항상 협의를 통해 결정하는 습관형성이 중요하다.

상자 2-4 결혼만족도에 관한 연구

- 오선주(2002)의 연구에 의하면, 성격특성과 결혼만족도 연구에서 남편의 책임성이 높을수록 부인이 남편과의 관계에서 느끼는 갈등 정도가 낮은 것으로 나타났다. 남편의 안정성이 높을수록 부인이 남편에게서 느끼는 만족도는 높은 것으로 나타났다. 배우자의 성격특성에서는 부인의 사회성이 높을수록 남편이 부인과의 관계에서 느끼는 갈등 정도가 낮은 것으로 나타났다.
- 이태손(2005)의 연구에 의하면, 결혼형태에 따른 결혼만족도의 차이를 보면, 연애 결혼한 대상자가 애정표현과 부부갈등에서 점수가 높았으며 전체 결혼만족도에서도 점수가 높았다. 즉, 연애결혼한 대상자는 기타보다 부부갈등은 낮은 반면, 애정표현을 많이 하였다.
- 김경미(2007)의 연구에 의하면, 성격 유형이 비슷한 부부들이 결혼만족도가 높은 것은 열정적인 사랑, 헌신적인 사랑, 유희적인 사랑이 상대방과의 관계에서 경험한 행동 패턴을 통하여 그 사람에 대한 믿음을 가져 신뢰하는 마음을 가질 수 있기 때문이다. 이전 상대방의 행동보다는 상대방과의 많은 경험을 통하여 그 사람에 대한 믿음을 가지고 이해하며, 그 사람에게 자신을 솔직하고 깊이 있게 노출하면서 형성되는 것이라고 해석할 수 있다.

- 김경미(2009)는 결혼생활에서 부딪히는 부부간 성격차이는 결혼의 적응과정을 통해서 이해되고 극복될 수 있는 필연적인 현상임에도 불구하고 이혼하는 젊은 세대는 자신들이 내세우는 성격차이를 너무나 당연한 이혼사유라고 생각하는 경향이 높다. 특히 전체 이혼율 중에서 54.8%가 결혼생활 10년 미만의 부부들이고, 이혼사유의 주된 원인도 가족문제보다는 부부 당사자들 간의 성격차이라는 것은 간과할 수 없는 현상이다.
- 김미령(2009)은 결혼만족도에 영향을 미치는 요인 중 남편과의 관계 및 인식은 연령에 관계없이 모두 중요한 영향 요인으로 나타나고 있는 것으로 보았다. 즉, 부부만족도에 중요한 영향요인은 부부와의 대화, 비슷한 견해, 성생활 만족 등임을 알 수 있다. 특히, 30대의 경우는 자녀양육으로 여성의 부담이 클 때 남편이 육아/가사일을 담당하는 것과 남편의 육아/가사일에 대한 만족도는 결혼만족도에 중요한 요소로 나타났다.
- 장지영, 황순택(2012)의 연구에 의하면, 성격특질과 결혼만족도 간의 관계에서 높은 신경증 수준은 결혼만족도를 낮추는 것으로 나타났다. 부부의 성격유사성과 결혼만족도 간의 관계 분석에서는 부부의 성격이 유사할수록 결혼만족도를 더 높이는 것으로 나타났다.

많은 연구에서 개인 내적 변인 가운데 성격변인으로서의 애착이 결혼관계에서의 만족에 영향을 미치는 것으로 조사되었다. 성인애착과 공감능력이 결혼만족도에 영향을 미치는 중요한 요인이다. 특히 유아시절 형성된 애착패턴은 성인기로 이어져 결혼 후 부부생활에까지 영향을 미친다. 따라서 어린 시절 양육환경을 개선하고 공감적 태도를 촉진시키는 프로그램이나 교육이 예비부모 및 부모교육에 필요하다. 나아가 배우자의 입장을 잘 이해하며 배우자의 사고와 감정에 대해 공감할 수 있는 능력은 부부간의 긍정적인 관계를 유지하는 수단이 된다.

실습 2-2 결혼만족도

※ 다음을 읽고 해당되는 곳에 V표해 주세요.

번호	문 항	매우 아니다	그렇지 않다	보통 이다	그렇다	매우 그렇다
1	나는 결혼생활에 대해 근심, 걱정이 많다.					
2	나는 결혼생활에서 일어나는 일 때문에 화가 나고 짜증스럽다.					
3	나는 남편과 즐거운 대화를 나눈다.					
4	남편은 나를 이해해준다.					
5	나는 나의 결혼생활에 매우 만족한다.					
6	남편은 나를 존중해 주는 마음이 부족하다.					
7	나는 결혼생활이 생각했던 대로 즐겁다고 생각한다.					

8	나는 우리 부부관계가 잘 되도록 하는 데 내 역할을 잘하려고 노력한다.					
9	남편은 나를 편안하게 해준다.					
10	나는 지금의 결혼생활이 영원히 지속되기를 원한다.					

출처: Roach, Frazierand Bowden(1981)에 의해 개발된 'Mss(Martial SatisfationScale)'을 김인철(2008)이 재구성한 것임

■ 채점 방법

측정은 5점 척도로 '매우 아니다' 1점부터 '매우 그렇다' 5점. 점수가 높을수록 결혼만족도가 높음을 의미한다. 단, 부정적인 3문항(1, 2, 6번)은 역채점한다.

2) 행복한 부부생활

행복한 부부생활이란 어떤 생활을 말할까? 행복한 결혼생활이란 결혼만족도와도 밀접하게 관련되어 있다. 성공적이며 행복한 부부의 모습은 시대, 사회, 문화 그리고 연령 등에 따라 차이가 있을 수 있지만, 몇몇 연구에서 나타난 성공적인 부부의 특징을 정리해 보면 다음 〈표 2-2〉와 같다(연미희 · 김진숙, 2001).

표 2-2 성공적인 부부의 특징

학자	특징
Leslie(1982)	① 결혼생활이 오래 지속된다. ② 갈등, 다툼, 불안, 문제가 적다. ③ 부부간의 일체감과 응집성이 높다. ④ 개인의 성장과 발달을 촉진하고 지원하는 부부관계이다. ⑤ 결혼생활의 주요 문제에 대한 의견의 일치도가 높은 부부이다. ⑥ 결혼생활에 대한 주관적인 만족도와 행복감이 높은 부부이다. ⑦ 사회적 요구나 기대에 부합된 결혼생활을 하는 부부이다.
Brown과 Spanier(1978)	① 주관적 행복감을 느낀다. ② 부부 사이에서 서로의 기본적인 욕구가 잘 충족되고 있다. ③ 배우자의 삶이 풍요로워지도록 서로 돕는다. ④ 결혼생활을 통해 인격적인 성숙과 잠재능력의 발휘가 이루어진다. ⑤ 부부가 서로 정서적으로 지지한다. ⑥ 배우자를 깊이 이해하고 수용한다. ⑦ 배우자의 행복에 대해 관심을 지닌다. ⑧ 가족과 배우자에 대해서 자발적인 책임감을 느낀다.

Hine(1980)	① 가족의 위기를 성공적으로 해결한다. ② 지속적인 애정교환을 한다. ③ 배우자에게 헌신하며 성실한 태도를 갖는다. ④ 칭찬, 감사 등의 강화와 지지를 보낸다. ⑤ 개방적이고 솔직한 대화를 나눈다. ⑥ 인생관, 가치관, 역할 기대를 일치시킨다. ⑦ 유연하고 융통성 있는 성숙한 태도를 보인다. ⑧ 배우자에 대해서 관용과 인내를 보인다. ⑨ 배우자와 함께 나누는 동반적 활동을 많이 한다. ⑩ 원만한 부부관계를 위한 의지를 가지고 노력한다.

성공적인 부부는 우연히 이루어지는 것이 아니라 부부상호 간에 다양한 노력을 기울여야 함을 알 수 있다. 성공적인 부부가 되기 위해 무엇보다 '결혼생활의 지속성', '주관적 행복감', 그리고 '성공적인 가족의 위기 해결' 등이 중요함을 알 수 있다.

또 다른 연구(Fenell, 1993)에서도 성공적인 부부생활의 10가지 특성을 제시하였다. 순서대로 보면, 결혼생활에 평생 헌신하기, 배우자에게 충성하기, 강한 도덕적 가치, 친구로서의 배우자 존중하기, 성적 충실성에 대한 헌신, 좋은 부모되기에 대한 열망, 영적 헌신에 대한 신념, 배우자를 즐겁게 하고 지원하기, 배우자를 위한 좋은 동반자, 그리고 기꺼이 용서하고 용서받기로 나타났다.

행복한 부부생활은 행복한 가정의 좋은 본보기가 된다. 부부(夫婦)는 하나가 아닌 두 사람을 한 번에 일컫는 말로 무엇보다 두 사람의 동반자적 일체감이 요구된다. 오늘날 이혼율의 증가는 결혼에 대하여 부정적 시각을 갖게 할 수 있으나 한편으로는 예비부모들에게 행복한 결혼생활을 계획하고 준비하도록 경종을 울리는 신호로 볼 수 있다.

미혼의 예비부모에게 묻는다. "나는 평생에 결혼을 몇 번 하고 싶은가?" 이 질문에 답하기 위해 배우자의 선택과 행복한 결혼에 대하여 진지하게 고민해 보기를 바란다.

3 가족

1) 가족의 형성

모든 사회는 명시적이든 암시적이든 결혼 배우자를 결정할 때 고려할 규범을 가지고 있다. 이러한 규범은 족내혼(endogamy)과 족외혼(exogamy)으로 구분될 수 있다. 족내혼에서의 endo라는 말은 그리스어로 내부(within)를 뜻하는 말로서 집단 밖의 다른 사람들과는 결혼이 금지되어 있는 것을 의미한다. 미국에서는 많은 사람들이 자신의 인종, 민족, 종교집단 내에서 결혼할 것을 권하고 있으며 친족(kind) 내에서 결혼하도록 권유함으로써 응집력을 강화하는 의도가 작용한다. 족외혼(exogamy)의 exo는 그리스어에서 유래한 말로 외부(outside)를 뜻하는데, 배우자를 자신의 가족이나 친족 이외 특정 집단의 외부에서 찾도록 하는 규정이 내재되어 있다. 거의 모든 사회에서 공통적으로 근친상간 금지(incest taboo)의 사회규범이 있어 특정 친족 간의 성 관계를 금지한다(Schafer, 2010).

모든 사회에는 대부분이 사회로부터 승인받은 결혼을 통해 가족을 구성하게 된다. 표준국어대사전(국립국어원, 2017)에 의하면, 가족은 주로 부부를 중심으로 한, 친족관계에 있는 사람들의 집단, 또는 그 구성원, 혼인, 혈연, 입양 등으로 이루어진 집단이다. 서양의 경우 가족이란 혈연, 결혼 또는 입양 등에 의해 관련된 사람들로서 사회구성원들을 위한 재생산(reproduction)과 돌봄(caring)의 1차적인 책임을 공유하는 집단이다(Schafer, 2010). 대부분의 문화에서 가족이란 전통적으로 출생이나 결혼을 통하여 관련된 사람들의 집단이라고 포괄적으로 정의되기도 한다(Hill & Tisdall, 1997). 위의 여러 정의에서 알 수 있듯이 가족의 가장 기본적인 요소는 결혼이라 할 수 있다.

가족의 특성은 여러 가지로 나타나는데, 김채윤 등(1987)은 부르게스와 로크(Burgess & Locke)의 가족 이론에 비추어, 다음과 같이 가족의 특성을 설명하였다.

첫째, 가족은 혼인, 혈연 또는 입양으로 결합된 사람들로서 구성된다. 부부는 혼인에 의한 결합이며 친자는 혈연 또는 입양에 의한 관계이다.

둘째, 가족구성원은 한 지붕 밑에서 같이 생활하며 하나의 가구를 형성한다. 하나의 가구는 동일한 세대에 속하는 사람들로만 이루어지기도 하고, 경우에 따라서는 3대 또는 4대에 걸치는 사람들로 구성되기도 한다.

셋째, 가족은 남편과 아내로서, 어머니와 아버지로서, 형제와 자매로서 역할을 수행하며, 상호작용하고 서로 의사를 교환하는 가장 기본적인 사람들의 집단이다.

넷째, 가족은 주로 사회의 일반 문화와 공통적인, 또는 거기에서 파생된 어떤 문화적 양상을 보이며 또 일반 문화를 유지시켜 나간다. 그러나 사회가 복잡해지면서 가족은 비교적 다양한 생활양식을 보인다.

이와 같이, 가족이란 결혼 또는 출생 등에 의해 관련된 구성원들의 집단을 말하며, 사회적으로 승인받은 둘 또는 그 이상의 사람들로 맺어져 하나의 가족을 형성하게 된다.

2) 가족의 기능

가족의 기능은 약 80여 년 전에 사회학자 오그번(Ogburn)에 의해 처음으로 언급되었다(Ogburn & Tibbits, 1934). 그가 분류한 가족의 기능은 세월이 흐르면서 일부 수정・보완된 부분도 있지만 아직도 그 큰 틀은 거의 그대로 유지되고 있다. 가족이 수행하는 기능을 여섯 가지로 나누어 설명하면 다음과 같다(Horton, 1980).

(1) 재생산기능(reproduction)

재생산기능이란 자녀를 출산하여 사회적 존재로 길러내는 것을 말한다. 이러한 재생산기능을 통해 개인적으로는 자손을 가지고 싶은 욕구를 충족시키고, 사회적으로는 사회구성원을 충원시켜 줌으로써 국가가 필요로 하는 인적자원을 제공함은 물론 사회를 존속・유지시켜 주는 것이다. 즉, 가족은 재생산의 기능을 통해서 인간생존에 공헌하고 있다.

(2) 보호기능(protection)

가족은 최소한의 육체적·심리적·경제적으로 안정을 유지하게 한다. 가족구성원들에게 문제가 발생할 때 공동으로 대처하여 문제를 해결해 주고, 아픔과 슬픔을 이겨낼 수 있는 힘을 길러주는 보호기능이 있다.

(3) 사회화기능(socialization)

인간은 미숙한 존재로 태어나 점점 성장하면서 1차적으로 가족의 도움을 받으며 서서히 사회적 존재로 성장하게 된다. 가족은 인간이 태어나서 원만한 사회구성원으로 성장하는 데 필요한 가치, 태도, 도덕, 규범, 언어 등을 가르쳐주는데, 이를 사회화기능이라 한다. 따라서 가족집단에서 어떤 사회화과정을 거치느냐 하는 것은 성인이 된 이후의 사회생활에 지대한 영향을 미치게 된다. 그러나 오늘날 핵가족에서는 대가족제도와는 달리 할머니, 할아버지, 삼촌 등의 역할모델들이 축소됨으로써 사회화기능이 약화되고 있다.

(4) 성적 행동의 규제기능(regulation of sexual behavior)

성적 규범은 시간이 지남에 따라 혹은 문화에 따라 변화하기도 하지만 대체로 그 문화 속에는 보편적인 성적 규범이 존재한다. 사회는 가족을 통하여 성적 욕구를 충족시키기도 하지만 규제하기도 한다. 만약 사회가 결혼이라는 형식으로 남녀의 성적 행위를 규제하는 제도가 없다면 문란한 성행위 때문에 사회가 혼란스러운 상태에 처할 수도 있다.

(5) 애정과 우의기능(affection and companionship)

가족은 구성원들에게 따뜻함과 친밀한 관계를 제공하며, 가족구성원들이 만족감을 느끼고 안전하게 한다. 특히, 부모들은 자녀들에게 심리적 안정감과 애정을 제공한다. 오늘날의 각종 청소년 비행 등의 주요 원인 중의 하나는 애정결핍에 기인하기도 한다. 따라서 가정에서 자녀들과 많은 대화를 나누고 따뜻한 보살핌이 그 어느 때보다 증대되어야 할 것이다.

(6) 사회적 지위의 부여(status conferral)

우리는 가족 배경이나 부모의 명성으로 인한 사회적 지위를 물려받는다. 인간은 태어나면서 부모의 민족이나 인종을 토대로 귀속적 지위를 부여받으며, 가족 속에서 성별, 출생순위, 계층 등의 지위를 부여받는다. 이처럼 가정에서 부여되는 귀속적 지위도 고려하지 않을 수는 없지만, 자신의 노력에 의해 목표를 성취할 수 있는 힘을 길러주어야 한다. 사회는 가족의 계층에 의해 사회계층 이동을 제한하기보다는 기회균등과 평등을 통한 사회계층 상승 이동의 통로를 더 확장해야 한다.

3) 가족의 생애단계

하나의 가족이라는 작은 집단도 어떤 형태로든 끊임없이 변화하는 역동적 과정 속에 있다 해도 지나친 표현이 아니다. 자녀가 태어나서 성장 · 발달하고 부모 또한 시간이 흐름에 따라 중년기, 노년기 등의 변화를 겪게 된다. 이처럼 자녀는 자녀대로, 부모는 부모대로 심리적 · 신체적 변화를 겪게 된다. 따라서 가족이 시간의 흐름에 따라 어떻게 변화하는가를 이해하는 것은 매우 중요하다고 할 수 있다. 가족의 생애주기(family life cycle)란 가족이 거치는 발달단계를 의미한다.

가족의 생애주기는 사회와 문화에 따라 분류기준이 다를 수 있다. 뿐만 아니라 가족의 생애주기를 거시적으로 분류하느냐 또는 미시적으로 분류하느냐에 따라서도 다양한 단계로 나타날 수 있다.

가족의 생애주기단계는 자녀와의 관계나 발달단계를 고려하여 설명하는 경향이 있다. 여기서는 두 학자가 제시한 가족의 생애주기를 소개하였다.

갈린스키(Galinsky, 1987)는 자녀의 발달단계를 기준으로 가족 생애의 단계를 6단계로 나누었다. 자녀는 모든 단계에서 각각 다른 욕구를 가지고 있기 때문에, 자녀가 건강한 발달을 하는 데 필요한 도움을 제공하는 것은 매우 중요하다(Berger & Riojas-Cortez, 2012).

첫 번째 단계의 이미지 만들기(image making)는 아이의 출생 전에 일어난다. 이미지가 형성되고 출생을 위한 준비가 이루어진다. 이 시기는 부모들이 아기 방을 준비하고 옷을 사는 때이다. 가족구성원 혹은 다른 사람들은 아기를 위해서 이런 것을 제공할 수 없는 부모를 도울 수 있다.

두 번째 단계의 육아(nurturing)는 유아기 동안 애착이 발달되는 때이다. 부모와 유아는 젖 빨기, 놀기, 읽기, 노래 부르기, 그리고 아이를 안고 있는 것 등의 여러 종류의 상호작용을 통해서 관계를 발달시키기 시작한다.

세 번째 단계의 권위(authority) 형성기에서 가족들은 아이가 사회의 규범을 이해하도록 돕는다. 부모의 권위는 자녀의 유치원 연령기에 형성되며 유아는 점점 자라면서 다양한 사회의 규칙을 배우기 시작한다.

네 번째 단계의 안내(guidance) 단계에서 자녀들은 초등학교 시기부터 청소년이 되기까지 부모의 지도나 안내(guidance)를 받는다. 초등학생이 되면 자신이 처한 현실을 이해하면서 자신의 나이에 알맞은 사회적 기술을 연습한다. 가족들은 가정과 학교에서 기대를 강화함으로써 아이들이 사회적 규칙을 배울 수 있게 돕는다.

다섯 번째 단계는 상호의존(interdependent)하는 10대를 말한다. 이 시기의 자녀는 심리적·신체적으로 급격한 변화로 인해 많은 갈등을 경험하게 되므로 부모는 깊은 관심과 배려를 해야 한다. 또한 부모 자신도 중년기의 스트레스와 부부관계의 위기와 갈등 등으로 많은 어려움에 처하게 된다. 따라서 부모와 자녀는 심리적·정서적인 상호 의존관계를 유지하게 된다.

여섯 번째 단계는 자녀가 스스로 세상에 나갈 준비가 되었을 때, 가족은 떠남(departure)이라는 마지막 단계에 들어선다. 고등학생인 시기 동안, 아이는 어린 시절 배웠던 것을 연습함으로써 세상에 나갈 수 있는 여러 종류의 독립심을 발달시킨다.

한편, 듀발(Duvall, 1985)은 가족의 생애주기를 8단계로 제시하였다. 이를 보면, 1단계는 자녀가 없는 결혼한 부부, 2단계는 출생에서 30개월 된 자녀가 있는 가족, 3단계는 취학 전 자녀가 있는 가족, 4단계는 6~13세 학령기 자녀가 있는 가족, 5단계는 13~20세 이전의 10대 자녀가, 6단계는 청소년 자녀가 가족을 떠나가는 시기의 가족, 7단계는 중년기 부모(은퇴), 8단계는 노년기 가족(은퇴에서 부부의 사망까지)이다.

부모들은 바람직한 자녀양육을 위해서 자녀양육방법을 이해하려는 노력이 필요하다. 자녀교육이란 정규 교육기관에서만 이루어지는 것이 아니라 가정에서 시작되기 때문이다. 그러나 오늘날 맞벌이부부의 증가로 인해 부모가 가정에서의 교육적 기능을 수행하기에는 시간적으로도 어려움을 겪고 있는 게 사실이다. 그럼에도 불구하고 가정에서의 자녀교육을 소홀히 할 수 없기에 자녀교육 지원에 더욱 노력을 강화하여 최소한 가정에서 해야 할 기본적인 교육의 의무는 다해야 할 것이다.

뿐만 아니라 부모 자신들도 시간이 흐름에 따라 부부생활에서 겪는 어려움이 있을 수 있고, 가족구성원들 간의 갈등, 질병, 심리 · 신체적 변화 등 다양한 문제들에 직면할 수 있다. 따라서 어른으로서의 부모가 자녀를 이해하는 것은 당연한 일이지만, 자녀들도 부모를 이해할 수 있는 상호 노력이 필요하다. 또한 부모들 스스로도 자신들의 문제해결이나 잠재역량 개발에도 힘써야 할 것이다.

4) 가족에 대한 사회학적 관점

어떤 현상을 보다 더 잘 이해하기 위해서는 하나의 관점에서 접근하기보다는 다양한 시각에서 바라보는 것이 현상을 종합적으로 이해하는 데 더 도움이 된다. 여기서는 사회학의 다양한 이론적 관점 중에서도 구조기능주의 이론, 갈등주의이론 그리고 상호작용주의 이론을 비교해 보기로 한다. 이를 보면 다음 〈표 2-3〉과 같다(안병환, 2012).

표 2-3 사회학의 세 가지 관점

구분	기능주의	갈등주의	상호작용주의
사회에 대한 관점	• 안정, 통합	• 집단 간의 긴장과 투쟁	• 매일의 사회적 상호작용에 적극적으로 영향을 미침
분석수준	• 거시적	• 거시적	• 미시적
주요 개념	• 외현적 기능 • 잠재적 기능 • 역기능	• 불평등 • 자본주의 • 계층	• 상징 • 비언어적 의사소통 • 면대면 상호작용
개인에 대한 관점	• 사회화	• 권력, 강압, 권위	• 상징, 상호작용
사회질서에 대한 관점	• 협동과 합의에 의해 유지	• 힘과 강압에 의해 유지	• 매일 행동에 대한 이해를 공유함으로써 유지
사회변화에 대한 관점	• 예측, 강화	• 변화는 항상 일어나며, 긍정적 결과를 가져올 수 있음	• 사람들의 사회적 위치와 타인과의 의사소통에 반영됨
주요 학자	• E. Durkheim • T. Parsons • R. Merton	• K. Marx	• G. H. Mead • C. H. Cooley • E. Goffman

구조기능주의 접근은 사회의 안정과 통합을 강조하며, 사회질서는 협동과 합의에 의해서 가능하다는 입장이다. 즉, 이 이론은 사회나 교육, 또는 제도 등에 대하여 그 자체의 긍정적이고 낙관적인 측면을 강조하고 있다. 갈등주의 이론은 사람이 생활하는 집단 속에서는 항상 구성원들 간에 긴장과 갈등이 존재한다고 여긴다. 뿐만 아니라 집단 내 또는 집단 간에는 불평등과 계급이 존재하기 때문에 개인과 개인, 집단과 집단 간에는 이해관계를 달리함으로써 갈등상황에 놓일 수 있다는 것이다. 상호작용주의 이론은 구조기능주의나 갈등주의 입장처럼 하나의 현상에 대해 고정적인 입장을 취하는 것이 아니라 상징을 통한 의사소통이나 일상적인 행동에 대한 이해를 통해서 문제해결을 할 수 있다는 유연한 입장을 취하고 있다.

가족이나 결혼에 대한 사회학의 이론적 접근을 구체적으로 살펴보면 다음과 같다(Thio, 2010).

(1) 구조기능주의 이론

구조기능주의자들은 가족의 기능에 대해 긍정적인 시각으로 접근한다. 가족은 성적 규제, 사회화, 경제적 협동 및 정서적 지원을 제공하기 때문에 사회에 유용하다는 것이다. 전통적으로 가족은 종교 훈련, 교육 및 오락기능 등을 제공함으로써 가족구성원들에게 많은 것들을 충족시켜 왔다. 따라서 가족은 사회의 기본적 욕구를 충족시켜 주고 사회질서(social order)를 재생산하는 데 도움을 주는 중요한 과업을 수행하고 있다.

미국의 구조기능주의 사회학자인 파슨스(Parsons, 1902)는 가족의 주요 기능을 두 가지로 들고 있다. 하나는 1차적 사회화(primary socialization)인데, 아동이 태어난 사회의 문화적 규범을 학습하는 과정을 말한다. 이것은 초기 아동기 동안에 일어나기 때문에 인간성격발달을 위해 가장 중요한 무대이다. 다음은 성격 안정화(personality stabilization)로서, 이것은 가족이 성인 가족구성원들의 정서적인 지원을 위해 수행하는 역할을 말한다. 파슨스는 오늘날의 핵가족이 산업사회의 욕구를 가장 잘 반영하는 단위라고 간주하였다(Giddens & Sutton, 2015).

(2) 갈등주의 이론

갈등주의자들은 가족을 사회 안정에 공헌하는 것으로 보는 것이 아니라 부와 권력의 불평등을 반영하는 것으로 본다. 페미니스트와 갈등주의자들은 가족이란 전통적으로 남성 지배를 정당화하고 영속화하며 남편들은 가족 내에서 지나친 권력과 권위를 행사해 왔다고 지적한다. 부모의 사회계층은 아동의 사회화 경험과 그들이 받는 보호 정도에 영향을 미치며 가족의 사회경제적 지위는 자녀의 양육, 건강, 주택, 교육기회 등 많은 점에서 영향을 끼친다고 본다. 또한 가족은 여성 착취로 가득 차 있다며 가족에 대한 부정적 입장을 보인다.

(3) 상호작용주의 이론

상호작용주의자들은 가족과 여타 관계에 대해 미시적 접근을 시도한다. 그들은 동거 중이든 오랜 생활의 결혼한 부부든 개인이 타인과 어떻게 상호작용하는지에 관심을 가지고 있다. 예를 들어, 부모와 자녀 관계에서 식사를 하고, 숙제를 도와

주고, 놀이활동을 할 때에 어떠한 상호작용으로 의사소통을 하는가에 따라 자녀의 문제행동이나 책임감 등은 변화를 보인다거나 부부가 갈등상황에서 문제를 해결해야 할 때 자기 자신이 변화하려 하기보다는 상대방을 변화시키려고 하는 소통을 할 때보다 서로 다름을 인정하고 수용하여 소통 할 때 긍정적 상호작용을 더 갖는 경향이 있다는 점이다.

최근에는 가족에 대한 구조기능주의나 갈등주의적 접근보다 상호작용주의 접근을 강조한다. 부부간, 자녀 간, 그리고 부모와 자녀 간에 보다 더 긍정적인 대화나 태도, 칭찬 등을 통해 충분한 의사소통을 함으로써 가족구성원들이 행복을 누릴 수 있도록 노력하는 것이 중요하다는 것이다. 특히, 부모의 긍정적인 태도는 부부간의 행복한 결혼생활에도 영향을 줄 뿐만 아니라 건강한 자녀로 성장하게 할 것이다.

감수성 높이기

1. 배우자를 선택할 때 중요하다고 생각하는 것을 순서대로 5가지 써 보세요.
2. 나는 어떤 결혼식을 꿈꾸고 있는지 이야기해 보세요.

Chapter 03

함께해요

1. 부부되기
2. 부모되기
3. 일과 가정

부부라는 사회에서는 일에 따라 각자가 상대를 돕고,
혹은 상대를 지배한다.
따라서 부부는 대등하면서도 다르다.
그들은 다르기 때문에 대등한 것이다.

by 알랭

각자 다른 삶을 살아온 두 사람이 결혼을 통해 부부가 되어 함께 살아가는 데 점차 익숙해진다. 맞벌이가족의 경우에 일(직업)과 가정에 관련된 일들이 얽혀서 때로는 각자의 부부 역할 수행에 어려움을 느끼게 된다. 또한 부모가 되는 과정에서 일과 가정의 양립 문제로 인해 갈등이 유발될 수 있다. 일과 가정은 부부에게 갈등요인이 되기도 하지만 긍정적 부부 역할 수행과 사회의 적극적인 지원 체제를 통해 일과 가정 양립에 긍정적인 효과를 가져올 수 있다.
이 장에서는 현대사회에서 요구되는 부부 역할 및 부모역할을 이해하고 예비부모로서 부모됨의 의미와 바람직한 부모상을 정립해 본다. 또한, 일과 가정의 양립을 위한 다양한 방법을 모색한다.

Chapter 03 함께해요

1 부부되기

1) 부부의 역할

가정에서 부부는 가족규모, 가족문화, 가정에서의 자신의 위치, 그리고 기타 가족관련 환경 등에 따라 다양한 역할을 수행하고 있다. 역할(role)이란 하나의 사회적 지위(social status)를 가진 사람에게 기대되는 행동을 말한다. 남편은 남편으로서의 지위에 따른 기대되는 행동이 있고, 아내는 아내로서의 지위에 따른 기대되는 행동이 있다. 자신의 지위에 따른 기대되는 행동을 잘 수행하게 될 경우 역할갈등은 줄어들게 마련이다.

역할갈등을 감소시키려면 자신의 역할에 대해 명확하게 인식하고 역할범위를 설정하는 것이 효과적이다. 그러나 살아가는 동안 명확한 역할인식을 하기는 쉽지 않을 뿐만 아니라 역할범위를 명확히 구분하는 것도 쉽지 않다. 그럼에도 원만한 집단생활을 하려면 역할인식이 매우 중요하다. 부부간에도 명확한 역할인식을 통한 역할수행은 원만한 가정생활은 물론이고 원만한 부부관계를 유지하는 데 큰 도움이 된다.

특히, 오늘날은 맞벌이부부가 증가함으로써 전통사회와 다르게 남편과 아내가 공유하는 역할이 많아지고 있다. 과거와 다르게 남성 및 여성의 구분된 역할보다 서로의 강점을 사용하여 필요적절한 역할을 수행하도록 기대되고 있다. 오늘날 직업의 유형이 다양해지고 남녀 역할의 구분이 약해지면서 미용사, 요리사, 유치원교사, 간호사 등의 직업에 많은 남성들이 종사하고 있다. 또한 경찰, 군인, 엔지니어 등의 직업을 많은 여성이 선택하고 있다. 부부가 함께할 수도 있고 시간대가 다르기도 하여 부부간에 상호보완적인 역할이 필요하다.

부부 역할의 범위와 활동은 광범위하고 다양할 수 있으나 다음과 같이 나누어 볼 수 있다(안현정, 2015).

첫째, 가사활동은 집안에서 일상생활을 영위하기 위해 요구되는 식사준비와 설거지, 집안 청소 및 정리정돈, 세탁, 주택관리 및 수리에 관한 역할이다.

둘째, 경제활동은 가족 유지에 가장 기본이 되는 재화를 생산하고 공급하는 경제소득원을 제공하는 부양자 역할로 재화를 관리하고 가족의 안락함을 위해 재화를 잘 사용하는 역할이다.

셋째, 자녀양육활동은 자녀출산과 자녀가 사회에 잘 적응하고 도덕적인 인간으로 성장하도록 자녀와 놀아주고 돌봐주며 학교생활과 교육지원을 하는 역할로, 자녀가 건전한 인격을 형성하도록 한다.

넷째, 친족관계 활동은 현대사회에서 친족에 대한 중요성은 감소되나 친척들과 원만한 관계를 유지하고 감정적 유대를 갖도록 자신의 친족과 상대 배우자의 친족에 대한 행사 참여 등의 역할이다. 아내이면서 며느리이며, 남편이면서 사위의 지위를 갖는 등의 가족의 결합을 위한 것이다.

다섯째, 성적인 활동은 남편과 아내로서 갖는 고유한 성의 파트너가 되는 역할이다. 현대사회에서 자녀출산의 수단과 부부관계 유지를 위해 중시하는 역할이다.

여섯째, 여가활동은 자신과 배우자가 스트레스를 풀고 심신의 피로와 긴장을 해소하며, 여유를 누리는 오락 및 휴식, 취미와 가족이 함께 즐거운 시간을 갖도록 하는 역할로 가정분위기 연출, 가족원 간의 조화를 갖기 위해 노력하는 것을 말한다.

일곱째, 힐링활동은 부부가 서로의 대화방법 또는 고민을 털어 놓고 상담하며 문제해결을 하는 정서적 지지의 상담자적 역할이다. 이 역할은 특히 현대사회와 함께 새로 부여된 부부역할로 정신적 건강을 유지하고 부부간의 조화를 이루기 위해 필요한 역할이다.

위에서 살펴본 부부의 역할을 요약 정리하면 〈표 3-1〉과 같다.

▌표 3-1▌ 부부의 역할 영역과 내용

역할 영역	내용
가사활동	집안에서 일상생활을 영위하기 위해 요구되는 식사준비, 청소, 세탁, 주택관리 및 수리에 관한 역할
경제활동	가족 유지에 가장 기본이 되는 재화를 생산하고 공급하고 관리하며 가족의 안락함을 위해 재화를 사용하는 역할
자녀양육활동	자녀출산과 자녀가 사회에 잘 적응하고 도덕적인 인간으로 성장하도록 자녀와 놀아주고 돌봐주고 학교생활과 교육지원에 대한 역할
친족관계활동	친척들과 원만한 관계를 유지하고 감정적 유대를 갖도록 자신의 친족과 상대 배우자의 친족에 대한 행사 참여 등의 역할
성적 활동	남편과 아내로서 갖는 고유한 성의 파트너가 되며 자녀 출산의 수단이 되는 역할
여가활동	자신과 배우자가 스트레스를 풀고 여유를 누리는 오락 및 휴식, 취미와 가족이 즐거운 시간을 갖도록 하는 역할
힐링활동	부부가 서로의 대화방법 또는 고민을 털어 놓고 상담하며 문제해결을 하는 정서적 지지의 상담자적 역할

2) 부부의 의사소통

(1) 의사소통

사람들 사이에서 상호간에 소통이 필요하다거나 소통이 중요하다 또는 소통이 부족하다는 말들을 끊임없이 하고 있다. 이러한 말들은 사람들이 활동을 통하여 생산적인 결과를 가져오기 위해 서로 충분한 이해가 필요하다는 의미이며 의사소통의 중요성을 말하는 것이다.

표준국어대사전(2017)에 의하면, 의사소통(意思疏通)이란 말에서 먼저 의사란 무엇을 하고자 하는 생각, 소통이란 막히지 아니하고 잘 통하거나 뜻이 서로 통하여 오해가 없음을 나타내는 말이다. 즉, 의사소통이란 어떤 행동을 하고자 할 때 자신의 생각을 서로 잘 전달하고 받음으로써 특정 목적을 달성하는 과정이다.

커뮤니케이션이란 말은 라틴어 'communis and communicare'에서 유래되었다.

communis는 명사로서 common, communialtity 또는 공유(sharing)를 의미한다. 이와 유사하게 communicare는 동사로서 공통적인 것을 만든다는 의미이다. 일부 학자들은 커뮤니케이션을 영어의 공동체(community)와 관련짓기도 한다. 즉, 공동체 구성원들은 서로 공통적인 것을 가지고 있다는 것이다.

의사소통은 사람들이 중요한 메시지를 교환하여 서로 자신의 생각과 감정을 공유하기 위해 사용하는 과정으로 보기도 하고, 둘 또는 그 이상의 사람들 사이의 이해도를 높여 나가기 위해 정보, 생각, 태도를 공유하는 것 또는 면대면, 미디어를 통하여 사람들이 상호작용하여 영향을 주는 것으로 정의된다(Hoy & Miskel, 2008). 이를 통해서 볼 때 의사소통이란 서로의 생각이나 행동을 공유해 나감으로써 상호 간의 이해도를 높이는 과정으로 볼 수 있다.

의사소통이 효과적으로 이루어지기 위해서 고려할 수 있는 의사소통기술 중에서 전달기술(sending skill), 청취기술(listening skill) 그리고 피드백기술(feedback skill)을 중심으로 알아보기로 한다(Hoy, W. K. & Miskel, C. G., 2008).

① 전달기술(sending skill)

전달기술은 자신의 의사를 다른 사람에게 이해시키는 기술을 말한다. 효과적인 의사소통을 위한 핵심으로 다음의 다섯 가지를 들 수 있다.

첫째, 전달자는 적절하고 직접적인 언어를 사용하고 복잡하고 어려운 개념은 피해야 한다. 그러나 신뢰성을 확보하기 위해서 발신자는 전달하고자 하는 문제에 대한 충분한 지식을 가지고 있어야 한다.

둘째, 전달자는 청취자에게 명확하고 완전한 정보를 제공하여야 한다.

셋째, 전달자는 물리적·심리적 환경에서 나타나는 소음을 최소화시켜야 한다. 가령, 대화할 때 전화 소리를 제거하고 청취자가 가질 수 있는 고정관념을 감소시켜야 한다.

넷째, 다양하고 적절하게 매체를 사용해야 한다. 가령, 일방적 스피치냐 쌍방 의사교환이냐에 따라, 즉 상황에 따라 전달방법이 다를 수 있다.

다섯째, 복잡하고 애매모호한 메시지를 전달할 때는 면대면 의사소통 방법이나 다양한 방법을 사용하여야 한다.

② 청취기술(listening skill)

청취기술이란 다른 사람을 이해하는 개인의 능력을 말한다. 청취는 다른 사람들이 단어, 행동 그리고 사물을 사용하여 의사소통하고자 하는 것을 이해하려고 하는 하나의 행동 유형이다. 상대방의 말을 청취하는 것은 전달자에 대한 존중과 관심을 나타내는 것이다. 잘 들어주려고 노력하면 다른 사람이 그 자신의 관점을 개발하여 표현하도록 고무할 수 있다.

③ 피드백기술(feedback skill)

피드백이란 전달자의 메시지에 대한 수신자의 반응이다. 이것은 전달자의 메시지에 반응하여 수신자가 보내는 메시지로서 수신자에게 메시지의 의미와 지식을 제공하고, 전달자에게 문제를 수정할 수 있는 기회를 제공할 수 있다. 따라서 피드백기술이란 어떤 결과에 대한 지식이나 이전에 이루어진 의사소통의 효과에 대해 주고받는 능력을 말한다. 피드백 방법에는 언어적 방법과 비언어적 방법이 있다(Hoy & Miskel, 2008).

이러한 의사소통은 모든 사회, 모든 조직 또는 개인 간에도 일어나고 있다. 가족의 예를 들어 보면, 가족구성원 사이에서도 끊임없는 의사소통이 이루어지고 있다. 모든 가족은 암묵적이든 명시적이든 그들의 상호작용을 관리하는 규칙을 가지고 있으며 그러한 규칙들은 활발한 상호작용 유형을 촉진하게 된다. 가족이 얼마나 잘 기능하느냐 하는 것은 여러 가지 요인들이 영향을 미치겠지만 가족의 의사소통이 명확하게 이루어지는 것도 중요하다.

이는 부부간에도 마찬가지이다. 부부간에 얼마나 활발하게 소통이 이루어지느냐에 따라 상호 이해도는 높아질 것이고 더 친밀한 관계가 형성될 것이다. 나아가 부모-자녀 간의 의사소통, 가족구성원 간의 의사소통은 더 활기찬 가족공동체를 형성하게 될 것이다. 실제로 가정에서 규칙이 명확하고 의사소통이 명확하게 이루어질 때 가족치료(family therapy)에도 유용하게 적용된다(Chao, 2015). 뿐만 아니라 오늘날 한 사람 또는 집단으로부터 다른 사람에게 정보를 전달하는 의사소통은 어떤 사회의 경우라도 결정적이다(Giddens & Sutton, 2015).

따라서 일방적 소통이 아니라 쌍방의 소통을 통해서 서로의 생각을 정확히 이해함으로써 건강한 사회, 건강한 가족공동체를 형성하게 될 것이다.

(2) 의사소통 유형

모든 사람들은 각자 자신만의 의사소통 스타일을 가지고 있다. 시간이 지날수록 습관적으로 반복되는 스타일이 고정된다. 그러므로 부부간에도 의사소통 스타일에 차이가 있으며 이러한 차이로 인해 생기는 자존심의 상처, 두려움, 혐오감 등으로 자신의 감정을 표현하다보면 부부관계가 깨질 수도 있다. 그러므로 부부간에 서로 공격하지 않고 자신의 감정을 명료하게 전달하는 의사소통 기술이 필요하다. 그러기 위해서는 먼저 자신의 의사소통 스타일을 파악하는 것이 중요하다. 개인차가 있기는 하나 일반적으로 남녀 간의 의사소통 유형은 〈표 3-2〉와 같은 차이를 나타낸다.

표 3-2 남녀 간의 의사소통 유형

남자	여자
사실에 대한 이야기를 선호한다.	감정에 대해 이야기하기를 선호한다.
부부관계의 광의적인 측면에 초점을 둔다.	부부관계의 구체적인 측면에 초점을 둔다.
'yes'나 'no'와 같은 상대방의 결정을 원한다.	상대방의 공감이나 동의를 원한다.
상대방의 문제에 대한 원인과 해결책을 제시하는 경향이 있다.	상대방의 문제에 대한 이해와 공감을 표현한다. ("이해해")

효과적인 의사소통을 위해서는 부부는 대화에서 상대방을 존중하며 상호관계성 유지를 위해 노력해야 한다. 문제상황에 대한 해결책을 찾고 대안을 제시하여 건설적인 의사소통을 함으로써 건강한 결혼생활을 유지해야 한다. 원만한 부부관계를 유지하기 위한 효율적인 의사소통 방법은 다음과 같다.

첫째, 상대방의 말을 적극적으로 경청한다. 적극적 경청을 통해 상대방을 존중해 줌으로써 상대방으로 하여금 자신의 생각과 감정을 잘 표현할 수 있게 한다.

둘째, 상대방이 이야기할 때 이야기 도중 때때로 상대방의 말을 요약한다. 이때 상대방의 말을 자신의 말로 바꾸어 표현함으로써 상대방으로 하여금 자신이 말한

것을 확인할 수 있도록 한다.

셋째, 상대방의 감정을 충분히 공감하고 있음을 표현한다. 공감을 통해 상대방의 부정적 감정을 해소시켜 준다.

넷째, 상대방의 말에 의미 파악이 잘 되지 않는다면 보다 자세한 설명을 요청한다. 부정확한 해석이 오해와 갈등의 원인이 된다.

다섯째, '나'에 대한 메시지를 전한다. 상대방에 대한 나의 느낌을 차분하고 솔직하게 이야기한다.

여섯째, 구체적이고 긍정적인 표현을 한다. 가급적 부정적인 표현은 조심하며 특히 칭찬은 부부관계에 매우 중요한 힘이 된다.

일곱째, 진실한 마음을 담아 진정성 있는 말로 표현한다("사랑해", "미안해", "고마워").

(3) 부부갈등

다양한 사람들이 함께 생활해 나가는 과정에는 서로 생각이나 행동을 공유하는 부분도 있는 반면 서로 다른 입장을 가질 수도 있다. 사회가 복잡하면 할수록 이러한 입장 차이는 더 많이 발생할 수 있다. 이러한 것을 갈등(conflict)이라고 한다. 갈등이란 다양하게 정의되고 있는데 이를 정리해 보면 다음과 같다.

먼저 갈등(葛藤)의 한자를 풀어 보면 '칡'을 의미하는 갈(葛)과 '등나무'를 의미하는 등(藤)으로 이뤄지는데, 다시 말하면 칡과 등나무라는 뜻으로 일이 복잡하게 뒤얽혀 있다는 뜻이다. 갈등이란 사람들 사이의 공격적인 감정에 의해 촉발된 비합리적 다툼(Cremer, Dick, & Murnighan, 2011), 사람들 관계에서 일어나는 불일치(disagreement), 차이(difference) 또는 양립할 수 없는 상태(incompatibility)가 일어나는 것을 말한다(Feeney & Karantzas, 2017).

또는 갈등이란 동시에 두 가지 욕구를 가지고 있으나 한꺼번에 충족할 수 없고 양자택일을 해야 하는 경우 경험하는 현상 혹은 인간관계에서 서로의 욕구가 충돌하는 경우이다(설기문, 2000). 따라서 갈등이란 사람들 간의 관계에서 목표, 감정이나 행동의 불일치 혹은 차이가 발생하는 것을 의미한다.

갈등은 가정 내 가족관계 속에서 언제나 일어날 수 있다. 부부결속을 나타내는 중요한 단어 중 상호의존성을 꼽을 수 있는데, 상호의존성이 높은 경우는 친밀성을 가져오지만 또한 갈등의 소지도 있다. 더욱이 부부갈등이 정서적으로 야기될 때는 대립적 사고와 갈등 증폭으로 나타날 수 있다(Feeney & Karantzas, 2017).

부부간에 일어나는 갈등의 원인은 다양하다.

첫째, 서로 다른 가정에서 태어나 청소년기를 보낸 사람들은 성장배경에 차이가 있다. 성장배경이 다르다는 것은 서로 다른 문화를 경험했다는 것이다. 따라서 상이한 문화적 배경을 가진 부부가 함께 생활하면서 식습관, 행동, 가치관, 태도 등 다양한 측면에서 차이를 보임에 따라 갈등을 경험할 수 있다.

둘째, 부부간의 역할기대(role expectation)가 다를 수 있다. 남편은 부인이 해주기를 바라는 부분이 있고, 또 부인은 남편이 수행해 주기를 바라는 역할이 있을 수 있다. 이때 서로 부부 각자가 수행해야 할 역할을 제대로 수행하게 되면 갈등이 없으나 서로 기대하는 역할에 미치지 못할 때 갈등에 직면할 것이다.

셋째, 이외에도 부부간의 성격의 차이, 취미의 차이, 가족 규모의 차이, 부모-자녀 관계 등 다양한 요인에 따라 역할 갈등을 경험할 수 있다.

우리가 일상생활을 하면서 부딪히는 갈등을 어떻게 풀어갈 것인가?

갈등에 대한 반응은 크게 세 가지로 나눌 수 있다. 먼저, 건설적 참여 혹은 협동적 참여(constructive engagement or cooperative behavior), 파괴적 참여 또는 대결(destructive engagement or confrontation), 그리고 갈등회피 또는 무관심(conflict avoidance or detachment)이다.

건설적 참여 행동은 긍정적인 문제해결을 반영하는데, 여기에는 파트너에 대한 참여, 지원, 노출(disclosure), 책임감 수용 등이 포함된다. 반면에 파괴적 참여는 강압, 비난, 조종 등을 포함하는 지배적 접근이다. 갈등회피는 철회(withdrawal), 거리두기(distancing), 개방성의 부족, 토론 거부 등이 포함된다. 건설적인 참여는 상호토론과 협상력을 넓히며, 파괴적인 참여와 갈등회피는 비록 단기적으로는 갈등을 완화시킬 수 있으나 이러한 과정을 배척함으로써 계속 갈등을 만들어낸다(Feeney & Karantzas, 2017).

따라서 부부간에도 끊임없는 대화를 통하여 갈등을 건설적이고 생산적으로 해소할 수 있도록 노력하여야 할 것이다. 특히, 충분하고도 명확한 커뮤니케이션을 통한 화해의 방법을 찾아가야 할 것이다. 따라서 갈등에 직면할 때 소통을 통한 화해(communication & reconciliation)의 방법을 찾아보는 것도 생산적이고 건설적인 결과를 가져올 것이다. 부부간에 생길 수 있는 갈등의 요인들을 최대한 제거하고 갈등을 극복할 수 있는 방법을 제시해 보면 다음과 같다.

첫째, 먼저 사랑하라. 과잉보호 속에 자란 남녀는 이기적이어서 아이들처럼 사랑을 받으려고만 한다. 행복의 요소를 배우자로부터 찾으려고 하지 말고 먼저 사랑하라.

둘째, 서로에게 가장 소중한 존재임을 잊지 마라. 요즘에는 마마보이, 마마걸이 많아 고부갈등, 장모와의 갈등이 늘고 있으며 예전처럼 감정대립이 아니라 두 사람이 자란 가정의 문화차이로 인한 갈등이 많다. 그러나 두 사람이 서로에게 가장 소중한 존재라는 것을 기억하고 협력하여 갈등을 극복한다.

셋째, 부부관계를 지혜롭게 대처하라. 사랑은 저절로 생겨나는 것이 아니라 노력이 필요하다. 상대방을 칭찬하는 법이나 대화하는 법을 배운다는 태도와 마음가짐이 중요하다. 상대방의 사소한 나쁜 버릇에 너무 예민하게 대처하지 않으며 너그럽게 대하는 것도 지혜이다.

상자 3-1 부부싸움 시 유의할 점

- 자신의 불편함을 과장되게 표현하지 않기
- 상대방의 문제를 지나치게 깊이 분석하려 들지 않기
- 자신의 잘못을 분명하게 인정하고 책임지기
- 갈등 상황을 너무 오래 끌지 않기
- 싸움의 내용이 무엇인지 분명히 파악하고 문제의 핵심에서 벗어나지 않기
- 과거의 일까지 꺼내지 말고 '지금, 여기'에 대해서만 이야기하기
- 상대방의 약점은 건드리지 않기
- 본인의 말만 하지 말고 상대방의 이야기를 경청하기
- 승패를 가리려 하지 않기

2 부모되기

1) 부모됨의 의미

부모가 된다는 것을 한 마디로 말하기란 쉽지 않다. 왜냐하면 부모가 된다는 것은 부모와 자녀와의 관계에서 그 범위나 영역이 너무나 넓기 때문이다. 즉, 부모가 된다는 것은 부모의 역할 범위를 어디까지 볼 것이며, 부모로서 갖춰야 할 역할을 어떻게 학습해야 할 것인가가 문제가 된다. 이상적인 부모가 된다는 것은 결코 쉬운 일이 아니다.

부모됨이란 말은 parenthood와 parenting으로 나누어 이해할 필요가 있다. parenthood는 사회문화적, 법률적, 의학적, 그리고 교육적 규범, 담론 및 이념을 광범하게 배열해 놓은 것으로서, 이것들은 일상적인 parenting 경험과 관련되고 또 이것을 규정하는 것을 말한다. 반면에, parenting은 일상적으로 부모가 직면하는 실질적(practice)인 것들과 책임을 말한다. 물론 이러한 것들은 본질적으로 서로 관련되어 있다(McClain & Cere, 2013).

Parenting 개념에는 세 가지 책임, 즉 정서적(emotional responsibility)·공동체적(community responsibility)·도덕적(moral responsibility) 책임이 포함된다.

정서적 책임은 다른 사람의 욕구에 대한 배려(attentiveness), 반응(responsiveness), 주의 깊은 지식(careful knowledge) 그리고 자녀들 또는 부모라는 의식(parental consciousness)에 대한 확고한 사고과정을 가리킨다.

공동체적 책임이란 parenting이 가정은 물론이고 공동체에 토대를 두고 있다는 것을 인식하는 것이다. 이것은 자녀의 삶에 관련된 사람들을 사회적 네트워킹·조정(coordinating)·균형·협상·조화(orchestrating)를 통하여 가정적 영역과 공동체 영역을 연결한다.

도덕적 책임은 도덕적 존재로서 또한 그들이 부모로서 사회에서 당연히 행동해야 하는 것을 어떻게 느끼는가에 대한 사람들의 정체성이다.

부모는 자녀의 모든 발달 영역에 대해 부모 역할을 수행해야 하고, 자녀의 전체적인 생활에 관여해야 한다. 그러나 대부분의 부모는 부모됨에 대한 적절한 지식의 습득과 체계적인 교육 없이 부모가 된다. 시행착오를 거치면서 스스로 방법을 발견하거나 책자나 매스컴을 통해 지식을 직접 찾아내거나, 자신의 부모를 모델로 삼아 부모 역할을 수행하고 있다.

부모됨의 의미를 부모의 입장과 자녀의 입장으로 나누어 설명하고자 한다.

(1) 부모 입장

① 자기 확장

부모는 자녀가 자신의 행동이나 태도들을 배워서 자신과 유사한 특성을 소유하는 것을 보면서 자녀를 통해 자기를 이어준다는 지속감을 갖고 만족감을 얻는다.

② 인지적 · 정서적 발달의 촉진

부모는 자녀와 상호작용하고 사회적인 다양한 경험을 제공하면서 인지를 발달시키고 위험으로부터 보호하며, 정서적 교류를 갖게 됨으로써 서로 간에 애정과 관계 욕구, 성취감을 맛볼 수 있다.

③ 사회적 지위의 획득

여러 가지 어려운 경제적 · 교육적 책임과 의무가 생김에도 불구하고 자녀가 결혼을 하고 부모가 되어서야 비로소 한 성인으로서 인정을 받는다.

④ '생'의 의미 경험

부모는 삶의 생애주기를 경험하고 생활의 의미를 재구성하게 된다. 즉, 개인의 역할, 봉사, 책임 등을 수행함으로써 인생의 진리를 성찰하게 된다.

(2) 자녀 입장

① 개인발달에 결정적 역할

자녀는 발달시기별로 필요한 보호와 자극을 부모로부터 받고 학습하며 성장한다. 어린 시절 부모의 양육태도는 자녀의 출생순위, 기질, 강점 등에 차이를 보인다.

② 사회적 지위 부여

부모의 사회적·경제적 신분과 지위는 자녀의 객관적인 신분이 된다. 독립된 성인이 되기까지는 성취적 지위보다 부모로부터 부여받는 귀속적 지위가 작용한다.

③ 평생 지속되는 관계

생후 초기에는 부모에게 전적으로 양육을 받으며 점차 성장해서 심리적·경제적·사회적으로 독립을 하게 된다. 이후 서로 정서적 협력자로서의 관계를 맺게 됨으로써 성숙한 성인으로서의 대등한 관계를 평생토록 유지해 간다.

상자 3-2 부모됨에 대한 신화

- 자녀 키우기는 재미있다.
- 아이들은 사랑스럽고 귀엽다.
- 좋은 부모를 만나면 자녀는 훌륭하게 성장한다.
- 자녀는 부모의 결혼생활을 향상시킨다.
- 요즘 젊은 부모들은 예전의 부모만 못하다.
- 현대의학 및 현대문명의 발전, 아동심리학 등의 혜택으로 인해 요즘은 자녀 키우기가 더 쉬워졌다.
- 요즘 자녀들은 부모가 제공하는 모든 편의에 감사한다.
- 자녀를 기르기는 어렵지만, 이들이 좀 더 나은 세상을 만들 것이다.
- 자녀를 성공적으로 키우기 위해서는 부모가 모두 있어야 한다.
- 사랑만 있으면 좋은 부모 역할을 수행해 낼 수 있다.

- 결혼한 부부는 반드시 자녀를 낳아야 한다.
- 자녀가 없는 부부는 좌절되고 불행하다.
- 부모는 모두 성숙한 성인이다.
- 자녀가 자라서 성인이 되면 부모로서의 임무는 끝난다.
- 부모 역할하기는 우리 사회에서 최우선적으로 고려된다.

출처: 박성연 외(2008). 자녀와의 진정한 만남을 위한 부모교육. 교육과학사.

상자 3-3 예비 부모 체크리스트

- 아이를 갖기를 간절히 원하는가?
- 부모 역할을 잘할 준비가 되었는가?
- 부모가 되면 오게 될 생활의 변화를 인지하고 있는가?
- 아이를 키울 수 있는 경제적 능력이 있는가?
- 아이를 갖기에 충분히 건강한가?
- 자녀양육을 위한 교육관을 정립하였는가?

출처: 최혜순(2013). 부모교육. 동문사. p.42.

2) 부모됨의 동기

부모됨의 동기는 사람마다 다르고 다양하며, 부모의 심리적 과정을 나타내는 것이기 때문에 부모의 자녀양육 태도를 결정하는 요인이며, 부모됨 여부를 결정하는 데 영향을 준다. 부모가 되는 동기는 여러 가지 유형이 있으나 특정한 한 가지 요인보다는 복합적인 요인이 작용한다. 라빈(Rabin, 1965)은 부모가 되는 동기를 〈표 3-3〉과 같이 설명하였다.

▌표 3-3▌ 부모가 되는 동기 유형

동기 유형	특성
숙명적 동기	• 운명에 순종한다는 사고 • 종교적 신념에 따르는 사고 • 자녀를 통해 가계를 잇는다는 사고
이타주의적 동기	• 자녀에 대한 관심과 애정을 위한 비이기적 소원 • 부모가 되고자 하는 기본적 욕구
자기도취적 동기	• 자녀를 가짐으로써 심리적 안정을 얻을 수 있다는 사고 • 자녀를 가짐으로써 성인대열에 속했다는 심리적 안정 유지 욕구
도구적 동기	• 자녀를 통해 대리보상을 충족하고자 하는 욕구 • 부모에 만족감을 주기 위한 사고 • 부부간의 불화를 방지할 수 있다는 의식

출처: 김명희(2003). 현대사회와 부모교육. 교육아카데미.

부모가 되기 위해서는 무엇보다 부부관계가 안정적이어야 한다. 자녀 출산과 양육에 따르는 많은 변화가 있고, 변화에 의한 스트레스가 유발되며 그에 따른 많은 노력이 요구된다. 따라서 부모됨을 결정하기 전에 부부관계를 점검하고 자녀 출산과 양육에 따른 부정적 영향을 최소화시켜야 한다. 부모됨을 위해 점검해야 할 부부관계의 내용은 다음과 같다.

첫째, 배우자와 충분한 시간을 통해 서로에 대해 잘 이해하고 있는가? 둘째, 부부간의 낭만적인 경험을 기대에 비해 어느 정도 충족시켰는가? 셋째, 부부간의 성적인 문제를 해결하기 위해 충분한 시간을 보냈는가? 넷째, 배우자 중 한 사람이 인생의 전환기를 맞고 있지는 않은가?(진로문제 등) 다섯째, 배우자 중 한 사람이 실패나 좌절, 가족관계 등 큰 스트레스 요인은 없는가? 여섯째, 부부관점이나 의사소통 방법 등의 차이가 심하지는 않은가? 일곱째, 부부간에 자녀라는 존재가 생김으로써 현재 관계가 변화할 것에 대해 준비가 되었는가?

3) 부모됨의 준비

최근 결혼 연령이 지연됨에 따라 첫 부모됨의 시기도 지연되는 경향이 있다. 통계청(2016)에 의하면 평균 초혼 연령은 남자 32.6세, 여자 30.0세로 전년대비 각각

0.2세 상승한 것으로 나타났다. 2015년에는 여자의 평균 초혼 연령이 처음으로 30대에 진입한 것으로 나타났다. 이는 여성들의 교육수준이 높아지면서 사회 진출의 증가 및 높아진 경제적 상황에 기인한다. 개인적 상황에 따라 자녀를 양육하는 적절한 시기는 다를 수 있으나, 공통적으로 관련되는 사회적인 요인들이 존재한다. 우리나라 여성의 평균 초혼 연령의 변화추이는 [그림 3-1]과 같다.

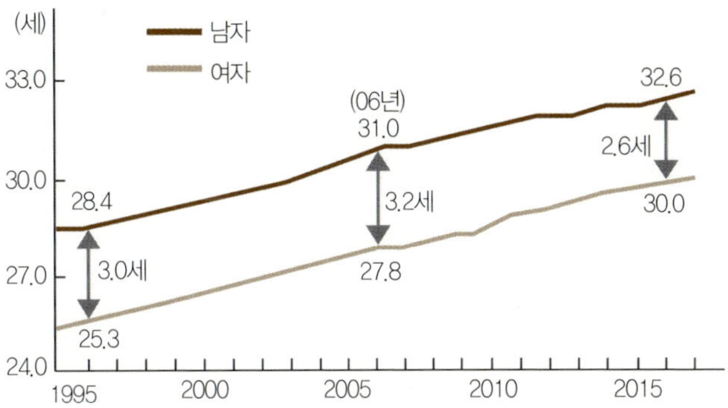

▌그림 3-1▐ 평균초혼 연령(1995~2015)

출처: 통계청(2016).

이러한 변화추이를 통해 바람직한 부모됨을 위한 준비요소를 정리해 보면 다음과 같다.

첫째, 무엇보다 우선적으로 부부가 마음의 준비를 해야 한다. 준비 없는 임신은 불안・두려움과 같은 심리적 부담감, 경제적 준비의 미흡 등으로 인해 태아에게 해로운 성분을 섭취하는 등의 우려가 있다. 또한, 출산 후의 상황으로 인한 스트레스와 갈등을 예방하기 위해서 반드시 마음의 준비 후 계획하여 부모가 되어야 한다.

둘째, 부부의 신체적 건강 여부를 확인한다. 또한, 자녀출생으로 인한 여러 가지 변화를 감당할 만큼 정서적으로 안정되어 있는지 상태를 체크한다. 아내의 경우에는 출산으로 인한 신체적 변화를 극복할 수 있을 만큼의 충분한 자아존중감이 있어야 한다.

셋째, 자녀를 갖기에 적당한 시기인지 부부관계의 안정성을 확인한다. 부모의 연령은 자녀를 출산하고 양육하는 데 중요한 영향을 끼치므로 부부의 나이를 고려한다.

넷째, 경제적인 준비가 되어 있어 자녀양육 비용을 충당할 수 있을 정도로 재정적인 안정이 필요하다.

다섯째, 양육에 대한 준비를 갖추어야 한다. 부부의 직업이 안정적인지, 자녀출산에 따른 영향과 양육시간 부족 등으로 인한 도움을 받을 수 있는 가까운 가족이나 이웃이 있는지 확인한다. 또한 직업과 자녀양육을 양립할 수 있는지 확인하고 준비한다.

4) 바람직한 부모됨

바람직한 부모되기란 결코 쉬운 일이 아니다. 왜냐하면 부모들이 바람직한 자녀 지도를 위해서 갖추어야 할 것들이 너무나 많고 다양하기 때문이다. 부모들이 자녀교육에만 전념해도 평생 실현할 수 있을까 의문이 들 정도로 어려운 일이지만 종합적으로 부모들이 이해해야 할 자녀교육 관련 내용들을 간략히 정리해 보면 다음과 같다(Berger & Riojas-Cortez, 2012).

부모라는 용어에는 주된 양육자, 혹은 부모의 역할을 하는 사람, 생물학적인 부모, 친척, 낳아준 부모, 길러준 부모, 혹은 아무 관련이 없는 양육자 모두가 포함된다. 사실 부모는 한 사람이거나 개인의 그룹으로 아이들의 인지적, 언어적, 신체적, 사회적, 문화적 욕구를 충족시켜 줄 수 있는 사람일 수 있다.

이러한 관점에서 보면 부모는 자신의 역할을 알아야 하고, 어느 정도 지식을 갖추어야 하며, 자녀들이 사물을 어떻게 보고 어떻게 인지하느냐 하는 방법도 알아야 할 것이다. 이에 따라 부모들이 갖춰야 할 점을 크게 몇 가지로 나누어 제시해 보고자 한다.

첫째, 부모들은 그들이 처한 생태적 체계를 알 필요가 있다. 왜냐하면 자녀의 발달은 그들의 환경 안에서의 다양한 경험과 밀접하게 관련되어 있기 때문이다. ① 미시체계는 자녀의 상호작용, 활동에 영향을 줄 수 있는 부모와 형제와 같이 아주 가까운 관계에 있는 사람들 혹은 교사를 포함한다. ② 중간체계는 조금 더 공식적인 기관과의 관계를 포함한다. 학교, 가족, 형제, 건강양육 서비스, 종교단체, 그리고 놀이터 등을 포함한다. ③ 외체계는 개인적 상호작용과는 조금 거리가 있지만 여전히 아이들의 부모, 부모의 근무환경, 정부의 정책 등이 포함된다. ④ 거시체계는 문화의 이데올로기나 태도 등을 포함한다. 예를 들면 환경적인 요소들, 문화적인 전통, 법률, 관습 등을 포함한다. ⑤ 시간체계는 시간차원을 포함하는데 이는 자녀의 환경변화와 밀접한 관계가 있다. 예를 들어 시간체계는 자녀가 나이 들어가거나 부모 혹은 가족의 노화, 죽음 등을 포함한다.

둘째, 부모들은 부모-자녀 간의 애착을 발달시킬 때 특별한 배려심이 생긴다. 부모-자녀 간의 안정적인 애착형성은 관계에서 매우 중요하다.

셋째, 부모나 양육자와의 언어적 상호작용이 필요하다. 안정된 환경을 제공하는 것은 자녀들로 하여금 가치와 존엄성을 느끼게 해준다. 또한 애정과 편안한 방식으로 자녀를 대함으로써 안정과 긍정적인 관계형성이 발달에 중요한 영향을 미친다.

넷째, 발달에서 부모, 양육자와의 감정적, 인지적 상호작용은 매우 중요하다. 자녀의 감정과 뇌 발달 사이에는 생애 초기에 결정적 연관성이 있다. 건전한 감정발달과 더불어 문제해결, 지각, 논증과 같은 강한 인지능력을 발달시키기 위해서 다양한 감정을 지지해 주어야 한다.

다섯째, 두뇌는 출생 시 완성되어 있지 않으나 영양상태, 보육, 자극에 많은 영향을 받는다. 자녀가 경험하는 가족의 상호작용, 환경과의 상호작용은 건강한 발달에 결정적인 영향을 미친다.

여섯째, 자녀의 조기경험은 중요하다. 어릴 때의 경험은 이후의 성장과 능력에 영향을 미친다.

이처럼 자녀가 원만한 사회적 존재로, 그리고 더 발달된 개인으로 자라는 데는 부모의 많은 지원이 필요함을 알 수 있다. 그러나 현실적으로는 부모들이 자녀의 성장과 발달에 바람직한 환경을 모두 갖추어서 제공할 수는 없을 것이다. 따라서 기본적인 부모교육도 필요하겠지만 가족을 둘러싼 학교와 지역사회 등의 공동 노력이 필요하다.

3 일과 가정

1) 일과 가정의 갈등

20세기 중후반부터 일과 가정의 균형 또는 양립(work-family balance)이라는 말이 많이 등장하였다. 물론 이러한 말에는 직장에서의 일과 가정생활의 균형이라는 의미도 있지만, 공식적인 출퇴근의 개념이 아닌 집에서도 직장업무를 볼 수 있다는 재택근무의 의미도 포함되어 있다.

1980년을 전후로, 일부 심리학자들을 주축으로 주로 일과 가정 사이의 역할갈등이 주요한 연구 주제로 다루어지기 시작했는데(김수정 · 이상민, 2013), 일과 가정의 균형은 영국 정부가 2000년 주요 캠페인에 나선 이래로 널리 논의되었다. 이는 조직구성원들이 직무공유나 근로시간 자유선택제와 같이 융통적인 시간 사용을 주장하며 시작된 것으로, 조직구성원의 개인 생활에 대해 증가하는 요구들과 유급 노동 사이에 조화를 이룰 수 있도록 사용자들이 이를 돕도록 하는 것이다(이희정, 2012).

일과 가정의 균형에 관한 연구가 빈번히 일어남에도 불구하고, 공식적인 개념 정의를 찾기는 쉽지 않다. 그린하우스(Greenhaus, 2011)는 근로자들이 자신의 생활 속에서 실질적인 만족감을 느낄 때 일과 가정의 균형감을 경험한다고 하였다. 그 결과 일과 가정 영역에서 실질적인 만족감을 촉진하는 요인은 균형감을 높이고, 일과 가정 영역에서 실질적인 만족감을 저해하는 요인은 일과 가정의 균형감을 약화시킨다고 하였다. 따라서 일과 가정의 갈등을 일과 가정의 균형에 선행요건으로 보았다. 결론적으로 가정지원적인 정책이 일과 가정의 만족도를 증대시킨다(Greenhaus, Ziegert, & Allen, 2012).

클락(Clark, 2001)은 일과 가정의 양립이라는 말은 역할갈등을 최소화하면서 집과 가정에서 만족감과 좋은 기능을 하는 것으로 정의하였다. 김정운과 박정열

(2004)에 의하면, 일과 가정의 균형이란 직장인들이 일과 일 이외의 가정생활 등을 조화롭고 균형 있게 만들어 줌으로써, 직장인들에게는 개인적인 삶의 만족을 제공하며 이를 통해 회사는 생산성을 높일 수 있다. 직원들의 일과 가정 간의 균형을 유지하는 데 가장 중요한 것은 지금까지 간과해왔던 직원들의 심리적 균형을 배려하는 것이다. 즉, 임금·승진과 같은 외적 보상을 통해서 직원들을 움직이는 것이 아니라 직원들 스스로에게 즐거움, 행복, 재미를 추구하는 내적 보상이 가능하도록 경영 환경을 바꾸는 방식이다.

이러한 점에서 일과 가정의 양립 또는 균형이란 가정과 직장에서의 역할갈등을 최소화하면서 가정생활과 직장생활에서의 상호 만족감을 높임으로써 훌륭한 역할수행을 통해 일과 가정생활 모두 만족감을 느끼는 것으로 볼 수 있다.

2) 일과 가정의 연계

일과 가정에 대한 연구는 종전까지 주로 갈등적 측면에서 개인의 정신적·육체적인 삶뿐만 아니라 가족구성원, 직장, 동료, 조직성과, 나아가 전체 사회에 이르기까지 광범위하게 부정적인 영향을 미치는 결과를 보여 주었다. 그러나 최근에는 일과 가정의 역할수행에서 갈등만 나타나는 것이 아니라 서로를 증진·향상·촉진시킬 수 있다는 관점이 제기되면서, 일과 가정의 연계를 강조하는 흐름으로 변하고 있다. 한 영역에서의 역할수행 과정에서 얻어진 경험이나 심리적·물질적 자원이 다른 한 영역의 역할수행에 전이되어 긍정적인 성과를 향상시킬 수 있다는 것이다(김수정·이상민, 2013).

일과 가정의 갈등으로 인한 직무스트레스는 여러 가지 부정적 결과를 가져올 수 있다는 문제점이 제기되면서 갈등의 해결방안이 제시되어 왔다. 산업화가 가속화됨에 따라 맞벌이가정이 늘어나면서 육아와 부모 부양 같은 가정에서 이루어지던 일이 가족구성원에게 부담으로 다가와 일과 가정의 양립으로 인한 갈등을 더 이상 가정만의 문제가 아니라 사회 및 국가의 제도적 차원에서 해결점을 찾으려는 노력이 시도된 것이다. 직장에서는 직원의 가족에 대한 역할과 직장생활과의 균형 유지를 위해 직원의 가정에 어떤 문제가 있는지, 이러한 문제가 업무에 어떤 영향을 주고 있는지 관심을 가지고 직원 자녀의 육아 부담을 덜어주거나 직원 가족을 지원하는 여러 가지 노력이 보다 강구되어야 한다.

이희정(2012)은 일-가정 조화에 관한 이슈의 변천과정을 〈표 3-4〉와 같이 제시하였다.

표 3-4 일-가정 조화에 관한 이슈의 변천

구분	일-가정 갈등 (work-family conflict)	일-가정 비옥화 (work-family enrichment)	일-가정 균형 (work-family balance)
연구모형	자원소모 모형	상호작용 모형	상호균형 모형
연구초점	일-가정 갈등의 최소화	다중역할수행의 긍정적 상호작용	일-가정조화
연구내용	시간, 긴장, 행동에 근거한 갈등	균형, 촉진 긍정적 전이	가정친화 경영과 정책

〈표 3-4〉에 나타난 바와 같이, 일-가정 조화에 관한 초기 연구는 주로 일과 가정의 갈등에 관한 것이었다. 그러나 점차 직장에서의 일과 가정생활의 균형을 강조하는 방향으로 이동하고 있음을 알 수 있다. 즉, 직장에서의 업무수행과 가정에서의 역할수행 간에 갈등을 최소화시키면서 직장에서의 업무만족도와 가정에서의 충실한 역할수행의 균형을 극대화시킬 수 있는 지원책이나 방안이 모색되어야 할 것이다.

3) 일과 가정의 양립 실태

우리나라 고용률은 2015년 기준 남성 71.1%, 여성 49.9%로 여전히 여성고용률이 낮은 편이다. 그러나 여성고용률은 지속적으로 증가하여 남성과의 고용률 격차가 21.2%로 전년보다 좁혀졌으며, 최근 3년간 지속적으로 감소한 것으로 나타났다(통계청, 2016). 여성의 고용률은 25~29세와 45~49세에서 68.6%로 가장 높게 나타났는데, 이것은 여성의 결혼 연령 및 육아 등의 시기와 맞물려 있다. 즉, 여성의 경우 일반적으로 30대에서 40대 초반까지를 가장 왕성한 경제활동을 할 수 있는 시기라고 생각할 수 있으나 이 시기는 육아와 깊은 관련이 있기 때문에 30대를 기점으로 결혼·임신·출산·육아 등으로 인한 경력단절이 발생하는 것이다. 이러한 현상은 최근 10년간의 여성 전체 고용률이 전반적으로 상승하였으나, 30대 고용률 저점이 30~34세에서 35~39세로 이동하면서 35~39세의 고용률은 하락하였다는 것으로도 알 수 있다.

2016년 우리나라 총인구는 5,080만 1천명이면 이 중 여성인구가 2,542만 1천명으로 전체 인구의 50.0%를 차지하고 전년보다 0.4% 증가하였다. 1인 이상 사업체의 여성 월평균 임금은 2015년 178만 1천원(남성 2837만원)으로 남성 임금의 62.8% 수준이며 전년(63.1%)보다 0.3% 감소하였다. 여성취업의 가장 큰 장애요인은 남녀 모두 육아부담(47.5%)이었고, 다음은 여성에 대한 사회적 편견 및 관행으로 나타났다. 이를 여성 연령대별로 살펴보면, '육아부담'은 30대에서 65.4%로 가장 높게 나타났으며, '사회적 편견 및 관행'은 연령이 낮을수록, '가사부담'은 연령이 높아질수록 여성취업에 장애가 된다는 의견이 많았다(통계청, 2016). 여성의 경제활동을 장려하기 위해서 여성의 사회진출에 방해되는 사회적 요인의 문제를 해결해야 하는 과제가 남아 있음을 알 수 있다.

또한, 2014년 10월 기준 맞벌이가구는 518만 6천 가구로 유배우가구의 43.9%를 차지하였으며 2013년보다 1.0% 증가하였다. 연령대별로 보면, 40~49세의 맞벌이가구 비율은 51.8%로 지속적으로 유배우가구의 반 이상을 차지하고, 50~59세는 2014년에 51.3%로 절반을 넘어섰다. 그러나 30~39세의 맞벌이가구 비율은 42.1%로 전년보다 1.5% 증가하고, 15~29세는 37.4%로 전년과 같은 수준이었다. 2015년 여학생의 대학진학률은 74.6%로 전년과 동일하나, 남학생은 67.6%에서 67.3%로 오히려 감소하였다(통계청, 2016). 이처럼 여성인구의 대학 진학률이 남성을 초월하였는데도 고용률은 오히려 뒤쳐진다는 것은 역시 인적자원의 효율적 활용 측면에서 낭비요인으로 지적될 수 있다. 뿐만 아니라 여성들은 조기에 취업을 하더라도 중도포기하는 경력단절현상이 일어나고 있다. 경력단절 사유로는 첫 번째 이유로 '결혼'이 36.9%로 가장 높았고, 이어서 '육아'(29.9%), '임신 · 출산'(24.4%), '가족 돌봄'(4.9%), '자녀교육'(3.9%) 순으로 나타났다(통계청, 2015.12.7).

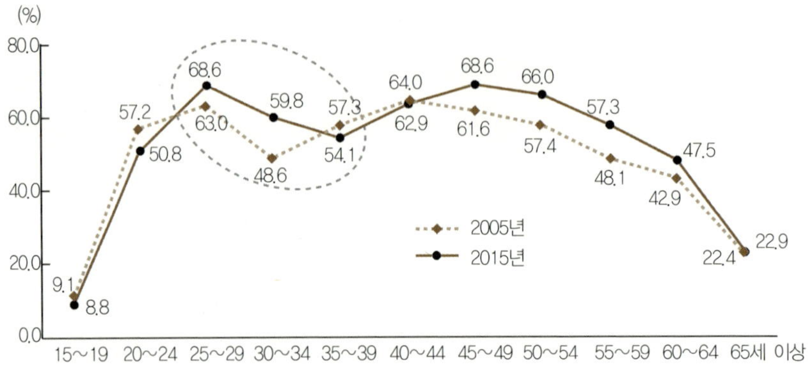

▌그림 3-2▌ 연령대별 여성고용률

출처: 통계청. 경제활동인구연보.

[그림 3-2]의 내용과 같이 2015년 여성의 고용률은 25~29세와 45~49세에서 68.6%로 가장 높게 나타났다. 결혼 · 임신 · 출산 · 육아 등의 경력단절이 발생하는 30대를 기점으로 25~29세와 40대의 여성고용률이 상대적으로 높은 것을 알 수 있다. 최근 10년간 여성 전체 고용률은 전반적으로 1.5% 상승하였으나, 30대 고용률 저점이 30~34세에서 35~39세로 이동하면서 35~39세의 고용률이 하락하였다. 이러한 점에서 결혼 · 임신 · 출산 · 육아 등의 이유로 여성들의 경력단절이 발생되지 않도록 국가적으로 다양한 지원정책과 제도가 필요하다.

통계청(2016)의 보도자료에 의하면, 맞벌이 남자의 가사노동시간은 40분으로 5년 전 37분보다 3분 증가하였으며, 여자는 6분 감소(3시간 20분 → 3시간 14분)한 것으로 나타났다. 또한 비맞벌이의 경우는 5년 전보다 남자는 8분 증가하고 여자는 2분 감소하였으며, 맞벌이 남자의 가사노동시간이 비맞벌이 남자보다 7분 적은 것으로 나타났다. 이를 보면 다음 [그림 3-3]과 같다.

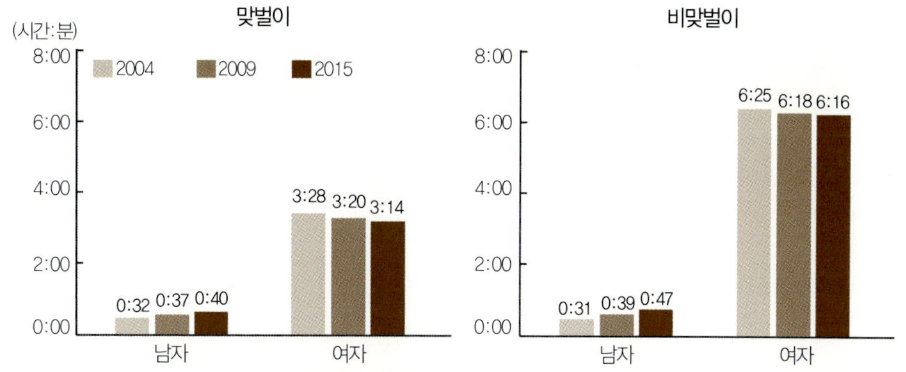

그림 3-3 맞벌이 상태별 가사노동시간

표 3-5 가사분담에 대한 견해와 실태 (단위 : %)

구분		부인이 주도	부인이 전적으로 책임	부인이 주로 하지만 남편도 분담	공평하게 분담	남편이 주도	남편이 주로 하지만 부인도 분담	남편이 전적으로 책임
견해	2008	66.5	6.7	59.8	32.4	1.1	0.9	0.2
	2010	61.3	6.4	54.9	36.8	1.9	1.6	0.3
	2012	52.0	5.3	46.7	45.3	2.7	2.2	0.4
	2014	50.2	5.3	44.9	47.5	2.3	1.9	0.4
실태	남편	80.5	25.0	55.5	16.4	3.1	2.3	0.8
	부인	81.5	29.6	51.9	16.0	2.5	2.0	0.5

또한 〈표 3-5〉에 의하면, 2014년 가사를 '공평하게 분담'해야 한다는 생각은 47.5%로 그 비율은 계속 증가하고, 가사를 '부인 주도'로 해야 한다는 생각은 50.2%로 계속 감소하는 것으로 나타났다. 2014년 부부가 함께 살고 있는 가구 중 실제로 가사를 '공평하게 분담'하고 있는 남편은 16.4%, 부인은 16.0%로 생각과 행동 간에 큰 차이가 있는 것으로 나타나 생각 따로, 행동 따로의 모습을 보였다.

부부의 가사분담에 대한 실태를 보면, 2008년에는 가사를 부인이 주도해야 한다고 생각하는 비율이 약 90%에서 2014년에는 약 80%로 거의 9% 정도 감소하였다. 가사를 공평하게 분담해야 한다는 비율도 2008년보다 2014년에는 약 두 배 정도 증가하였다. 이를 살펴보면 가사는 거의 여성의 몫이라고 생각하는 경향이 많았으나 불과 몇 년 사이에 남녀의 인식에 큰 변화가 나타난 것을 알 수 있다. 이러한 현상은 여성의 사회진출 증대와 자녀양육 공유 그리고 가사에 대한 인식변화 등으로 인한 가사역할 분담 등의 영향이 큰 것으로 보인다.

일과 가정의 양립을 위해서 남편의 역할이 가사 보조자로서의 역할분담보다는 적극적인 가사 주도적인 역할을 담당하는 현실적인 실천이 요구된다.

상자 3-4 일과 가정 양립을 위한 지원정책

각 나라의 일과 가정생활의 양립

- 독일: 3~6세까지의 모든 아동에게 공공보육시설 이용 권리를 부여하고 있으며, 모든 출산 여성은 14주의 유급 출산휴가제도를 이용할 수 있다.
- 일본: 출산휴가는 14주이고, 출산휴가 이후 12개월의 육아휴직을 사용할 수 있다. 또한, 3세 미만 자녀를 둔 노동자는 노동 시간 단축, 유연 근무 시간제, 업무 시작과 종결 시간의 조정, 시간 외 근무 면제, 직장 보육 시설 운영 중 한 가지를 선택하여 혜택을 받도록 하고 있다.
- 미국: 개별적으로 탁아소에 아이를 맡기거나 베이비시터를 고용하는 등 보육의 대부분을 가족의 비용으로 해결하고 있다. 빈곤 가족의 0~5세 자녀에 대해 정부에서 보육비를 지원해 준다.
- 스웨덴: 탄력 근무 제도가 보편화되어 있으며, 육아 휴직 기간인 480일이 지난 후 6세 이하의 유아는 탁아소나 가정 탁아 또는 시간제 탁아소 등에서 보육 서비스를 제공받는다.
- 덴마크: 9개월~7세까지의 모든 아동에게 보육 시설 이용에 대한 권리를 보장하며, 부모들이 내는 보육료는 실제 비용의 1/3 수준이다. 유급 출산휴가는 18주까지 보장된다.
- 영국: 아내의 유급 출산휴가는 36주이며, 출산휴가를 사용하지 않으면 이 중 최대 3개월까지를 남편이 유급으로 사용할 수 있다. 또한, 6세 미만 자녀가 있는 경우 유연 근무를 사용할 수 있는 권리를 법적으로 보장한다.
- 프랑스: 직장 여성은 출산 후 최장 3년의 육아휴직을 내거나, 국가가 운영하는 탁아소에 맡기거나, 베이비시터를 고용할 수 있다. 생후 3개월~3세 미만의 영·유아를 대상으로 하는 보육시설은 새벽 5시 30분부터 밤 10시까지 이용할 수 있고, 3세~5세 유아를 대상으로 하는 유치원은 전액 지원된다.

출처: 중등교과서 기술 · 가정

고용노동부

■ 시차출퇴근제, 선택근무제, 재량근무제, 재택근무제, 원격근무제 등의 유연근무제도를 도입하여 소속 근로자가 활용하도록 하는 사업주에게 간접노무비의 일부를 지원, 제도 도입에 필요한 인프라 구축비용의 일부를 지원하는 사업

– 지원대상: 유연근무제를 도입·활용하거나 재택·원격근무 인프라를 구축하는 우선지원 대상 기업의 사업주를 지원

■ 가족돌봄 휴직: 가족(부모, 자녀, 배우자, 배우자의 부모)이 질병, 사고, 노령으로 인해 돌봄이 필요한 경우 이용

– 특징: 가족(부모, 자녀, 배우자, 배우자의 부모)이 질병, 사고, 노령으로 인해 돌봄이 필요한 경우에 사용할 수 있는 휴직제도. 단, 사업주가 거부할 수 있는 사유에 해당되지 않아야 함

– 지원 내용: 연 90일을 사용할 수 있으며, 1회 사용 시 최소 30일 이상을 사용하여야 함. 휴직 중이므로 사업주는 임금을 지급하지 않아도 되며 승진, 퇴직금 산정, 연차휴가일수 가산을 할 때 가족돌봄 휴직기간도 포함. 연 90일 사용이 가능하므로, 1년에 90일을 사용하였더라도 다음 해에 90일 사용이 가능하며, 1년을 나누는 기준은 입사일, 회계연도 등 회사사정에 따라 정할 수 있으나 특별히 정한 바가 없으면 근로자의 입사일이 기준이 됨

여성가족부

■ 청소년 한부모 자립 지원: 청소년 한부모가 스스로 자녀를 키우고 조기 자립할 수 있도록 아동양육비, 검정고시 학습비, 고교생 학비, 자립지원 촉진수당 등을 지원

– 지원 대상: 한부모가족 중 모 또는 부의 연령이 만 24세 이하이고 소득인정액이 기준 중위소득 60% 이하인 청소년 한부모가족

구분	차상위계층 (기준 중위소득 60%)	
	2017년 기준 중위소득	기준 중위소득 60%
2인가구	2,814,449원	1,688,669원
3인가구	3,640,915원	2,184,549원
4인가구	4,467,380원	2,680,428원
5인가구	5,293,845원	3,176,307원
6인가구	6,120,311원	3,672,187원

– 지원 내용:

① 아동양육비: 소득인정액 기준 중위소득 60% 이하(생계급여 수급자 제외) 청소년 한부모가구의 아동 1인당 월 17만원 지원한다.

② 검정고시 학습비: 소득인정액 기준 중위소득 60% 이하(교육급여 수급자 제외) 청소년 한부모가구의 부 또는 모가 검정고시 학습 시 연 154만원 이내 지원

③ 고교생 학비: 소득인정액 기준 중위소득 53~60% 이하(교육급여 수급자 제외) 청소년 한

부모 가구의 부 또는 모가 정규 고교 과정 이수 시 입학금·수업료 실비 지원

④ 자립지원촉진수당: 생계급여 및 의료급여 수급자인 청소년 한부모가구의 부 또는 모가 학업이나 취업 등 자립활동 시 월 10만원 지원

여성가족부, 고용노동부

■ 여성새로일하기센터(이하 '새일센터')는 출산·육아 등으로 경력이 단절된 여성의 재취업을 전담하는 종합취업지원기관으로 직업상담, 직업교육훈련, 인턴십, 취업 알선, 취업 후 사후관리까지 취업지원서비스를 ONE-STOP으로 제공

– 지원 대상: 출산·육아와 가족구성원의 돌봄 등을 이유로 경제활동을 중단하였거나, 경제활동을 한 적이 없는 여성 중에서 취업을 희망하는 여성

– 지원 내용:

① 직업상담은 구직희망 여성을 대상으로 개인별·생애주기별 1:1 맞춤형 취업상담과 생애설계, 자신감 향상, 이미지메이킹 등 집단상담 프로그램 운영

② 직업교육훈련: 고부가가치 직종 전문인력 양성과정, 지역산업 수요를 반영한 전문기술·기업 맞춤형 과정 등 구직자의 직업능력과 취업역량 강화를 위한 교육과정 운영

③ 여성인턴제: 새일여성인턴제는 장기간 직장으로부터 이탈된 경력단절여성이 취업 후 직장에 적응할 수 있도록 인턴십 기회를 제공하고, 결혼이민여성인턴제는 결혼이민여성의 경제적 자립 지원 및 직장 적응을 위한 인턴십 기회를 제공

※ 인턴 연계 기업에 인턴기간(3개월) 동안 매월 인턴급여의 일부(월 60만원) 지원, 인턴 종료 후 상용직 또는 정규직 전환일로부터 3개월 이상 고용을 유지한 경우 인턴 및 기업 각 1회 취업장려금(60만원) 지원

④ 취업연계 및 사후관리: 여성새로일하기센터를 통해 취업한 경력단절여성들이 지속적으로 경제활동을 할 수 있도록 직장 적응교육, 고충상담 등 다양한 서비스를 제공하고, 여성친화적 기업 분위기를 조성하도록 기업체 환경개선을 지원

출처: 고용노동부(http://www.moel.go.kr/index.do), 여성가족부(http://www.mogef.go.kr)

감수성 높이기

1. 부부간의 의사소통에 장애요인을 떠올려 보고 대처방법을 이야기해 보세요.
   1) 상대방이 모욕적인 말이나 행동(폭력)이 잦아요.
   2) 상대방이 침묵으로 일관해요.
2. 부부 7계명을 정해 보세요.
3. 부모가 된다는 것은 어떤 느낌일까요?

▶ 부모가 되는 것에 대한 자신의 느낌에 해당하는 단어 찾아보기

화난	걱정스러운	나쁜	매력적인	이상적인	경쟁의	갈망하는
완전한	관심 있는	만족스런	용기 있는	어려운	유쾌한	두려운
고민하는	열망하는	행복한	고단한	열정적인	난처한	정직한
희망적인	실패한	흥미 있는	낙담한	긴장한	감사하는	비참한
안정적인	기분 좋은	낭만적인	참지 못하는	부적당한	신비로운	신뢰하는
즐거운	외로운	사랑스러운	행운의	성숙한	망설여지는	자극적인
힘든	상호적인	자연적인	고통스러운	평화스러운	당황한	불쌍한
겁먹은	만족하는	이기적인	부끄러운	충격적인	불행한	따뜻한
진지한	설레는	압박하는	모범적인	의심스러운	위안이 되는	
동정적인	망설여지는	달콤한	불확실한	성실한	어른이 된다는	

▶ 가장 강렬한 느낌 및 이유

1.

2.

PART 02

자녀 낳고 키우는 이야기

Chapter 04

부모의 첫걸음

1. 임신
2. 출산
3. 육아 체험

- 세상에서 가장 아름다운 모습은 태아를 품고 있는 엄마의 D라인이다.
- 태교는 축복된 만남, 행복한 소통이다.
- 행복한 엄마 아빠에게서 행복한 아이가 태어난다.

여성 개인에게 임신과 출산은 일생에서 가장 큰 축복이며 변화이고 영적인 기쁨과 함께 생의 영속성을 의미하는 것이다. 임신과 출산은 개인적으로 보면 성스러운 새 생명의 탄생이기도 하지만, 가족공동체의 출발이자 사회구성원의 충원 기능을 수행한다는 점에서 매우 의미 있는 일이다.

이 장에서는 예비부모로서 임신과 출산에 대한 기초적인 지식을 알고, 부모가 될 준비를 한다. 또한, 육아활동을 체험해 봄으로써 부모의 마음을 이해하고 바람직한 역할 수행능력을 향상시킨다.

Chapter 04 부모의 첫걸음

1 임신

1) 임신과 출산의 의미

인간에게 가장 가치 있고 창조적인 일은 새 생명의 탄생일 것이다. 특히, 여성에게 출산은 생물학적인 과정일 뿐 아니라 심리사회적·문화적으로 여성이 경험하는 가장 의미 있는 사건이다(최양자, 2001). 뿐만 아니라 임신과 출산은 여성 개인에게는 일생에 가장 큰 변화이며, 축복이고 영적인 기쁨이 동시에 생의 영속성을 의미하는 것이다(김춘숙, 2008). 이러한 점에서 임신과 출산은 개인적으로 보면 성스러운 새 생명의 탄생이기도 하지만 가족공동체의 출발이자 사회구성원 충원 기능을 수행한다는 점에서 매우 의미 있는 일이다.

임신과 출산의 의미를 개인적, 가족적, 사회적 의미로 나누어 보면 다음과 같다(김춘숙, 2008).

첫째, 개인적으로 여성의 임신과 출산을 통한 부모됨은 자녀를 출산하고자 하는 개인의 심적 동기에 따라 의미부여가 다르다. 자녀를 갖고자 하는 여성의 심리적 동기에는 ① 자기연장감이나 만족감, 지속감과 같은 자아확장의 동기, ② 부모가 자녀에게 동일시 과정을 통해서 투사하고자 하는 창의적, 성취적 동기, ③ 자녀를 출산하고 양육, 보호하며 채우는 사랑과 애정에 대한 기본 욕구, ④ 희생과 헌신이 내포된 보람, 만족을 통해 얻는 기쁨, 행복감, ⑤ 출산을 통해서 부모의 위치가 되고 사회적 지위에 상관없이 자녀를 훈육, 지도하는 지도·권위에 대한 동기, ⑥ 성인으로서의 지위를 획득하게 되는 동기가 내포되어 있다.

둘째, 여성들은 가족적 의미로 자신뿐만 아니라 가족형성을 위해 결혼, 임신, 출산을 결정한다. 그러나 원하는 때에 임신이 되지 않았을 경우에는 그 선택을 후회해도 되돌릴 수 없다. 여성의 임신, 출산은 개인의 선택영역이지만 가족 안에서 결정되어야 하며, 가족과 사회가 영향을 미치고, 가족의 힘이 약해지면 사회의 힘도 미약해지고 이는 개인 힘의 약화로 이어지기 때문에 여성의 임신, 출산은 가족의 한 요원으로서의 가족적 영향을 고려해야 한다.

셋째, 사회적 의미로는 한 여성이 결혼으로 가족을 이루고 사회구성원의 최소단위로서 역할을 하며 한 생명을 탄생시키는 일은 좁은 의미에서는 개인의 일이지만, 넓은 의미에서는 사회의 구성원을 탄생시키는 것이다. 가족을 이루는 주인공은 부부이지만, 가정을 이루고 사회의 구성원을 교육하고 양육하는 출산의 사회적인 중요성은 매우 크다. 임신과 출산이 사회적으로 중요한 이유는 출산이 가족형성의 기초가 되기 때문이다. 또한 자녀는 부부의 버팀목 역할을 하며 출산을 통해 인구노령화를 감소시키고 국가발전을 위한 인적자원을 공급해 주는 기능을 수행한다.

2) 태내환경

태내환경은 태아에게 선천적인 환경으로 태아의 성장발달에 영향을 미치며, 나아가 출생 이후의 발달에까지 결정적인 작용을 한다. 태내환경에 영향을 주는 요인은 다양하다. 건강한 태내환경을 제공하여 건강한 아이가 태어나도록 하는 것은 부모의 마땅한 책임이자 의무이다.

태내환경을 임신부의 행동차원에서 조절해야 하는 근거를 정리하면 다음과 같다(장순복 외, 2001).

첫째, 스트레스를 줄여야 한다. 임신부의 정서상태가 태아발달, 건강에 영향을 주기 때문이다.

둘째, 임신에 해로운 나쁜 습관을 버려야 한다. 임부의 알코올 섭취는 태아의 뇌 성장을 저해하고 임부의 흡연은 임부의 이완기·수축기 혈압의 뚜렷한 증가와 심박동의 증가를 보이는 등 임산부의 흡연과 음주는 태반을 통해 직접 태아에게 영향을 미치기 때문이다.

셋째, 태아에게 환경적인 소음을 줄여야 한다. 태아는 청각성과 진동성 통로를 통해 소리를 들으며, 소음에 대하여 심장박동과 호흡, 움직임이 불규칙해지기 때문이다. 또한 임신부가 진동성 음향 자극을 받는 동안 임부에게는 별다른 증상이 없으나 전치태반인 28주의 태아는 흉벽의 빠른 움직임이 생기면서 놀랐음이 보고되었다. 따라서 태아에게 미치는 자극을 최소화해야 한다. 임신부가 뇌의 알파파를 형성하는 자연음향을 듣는 경우에 태아의 심박동 변이가 일정 범위 안에서 증가하였으므로 자연음향으로 인해 알파파가 생성되어 태아성숙도를 촉진시킬 수 있기에 엄마는 기분 좋은 음악이나 자연음향을 들어야 한다.

넷째, 산전환경에 따라 IQ가 의미 있는 차이를 초래할 수 있기 때문에 태아를 위해 안전하고 안정적인 환경을 만들어야 한다.

다섯째, 좋은 영양관리를 해야 한다. 자궁 안에서 아주 초기단계에 태아의 영양부족은 태아 신체의 구조적, 기능적 변화를 초래하기 때문이다.

여섯째, 즐거운 마음으로 출산에 임해야 한다. 분만에 대한 불안, 공포 등의 정신적 인자는 통증을 증가시키기 때문이다.

이 밖에도 임신부의 카페인(커피, 차, 초콜릿, 콜라 등) 섭취는 직접적인 이유는 되지 않지만 영아의 돌연사망 위험이나 자연유산과 관련이 있다는 연구결과가 보고되었다. 또한, 임신부의 질병은 태아에게 치명적이므로 임신 전에 B형간염검사, 매독 혈청반응검사, 혈액형검사, 풍진검사 등을 미리 해두어야 한다. 임신 전에 빈혈 유무를 판단하고 임신 중에는 철분 섭취를 위한 식습관에도 신경을 써야 한다. 방사선은 유전적 돌연변이의 원인이 되기도 하므로 임신 중 많은 방사선에 노출되었을 경우 유산이나 조산을 하는 경우도 있다. 또한 임신부가 불안이나 지속된 흥분상태, 큰 충격을 받거나 좌절을 겪으면 유산이나 조산이 되기도 한다. 이는 임신부의 정서 상태가 태아 발달에 영향을 주기 때문이다. 임신부의 신체활동은 필수적인데, 임신 중에 일을 하는 것은 특별히 해가 되지 않으나, 스트레스가 많은 근무환경이나 심한 피로감, 장시간 근무 등은 조산의 원인이 되기도 한다.

3) 태교

태교(prenatal education, 胎教)란 일반적으로 태내교육(胎內教育) 혹은 태중교육(胎中教育)의 약자로 사용된다. 태교는 임산부와 태아에게 영향을 미치는 주변의 모든 환경을 포함하여 10개월의 임신기간 동안 임신부가 보고, 듣고, 느끼고, 생각하며 행동하는 일체의 사고와 행동으로, 태아에게 직접적인 영향을 주며, 출생 후의 아이의 성장과 성격, 용모, 인격형성 등에도 영향을 미친다(오연주, 2013). 임신은 여성에게 신체적인 변화와 다양한 경험뿐 아니라 심리적, 사회적, 경제적 스트레스를 유발하는 힘든 과정이다. 임신부는 임신기간에 가족들과의 불편한 관계, 부부갈등, 심한 입덧, 분만에 대한 불안, 사회적 지지결여, 양육에 대한 걱정 등으로 인해 정서적으로 불안해질 수 있고, 모·태아애착 형성과 모성역할에 영향을 받을 수 있다. 따라서 임신 중 임신부와 태아의 정서적 안정과 태아를 전인적인 인간으로 성장 발달시키기 위한 교육적인 노력이 모두 태교에 해당한다(유현자, 2012).

옛날부터 동양에서는 태교의 중요성을 강조했다. 음식, 옷차림, 몸가짐, 행동 등에 특별한 주의를 요구하고 정성을 쏟는 등 부부관계부터 출산에 이르기까지 엄격한 수칙을 정해 지키도록 했다. 서양에서는 20세기 초까지만 해도 태교를 하나의 미신으로 여겼으나 최근에는 첨단장비를 통해 태아가 외부의 자극에 민감하게 반응하는 모습을 감지하는 등 과학적인 증명을 통해 탄생과학이라는 학문분야가 생기기도 하였다.

상자 4-1 구전되는 태교

- 가장자리에 앉지 않는다.
- 한 발로 몸이 기울어지게 서지 않는다.
- 반듯하게 썰지 않은 과일이나 고기를 먹지 않는다.
- 자극적인 음식을 먹지 않는다.
- 비뚤어지게 깔려 있는 자리에 앉지 않는다.
- 음란한 소리를 듣지 않는다.
- 아름다운 말을 하고 성현들의 글을 읽고 아름다운 시를 읽는다.
- 욕심이나 음욕, 투정이나 원한을 품어서는 안 되며, 잉태한 후에는 부부생활을 금한다.

또한, 태교는 부부가 함께 하여야 한다. 특히 임신기간 중 남편의 무관심한 태도는 아내에게 심리적으로 큰 스트레스를 준다. 임신부는 몸과 마음이 예민하고 불안정하여 사소한 일에도 감정의 변화가 심하기 때문에 각별히 신경을 써주어야 한다. 남편의 사랑과 세심한 배려, 관심으로 좋은 환경을 만들어 주는 것은 임신부의 정서적 안정에 매우 중요하다. 또한 임신이나 분만에 대한 올바른 지식을 가지고 임신 시 적절한 대처를 할 수 있는 능력을 갖추는 것도 중요하다. 이 외에도 가사의 부담을 덜어주어야 하며, 남편의 흡연은 유해한 환경요인이 되므로 좋은 아버지가 되기 위해 금연하는 것도 중요한 의무 중 하나이다.

상자 4-2 아빠가 하는 태교

아빠의 태교는 왜 필요한가요?

태담이란 태아와 대화를 주고받으며 아빠 엄마의 사랑을 전하는 태교법이며 임신 5개월의 태아는 청각과 오감이 발달해서 아빠 엄마의 감정과 목소리, 외부소리를 감지할 수 있다. 대화를 통해서 태아와 자주 접촉을 하면 태아의 우뇌와 좌뇌를 고르게 발달시켜 지적 능력과 정서발달에도 도움이 된다. 특히 뱃속에서 양수를 통해 소리를 듣는 태아는 주파수가 낮은 남자의 목소리를 더 잘 듣기 때문에 엄마보다 아빠의 태담 태교가 더 효과적이다.

출처: 여성가족부(2016). 초보아빠수첩.

실습 4-1 아빠 되기 자가진단

	아빠가 될 준비가 되었나요?	네	아니오
01	아내에게 사랑해, 고마워, 미안해 등의 감정표현을 자주 합니다.		
02	출퇴근할 때 아내, 아기와 인사를 나눕니다.		
03	아내의 배를 만지며 배 속에 있는 아기와 이야기를 나눕니다.		
04	아내의 몸과 불편한 곳을 마사지해 줍니다.		
05	태교와 출산 준비 교육에 함께 참여합니다.		
06	임신으로 인한 아내의 기분변화를 이해할 수 있습니다.		
07	아내의 정기검진 날짜를 체크하고 가능한 같이 가보려고 합니다.		
08	아내의 신체변화에 대해 긍정적인 이야기를 해 줍니다.		
09	임신과 출산에 대한 기초지식을 알고 있습니다.		
10	출산 준비에 대해 아내와 함께 의논하고 준비합니다.		
11	아내와 함께 육아 기술을 배우고 있습니다.		
12	아내와 집안일을 함께 합니다.		
13	출산 후 육아와 가사노동 분담에 대해 함께 계획합니다.		
14	육아일기를 씁니다.		
15	아기 방(아기의 공간)을 부부가 함께 꾸밉니다.		
16	아내와 아기를 위해 담배를 끊습니다.		

■ 채점 방법

- 총점 11개 이상 : 훌륭해요. 바로 아빠 되기 실전에 도전하세요.
- 총점 7~10개 : 잘하고 있어요.
- 총점 6개 이하 : 나아질 수 있어요.

"네"에 체크한 개수 = 개

출처: 여성가족부(2016). 초보아빠수첩.

4) 태아의 발달

수정 후 8주가 되면 신체 각 기관이 대부분 형성되어 사람의 모습을 갖춘다. 수정 후 8주까지를 배아, 이후부터를 태아라고 한다. 태아의 발달단계는 [그림 4-1]과 같다.

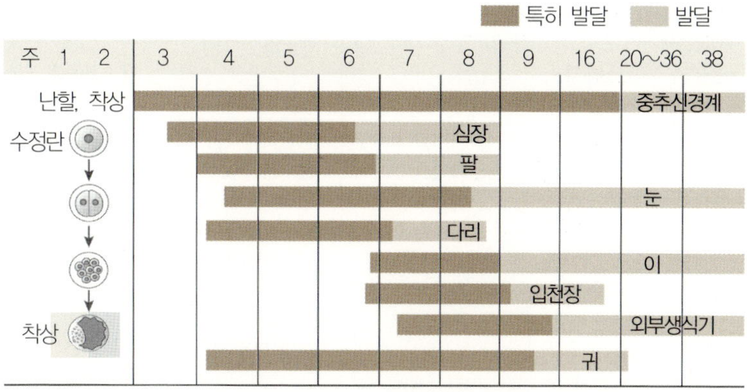

▌그림 4-1▐ 태아의 발달단계

태아의 기관 형성은 중추신경계가 가장 먼저 만들어지기 시작한다. 각 기관이 만들어지기 시작하는 시기와 완성되는 시기는 다르며, 완성되는 데 걸리는 시간도 각각 다르다.

또한, 임신기간 동안 임신부는 몸의 변화가 나타난다. 〈표 4-1〉에 10개월 동안 태아는 엄마 뱃속에서 어떻게 변화하는지 시기별로 나누어 살펴보고, 엄마 몸의 변화 및 유의사항 등을 정리하였다.

▌표 4-1▐ 임신기간의 변화와 유의점

기별	임신 초기	임신 중기		
개월	1~3개월(0~11주)	4개월(12~15주)	5개월(16~19주)	6개월(20~23주)
태아	• 키 약 4~6cm • 몸무게 약 10~20g – 뇌세포와 근육조직, 내장이 대부분 완성된다. – 얼굴의 윤곽이 확실해진다.	• 키 약 10~12cm • 몸무게 약 70~120g – 눈과 코, 턱이 사람모습에 근접한다. – 근육이 발달하여 팔다리가 두꺼워지며 몸에 솜털이 나기 시작한다.	• 키 약 15~20cm • 몸무게 약 300g – 머리가 몸 전체의 1/3을 차지한다. – 심장박동 소리가 강해진다. – 간뇌가 발달해 엄마의 감정을 똑같이 느낀다. – 망막이 발달해 빛의 자극에 반응한다.	• 키 약 25~30cm • 몸무게 약 500~600g – 몸을 활발하게 움직이고 몸의 방향을 자주 바꾼다. – 뼈대가 갖추어져 X선으로 태아의 골격을 찍을 수 있다. – 양수를 마시고 뱉는다. – 머리카락이 짙어지고 눈썹과 속눈썹이 자란다.
모체	– 자궁 크기는 주먹만하다. – 본격적인 입덧이 시작된다.	– 자궁의 크기가 아기머리만해진다. – 아랫배가 불룩해지고 허리와 등에 통증이 생	– 아랫배가 눈에 띄게 커진다. – 체중이 증가한다. – 유선도 발달해 유방이	– 태동이 더욱 강하게 느껴진다. – 소화불량 증세가 나타난다.

	- 소변이 자주 마렵고 변비가 생기기 쉽다. - 외음부의 색이 진해지고 분비물이 늘어난다.	긴다. - 입덧이 점차 사라진다.	커진다. - 태동을 느낀다.	- 허리 결림과 요통을 느낄 수 있다. - 체중이 임신 전보다 5~6kg 증가한다.
유의점	- 유산이 많은 시기이므로 조심한다. - 태아의 뇌세포가 폭발적으로 늘어나는 시기이므로 입덧이 심해도 영양섭취(엽산, 단백질 등)에 신경 쓴다. - 약물복용이나 X선 촬영 등은 피한다.	- 단백질, 무기질, 비타민을 충분히 섭취한다. - 간단한 맨손체조를 하며, 등을 곧게 펴고 바른 자세를 취한다. - 속옷을 자주 갈아입고 목욕도 자주한다.	- 임신복과 편한 신발, 임부용 속옷 등을 준비한다. - 유두 손질을 시작한다. - 치과 치료를 이 시기에 받는다. - 의사와 상담하여 철분제를 복용한다.	- 한 달에 체중이 2kg 이상 늘지 않도록 임신비만에 주의한다. - 염분 제한과 식이조절로 임신중독증 예방에 힘쓴다. - 중기 초음파검사를 받는다. - 굽이 낮은 신발을 신고 다닌다.

기별	임신 중기	임신 후기		
개월	7개월(24~27주)	8개월(28~31주)	9개월(32~35주)	10개월(36~39주)
태아	• **키 약 37~39cm** • **몸무게 약 0.9~1kg** - 밤과 낮을 구별할 수 있다. - 특히 폐가 많이 성장한다. - 청각이 발달해 엄마 목소리를 듣는다.	• **키 약 40~43cm** • **몸무게 약 1.5~1.8kg** - 골격이 거의 완성되며, 감각기관이 완전히 발달한다. - 머리가 골반 아래로 향한다. - 횡격막으로 호흡연습을 한다.	• **키 약 45~48cm** • **몸무게 약 2.3~2.6kg** - 피하지방이 늘면서 몸 전체가 통통해진다. - 외부 자극에 반응하지만 움직임은 매우 둔한 편이다. - 웃고 화내고 찡그리는 등 다양한 표정을 지으며, 감각체계가 완성된다.	• **키 약 50cm** • **몸무게 약 2.5~3.4kg** - 모체에서 항체를 받아들여 저항력이 강해진다. - 내장이나 신경은 이미 완성된 상태이다. - 몸에 살이 통통하게 오른다. - 40분 주기로 잠자고 깨는 생체리듬이 생긴다.
모체	- 배, 유방, 유두 등에 임신선이 생긴다. - 때때로 배가 당긴다. - 정맥류, 손발저림, 부종 등이 생긴다. - 변비가 더욱 심해진다.	- 커진 자궁 때문에 위나 심장이 눌려 위가 쓰리고 가슴이 답답해진다. - 자궁이 폐를 떠밀어서 점차 호흡이 짧아진다. - 쉽게 잠들기 힘들고, 깊은 잠을 자기가 어렵다. - 피곤을 느끼면 배가 뜰뜰 뭉치는 느낌이 든다.	- 자궁이 위, 심장, 폐를 눌러 숨이 차고 가슴이 쓰리다. - 자궁이 방광을 압박해 배뇨 횟수가 는다. - 엉덩이와 골반이 뻐근하고 불편하다. - 두통, 어지럼증, 현기증 등이 나타나기도 한다.	- 위의 압박감이 줄고, 숨쉬기가 훨씬 편해진다. - 자궁입구와 질이 부드러워지고 분비물이 늘어난다. - 분만이 가까워지면서 태동이 약해진다. - 가진통이 느껴진다.
유의점	- 배가 당기면 바로 편한 자세로 쉰다. - 임신중독증 예방에 특히 신경 쓴다. - 임신부 체조와 산책 등 운동을 꾸준히 한다. - 서서히 육아용품을 준비한다.	- 조산이 되지 않도록 주의한다. - 복식호흡, 임산부 체조를 규칙적으로 한다. - 출산용품을 미리 준비한다. - 성생활을 조심한다.	- 소화되기 쉬운 음식을 규칙적으로 먹는다. - 몸무게가 급격히 늘지 않도록 조심한다. - 외출 시 항상 건강보험과 진료카드를 휴대한다. - 출산 준비물 챙기기, 집안 정리하기 등 출산 준비를 마친다.	- 입원용품과 출산용품을 챙긴다. - 혼자 하는 외출을 삼가고 비상연락처와 산모수첩을 항상 휴대한다. - 언제라도 입원할 수 있도록 늘 몸을 깨끗하게 한다. - 출산 징후가 나타나면 바로 병원에 간다.

상자 4-3 출산이 임박한 경우

임신 37~40주에는 언제든 병원에 갈 수 있는 준비가 되어 있어야 한다.

- **진통이 규칙적으로 10분 간격일 때**
  진통이라고 불리는 규칙적 자궁 수축이 올 때이며, 초산의 경우에는 대략 10분, 경산의 경우에는 15분 정도 간격의 진통이 올 때 병원에 가야 한다.
- **진통이나 별다른 이상 없이 파수될 때**
  임신 말기에 규칙적인 진통이 없이 먼저 양수만 파수될 수 있는데, 이때 샤워를 하지 않고 깨끗한 패드를 댄 채로 병원에 가야 한다.
- **질 출혈과 복통이 있을 때**
  임신 말기에 출혈이 있으면 태반조기박리(태아가 분만되기 전, 자궁에서 태반이 분리되어 출혈을 일으키는 질환)와 전치태반(자궁목을 태반이 덮고 있는 질환)을 의심할 수 있기에 이런 경우에는 바로 병원에 가야 한다.

출처: 여성가족부(2016). 초보아빠수첩.

5) 임신부의 발달과업

루빈(Rubin, 1975)과 발렌타인(Valentine, 1982)은 임신을 발달단계로 보아 임신이 진행되는 개월 수에 따라 임신부의 발달과업을 다음과 같이 설명하였다(김영희, 2000).

(1) 임신 초기

이 시기의 첫 번째 과업은 임신 그 자체를 받아들이는 것이다. 임신을 수용하면서 기쁨과 걱정이 교차하는 불안정하고 상반된 느낌을 가질 수 있다. 임신 후 첫 3개월의 임신부 자신에 대한 이미지 변화를 경험하며, 여성에서 모성으로의 자신의 이미지를 재형성하면서 태아와 애착관계 형성을 시작한다. 임신 중 태아와의 애착관계는 출산 후 곧바로 아기와의 유대관계 및 애착으로 발전하게 된다.

(2) 임신 중기

태아에 대한 이미지 형성을 하는 시기이다. 태동을 통해 아기와의 분리를 받아들이기 시작하며, 어머니와 아기의 동일시에 대한 정서적 분리와 신체적 분리에 관심을 갖게 된다. 아기에 대한 느낌을 형성하는 또 다른 과업은 태동으로부터 태아 존재를 느끼며, 태아의 심장 고동소리를 들으면서 임신에 관한 의미를 갖게 되고, 아기에 대한 느낌 형성을 하게 된다. 이때 아기에 대한 사랑스럽고 행복한 느낌만을 갖는 것이 아니라 사산아나 기형아를 출산할까봐 두려워하는 마음도 갖게 되는데, 이런 두려움의 원인은 미신적인 생각들이나 과거의 일로 인한 죄책감 때문일 수 있다. 태아를 위해 얼마나 자신의 생각, 행동, 섭식을 절제하느냐 못하느냐의 문제 등을 안고 두려움과 흥분 속에서 출산을 기다린다.

(3) 임신 말기

임신 말기에는 출산을 기다리는 동안 기쁨, 기대, 슬픔, 이해, 흥분, 조용함, 우울 등 여러 가지 감정에 사로잡히게 된다. 출산을 앞둔 마지막 주에 임신부들은 초조함을 느끼게 되며 이러한 감정은 부모기 동안 지속된다. 부모기 준비의 마지막 단계가 출산 준비이다. 분만시간이 가까워질수록 통증이나 난산에 대해 걱정하며, 죽음에 대한 공포나 상상을 하게 된다. 이 기간 동안 어떤 부모가 되기 원하는지를 생각하며 자신의 어린 시절에 부모와의 경험을 되돌아보고 주위의 다른 사람들을 떠올리며 부모로서의 이미지를 형성한다. 따라서 임신기간 동안 여러 가지 느낌과 생각들로 이미지를 형성하고 가능한 한 자신이 가장 훌륭한 부모가 될 것이고 가장 건강하고 예쁜 아기를 낳게 될 것을 확신하지만, 어떤 이들은 아기에게 어떤 사고가 날 것 같은 걱정도 하고 행복감 혹은 우울함 등 다양한 감정을 느낀다.

상자 4-4 임신 기간 자녀양육 및 가사의 역할분담

임신 기간 자녀양육 및 가사의 역할분담에 대한 남편의 반응 유형

① 자발적 참여형: 임신과 무관하게 자녀양육 및 가사의 역할을 분담하여 자발적으로 참여하는 것을 말하며, 이 유형은 경임부가 결혼 초기부터 직장생활을 하여 첫 자녀의 출산 이후부터 남편이 계속 자녀양육 및 가사 행위에 적극 참여하고 있는 경우가 포함된다. 이러한 유형은 책임감 있는 남편의 성격적 요인, 여성을 존중하는 가치관, 어린 시절부터 형성된 가정을 돌보는 습관적 환경이 영향요인이라고 본다.

② 상황적 참여형: 임신한 부인을 배려하여 잠시 역할을 분담하는 것으로서, 이 유형은 평상시에는 자녀양육 및 가사 행위에 자발적으로 참여하지 않으나 임신한 상황을 고려하여 참여하는 유형이다.

③ 정서적 지지형: 자녀양육 및 가사 행위에 직접적으로 참여하지는 않으나 하루일과로 고달픈 아내에게 적극적으로 심리적 지원을 아끼지 않는 유형이다. 이 유형은 남편의 바쁜 직장생활로 자녀양육 및 가사 행위에 직접적으로 참여하지는 못하지만 아내에게 미안한 생각으로 아내의 정신건강을 위한 정서적 지원을 아끼지 않는다.

④ 도구적 역할형: 이 유형은 자녀양육 및 가사 행위는 아내·모성의 역할이라고 생각하며, 자녀양육 및 가사 행위가 철저하게 어머니·아내 역할이라는 전통적 성역할의 고정관념을 갖고 있어서 경임부의 집안 일이 힘들겠다고 전혀 생각하지 못한다. 도구적 역할형의 경임부의 남편에 대한 반응은 상반되는데, 육아나 가사를 돕기보다 오히려 아내의 역할을 가중시키는 남편의 행동에 대해 경임부는 더욱 스트레스를 받는다. 반면에 남편·아버지 역할로서 자녀수 증가에 따른 가족부양의 도구적 역할의 책임감과 부담감으로 절약생활을 하는 남편을 측은히 여기는 경임부는 남편을 이해하게 되고 배려하여 육아와 가사의 역할분담을 전혀 원하지 않는다.

출처: 김영희(2000). 자녀를 둔 어머니의 출산과정 경험. 한양대학교 대학원 박사학위논문.

2 출산

1) 출산 과정

출산은 수정이 일어난 지 약 266일(38주) 후, 마지막 월경 시작일로부터 약 280일 후 태아가 모체의 몸 밖으로 나오는 현상이다. 출산의 과정은 1기(개구기), 2기(만출기), 3기(후산기)로 구분된다(이해경 · 방기연, 2016).

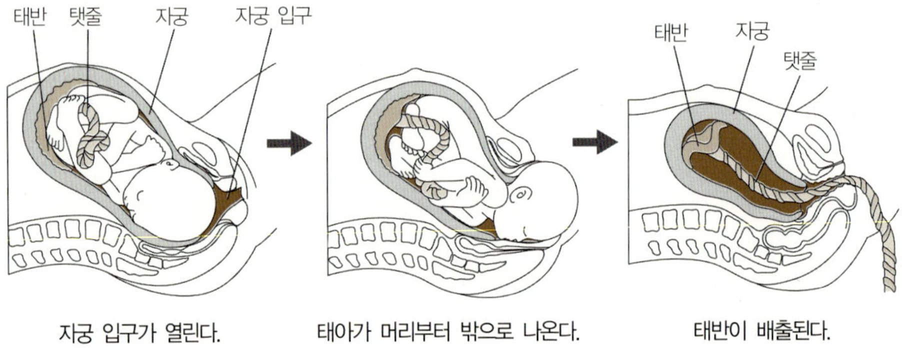

그림 4-2 출산과정

(1) 출산 1기(개구기)

진통이 시작되어 자궁 입구가 분만이 가능할 정도로 열리는 시기를 말한다. 확장이 완전히 이루어진 자궁 입구의 직경은 약 10cm이다. 이 시기는 분만 기간 중 제일 긴 시기로 보통 8시간 이상 지속되기도 한다. 초산은 12시간 이상 끌기도 한다.

(2) 출산 2기(만출기)

자궁의 입구가 완전히 열려 태아의 몸이 돌면서 산도를 따라 밖으로 나온다. 자궁 입구가 완전히 확장되어 열리는 순간부터 모체로부터 태아가 완전히 빠져나오는 시기이다.

(3) 출산 3기(후산기)

태아가 나온 후 5~10분 후 태반이 나오는 시기이다.

2) 출산 후 건강관리

출산기 여성의 산후경험을 신체적, 심리적, 사회적 측면으로 나누어 알아보기로 한다(조주연, 2001).

(1) 신체적 측면

출산 후 여성의 신체적인 경험은 주로 출산으로 인해 야기되는 산욕기의 신체적인 불편감과 피로이다. 산욕기의 신체적인 불편감으로 수면부족, 산후통, 유방과 회음부의 불편감, 변비, 근육통 및 피곤 등이며, 이것으로 인해 충분한 휴식과 수면을 취하는 데 어려움이 따른다. 또 분만방법에 따른 차이가 있으며 제왕절개분만의 산모에서 가장 흔한 신체생리학적 문제는 동통, 피로, 절개부위의 문제, 활동장애, 위장장애 등이다. 수술부위와 장가스로 인한 불편감, 수술자국, 영양결핍, 비뇨기계와 상처감염, 손상된 배설기관, 극도의 피곤함 등 제왕절개 분만의 합병증으로 인해 자연분만 여성보다 더 많은 회복시간이 요구된다.

(2) 심리적 측면

여성에게 출산은 심리적 만족감을 주지만 책임감, 불안 등 부정적 정서를 나타내기도 하며, 이 위기를 잘 극복하면 성숙해지지만 그렇지 못할 경우 내적 긴장이 고조되어 불안이 극심해지며 기능 혼란으로 질병상태에 이르게 된다.

출산 후 여성의 심리·사회적 장애로 활동의 제한, 즉 기분이 좋아지지 않으며, 외출하기가 싫으며, 방문객이 반갑지 않고, 집에 얽매어 있는 것 같은 느낌 등을 호소한다. 그 다음으로 우울, 가족과의 상호작용, 신체상과 관련된 걱정, 자녀양육 등의 순으로 보고하였다. 출산기는 여성 생애의 전환기로 여러 가지 긴장요인이 작용하고 예기치 않았던 심리반응을 일으켜 정상적인 산모들에게도 상실감과 공허감으로 인한 우울증이 흔히 나타난다.

(3) 사회적 측면

부부는 첫아기를 출산하게 됨으로써 부모됨에 대한 만족을 느끼는 반면에 출산 이후 생활에 따른 어려움을 경험하기도 한다. 즉 경제문제, 대화 시간, 부부간의 성생활, 친척 문제, 텔레비전 시청 등 크고 작은 어려움을 겪는다. 자녀출산 이후의 부부는 부모됨의 만족도 얻지만 어려움을 겪고, 남성보다 여성에게 더 많은 자녀양육의 과업이 주어져 이에 따른 역할 긴장을 경험한다.

산후관리를 위해 다음 사항들을 유의해야 한다(이해연·방기연, 2016).

① 산후에는 모체의 건강관리에 유의해야 한다.

② 외음부 좌욕은 하루에 2~3회씩 꾸준히 한다.

③ 임신기간보다 더 많은 영양을 섭취하고 충분히 휴식을 취해야 한다.

④ 분만 후 4주 이내에 의사의 진찰과 건강지도를 받아야 한다.

⑤ 모유 분비를 위해 유방을 잘 풀어주고 청결을 유지해야 한다.

⑥ 성생활은 분만 4~6주 후에 가능하며, 월경이 없어도 피임은 해야 한다.

3 육아 체험

1) 신생아의 울음

아기가 힘들다는 것을 알려주는 일종의 '신호'가 울음이다. 아기의 울음신호는 생물학적으로 아주 유용한 방법이다. 왜냐하면 아기 울음소리를 들은 성인의 맥박과 혈압은 아이가 있건 없건 간에 증가하며 이는 아이를 위해 무엇인가 할 준비를 하는 것이다. 모유수유를 하는 엄마는 아기 울음소리를 들으면 젖이 도는 것을 느낄 수 있다.

아기 스스로는 왜 힘든지 모르고 그냥 힘드니까 우는 것이다. 왜 아이가 힘들어

하는지를 알아내는 것은 부모의 몫이다. 배고파서 울 때는 울음에 일정한 리듬이 있고, 불쾌해서 울 때는 좀 더 낮은 목소리로 울고 우는 시간도 좀 더 짧으며, 심심할 때도 '나에게 관심을 가져달라'는 신호로 좀 더 큰 소리로 길게 운다.

▌그림 4-3▐ 우는 아기

① 아기가 배고플 시간이 되었는지 확인해 본다. 젖이나 우유를 먹지 않으려고 하면 잠시 동안 인공젖꼭지를 물리는 것도 괜찮다.

② 기저귀가 젖었는지 확인해 본다.

③ (그래도 울음을 멈추지 않으면) 아기를 꼭 안아준다. 한쪽 어깨에 편안하게 기대도록 하는 자세가 가장 효과적이다. 아기 얼굴을 보고 미소를 지어 주며 눈 맞춤을 하고, 잘 얼러주면 아기는 만족해 할 것이다. 그 다음 속싸개로 아이 팔다리가 마음대로 움직이지 않게 잘 감싸준다.

④ 계속 아기가 울면, 다른 증상이 없는지를 확인해 본다. 숨은 잘 쉬는지, 얼굴빛이 창백하지는 않은지, 맥박이 너무 빠른 건 아닌지(분당 60회 이상), 열을 재어본다.

⑤ 큰 소리로 갑자기 우는 경우도 있는데, 생후 1개월경 나타나기 시작해서 100일쯤 되면서 차츰 증세가 없어지며 이런 경우를 '영아산통(infantile colic)'이라고 한다. 영아산통은 아기의 장에 갑작스럽게 경련이 와서 아기가 복통을 느껴서 우는 것이므로 더운 물을 넣은 병이나 따뜻한 물주머니를 배에 대주거나 배를 가만히 쓸어주는 것이 도움이 된다. 평소 쾌적하고 조용한 환경

을 만들고 부모가 평온한 모습을 보여주면 예방이 되기도 한다.

⑥ 계속 토하거나 열이 있는 경우, 대변에 피가 섞여 나오거나 설사를 하는 경우에는 즉시 병원에 가는 것이 좋다.

⑦ 만약 어떻게 해서도 아기를 달랠 수 없다는 생각이 들어 좌절감이 들거나 화가 날 때에는 주변에 도움을 요청한다. 아빠가 엄마에게, 엄마가 아빠에게 이와 같은 도움을 요청할 수 있다. 이와 같은 요청을 한다고 해서 '무능하거나 나쁜 부모'가 아니며 오히려 좌절감을 계속 느끼거나 화가 나는대도 아이를 돌보는 것은 아이에게 더 나쁜 영향을 줄 수 있다.

상자 4-5 아기의 울음 대처법

- **1단계 시각자극 제공하기**
  아기가 좋아하는 장난감이나 엄마의 눈빛을 보여준다.
- **2단계 청각자극 제공하기**
  부드러운 장난감 소리나 엄마의 목소리를 들려준다.
- **3단계 공갈 젖꼭지 사용하기**
  빠는 행위는 아기의 불안을 감소시켜 주기 때문에 전통적으로 활용해 온 방법이다.
- **4단계 아기를 흔들침대나 유모차에 눕혀 가볍게 흔들어 주기**
  귀 속에는 전정기관이 있어 머리가 흔들릴 때 자극을 받게 되며, 살살 흔들리는 경우 아기에게 안정감을 준다.
- **5단계 아기를 안고 '쉬~ 쉬~' 하는 백색소음을 들려주며 무릎을 굽혔다 폈다 해보기**
  적극적인 스킨십과 청각 자극, 전정기관 자극을 모두 활용하는 마지막 방법이다.

출처: 여성가족부(2016). 초보아빠수첩.

2) 기저귀 관리

배설은 신체의 생리적 현상 중 하나로 방광에 소변이 차는 것을 유아의 대뇌가 인식하여 배뇨를 할 수 있게 되는 시기는 생후 만 1년이 지났을 때이며, 그 전에는 배설이 반사적으로 이루어진다. 생후 1개월 전까지 신생아는 배설을 한 후 그것을 알리기 위해 운다. 이때 바로 배설물을 닦아 주어야 한다. 이러한 경험은 아이가 배설 후 엉덩이가 젖은 상태가 불쾌하다는 느낌을 기억하게 만든다. 또한 배설은 아이 건강상태를 알 수 있는 저울, 척도라고 할 수 있다. 예를 들어 시금치를 먹은 후의 대변은 녹색을 띠는 등 아기 몸 상태에 따라 배설물의 상태나 색깔이 달라지며 상황에 따라 종이 기저귀와 천 기저귀를 번갈아 사용하는 것이 좋다. 천 기저귀는 삼각으로 접어 사용하고 아기 몸에 잘 고정시켜서 밖으로 변이 새어나오지 않게 기저귀 커버를 사용한다. 종이 기저귀는 아무리 흡수력이 좋다고 해도 자주 갈아주어서 기저귀 발진을 예방해야 하며 변을 본 상태로 오래 두는 것은 좋지 않다.

기저귀를 갈아주는 방법은 다음과 같다.

① 기저귀를 늘 차는 아기의 엉덩이는 짓무르기 쉬우므로 기저귀를 푼 상태에서 아기 양쪽 발목을 한 손으로 잡고 들어 올린 후 미지근한 물로 닦아주거나 물휴지로 닦아준 후 잘 마르도록 잠시 그냥 둔다. 닦아줄 때 남아는 아래에서 위로, 여아는 위에서 아래로 닦아 준다.

② 소변 기저귀는 닦아준 휴지를 기저귀 위에 놓고 돌돌 말아 버리고, 대변 기저귀의 경우는 변기에 털어내고 휴지와 기저귀만 돌돌 말아버린다.

③ 깨끗한 기저귀를 펴서 아기의 엉덩이 밑에 놓고 아기용 파우더 등으로 습기를 없앤다. 남아는 고환 밑에 땀이 차지 않게 고환을 들어 올려 배 부분의 기저귀를 덮은 후 기저귀 커버의 양쪽 테이프로 고정시키며, 이때 사타구니 부분이 너무 조여지거나 헐겁지 않도록 하고, 배 부분의 테이프를 붙일 때에도 너무 조이지 않도록 주의한다.

④ 기저귀를 갈면서도 아이와 대화를 나눈다. "우리 아기가 오줌 쌌구나. 아유,

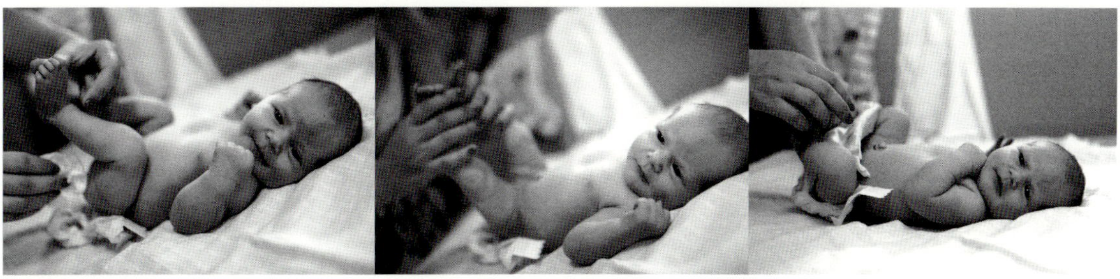

그림 4-4 기저귀 갈기

기저귀가 푹 젖었네. 불편했지? 이제 아빠(엄마)가 갈아줄게. 기분이 좋아질 거야. 자, 기저귀 빼고, 닦고, 분바르고, 다 됐네! 어때 기분 좋지?"

⑤ 기저귀를 갈아 준 후에는 "우리 쭈쭈 할까? 우리 아기 잘도 큰다. 쭈욱 쭈욱" 하면서 아이 다리를 엉덩이 부분부터 발까지, 어깨에서 엉덩이까지 세지 않게 양손으로 꾹꾹 눌러주며 부드럽게 마사지 해준다. 손가락으로 발바닥을 꾹꾹 눌러주어 자극을 주는 것도 좋다.

3) 수유

모유는 아기가 원할 때 일정한 온도로 항상 즉시 공급할 수 있으며, 신생아의 소화대사능력에 알맞게 구성되어 있을 뿐 아니라 아기에게 필요한 영양소를 모두 골고루 갖추고 있다. 또한 모유는 무균상태로 신선하고 위생적일 뿐 아니라, 면역물질을 다량으로 가지고 있어 항균능력이 있는 장점을 가지고 있다. 이 밖에도 모유를 먹이는 것은 아기의 긍정적인 성격형성에 지대한 영향을 끼친다. 따라서 불가피한 경우를 제외하고 모유를 먹이는 것이 좋으며, 모유를 먹이면 엄마에게도 자연피임의 효과가 있고, 산후우울증이 예방되며, 난소암이나 유방암의 위험 감소 등 좋은 영향을 주는 것으로 알려져 있기에 생후 6개월까지 모유를 먹이는 것이 바람직하다. 모유를 먹이기 위해서도 준비가 필요하다. 분만 전에는 함몰유두의 관리가 필요하며 지나치게 자극적인 음식, 달거나 짠 음식은 피하는 것이 좋다.

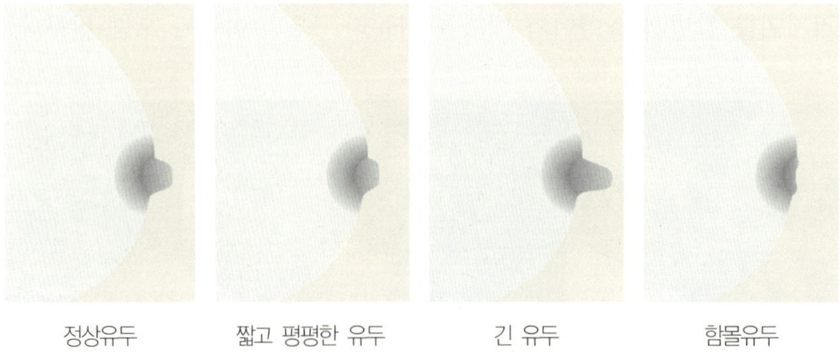

그림 4-5 유두의 형태

임신기부터 주의해 온 흡연, 알코올, 카페인도 제한한다. 출산 후 며칠 동안 분비되는 약간 노란색의 묽은 모유를 초유라고 하는데, 초유는 특히 알레르기 발생이나 감염에 대한 예방 효과가 크고, 황산화제뿐 아니라 식균작용세포 등이 다량 함유되어 있으므로 반드시 아기에게 먹이는 것이 좋다. 초유가 늦게 나오거나 처음에 아기가 젖 빠는 것을 힘들어 하며 먹지 않으려 하는 경우에도 분유를 먹이지 말고 젖을 빨리는 시도를 계속하는 것이 좋다.

초보엄마가 직접 모유수유를 할 수 없는 경우이거나 직장에 다니는 경우는 유축기를 이용해 젖을 모아둔다. 모유는 냉동시키면 3~4개월, 냉장실에서 8일, 실온에서 8~10시간 정도 보관이 가능하다. 아기에게 냉장고에 보관했던 모유를 먹일 때는 미지근한 물이나 흐르는 물에 담가 해동시켜서 체온과 비슷한 온도로 데워주며, 해동 시 가열을 하면 면역물질이 파괴되므로 주의하고, 한 번 데웠던 모유는 아기가 입을 대지 않았더라도 다시 냉장보관을 할 수 없다. 지방성분이 해동과정에서 분리될 수 있으나 상한 것은 아니며 흔들어서 섞은 후 먹이면 된다. 만 2세 미만의 모유수유가 가능하지 않은 아기에게는 분유수유가 가장 적절한 방법이며 분유를 먹이는 양은 개인차가 크므로 아이가 포만감을 느껴서 그만 먹을 때까지 충분히 먹인다. 그러나 어느 연령이라도 하루에 960ml 이상 먹으면 과다섭취로 비만해질 위험이 있으므로 더 먹으려고 하면 물을 먹인다. 2개월이 지나면 위의 용량이 늘어나 4~5시간 동안은 먹지 않을 수 있게 되고, 3~4개월이 지난 후에는 밤중에 수유를 하지 않을 수 있게 되며, 돌이 지나면 생우유를 먹인다. 분유수유 시 모유를 먹일 때와 같은 자세로 안정되고 편안한 분위기에서 먹이는 것이 좋으며, 분유조제 시 반드시 상품에 표시된 용량 그대로 물에 타서 조제해야 한다. 아기에게 영양을 충분히 제공하려는 생각으로 숟가락에 수북이 담아서 분유를 타면 농도가 진해져 바람직하지 않다.

상자 4-6 **영유아를 위한 수유지침**

① 생후 6개월까지 모유 먹이기
② 초유는 반드시 먹이기
③ 조제유는 모유를 먹일 수 없는 경우에만 먹이기
④ 조제유는 정해진 양대로만 물에 타서 먹이기
⑤ 수유 시에는 아기를 안고 먹이고, 수유 후에는 트림을 꼭 시키기
⑥ 자는 동안에는 젖병을 물리지 않기

출처: 보건복지부(2011). 행복한 예비/초보아빠를 위한 육아가이드북 아빠라서 행복해요.

상자 4-7 **여러 가지 수유 자세**

- **요람식 자세**: 아기에게 젖을 줄 때 일반적으로 가장 많이 사용하는 수유 자세다. 어머니의 체력소모를 줄이기 위해 등에는 베개, 무릎에는 수유쿠션을 올려놓는 것이 좋다.
- **교차 요람 자세**: 물리려는 유방과 반대쪽 팔로 아이를 안는 것 외에는 요람식 자세와 같다. 목을 가누지 못하는 아기, 미숙아, 젖 무는 데 어려움이 있는 아기에게 좋은 자세다.
- **옆으로 눕기**: 나란히 아기와 누워 서로 바라보는 수유 자세로 어머니와 아기가 옆으로 누워 바라보는 것으로 몸을 편안하게 밀착시킬 수 있다. 수유를 하는 동안 어머니와 아기가 쉬거나 잘 수 있다.
- **풋볼 자세**: 풋볼 자세는 풋볼 선수가 마치 공을 옆에 끼고 경기하는 듯한 자세로서 아기를 옆구리 쪽에 끼듯 안고 먹이는 자세다. 미숙아나 신생아처럼 젖을 빠는 힘이 약한 아기, 쌍둥이에게 좋고 유륜, 유두가 짧은 어머니에게 적당하다.

출처: 한국한의원(http://cafe.daum.net/hankookomc).

수유 시 유의할 점을 살펴보면 다음과 같다.

수유 시 젖병을 물린 채 잠을 재우지 않는다. 젖병 없이 자는 것을 낯설어하는 아기의 경우 생수나 보리차 등을 젖병에 넣어 주어 익숙해지도록 유도한다. 젖병을 빨며 자는 습관을 들이면 심한 경우 젖니가 완전히 올라오기도 전에 치아가 썩어서 노랗게 삭는 것처럼 자랄 수 있으며, 앞니 전체가 모두 썩는 '우유병 충치'로 일찍부터 치과치료를 받게 될 수도 있다. 수유 후 보리차를 마시게 하거나 물

을 거즈에 묻혀 혓바닥과 잇몸을 닦아 주면 되는데, 너무 깊숙이 손가락을 넣으면 아기가 구토를 일으킬 수 있으니 주의한다.

4) 신생아의 목욕

목욕은 아기 피부를 청결히 하고 신진대사와 혈액순환을 촉진시켜 발육을 증진시키는 효과가 있으며 물과 비누로 몸을 씻어주면 세균 감염 예방에 도움이 된다.

목욕하기 전 목욕대야, 갈아입힐 옷, 아기용 목욕수건, 아기용 비누, 큰 수건, 면봉, 기타 목욕용품(오일, 로션 등) 등을 미리 준비한다. 아기 옷은 미리 꺼내 입히기 편하게 방바닥에 펼쳐두고 목욕 후에 따뜻한 옷을 바로 갈아입힐 수 있도록 하며 목욕 시 실내환경은 방 안 공기를 따뜻하게 덥히고 창문을 닫아 차가운 바람이 들어오지 않게 하고 방의 온도는 24℃ 전후가 좋다. 욕조의 물 온도는 38~40℃ 정도가 적당하고, 팔꿈치를 넣어보아 따뜻한 정도의 온도가 좋다. 헹굼 물은 목욕시키는 동안 식을 것을 고려해 목욕물보다 약간 따뜻하게 준비해 놓는다.

목욕 시 유의할 점을 살펴보면 다음과 같다.

목욕 전 과정에서 아기와의 교감은 중요하다. "아가야, 비누칠을 해줄게, 기분 좋지? 아유, 우리 아가 더 예뻐졌네." 등으로 표현하며, 목욕과정을 아기가 즐길 수 있도록 해준다. 수유 직후의 목욕은 아기가 토할 수 있으므로 피한다. 목욕 후에 수유를 하는 것이 아기의 갈증을 없애는 데 도움이 되며 목욕시간은 수유 전후 1시간 정도가 좋다.

상자 4-8 목욕방법

① 아기용 목욕수건(작은 수건이나 거즈)으로 물로만 부드럽게 얼굴을 닦아준 후, 머리를 아기용 비누로 감긴다.

② 옷을 입은 그대로 발끝부터 천천히 물에 넣으며 몸에 물을 조금씩 적셔주거나 옷을 벗긴 후 목욕수건으로 몸을 감싸준다. 이때 아기의 목과 허리를 아빠가 잘 받쳐 주고 엄마가 아기 목욕을 시키거나 역할을 서로 바꾸어 목욕을 함께 시키는 것이 수월하다.

③ 아기 몸을 물에 담그고 속옷이나 목욕수건을 벗긴 후, 비누로 목욕수건에 거품을 내어 목, 가슴, 배, 팔다리, 손바닥, 발바닥 순으로 닦아준다. 사타구니나 겨드랑이 등 피부가 겹쳐지는 부분을 유의하며 씻겨 준다.

④ 아기의 몸을 조심스럽게 돌려 목과 가슴을 받쳐 들고 등과 엉덩이를 씻겨주며 성기를 씻겨 줄 때 여아는 위에서 아래로, 남아는 아래에서 위로 닦아 준다.

⑤ 준비한 헹굼 물로 아기의 몸을 살살 씻긴 후, 펼쳐 놓은 큰 수건으로 감싸 누르듯이 물기를 닦아 준다. 귓바퀴 주변과 배꼽 주위에 수분이 남지 않도록 주의한다.

⑥ 펼쳐진 옷과 기저귀 위에 아기를 놓고 피부가 겹치는 사타구니와 겨드랑이 및 엉덩이 부분에 아기용 파우더를 발라주고, 아기용 오일로 온 몸에 마사지해 주며 얼굴에는 아기용 로션을 발라 준다.

⑦ 옷을 입히고 머리를 빗긴 후 면봉으로 귀의 물기나 코딱지를 제거해 준다. 이때 귓속 깊이 면봉을 넣지 않도록 주의한다.

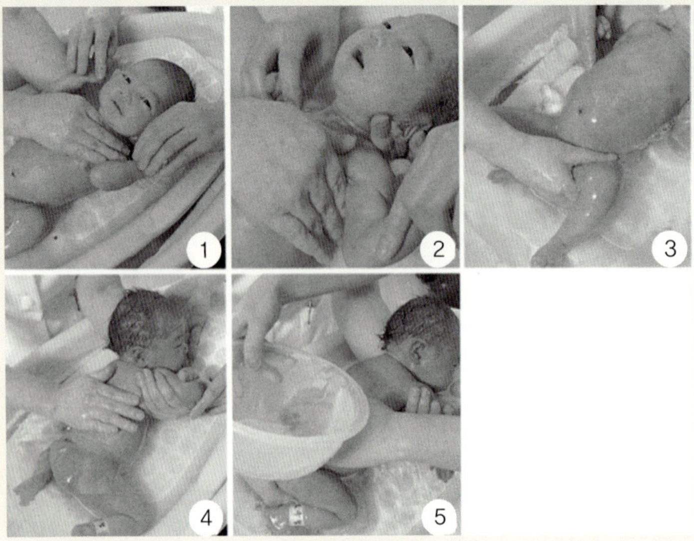

출처: 보건복지부(2011). 행복한 예비/초보아빠를 위한 육아가이드북 아빠라서 행복해요.

실습 4-2 우리 아빠 육아점수 "나는 몇 점 아빠?"

항목	평가	
	배점	자가체크
1. 하루에 한 번은 아이에게 꼭 '사랑한다'고 말한다. 이틀에 한 번(6), 일주일에 한 번(3), 하지 않음(0)	10	
2. 하루에 한 번은 아이에게 꼭 전화를 해 관심을 나타낸다. 이틀에 한 번(6), 일주일에 한 번(3), 하지 않음(0)	10	
3. 권위적인 어투(명령어)를 아이에게 절대 사용하지 않는다. 일주일에 1~2회(6), 하루 1~2회(3), 매일 사용(0)	10	
4. 집안일에 하루에 한 시간은 적극적으로 참여한다. 매일 30분 참여(6), 간간히(3), 전혀 안함(0)	10	
5. 아이와 단둘이 있는 경우 좋은 친구가 될 수 있다. 아이를 위해 시간배분(6), 보호하는 정도의 소극적 관계(3), 놀지 않음(0)	10	
6. 아기의 속상한 마음을 위로해 주며, 말과 행동을 통해서 적극적으로 표현한다. 마음으로 위로(6), 마지못해서 달램(3), 외면(0)	10	
7. 퇴근 후 집에 들어오면 반드시 아이와 1시간 이상은 놀아준다. 매일 30분 놀기(6), 간간히 놀기(3), 전혀 안 함(0)	10	
8. 아빠의 중요성을 알고 있으며 육아에 즐기면서 참여한다. 소극적으로 참여(6), 억지로 참여(3), 참여하지 않음(0)	10	
9. 육아는 행복한 아빠의 조건으로 아빠가 누리는 권리라고 생각한다. 즐겁게 참여하지만 권리로 인식하지는 않음(6), 아빠의 육아참여는 보조적인 일(3), 육아는 엄마의 일(0)	10	
10. 아이를 위해 아빠로써 무엇을 잘할 수 있는지를 항상 고민한다. 종종 고민을 하는 편(6), 최소한(3), 생각하지 않음(0)	10	

■ 채점 방법

- 100점~90점 : 나는 좋은 아빠? 100점 아빠
- 89점~70점 : 나는 노력하는 아빠
- 69점~50점 : 나는 분발해야 할 아빠
- 49점~30점 : 나는 아이가 낯설어하는 아빠
- 30점 이하 : 나는 부족한 아빠
- 0점 : 나는 0점 아빠

* 자가 체크 점수 결과는 0~100점 범위의 점수로 60점 미만이면 노력해야 한다.

출처: 보건복지부(2011). 행복한 예비/초보아빠를 위한 육아가이드북 아빠라서 행복해요.

감수성 높이기

1. 기저귀 갈아주는 과정을 순서대로 써 보세요.
2. 신생아 목욕 과정을 순서대로 써 보세요.

Chapter **05**

영유아기의 부모

1. 영유아기 발달의 이해
2. 영유아교육기관의 이해

가족들의 더할 나위없는 귀염둥이였던 사람은
성공자의 기분을 평생 가지고 살며,
그 성공에 대한 자신감은 그를 자주 성공으로 이끈다.

by 프로이트

대부분의 아기는 부모의 돌봄을 받으며 건강하게 잘 자란다. 점차 키가 크고 운동기능이 발달할 뿐 아니라, 어휘력이 증가하여 언어 사용이 유창해지는 등 전체적으로 발달한다. 부모는 영유아를 키우면서 여러 가지 문제에 당면하게 되는데, 영유아가 어떻게 성장해 나가는지 잘 이해하고 올바른 양육과 교육을 위해 노력해야 할 것이다. 한편, 우리나라는 영유아의 보육과 교육을 국가의 공적 체제로 접근하고 있다. 모든 영유아는 부모의 선택에 의해 어린이집이나 유치원에 다닐 수 있으며, 영유아교육기관은 영유아의 발달수준에 적합한 교육과정을 운영하여 영유아의 조화로운 발달을 지원하고 있다.

이 장에서는 영유아기에 나타나는 보편적인 발달의 특징에 대해 알아보고, 부모가 영유아의 행동을 이해하여 바람직한 부모역할을 하는 데 도움을 주고자 한다.

Chapter 05 영유아기의 부모

1 영유아기 발달의 이해

영유아기는 전 생애를 통틀어 눈에 띄게 많은 발달이 이루어지는 시기이다. 엄마 품속에서 돌봄을 받던 아기가 점차 스스로 걷고 뛰기도 하며 의사소통이 활발해지고 다른 사람을 도와주는 행동을 하는 등 신체적, 언어적, 사회적으로 발달하는 것이 관찰된다. 유아마다 각기 다른 모습으로 성장하지만 발달 이론은 영유아의 보편적인 발달 특징을 이해하도록 도와준다.

1) 발달의 이해

인간은 태어나서 죽을 때까지 연속적인 발달과정을 거친다. 발달(development)이란 인간의 생명이 수정될 때부터 출생하여 삶을 마칠 때까지 변화하는 과정을 말한다. 인간의 발달적 변화는 성장과 성숙 그리고 학습의 개념을 들어 설명할 수 있다. 성장(grouth)은 영유아의 키, 체중, 골격 등이 자라는 것과 같은 신체적·생리적으로 변화하는 양적 증가 현상을 말한다. 성숙(maturation)은 뇌기능의 분화나 사춘기의 이차적 성 특징이 출현하는 것과 같이 개체가 환경의 영향보다는 유전적 소질에 따라 변화하는 과정을 의미한다(이옥형, 1997). 즉, 사용 어휘수가 증가하거나 앉고 걷고 뛰는 등의 일정 시기에 나타나는 선천적·유전적 영향에 의한 질적인 기능의 변화를 의미한다. 학습(learning)은 유아가 배우기를 통해 숫자나 사물의 명칭을 알아가는 현상으로, 연습과 훈련의 경험을 통해 후천적으로 행동이 변화되는 것이다. 즉 영유아는 성장과 성숙으로 점차 커가며 학습을 통해 행동의 수준을 높이면서 발달한다. 영유아기는 생애 중에서 발달이 가장 빠른 변화의 시기이며, 발달의 기초가 되는 결정적 시기(critical period)이다. 유아교육은 발달의 원리에 기준하여 이루어질 때 그 효과를 높일 수 있는데, 유아발달의 원리를 설명하면 다음과 같다(이희경, 2016).

첫째, 발달은 개체와 환경 간의 상호작용으로 진행된다. 인간의 발달은 유전의 내적 요인과 환경적인 외적 요인과의 상호작용으로 이루어진다.

둘째, 발달은 계속적인 과정이다. 모체의 태내에 수정되는 순간부터 생을 마치기까지 평생 동안 지속되는 변화하는 과정이다.

셋째, 발달은 여러 기능이 연합하여 이루어진다. 신체적, 인지적, 사회적, 정서적 발달이 상호 연관성을 가지고 발달하며, 각 발달은 서로 영향을 준다(Coleman, 1988).

넷째, 발달은 개인차가 있다. 어떤 유아는 언어발달이 빠르며 어떤 유아는 사회성이 활발하고 또 어떤 유아는 운동감각이 앞서기도 한다. 또한 발달 속도에도 개인차가 있어서 어떤 유아는 발달이 빠르게 진행되기도 하고 어떤 유아는 느리게 진행되기도 한다. 발달 시기에도 차이를 보여 어린 연령에 빠른 발달을 보이는 유아가 있는가 하면, 좀 더 나이가 들어 발달 속도를 내는 유아도 있다.

다섯째, 발달에는 누적성이 작용하여 발달 내용이 과거, 현재, 미래로 연결된다. 어린 시절에 형성한 안정애착은 성장 이후에도 누적적으로 작용하여 학동기, 청년기 및 성인기의 애착에 영향을 준다.

여섯째, 발달에는 결정적 시기(critical period)가 있다. 결정적 시기는 짧은 기간 동안 중요한 발달이 이루어지는 시기인데, 유아기는 다른 시기보다 발달의 속도가 빠르며 발달의 양도 많다.

상자 5-1 발달의 순서와 방향

① 위에서 아래의 방향으로 발달한다. 유아는 먼저 고개를 움직이고 점차 몸을 뒤집게 되며, 차츰 손을 뻗어 물건을 잡을 수 있고 설 수 있게 된다. 상체가 하체보다 먼저 발달하고 팔 근육이 다리 근육보다 먼저 발달한다.
② 중심부에서 신체 부분으로 발달한다. 즉, 몸통 운동이 먼저 나타나고 손이나 다리 운동이 나타난다. 신경계통에 있어서도 대뇌가 먼저 발달하고 점차로 말초신경이 발달하며, 팔, 손목, 손, 손가락의 순서로 발달한다.
③ 전신운동에서 부분운동으로 발달한다. 처음에는 전신운동을 보이다가 점차로 부분운동으로 발달한다. 물건을 잡을 때에는 몸을 움직이다가 점차 어깨와 팔을 움직이고 그 다음에 손을 뻗어 손가락으로 잡는다.
④ 대근육에서 소근육으로 발달한다. 어릴수록 대근육을 사용하다가 성장하면서 점차 소근육을 사용하여 섬세한 동작과 운동을 할 수 있게 된다.

(1) 조화로운 발달

유아는 신체적, 사회정서적, 인지적으로 균형적이고 조화로운 발달을 이루어야 한다. 부모는 유아의 어느 영역에 치우친 발달을 강조하기보다 모든 영역이 골고루 발달하도록 지원해야 한다.

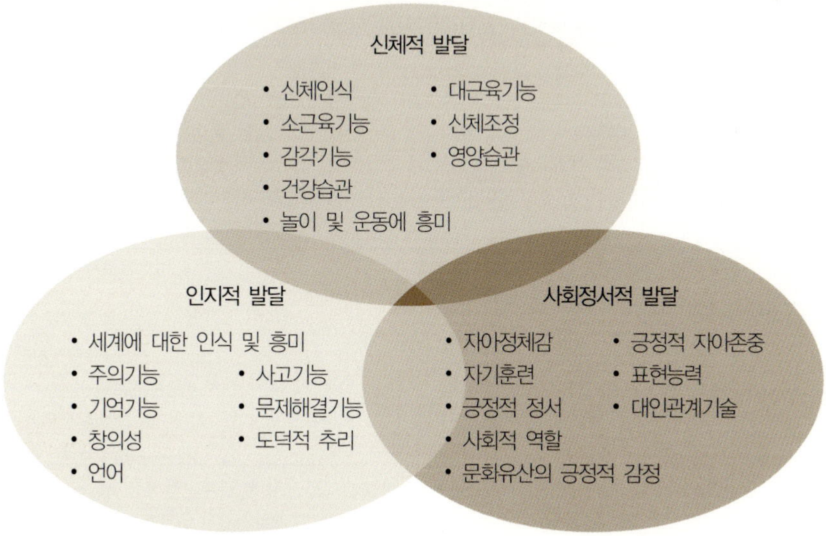

▌그림 5-1▐ 발달영역: 유아의 신체적, 사회·정서적, 인지적 발달 영역

출처: 이희경(2016). 유아교육개론. 태영출판사. p.15.

(2) 놀면서 배우기

유아는 놀면서 세상을 알아가고 즐거워하고 마음의 안정을 찾는다. 친구들과 함께 놀면서 더불어 사는 데 필요한 덕목을 발견해 가고 자신과 다른 사람을 존중할 줄 알게 된다. 유아는 놀면서 학습하므로 충분한 놀이시간, 함께 놀아주기, 놀이 환경 제공 등으로 유아의 놀이에 관심을 가져야 한다. 부모는 유아의 놀이를 이해하고 지원해 주기 위해 자녀의 요구 및 발달수준을 잘 알아야 하며 어떠한 경우에라도 위험에 노출되지 않도록 안전한 놀이 환경을 제공해야 한다. 우리나라 유치원 교육과정에서도 놀이중심의 교육을 실천하도록 하고 있다.

상자 5-2 영유아기 놀잇감의 선택기준

	바람직한 놀잇감의 선택기준
안전성	• 영유아가 삼킬 수 있는 작은 크기의 부속물이 없는가? • 너무 무거워 떨어뜨릴 가능성은 없는가? • 놀잇감에 유해성분이 없고 도색이 잘 벗겨지지 않는가? • 놀잇감을 떨어뜨리면 쉽게 망가지는가? • 날카로운 모서리나 뾰족한 끝이 없는가? • 나무 제품인 경우 표면이 매끄럽고 거친 느낌이 없는가? • 헝겊 놀잇감은 바느질 처리가 잘 되어 있는가? • 플라스틱이나 금속제품의 접합 부분이 매끄러운가?
적합성	• 영유아의 발달수준(정신적 · 신체적 능력)에 적합한가? • 영아가 성인의 도움을 받으며 놀잇감을 조작할 수 있는가? • 영유아가 성인의 도움 없이 혼자 스스로 조작하고 이동할 수 있는가? • 사회 · 문화적 가치(고정된 성역할 개념, 공격성, 영유아의 생활환경)에 적합한가? • 놀잇감의 형태, 색상, 기능이 매력적이어서 금방 싫증을 내지 않고 지속적인 흥미를 끌 수 있는가?
교육성	• 영유아의 신체발달을 촉진시키는가? • 영유아의 사회정서 발달을 촉진시키는가? • 영유아의 인지발달을 촉진시키는가? • 영유아의 언어발달을 촉진시키는가?
내구성	• 놀잇감의 재질이나 구조, 각 부품의 부착 상태는 견고한가? • 보관과 관리가 쉽도록 제작되었는가?

출처: 김정준 · 김정화 · 신유림(1999). 유아에게 적합한 125가지 놀잇감. 창지사.

2) 영아기 발달

일반적으로 영아기는 만 2세 전까지를 말한다. 이 시기는 신체적, 사회적, 지적, 언어발달 및 기타 여러 행동발달의 속도가 빠르며 왕성한데, 전반은 주로 감각기관이 발달하고 후반은 지적인 발달이 눈에 띄게 달라진다. 이러한 발달은 부모의 관심과 바람직한 상호작용이 매우 중요한 영향을 미친다. 특히 영아기는 성격발달의 기초를 이루는 시기로서 부모의 역할 수행에 따라 성격발달에 중대한 기여를 하게 되므로 사회적 행동의 촉진자로서의 부모역할은 매우 중요하다. 영아기의 부모-자녀 관계는 성인이 된 이후까지 지속적으로 사회적인 모든 관계에 영향을 미친다. 또한, 이 시기에 수유기간, 수유방법, 대소변 훈련 등을 통한 바람직한 양육방법이 자녀의 성격형성과 발달에 좋은 결과를 가져올 수 있다.

(1) 운동과 반사

신생아는 잠을 자는 시간이 길지만 숨을 쉬면서 깜짝 놀라는 동작이나 젖을 빠는 행동 등 움직이는 운동을 계속한다. 신생아의 원초적 반사(primitive reflexes) 운동은 대뇌의 발달에 따라 점점 사라져 생후 1년 정도가 되면 없어진다.

상자 5-3 신생아의 반사행동

① **빨기반사(sucking reflex)**: 입가에 무엇인가 닿으면 무조건 빠는 본능적 행동
② **잡기반사(grasping reflex)**: 손바닥에 무엇인가 접촉시키면 그는 그것을 꼭 잡는 행동
③ **바빈스키반사(Babinski reflex)**: 아기의 발바닥을 간질이면 발가락을 벌리면서 움직이는 행동
④ **모로반사(Moro reflex)**: 큰소리나 밝은 불빛에 몸을 움츠리거나 놀라는 반응의 행동
⑤ **걷기반사(stepping reflex)**: 신생아의 두 손을 잡고 발을 바닥에 닿게 하면 무릎을 구부리고 두 발로 번갈아 움직이는 행동
⑥ **젖찾기반사(rooting reflex)**: 신생아의 입 주변을 자극하면 고개와 입을 향하는 행동

(2) 감각발달

신생아의 시각, 청각, 후각, 미각, 촉각발달은 유전, 환경, 자극 등에 따라 개인차이가 있으나, 실험결과에서 여러 능력이 관찰된다.

상자 5-4 영아의 감각발달

① **시각**: 밝은 빛에 깜박거리고, 움직이는 빛을 따라가기 위해 시선을 옮기고, 움직이는 표적을 따라갈 수 있다. 출생 후 몇 시간 안에 사물을 선택적으로 보는 능력이 있다(Haith, 1991). 시각 선호 방법(visual preference method)을 이용해본 결과, 아기들은 직선보다 곡선을, 흑백보다 색깔 있는 것을, 단순한 모양보다 복잡한 모양을, 이차원적 사물보다 삼차원적 사물을, 익숙한 장면보다는 새로운 장면을, 다른 사진보다는 얼굴 사진을 더 좋아한다(Fantz & Nevis, 1967).

② **청각**: 출생 후 몇 시간 이내에 소리의 어떤 측면에 대하여 민감함을 보인다. 출생 후 영아의 청각적 정확도는 시각적 정확도보다 더 좋기 때문에 두 사람의 얼굴을 변별하는 것보다 두 사람의 목소리의 차이를 더 빨리 변별할 수 있다(조희숙 외, 1994). 생후 20일만에 어머니의 목소리와 모르는 사람의 목소리를 구별할 수 있다(Mills & Melhuish, 1974).

③ **후각**: 독특한 냄새들 간의 차이를 구별할 수 있다. 지독한 냄새가 나는 액체와 냄새 없는 액체를 제시했을 때, 지독한 냄새가 날 때에 더 빨리 숨을 쉬고 더 많이 움직인다는 것이다(Lipsitt, Engen, & Kaye, 1963).

④ **미각**: 맹물과 단맛이 나는 포도당액을 구별할 수 있다(Weiffenbach & Thach, 1975). 아기의 혀에 맹물이나 포도당액 중 어느 것을 놓으면 혀를 옆으로 옮긴다. 또 포도당의 농도가 짙을수록 아기의 반응이 더 커진다. 아기들은 시거나 짜거나 아무 맛이 없는 액체보다는 단 액체를 선호하여 더 강하게 빤다. 또 단맛에는 미소를 짓고 입술을 빠는데 반해, 신맛에는 코를 찡그리고 입술을 내밀며 쓴맛에는 혀를 밀어내고 불쾌한 반응을 보인다(김혜리, 1995).

⑤ **촉각**: 태내기 동안 이미 많이 발달되어 있고, 신생아의 발달에 매우 중요한 역할을 한다. 신생아를 안아주거나 등을 토닥거리는 등의 피부 접촉을 통해 부모-자녀간의 애착이 형성되며, 신생아가 정서적으로 안정감을 얻게 된다. 온도반응에 민감하여, 실내온도가 내려가면 신체운동이 활발해진다. 한편, 아픔에 대한 신생아의 감각은 다소 둔한 편으로 출생 후에는 아픈 자극에 대한 반응이 없지만, 차츰 빠르게 발달한다.

출처: 이숙 외(2010). 인간행동과 사회환경. pp.155-156.

이 시기는 호기심이 왕성하기 때문에 영아의 학습을 촉진하기 위해 부모의 관심과 자극 제공이 매우 중요하다. 지속적인 접촉을 통해 시각적 자극은 물론, 음성적 자극(대화, 노래 등)을 풍부하게 제공해야 한다. 또한, 신체적 접촉을 통해 다양한 감각적 자극을 제공해야 하며 눈과 손의 협응을 촉진할 수 있는 놀잇감을 제공해 주어야 한다.

(3) 애착발달

애착이란 아기와 엄마 사이에 형성되는 정서적 유대관계로 특정한 대상과의 지속적인 정서적 결속이다(Bretherton, 1992). 볼비(Bowlby, 1958)는 애착을 인간의 특징적인 적응행동으로 보고 유아가 양육자와 형성하는 애착은 생존을 위해 타고나는 필수적인 것으로 보았다. 영아는 울음, 미소, 소리내기 등의 신호행동이나 애착대상을 쳐다보기, 따라가기, 접근하기 등의 정향행동과 기어오르기, 껴안기, 매달리기 등의 신체적 접촉 등의 애착행동을 보인다. 영아가 생후 약 6~7개월이 지나면 양육자와 친밀한 애착관계를 형성하게 되는데, 부모의 양육태도와 가족 환경이 비교적 안정적이라면 생후 3년 정도까지 이전의 애착관계가 동질적으로 유지된다.

영아가 7~8개월경이 되면 다른 사람에게 낯을 가리는 낯가림(stranger anxiety)의 불안반응이 나타난다. 또한 엄마와 헤어질 때 헤어지기 싫어하는 격리불안(separation anxiety)도 나타나는데, 이러한 불안행동은 애착이 형성되면서 친밀한 사람과 그렇지 않은 사람에 대한 구분된 반응이 나타나는 자연스런 현상이다. 영아가 이 시기에 엄마와 떨어지는 경험을 한다면 영아가 형성한 애착 유형에서 영아의 불안 반응 정도의 차이가 나타난다. 예를 들면, 이 시기에 엄마가 직장 때문에 영아를 어린이집에 맡겨야 한다면 영아마다 보이는 애착반응에 관심을 가져야 한다.

애착의 질은 유아의 애착행동에 대해 양육자(어머니)가 반응한 것이 축적된 결과에 의해 결정되며, 특히 양육자의 민감성은 유아의 안정애착과 상관이 있다. 어머니의 온정, 반응성, 긍정적 상호작용이 유아의 안정적 애착 표상에 중요한 변인이 된다(Lerner & Galambos, 1988). 또한 많은 연구에서 탁아경험의 유무보다는 탁아의 특성과 질과 양, 탁아를 시작한 시기, 유아의 특성(기질, 성), 어머니와 가정 특성에 관련된 변인들이 상호작용하여 유아의 애착형성에 영향을 준다. 영아의 애착은 낯선상황(Stranger Situation: SS) 실험을 통해 측정되는데, 영아의 안정애착은 이후 대인관계, 학업성취, 성격, 유능감 등에 긍정적으로 작용한다(이희경, 2008). 결국 영아가 어릴 때 부모와 안정애착을 형성하여 지속적으로 안정애착을 발달시키도록 하는 과제는 전적으로 부모의 몫이다.

상자 5-5 **애착의 측정, 애착의 유형**

■ 낯선상황 실험

낯선상황은 에인즈워스 등(Ainsworth et al., 1978)에 의해 표준화된 실험절차에 부여된 이름으로, 유아의 애착행동을 활성화시키기 위해 의도적으로 에피소드를 고정적 순서로 구성시킨 것이다. 이 절차는 유아에게 탐색의 기회를 주는 환경에서, 양육자 및 낯선 여성이 유아의 곁에 있다가 떠나가고 유아와 재결합하는 등의 8개 에피소드로 구성된 실험실 관찰방법이다. 이 실험은 영아(생후 12~18개월)가 양육자와 두 번 헤어지면서 점진적인 스트레스를 받아 근접의 욕구가 증진될 것이라는 가정을 전제로 하여, 유아가 이런 욕구에 성공적으로 대처할 수 있는지의 정도, 그리고 유아가 선택한 책략이 애착의 질을 암시한다고 보았다. 측정은 비디오의 분석과 애착행동의 정밀한 관찰을 통해 점수화되는데, 양육자에게 접촉추구, 접촉유지, 원거리 상호작용, 회피, 접촉을 위한 저항 등에서 애착의 안정(B), 회피(A), 저항(C)으로 나타난다.

■ 애착의 유형

① **안정애착**: 낯선상황 실험에서 어머니가 자신의 곁을 잠시 벗어나도 자유롭게 적극적으로 탐색하며 논다. 낯선 사람에게도 반응을 하며 어머니에게 능동적 신체적 접촉을 하며 위안을 받는다. 다른 집단의 유아에 비해 자기주장, 융통성, 호기심, 사회적 능력이 높다.

② **불안-회피애착**: 어머니와의 분리를 불안해하지 않고 낯선 사람에게 관심을 가지며 어머니가 돌아와도 다가가지 않고 회피하며 논다.

③ **불안-저항애착**: 어머니와 헤어질 때 매달리고 불안해하며 놀지 못하고, 낯선 사람을 거부하고 어머니가 돌아오면 접촉을 추구하면서도 저항하며 위안받지 못한다. 불안애착을 형성한 영아는 또래와 원만한 관계를 맺기 어려워하고 과잉반응, 공격성 등을 보이며 자신에 대한 신뢰감이 낮다(Erickson, Sroufe, & Egeland, 1985).

출처: 이희경(2008). 유아 애착에 관한 Q기법적 연구. 한국학술정보. pp.18-19.

(4) 언어발달

영아는 생후 6개월부터 비교적 다양한 소리를 내기 시작한다. 옹알이를 하다가 1세경부터 특정한 사람이나 사물을 지칭하기 위해서 어떤 소리를 지속적으로 내기 시작한다. '마마', '뽀뽀', '까까' 등 일어문의 사용이 증가되는데, 이러한 한 마디의 단어는 단순한 낱말이 아니라 기능상으로 성인의 문장과 같은 역할을 한다. 우유라는 말을 할 때, '우유 먹고 싶어요, 우유 주세요' 등 상황에 따라 달리 해석될 수 있다. 그 후 점차 동일음을 반복해서 내는 반복현상(까까, 멍멍이, 꿀꿀이 등), 축약현상(비행기-뱅기, 아, 뜨거워-아뜨 등), 유사현상(할머니-하머니 등), 발음의 경음현상(젖-찌찌, 고기-꼬꼬 등), 첨가현상(하나-한나, 밥-밥바 등) 등이 나타난다. 18개월 이후에는 빠른 속도로 어휘수가 증가한다. 또한 두세 단어로 의사 표현을 하여 중요한 단어(명사, 동사)들만 사용하다가, 문법적 기능을 하는 말(부사, 조사, 과거형, 복수형 등)들을 생략해서 말한다. '엄마 쉬', '아가 아파' 등의 말을 2~3세 유아들에게서 쉽게 들을 수 있다.

(5) 영아기의 바람직한 부모역할

영아기에 달성해야 할 주요 발달과업은 신체적 발달, 신뢰감 형성, 뇌 세포의 발달, 배변훈련을 통한 자율성 형성 등이다. 따라서 부모의 역할은 신체적으로 건강하게 성장할 수 있도록 모유, 이유식 등 올바른 식습관 지도와 충분한 수면, 목욕, 일광욕 등 건강관리에 유의해야 한다. 또한, 자녀가 정서적으로 풍부한 행복감을 느끼도록 충분한 스킨십을 해주며, 자녀의 행동을 세심하게 관찰하고 민감하게 반응해 주어야 한다. 자녀와 함께 즐거운 시간을 많이 가지는 것도 중요하다. 그리고 영아기 자녀에게 지나친 지적 유능성을 기대하는 것은 바람직하지 않으므로 발달적으로 적합하지 않은 결과중심의 활동을 지양해야 한다. 단, 자녀의 발달적 상황을 세심하게 관찰하는 것은 중요하다. 자녀의 영재성이나 발달지체 현상 여부 등 특이한 현상은 가급적 빨리 발견하는 것이 유리하기 때문이다.

또한, 영아기는 오감을 통해 삶을 배우는 시기이기 때문에 자녀의 감각기관을 활용한 경험을 풍부하게 제공해 주어 자율적으로 다양한 시도를 하도록 하며 '스스로 할 수 있다'는 자신감을 갖도록 도와주어야 한다.

3) 유아기 발달

유아기는 영아기와 구분하여 말하면 유치원 연령기이다. 만 3세가 되면 교육기관인 유치원에 입학하여 형식적인 교육을 받기 시작한다. 점차 읽기와 쓰기, 수학 등 학습에 관심을 가지며 자신의 주변에서 점차 넓은 세계로 관심을 확대하고 다양한 체험과 예술적 경험을 즐긴다.

상자 5-6 유아기 신체발달

- 2세가 되면 뇌의 발달이 급속하며, 신장과 체중의 발달은 빠르다. 혼자서 간단한 옷을 입을 수 있고, 머리를 손질하고 씻을 수 있다.
- 3세가 되면 이전보다 체중의 증가가 느리며, 똑바로 설 수 있으며, 도움을 받아 한발로도 설 수 있다. 달릴 수 있고, 옆걸음질, 뒷걸음질을 할 수 있으며 발꿈치로 걸을 수 있다. 층계를 붙잡지 않고 오르내릴 수 있게 된다. 큰 글자를 보고 쓰거나 수직선, 삼각형을 그릴 수 있다. 가위로 자르기, 흙 주무르기, 바늘로 뜨기, 손가락으로 칠하기, 연필, 크레파스로 끄적거리기 등의 흉내를 내며 미술활동을 즐기기도 한다.
- 4세가 되면 체격발달이 느리고 신장은 성인 크기의 60%가 자란다. 양치질을 잘 할 수 있으며, 큰 글자를 보고 쓸 수 있다. 블록을 쌓을 수 있고, 자르기, 주무르기, 자전거 타기, 크레파스나 연필로 그리기, 큰 바늘로 뜨기, 간단한 수수께끼 놀이 등의 놀이를 즐길 수 있다.
- 5세가 되면 머리 둘레가 어른의 90%로 성장하며, 혼자 빗질을 하고, 대부분의 옷을 입을 수 있다. 네모를 보고 그대로 그릴 수 있으며 이전보다 더 어려운 구조적 모양을 쌓을 수 있다. 크레파스 및 연필로 그리기, 큰 바늘로 뜨기, 간단한 수수께끼 놀이를 할 수 있다. 달리며 게임놀이를 할 수 있고 공을 가지고 튀기기, 던지기, 받기를 할 수 있다. 일반적으로 새로운 활동, 신체의 협응력 개발에 대한 동기 유발이 강하다.
- 6세가 되면 몸통의 길이, 넓이가 출생시의 2배로 된다. 혼자서 능숙하게 옷을 입을 수 있고, 글자와 숫자를 잘 쓸 수 있으며, 한 발로 뛰기, 줄넘기, 멀리뛰기, 제자리 높이뛰기를 할 수 있다. 왼손잡이 또는 오른손잡이로 굳어지고 대부분의 기본적 운동 기능을 습득하게 된다.

출처: 이숙 외(2010). 인간행동과 사회환경. 창지사. pp.165-166.

(1) 신체운동 발달

신체적 성장은 운동능력에 영향을 미치며 자신 및 타인에 대한 태도, 자아개념, 자기존중, 사회적 적응 등 다른 영역과 밀접한 관련이 있다. 또한 유아의 신체활동이 유아의 발달에 영향을 미치는 건강과 직결되어 있으므로 유아기의 신체발달은 매우 중요하다.

유아는 자라면서 몸을 움직이며 많은 활동을 한다. 그런데 최근에 전자기기가 많이 소개되면서 집안에서 혼자 놀거나 신체운동의 기회가 줄어드는 경우가 많다. 유아는 혼자뿐 아니라 함께 하는 놀이를 통해 대근육 및 소근육의 활동을 골고루 하도록 해야 한다. 가령, 유아기에 리본 묶기나 젓가락 사용에 서툰 경우가 있는데, 이를 방치하면 아동기가 되어도 잘 수행하지 못할 수 있다. 연령별로 적절한 대·소근육운동을 소개하면 〈표 5-1〉과 같다.

표 5-1 유아기 대근육·소근육운동의 예

	3~4세	4~5세	5~6세
대근육운동	• 아래쪽으로 공을 던짐 • 깡충 뛰기 • 큰 공 잡기 • 한 발로 서기 • 마루에서 뛰기 • 양발로 3번 정도 뛰기 • 발을 맞대어 걷기 • 구르는 공 잡기	• 공을 튀기고 잡기 • 뛰다가 멈추기 • 장난감 유모차 밀고 당기기 • 원하는 방향으로 공을 차기 • 5kg 정도의 물건 옮기기 • 공 잡기 • 방향대로 공 튀기기 • 한 발로 4번 정도 구르기	• 공 던지기 • 7kg 정도의 물건 옮기기 • 구르는 공 차기 • 발 바꾸어 뛰기 • 롤러스케이트 타기 • 줄넘기하기 • 목적지에 공을 굴리기 • 보조 바퀴 달린 두발자전거 타기
소근육운동	• 비슷하게 원 그리기 • 종이 자르기 • 풀칠하기 • 블록 쌓기 • 탑 만들기 • 단순한 모양 그리기 • 인형 옷 입히기 • 흘리지 않고 컵에 물 따르기	• 신발 끈 묶기 • 선 따라 자르기 • 구슬 엮기 • 옷핀 잠그기 • 높은 탑 만들기 • 여러 모양의 그릇에서 물 따르기 • 이름 쓰기	• 종이 접기 • 다양한 도형 그리기 • 종이 안의 모양 도려내기 • 크레파스를 제대로 사용하기 • 점토 만들기 • 글자 보고 따라 적기

출처: 권민균 외(2012). 아동발달. 창지사.

(2) 사회정서 발달

사회정서 발달(social and emotional development)을 이해하기 위해 사회발달과 정서발달로 구분하여 살펴보면 다음과 같다.

먼저 사회발달(social development)은 사회성 발달이나 사회적 능력(역량)으로 표현하기도 한다. 사회적 능력 또는 역량(social competence)이란 일반적으로 유아들이 또래 및 어른들과의 사회적 상호작용을 얼마나 효과적(effectiveness)으로 하느냐를 말한다. 사회적 능력이란 종종 실행(enactment) 또는 행동증후(behavioral manifestation)를 나타낸다는 점에서 정서능력과는 구별된다. 사회적 능력을 갖추기 위해서 유아들은 다음과 같은 기술이 필요하다.

첫째, 다른 사람들과 긍정적인 관계를 발달시키기

둘째, 사회적 동반자(social partner)들과 행동과 감정을 조절하고 소통하기

셋째, 사회적 상황과 상호작용에서 자신의 정서와 행동을 인식하고 조절하기

등이다. 가령 3~4세 유아들은 또래들과 함께 서로 만족스럽고 충족(fulfilling)시켜줄 수 있는 놀이 경험을 가져야 한다. 이러한 놀이 경험 과정에서 유아들은 또래 혹은 또래들의 선호도가 자신과 다르거나 갈등에 처하게 될 때 그 상황에 대해 협상할 필요를 느끼며 이러한 갈등상황이 성공적으로 조종될 때 놀이가 계속될 것이다(Campbell & Denhamb, 2016).

다음으로 정서(emotion)란 어떤 상황에 대해 개인이 부여하는 의미(significance)를 신속하게 평가하는 것으로서, 행동을 준비하게 한다. 즉, 정서(emotion)는 유아들이 자신의 세계에서 일어나는 사건(event)에 반응하여 나타나는 생리적이고 심리적인 느낌이다. 감정은 유아들의 욕구에 적응한다는 점에서 주의를 집중하게 하며, 신체를 활발하게 하고 사고를 조직하기 때문에 유아들에게 중요하다.

가령, 공포는 하나의 강한 정서로서 생존욕구를 위한 함축성을 가지고 있다. 유아들은 더 공포스러울 때, 자신의 주변 환경을 더 인식하고 또 더 조심하게 한다. 행복 또한 적응적 기능을 가진 정서이다. 미소를 띠는 어린이는 남도 따라 웃게 하고, 어른들은 기쁨을 공유하게 된다. 이러한 상황이 일어날 때 개인 상호 간의 관계와 애정 관계가 형성되기 시작한다. 마찬가지로 혐오는 질병의 원인이 되는

유해물질을 피하게 한다. 따라서 정서는 사람이 중요한 문제에 처한 환경과의 관계를 설정하여 유지하게 하거나 변화시키도록 준비하는 것을 말한다. 정서에 대한 기능적 접근에서 볼 때, 정서는 개인적 목표를 달성하기 위한 행동에 힘을 불어 넣는 것이다.

사회성 발달과 정서발달은 서로 밀접하게 관련되어 있다. 즉, 사회성 발달이 타인과의 관계를 효율적으로 맺는 능력이라고 할 때 정서는 행동을 동기화시키는 기능을 가지고 있어 사회성 발달의 핵심적인 요소이다. 인간은 출생과 더불어 관계 맺기를 시작하고 그 과정에서 정서를 인식하고 표현하고 조절, 활용하는 방법을 습득하게 된다. 내가 울면 상대가 안아주고, 웃으면 같이 웃어주는 반응에 따라 조금씩 자신의 상황 속에서 어떻게 행동해야 하는지를 습득하면서 사회적 기술을 익혀나가게 된다. 즉 사회적 관계를 위한 거의 모든 행동에 정서적 경험과 정서발달과 관련된 능력들이 수반된다(고윤희, 2011).

한 연구에서도 유아의 정서발달과 사회적 능력은 서로 관계가 있는 것으로 나타났다(안라리, 2005). 먼저, 유아의 정서 표현과 사회적 능력의 관계를 알아본 결과 억양으로 분노를 빈번히 표현하는 유아는 사회적 기술과 정서적 성숙을 보였다. 다음으로 유아의 정서 인식과 사회적 능력의 관계를 알아본 결과, 유아의 정서 인식수준이 높을수록 유아의 사회적 능력이 성숙하고 내적 행동 문제 및 외적 행동 문제가 적었다. 또한 유아의 정서조절능력과 사회적 능력의 관계를 알아본 결과 긍정적 정서 조절전략을 많이 사용하는 유아는 친사회적 행동이 높게 나타나고 내적 행동 문제가 적었고, 반대로 부정적 정서조절전략을 많이 사용하는 유아는 친사회적 행동이 적었고 내적 행동 문제가 많은 것으로 나타났다.

유아의 초기 정서반응은 미분화된 신체적 표현으로 나타나지만 연령의 증가와 함께 분화된 반응 및 역동적인 다양한 반응을 보인다. 이러한 정서표현은 유아의 성숙 수준과 다양한 경험에 의한 학습요인에 따라 좌우되는데, 성숙요인의 통제는 어렵지만 학습요인의 통제는 가능하므로 환경의 배려 및 적절한 지도를 통해 바람직한 정서반응양식을 학습하도록 도와줄 수 있다.

유아 사회정서 발달을 위한 부모의 역할을 제시하면 다음과 같다(Wherry, 2005).

① 자녀들을 놀이집단에 참여시키기: 놀이집단은 자녀들에게 오락과 우정을 제공하기 때문에 중요한 사회적 기술을 기르는 데 도움을 준다.

② 집안 일 부과하기: 어린 자녀들이라도 탁자 정리와 세탁물 분류 같은 단순한 일은 할 수 있다. 이러한 것은 책임감과 독립심을 기르는 데 도움을 준다.

③ 선택의 기회 주기: 의사결정은 자녀들이 유능하다고 느끼게 하거나 어떤 해결방법을 찾아내게 할 수 있다. 가령, 가방 속에 단 한 가지의 장난감을 넣을 수 있는 공간만 있을 때, 어떤 것을 선택할 것인지 자녀에게 선택의 기회를 준다.

상자 5-7 유아기 정서의 특징

① 유아의 정서는 격렬하고 강하다. 성인들은 자신의 정서를 통제하려고 노력하지만 어린 아이들은 그러한 노력을 하지 않는다. 유아의 강렬한 정서는 자신이 통제 못하는 언어적, 신체적 공격으로 나타나기도 한다. 따라서 부모나 교사는 유아가 자신의 감정을 조절하고 건전하게 발산할 수 있도록 관심을 가지고 지도해야 한다.

② 유아의 정서는 지속적이지 않고 일시적이다. 격렬하게 표현된 감정이라도 일시적으로 표현되며 곧 바로 이전에 보이던 혹은 다른 형태의 정서적 반응을 보인다.

③ 유아의 정서는 유동적이다. 눈물을 뚝뚝 흘리며 울다가도 금방 웃기도 하고, 친구와 싸우다가도 얼마가지 않아 함께 놀이를 한다.

④ 유아는 심미적이다. 유아는 성장함에 따라 구체적인 사물과 상호작용함으로써 창의적이고 심미적인 면을 키워가게 된다. 이러한 활동을 통하여 자신을 표현하는 가운데 유아가 지녔던 불편한 감정이나 긴장감 등을 해소하고 욕구를 충족시키는 경험을 하게 된다.

출처: 이숙 외(2010). 인간행동과 사회환경. 창지사. p.169.

(3) 인지발달

인지는 지식, 사고, 상상, 추리, 문제해결, 개념화 등의 지적인 정신과정으로, 유아는 성장하면서 다른 발달과 마찬가지로 유아수준에서 인지가 발달한다. 피아제(Piaget, 1896~1980)는 '지식이란 무엇이며 어떻게 획득되는가(발생학적 인식론)'에 관심을 가지고 인간의 감각, 지각, 사고와 추리능력, 문제해결능력 등과 같은 인지능력의 발달에 관한 연구를 하였는데, 인지발달단계는 고정되어 있고, 발달단계의 순서는 모든 유아들에게 똑같이 적용된다고 하였다.

피아제에 따르면, 인지발달은 감각운동기(sensory-motor period: 0~2세), 전조작기(preoperational period: 2~7세), 구체적 조작기(period of concrete operation: 7~11세), 형식적 조작기(period of formal operation: 11~15세)의 단계로 발달한다. 유아기는 사고의 조작적 법칙을 알지 못하므로, 전조작적 단계라고 한다. 즉, 실제 사물을 대신하는 언어 상징을 사용하지만, 논리적인 법칙에 따라 사고하는 인지과정이 발달하지 못하였으므로 유아는 사물을 자신의 입장에서만 보고 이해하는 자기중심성을 보인다. 전조작기에 보이는 유아의 특성은 다음과 같다.

상자 5-8 전조작기 유아의 특성

① 직관적 판단을 한다. 사물이나 사건 속에 내재되어 있는 규칙이나 변화를 논리적인 과정을 거쳐서 이해하기보다는 눈앞에 보이는 것만을 기초해서 이해하는 직관적 사고를 통해서 대상을 파악한다.

② 상징적 활동이 많아진다. 막대기를 인형이라고 생각할 수 있고, 종이라고 생각하고 놀이를 할 수도 있다.

③ 자기중심성이 강하다. 자기중심성이란 주관성과 객관성의 식별이 부족한 것을 말한다. 즉, 자신의 행동과 입장을 다른 사람의 행동 입장과 구별하여 이해하는 능력이 부족하다. 유아는 자신의 생각과 주장만이 옳다고 여긴다.

④ 물활론적인 사고를 한다. 움직이는 사물에는 생명이 있다고 생각한다. 즉, 무생물에 생명과 감정을 불어 넣어 사물을 살아 있고 움직이는 존재로 생각한다.

⑤ 꿈을 실제 일어난 일로 생각한다. 꿈의 내용을 현실적인 사건으로 받아들이기도 하며, 비현실적이고 상상적인 생각과 행동을 하기도 한다.

⑥ 타율적인 도덕성을 갖는다. 자선 행위나 규범 준수 등의 도덕적 행동을 왜 하는가에 대하여 절대 규범으로 여긴다. 규칙은 지키지 않으면 벌을 받으므로 꼭 지켜야 한다고 생각한다. 또한 잘못의 정도를 판단할 때 행동의 원인을 고려하지 않고 일어난 결과를 보고 판단한다. 예를 들면, 실수하여 5개의 컵을 깨뜨린 유아가 일부러 1개의 컵을 깨뜨린 유아보다 더 잘못이 많다고 여긴다.

출처: 이희경(2016). 유아교육개론. 태영출판사. p.22.

(4) 언어발달

유아들의 어휘는 2세 이후부터 급속히 증가한다. 또한 이 시기 동안 여러 가지 문법적 능력이 발달하게 되므로 2세부터 초등학교 입학시기 전까지의 시기는 언어발달에 있어서 결정적 시기(critical period)라고 볼 수 있다. 언어발달을 설명하는 이론은 인간의 언어기능을 선천적으로 타고난 특성이라고 보는 생득주의이론과 언어가 생득적이거나 천부적이 아니며 경험에 의해서 학습된다는 환경지배주의 이론이 대조를 이룬다. 이 시기의 유아들의 언어발달 특징을 살펴보면 다음과 같다(이숙 외, 2010).

첫째, 유아들의 언어발달능력은 크게 운동반응 표현과 언어반응 표현으로 구분될 수 있다. 운동반응 표현이란 유아가 언어로 표현하지 않더라도 이미 그 언어에 대한 개념을 가지고 있어 자신의 행동으로 이해한 것을 표현하는 말이다. 예를 들면, 교사가 '동화책을 가져오자'고 했을 때, 유아는 아직 '동화책'이라는 말은 하지 못 하더라도 그것의 의미는 알고 가져올 수 있는 이해능력을 말한다. 이러한 반응능력으로부터 유아는 점차 언어능력이 발달된다.

둘째, 유아들의 언어는 자기중심적인 특성이 있다. 친구들과 놀면서 대화를 할 때 서로 자기주장만을 하여 의사소통이 안 되는 경우가 있다. 따라서 유아교육기관에서는 이러한 언어 유형이 점차 사회화된 언어로 발전하여 서로의 뜻을 전하고 이해하는 의사소통능력이 길러지도록 도와주어야 할 것이다.

셋째, 유아들의 언어발달은 추상적인 경험으로 발달되는 것이 아니라 구체적인 사물의 조작을 통하여 발달된다. 그러므로 구체적인 사물을 가지고 환경과의 상호작용을 할 수 있는 기회를 많이 부여하여야 한다.

넷째, 유아들은 주위의 사물에 호기심을 가지고 끊임없는 질문을 계속함으로써 어휘와 문장의 구조를 발달시켜 나간다. 그러므로 성인들은 유아들이 쉴 새 없이 물어오는 질문에 적절한 반응을 보이며, 올바른 언어 모델이 되어 바람직한 언어발달을 할 수 있게 도와주어야 한다.

상자 5-9 언어발달 이론

- 촘스키(Chomsky, 1965)는 언어습득장치(Language Acquisition Device: LAD)의 개념을 사용하여 인간의 언어발달 과정을 설명하였다. 유아는 귀로 들은 단어들을 모아 구절과 문장을 만들고 문법을 발견하는 장치를 생득적으로 가지고 있어 일정한 시기가 되면 언어능력을 습득한다고 한다. 유아들이 학습하지 않은 문장을 산출하고 이해하는 창조적 능력을 발휘하는데, 이러한 인간의 능력은 본능적이라는 것이다.
- 스키너(Skinner, 1957)는 조작적 조건화(operant conditioning)와 강화(reinforcement)의 원리를 사용하여 언어습득 과정을 설명했다. 유아는 옹알이 및 다양한 소리를 내는데, 주변에 있는 성인들이 그 문화권 내에서 사용되는 일부의 소리에 선택적으로 강화를 주므로, 유아는 강화를 받은 소리를 자주 냄으로써 소리를 배우게 된다. 유아들은 계속적인 이와 같은 과정을 통해 정확한 말을 배우고, 다양한 어휘 및 문법적 체계를 습득하게 된다는 것이다. 사회학습 이론가들은 아동들의 모든 행동이 모델행동을 관찰하고, 그것을 모방함으로써 습득된다고 보며 단어와 문법구조도 유아가 주위에 있는 모델들의 언어를 관찰하고 모방함으로써 습득된다고 주장한다.

(5) 유아기의 바람직한 부모역할

유아기의 주요 발달과업은 균형적인 발달, 기본생활습관 형성, 자율성과 주도성 발달, 사회적 관계 역량 키우기 등이라고 할 수 있다. 이를 위해 부모는 자녀가 신체적, 정서적, 인지적으로 균형 있는 전인적 인간으로 성장하도록 일상생활 속에서 행복한 경험을 많이 하도록 해야 할 것이다. 유아기에 적합하지 않은 과잉조기교육은 우뇌발달에 부정적 영향을 미치게 되며 이는 정서적으로 부적응이나 창의력 장애, 인성교육 부재 등으로 인한 심각한 후유증을 초래할 수도 있다. 또한, 스스로 무언가를 시도할 수 있는 선택의 기회를 많이 제공해 줌으로써 자녀가 잠재적 능력을 발휘할 수 있도록 도와주어야 한다. 유아기는 일상생활 속에서 올바른 기본생활습관을 형성해야 하는 시기이다. 올바른 기본생활습관은 가족과의 관계뿐만 아니라 다른 사람과의 관계, 질서와 예절 등 사회적 관계 역량에 기반이 되는 주요한 덕목이 되기 때문이다.

2 영유아교육기관의 이해

영유아는 신체적, 사회적 그리고 윤리적인 인격체이다. 신체적으로 정신적으로 미숙한 상태에서 점차 발달해 가고 있으며, 환경과의 상호작용을 통해 잠재적인 발달의 가능성을 확대시킨다. 영유아기는 발달의 속도가 빠르며 무엇인가를 받아들이는 흡수력이 커서 이 시기에 어떤 경험을 하느냐가 중요하다. 영유아가 보고 듣는 것은 단순히 감각적 활동에 그치는 것이 아니라 인지하고 모방하고 학습하는 것이다. 친구들과 놀면서 사회성을 키우고 놀이를 통해 규칙을 알고 자기조절을 하며, 교사의 중재를 통해 경험수준을 높이고 문제해결을 할 수 있다. 영유아는 전적으로 성인의 조정과 지시를 받아 행동하는 수동적인 존재가 아니라, 성장하면서 자신의 소질과 강점을 신장시키면서 여러 능력을 통합시켜가는 능동적 인격체이다.

오늘날 영유아를 보는 관점에서는 영유아의 생득적인 발달특성이 성장하면서 저절로 전개되는 성격이라고 설명되지 않고, 영유아의 발달을 촉진시킬 수 있는 환경이 적절하게 제공되어야 한다는 점을 전제로 발달의 가능성을 설명한다. 아무리 영유아가 선천적으로 타고난 재능이 있어도 그것이 발휘될 기회가 충분하지 않다면 발달의 가능성은 제한된다. 부모는 영유아의 성장과 발달 등 발전적인 변화에 중요한 영향을 준다. 영유아는 독립된 인격체로 존중되어야 할 뿐 아니라 법으로 보호되어야 하며 교육받을 권리가 있다.

우리나라의 유아교육기관에는 어린이집과 유치원이 있다. 어린이집은 보건복지부 관할의 기관으로 0세부터 보육이 이루어지는 곳이며 유치원은 교육부 관할의 교육기관으로 만 3세부터 교육이 이루어진다. 특히 만 3세에서 취학 전까지 이루어지는 교육은 누리과정이라는 국가의 제도로 이루어지는 과정이다. 누리과정의 도입 취지는 생애 초기의 형식적 교육을 국가가 주도하여 누구나 평등한 교육을 받을 수 있도록 한 것이다. 어린이집과 유치원에서는 영유아의 발달에 도움이 되도록 계획된 국가의 보육 및 교육과정에 의해 체계적인 교육이 이루어지고 있다.

영유아기는 인간의 생애단계에서 투자 효과가 가장 높은 시기이다. 교육의 기회비용을 유치원, 학교, 졸업 후 교육으로 나누어 비교할 때 영유아기가 인적자원 투자 대비 회수율이 가장 높은 시기라고 강조되고 있다(OECD, 2006; 장명림 외, 2012). 대한민국의 영유아는 누구나 교육의 기회를 평등하게 누릴 수 있으므로, 부모는 자녀가 해당 연령이 되면 가까운 유아교육기관에 자녀를 보내야 한다.

상자 5-10 우리나라 누리과정 개요

- 성격

누리과정은 3~5세 유아를 위한 국가 수준의 공통 교육과정이다.

가. 국가 수준의 공통성과 지역, 기관 및 개인 수준의 다양성을 동시에 추구한다.
나. 유아의 전인적 발달과 행복을 추구한다.
다. 유아 중심과 놀이 중심을 추구한다.
라. 유아의 자율성과 창의성 신장을 추구한다.
마. 유아, 교사, 원장(감), 학부모 및 지역사회가 함께 실현해가는 것을 추구한다.

- 추구하는 인간상

가. 건강한 사람
나. 자주적인 사람
다. 창의적인 사람
라. 감성이 풍부한 사람
마. 더불어 사는 사람

- 목적

유아가 놀이를 통해 심신의 건강과 조화로운 발달을 이루고 바른 인성과 민주 시민의 기초를 형성하는 데에 있다.

- 목표

가. 자신의 소중함을 알고, 건강하고 안전한 생활 습관을 기른다.
나. 자신의 일을 스스로 해결하는 기초능력을 기른다.
다. 호기심과 탐구심을 가지고 상상력과 창의력을 기른다.
라. 일상에서 아름다움을 느끼고 문화적 감수성을 기른다.
마. 사람과 자연을 존중하고 배려하며 소통하는 태도를 기른다.

• 구성의 중점

가. 3~5세 모든 유아에게 적용할 수 있도록 구성한다.

나. 추구하는 인간상 구현을 위한 지식, 기능, 태도 및 가치를 반영하여 구성한다.

다. 신체운동·건강, 의사소통, 사회관계, 예술경험, 자연탐구의 5개 영역을 중심으로 구성한다.

라. 3~5세 유아가 경험해야 할 내용으로 구성한다.

마. 0~2세 보육과정 및 초등학교 교육과정과의 연계성을 고려하여 구성한다.

• 편성·운영

가. 1일 4~5시간을 기준으로 편성한다.

나. 일과 운영에 따라 확장하여 편성할 수 있다.

다. 누리과정을 바탕으로 각 기관의 실정에 적합한 계획을 수립하여 운영한다.

라. 하루 일과에서 바깥 놀이를 포함하여 유아의 놀이가 충분히 이루어지도록 편성하여 운영한다.

마. 성, 신체적 특성, 장애, 종교, 가족 및 문화적 배경 등으로 인한 차별이 없도록 편성하여 운영한다.

바. 유아의 발달과 장애 정도에 따라 조정하여 운영한다.

사. 가정과 지역사회와의 협력과 참여에 기반하여 운영한다.

아. 교사 연수를 통해 누리과정의 운영이 개선되도록 한다.

• 교수·학습

가. 유아가 흥미와 관심에 따라 놀이에 자유롭게 참여하고 즐기도록 한다.

나. 유아가 놀이를 통해 배우도록 한다.

다. 유아가 다양한 놀이와 활동을 경험할 수 있도록 실내외 환경을 구성한다.

라. 유아와 유아, 유아와 교사, 유아와 환경 간에 능동적인 상호작용이 이루어지도록 한다.

마. 5개 영역의 내용이 통합적으로 유아의 경험과 연계되도록 한다.

바. 개별 유아의 요구에 따라 휴식과 일상생활이 원활히 이루어지도록 한다.

사. 유아의 연령, 발달, 장애, 배경 등을 고려하여 개별 특성에 적합한 방식으로 배우도록 한다.

• 평가

가. 누리과정 운영의 질을 진단하고 개선하기 위해 평가를 계획하고 실시한다.

나. 유아의 특성 및 변화 정도와 누리과정의 운영을 평가한다.

다. 평가의 목적에 따라 적합한 방법을 사용하여 평가한다.

라. 평가의 결과는 유아에 대한 이해와 누리과정 운영 개선을 위한 자료로 활용할 수 있다.

출처: 교육부 고시 제2019-189호

감수성 높이기

1. 자녀의 연령을 고려한 가족놀이(아빠와 놀기, 엄마와 놀기)를 계획해 보세요.

장소	엄마와 놀기	아빠와 놀기	함께 놀기
가정에서			
야외에서			

Chapter **06**

영유아기의 부모-자녀 관계 향상시키기

1. 부모의 양육태도
2. 부모의 대화기술
3. 부모-자녀 관계 향상을 위한 자기이해

부모가 자녀에게 줄 수 있는 최고의 유산은

매일 몇 분을 자녀와 함께하는 것이다.

by O. A. Battista

부모와 자녀의 관계는 법적, 사회적, 개인적으로 결속력을 가지고 이들의 관계는 그들이 속한 사회에서 보장되고 인정되지만 항상 안정적으로 유지되거나 좋은 관계를 형성하는 것은 아니다. 애정을 기반으로 하여 서로 의존하고 지지하면서 친밀감을 쌓아가는 관계를 통해 가족은 유지되며 삶의 과정에 중요한 특성으로 작용한다.

이 장에서는 자녀가 어릴 때 부모가 취하는 양육태도에 대하여 알아보고, 부모-자녀의 원만한 소통을 위한 대화의 기술을 소개하여 부모-자녀의 관계를 향상시키는 데 도움을 주고자 한다.

Chapter

06 영유아기의 부모-자녀 관계 향상시키기

1 부모의 양육태도

부모는 자녀에게 가장 의미 있는 타인(significant others)이다. 자녀에게 부모는 가장 영향력이 큰 존재이므로, 영유아는 부모가 시키지 않아도 부모의 행동을 따라하며 부모가 하지 말라고 해도 부모가 하는 행동을 자연스럽게 받아들이게 된다. 그러므로 부모는 교육자, 상담자, 양육자 등 여러 가지 역할에 대한 지식과 지혜가 필요하다. 자녀를 양육하는 과정에서 부모는 자녀의 연령과 발달 상황 및 개인이 겪는 경험 노출 정도에 맞게 대해 주어야 자녀가 성장하면서 적절한 표현과 소통, 태도 및 행동 등으로 반응하게 된다. 그러나 어떤 부모는 5세 자녀에게 행동했던 양육태도를 자녀가 15세가 되었을 때까지 유지하여 부모-자녀 간의 갈등이 일어나기도 한다. 그러므로 자녀를 양육하는 부모는 성장과정에 있는 자녀를 위해 꾸준한 교육과 훈련이 필요하며 이것은 부모기(parenthood) 동안 계속되어야 한다.

1) 양육태도

자녀를 키우는 부모는 양육자, 훈육자, 교육자, 상담자, 그리고 그 외에도 자녀의 뒷바라지에 관련된 다양한 역할을 한다. 부모의 다양한 역할은 양육태도로 나타나며, 부모의 양육태도는 유아의 성격 형성과 사회·정서 발달에 직접적인 영향을 준다(Aunola & Nurmi, 2005; Shanahan, McHale, Crouter, & Osgood, 2007). 양육태도란 부모 또는 양육자가 자녀를 양육하면서 일반적 또는 보편적으로 나타내는 태도 및 행동을 말한다(Becker, 1986). 아동발달 이론가들은 아동의 사회적·정서적 행동의 특성은 부모와 양육자가 어떤 태도로 자녀를 양육하느냐에 따라서 다르게 나타난다고 본다. 부모-자녀 관계를 부모 쪽에서 볼 때 사회화의 최우선 대상은 자녀이며, 자녀 쪽에서 볼 때 최초로 가지게 되는 사회적인 경험과 동일시되는 대상은 부모이며 참조의 규범이 된다. 이 관계는 교육적이고도 문화적인 관계이다. 이러한 관계 속에서 부모는 나름대로 양육에 대한 전략을 가지고 자녀를 대하게 되며, 자녀는 그러한 전략에 반응하고 경험하면서 자신의 사고방식, 태도, 가치관 등을 형성하는 데 도움을 받는다. 부모가 취하는 육아방식의 상당부분은 자신이 어떻게 키워졌는지, 어떻게 자라 왔는지에 달려 있다. 부모 자신의 인성 특성은 물론 부모의 신체적·심리적 건강과 아동관, 직업과 종교, 교육 수준까지 영향을 준다. 그러나 보다 직접적 요인은 부모가 아동에게 가지는 포부 수준(aspiration level)이나 기대이며, 이에 따라서 양육태도가 좌우된다.

전통적으로 부모의 양육태도와 자녀의 성격특성을 인과적으로 설명한 견해가 많이 소개되었다. 그동안 제시된 양육태도의 유형은 과잉보호형, 거부형, 독재형, 무시형, 방임형, 권위형, 애정형, 민주형 등 학자들의 견해에 따라 다양하며, 각 유형으로 양육된 자녀의 성격도 예언적으로 설명되었다. 예를 들면, 부모의 양육태도는 중학생의 학업성취나 대인관계에도 영향을 주며(김영미, 2008), 부모의 양육태도가 애정적이고 성취지향적일수록 아동의 학교 적응력이 높았을 뿐 아니라(노진아, 2014), 초등학생이나 중학생의 진로성숙도에도 부모의 양육태도가 영향을 주는 것으로 나타났다(이나경·안권순, 2014; 이주연·조연희, 2015). 그 외에도 부모의 양육태도와 자녀의 창의성, 행복감, 자아존중감, 우울감, 교우관계 등에 관한 연구가 많이 이루어지고 있다. 부모의 양육태도에 관한 연구는 오래전부터 이루어져 왔는데, 최근에는 영유아기뿐 아니라 초등학생, 중고등학생 및 대학생에 미치는 부모의 양육태도에 관한 연구가 지속적으로 이루어질 만큼 부모-자녀 관계의 향상에 부모의 양육태도가 매우 중요한 요인임을 알 수 있다.

부모 양육태도의 유형은 부모가 평소 자녀에게 어느 정도 일관성 있게 나타내는 행동 특성을 따라 구분해 놓은 것이다. 부모의 양육태도에 대한 연구는 20세기 후반부터 본격적으로 이루어졌는데, 셰퍼(Schaefer, 1959)의 이론이 최근까지도 양육태도 연구에 많은 영향을 주고 있다. 그는 부모의 양육태도를 애정과 적의(love-hostility), 자율과 통제(autonomy-control)의 양극으로 된 차원으로 나누어 애정적-자율적 태도, 애정적-통제적 태도, 적대적-자율적 태도, 적대적-통제적 태도로 소개하였다.

상자 6-1 셰퍼의 이론에서 본 부모의 양육태도 유형

① 애정적-자율적 태도
애정적이면서 자율적 태도는 수용적, 애정적, 인지적, 아동 중심적이며, 훈육할 때는 합리적 방법을 사용한다. 이러한 양육태도에서 성장하는 자녀는 능동적·외향적이고 사교적이며, 창의적이고 독립적이며, 사회 적응을 자신 있게 하며, 자신이나 타인에 적대감을 갖지 않는다. 이론적으로 가장 바람직한 민주형의 양육태도라고 할 수 있다.

② 애정적-통제적 태도
애정적이면서 통제적 태도는 체벌을 사용하는 통제가 아니어도 심리적 통제를 사용한다. 이러한 양육태도에서 자란 아동은 애정적-자율적 양육태도에서 자란 아동에 비해 의존적이고 인내심에 있어서 상상적 적대 감정을 품기도 하며 사교성이나 창의성이 적은 편이다.

③ 적의적-자율적 태도
적의감을 보이며 허용적인 양육태도는 자녀를 애정적으로 수용하지 못하면서 거부하는 동시에 자녀를 자기 마음대로 행동하게끔 내버려두는 태도이다. 이러한 환경에서 성장한 아동은 공격적이고 자신의 행동을 잘 조절하지 못하게 된다.

④ 적의적-통제적 태도
적의감을 보이면서 통제하는 양육태도는 자녀를 애정적으로 수용하지 않으며 행동을 심리적 통제 또는 체벌로 규제하는 독재적인 양육태도로 나타난다. 자녀의 감정표현을 허용하지 않으므로, 아동은 자라면서 부모에 대하여 적대감을 가지며 자아에 대한 분노가 발생하고 내면화된 갈등, 고통을 느끼며 심한 경우에 자학적이며 공격적인 경향이 나타난다.

바움린드(Baumrind, 1973)는 애정과 통제라는 두 가지 차원에 근거하여 권위주의적인 부모(통제는 높으나 애정은 낮은), 허용적인 부모(애정은 높으나 통제는 낮은), 권위 있는 부모(애정과 통제가 높은), 방임적인 부모(애정과 통제가 낮은)로 구분하였다.

상자 6-2 바움린드의 양육태도 유형

① 권위주의적인 부모(Authoritarian parents)의 양육태도

권위주의적인 양육태도는 자녀에게 아동에게 즉각적이고 장기적인 복종을 원한다. 주로 자녀의 행동을 통제하고 강압적인 방법이나 체벌을 사용해서라도 복종하도록 지도하며 미리 정해 놓은 부모의 절대적인 행동기준에 의해 자녀의 행동을 평가하고, 부모의 행위와 결정을 최선의 것으로 믿도록 한다. 이러한 유형의 부모는 자녀에게 일에 대한 존경심을 가르치기 위해 집안일을 하도록 정해 주는 것, 정해진 자리에 있게 하는 것 등 부모가 결정한 기준을 자녀에게 적용하는 것을 중요하게 여긴다.

② 허용적인 부모(Allowable parents)의 양육태도

허용적인 양육태도는 자녀를 독립된 개체로 대하며 자율성을 허용하면서 어떠한 통제나 요구를 하지 않는다. 자녀에게 보상을 주는 것, 훈육이 권위를 과시하지 않고 엄격하지 않으며, 자녀를 이상적으로 다루려고 한다. 자녀에게 가능한 한 자신의 행동을 스스로 규제할 수 있도록 하고, 통제를 피하며, 규정된 기준에 복종하도록 외적으로 강요하지 않는다.

③ 권위 있는 부모(Authoritative parents)의 양육태도

권위 있는 양육태도는 통제와 애정적 태도의 장점을 잘 조합한 태도이며 자녀의 자율성을 제한된 범위 안에서 허용하며, 명백한 권위, 심리적 강화, 이성적인 설득 등을 사용해서 통제한다. 이러한 유형의 부모는 부모가 행하는 방식의 이유를 설명해 주고, 의사소통을 권장하며, 자녀가 순종하지 않을 때에는 자녀가 반대하는 이유를 경청한다. 이들은 귀납적 훈육, 통제, 자녀의 자율성과 독립심에 대한 긍정적인 격려 등의 혼합적인 방법을 사용한다.

④ 방임적인 부모(Uninvolved parents)의 양육태도

방임주의적 양육태도는 애정적이지도 통제적이지도 않은 태도를 보이고, 자녀에 대한 훈육을 포기하며 자녀의 발달에 최소한의 노력을 기울인다. 자녀의 개인적, 사회적, 정서적, 신체적 요구에 무관심하고 주의를 기울이지 않으므로 자기문제결여와 정서적 문제의 어려움을 보인다.

한편, 전통적으로 우리나라에서 부모의 양육태도와 관련되어 사용된 용어 중에 엄부자모(嚴父慈母)라는 말이 있다. 엄격한 아버지와 자애로운 어머니를 의미한다. 엄격한 아버지와 자애로운 어머니를 바람직하다고 여겨왔다. 그러나 객관적으로 생각해볼 때 아버지 안에도 자애가 있고, 어머니 안에도 엄격이 있어서 어느 한쪽이 치우친 태도를 보이는 것보다 부모가 일관성 있게 엄격과 자애의 긍정적 태도를 유지하는 것이 바람직하다고 하겠다.

청소년이 지각한 부모의 양육태도에 관한 연구에서 중·고등학생들은 부모의

양육태도를 민주적 태도, 허용적 태도, 권위주의적 태도, 과잉보호적 태도의 순으로 지각하고 있으며, 아버지가 어머니보다 허용적 태도를 보였다(김아영 · 최정애, 2014). 아버지와 어머니는 생물학적으로 다른 존재이므로 각자의 역할은 다른 특징을 가지면서 동반적인 양육자가 되어야 한다. 부모의 양육태도는 자신이 어린 시절에 받은 부모의 양육, 그리고 성장과정에서 형성한 성격이나 신념이 크게 작용하지만 자녀를 양육해가는 태도는 불변한 것이 아니라 가변성이 높다는 것을 상기해야 한다. 부모가 될 사람은 평소에 좋은 부모상을 추구하면서 좋은 부모가 되도록 부모의 역할연습을 해야 할 것이다. 서로 다른 남녀가 만나 새 가정을 이루고 부모가 된다는 것은, 그리고 아버지와 어머니가 된다는 것은 가슴 설레는 새로운 모험의 시작이다.

상자 6-3 **엄격하고 자애로운 부모**

엄격하면서도 자애로운 부모는 권위를 유지하며 애정을 가지고 일관성 있게 대하며 아이는 기본적으로 잠재력이 있고 잘 될 것이라는 믿음이 있지만 겉으로 나타난 행동에서 잘못이 있으면 어떻게 해야 하는가에 대해 같이 의논하고 대처하는 마음자세를 가진다. '성장 과정에서의 어려움을 겪는구나!'라는 생각으로 '대책을 세워 보자, 해결해 보자' 하는 방식으로 자녀를 대하며 무조건 자녀에게 잘 해주는 것이 아니라 명확한 한계를 지어줌으로써 아이가 적절한 좌절을 경험하게 하되 좌절할 때는 무관심하게 버려두지 말고 "섭섭하지, 속상하지"라고 뒤에서 받쳐주고 격려해 준다. 또한 자녀의 장점은 북돋아주고, 단점은 고칠 수 있게 도와주려고 하며 아이의 잘못을 벌할 때는 아이 자체를 비난하지 말고, 행동을 벌하더라도 아이 자체는 항상 받아들여 준다. 자녀의 장점을 발견하고 키워주려고 노력하는 모습을 많이 보여주는 부모 밑에서 자란 자녀는 성취감도 높고 사리분별력이 있으며 자신감이 있고 다른 사람과의 관계도 좋아 신뢰감 있는 사람이 된다.

2) 아버지의 역할

아버지는 분명 부모의 한쪽이며 부모(父母)라는 단어에서 어머니보다 앞에 놓인 호칭이기도 하다. 따라서 부모를 말하면 아버지를 먼저 떠올리게 되는데, 아버지는 자녀의 양육 및 교육에서 어머니만큼 중요한 역할을 한다. 그런데 부성애(父性

愛)라는 단어는 모성애보다 익숙하게 들리지 않는 경향이 있으며, 현재 많은 기관에서 실시하는 부모교육이 이루어지는 대상도 어머니가 중심이 되고 있다. 한편으로 아버지 교육, 아버지 교실이라는 명칭이 별도로 사용되는 현상을 보면 점차 가정에서의 아버지 역할이 강조되고 있음을 알 수 있다. 현대사회의 변화는 아버지의 역할에도 많은 변화를 가져왔다. 아버지 역할의 재발견 시대라고 할 만큼 아버지에 대한 기대감도 현대사회가 요구하는 방향으로 많이 달라졌다. 전통적으로 아버지는 가정의 생계부양을 책임진 일인자였으나 여성 및 어머니의 경제 참여가 증가하면서 아버지의 가사 및 육아 참여의 기회가 확대되었다. 오늘날 아버지는 자녀양육에서 더 이상 어머니의 보조자가 아니라 가사 및 육아에 능동적인 참여자로 변화한 것을 알 수 있다(McGill, 2011). 우리나라도 여성 경제인구가 증가하고 다양한 구성의 가족형태가 많아지면서 아버지 및 남성의 가사 참여와 양육 역할이 증가하고 있다.

아버지는 자녀의 양육과 교육에서 어머니와 같으면서도 다른 한쪽 부모의 역할을 한다. 아버지는 아들과 딸을 다른 방식으로 사회화시키므로 어머니보다 중요한 사회적 매개자의 역할을 하며(Langlois & Downs, 1980) 어머니가 대신할 수 없는 역할을 한다. 따라서 아버지의 어떠한 특성과 양육태도가 자녀에게 영향을 주는가에 대하여 생각해 보고, 아버지에게 요구되는 역할과 태도를 익히는 것은 예비부모에게 의미 있는 일이다.

아버지가 자녀에게 어떠한 역할을 하는지 아버지의 양육태도에 비추어 설명하면 다음과 같다.

첫째, 유아기 동안 아버지와의 애정적이고 원만한 관계는 자녀의 정서조절 및 대처기술을 발달시키고 긍정적 정서표현과 감정이입능력 증진에 중요한 역할을 한다(강상 외, 2013). 자녀가 어린 시절에 긍정적으로 경험한 아버지의 양육태도는 정신적 모델(mental model)이 되어 성장하면서 이루어지는 사회성 발달과 사회적 행동에 중요하게 작용한다. 아버지로부터 애정적이고 자율적인 양육을 받은 자녀는 또래와의 관계에서 친절하고 서로 협력적인 행동을 더 많이 보인다(양경수, 2011).

둘째, 아버지의 양육태도는 자녀가 아버지에 대한 애정과 존경을 기초로 성정체감을 발달시키는 데 작용한다(McGill, 2011; 김명애 외, 2014). 표현적이고 온정적인 아버지는 자녀의 성역할 발달을 촉진시키며, 아버지의 부재는 성역할 발달을 저하시킬 수 있다고 한다. 딸은 아버지의 양육태도를 애정적, 자율적, 성취 및 합리지향적이라고 지각할수록 성역할 고정관념을 갖지 않으며 자신을 유능하다고 인정하였다(하수정 · 박성연, 2011). 아버지는 아들의 애착 안정성 발달에 기여하여 사회적인 기술을 발달시키고 공격적 행동이나 강한 분노를 조절하는 데 영향을 준다(Newland et al., 2008). 또한 아들은 의식적 · 무의식적으로 아버지의 양육태도를 답습하게 되며(Nicholson, Howard, & Borkowski, 2008), 딸이 유년기에 가지는 아버지에 대한 지각은 장차 성격특성, 성취동기, 사회성 등의 정서적 영향을 받는다(정미라 · 강수경 · 최은지, 2013; 하수정 · 박성연, 2011).

셋째, 아버지의 양육태도는 자녀의 문제행동에 영향을 준다. 어머니의 태도도 중요하지만 자녀의 자율성과 독립심을 장려하는 아버지의 온정적이고 수용적인 태도는 자녀의 문제행동 발현을 낮추며, 무관심과 방임, 그리고 거부적 양육태도는 문제행동 발현의 위험을 높일 수 있다(정문자 · 김문정, 2004; 장진영 · 김진희 · 김영희, 2011). 또한 아버지로부터 거부, 방임, 통제와 같은 부정적인 양육경험이 많았던 자녀는 이후 비행청소년이 될 확률이 더 높은 것으로 보고되었다(Hoeve et al., 2011). 거부적이고 내향적이며 자녀의 의존성을 조장하는 부모의 양육태도는 유아의 문제행동을 증가시키는 원인이 된다(류관열, 2014; 이소은, 2007; 이찬숙 · 현은자, 2008). 아버지의 양육태도는 어머니의 양육태도 및 부부의 결혼만족도에 영향을 준다. 아버지의 적극적 양육태도는 어머니의 양육 스트레스를 완화시키며 어머니의 긍정적 양육태도를 유발하고(허보윤 · 한경자, 2009) 부부관계 유지에 도움이 되며 부부간의 결혼만족도를 높여준다(채진영, 2011). 또한 아버지가 자녀양육에서 아내의 적극적인 협력을 받으며 자녀양육에 자신감을 갖고 있는 아버지들이 양육에 더 많이 참여하는 것으로 나타났다(이영환, 2008).

현대의 아버지는 자녀양육에 적극적으로 참여한다. 아버지가 자녀양육에 참여하는 시간의 양과 질은 자녀의 모든 발달단계에 걸쳐 영향을 미친다(Wilson & Prior, 2011). 아버지의 적절한 권위적, 애정적, 자율적 태도는 자녀의 행동발달에 긍정적인 효과를 가져온다. 아버지의 양육태도는 아버지가 살아오면서 형성한 자신의 성격, 정서, 자아존중감, 습관 등이 작용하므로, 무엇보다 아버지 자신의 성향과 행동이 건강하고 바르게 정립되어야 한다. 남편은 자녀양육에 있어서 아내와 협조적이며 상호보완적인 자세를 가지면서 적극적으로 참여해야 한다. 세상이 변하고 시대가 바뀌어도 아버지는 가족을 지키고, 특히 자녀의 인생에 든든한 나침반이 되어주는 존재이다. 아버지가 될 사람은 어려서부터 좋은 아버지 모습을 보아야 한다. 부성애는 타고나는 것보다 오랜 시간의 노력으로 길러지는 사랑이 더 크다. 아버지가 되려고 계획한다면 나는 어떤 아버지가 될 것인가에 대한 아버지상을 정립해 보아야 한다. 어쩌다가 계획 없이 아버지가 되었다는 말을 하지 않도록 좋은 아버지상을 정립해 아버지의 존재감을 확인하고 좋은 아버지가 되기 위한 각자의 노력이 필요하다.

3) 어머니의 역할

흔히 모성을 본능이라고 여기는 이유는 임신을 하고 입덧을 하고 태동을 느끼고 출산의 고통을 겪고, 젖을 물려 아이를 키우는 일은 어머니만이 할 수 있는 고유한 영역이기 때문이다. 모성을 일으키는 호르몬을 지닌 어머니는 자녀를 위한 희생이 자연스러울 수밖에 없다. 또한 대부분의 경우에서 어머니가 주 양육자의 역할을 하므로 누구보다도 영유아와 가장 빈번한 접촉을 하는 대상이며 자녀의 성장발달에 가장 강력한 영향을 주는 인물이다. 어머니의 양육역할은 어머니의 개인 내적인 요인뿐 아니라 어머니를 둘러싼 여러 환경요인의 복합적인 작용에 영향을 받는다. 가정 내에서 어머니의 역할과 아버지의 역할이 크게 다르지 않지만 모유 수유는 어머니가 전담을 해야 하듯이 신체 구조적으로 어머니의 역할이 결정되기도 하며 육아시간 등 상황적 여건에 의해 어머니 역할이 아버지 역할과 다를 수 있다.

어머니의 역할은 자녀가 성장함에 따라 강조되는 내용이 달라지므로 부모역할 관련 연구에서는 주로 어머니를 둘러싼 다양한 변인에 초점을 두고 이루어졌다.

첫째, 자녀가 어머니의 양육행동을 애정적으로 지각할 때 자녀는 학업에 대한 긍정적 태도를 가지며 인지적 능력이 향상되고 인지능력에 대한 자아존중감을 높게 지각한다(이숙 · 최정미, 2003; 윤지은, 2004). 부모 특히 어머니의 온정적 · 지지적 양육역할은 학동기 및 청소년의 자아존중감 발달에 긍정적인 효과를 준다. 자녀가 어머니의 방임이나 학대를 경험하면 자아존중감 형성에 좋지 않은 영향을 주게 된다.

둘째, 어머니의 정서적 특성은 자녀와의 관계에 작용하여 자녀의 정서 발달에 영향을 준다. 어머니의 지속된 스트레스나 우울증 같은 심리적 문제는 부정적 양육환경을 만들고 자녀와의 관계에 갈등을 유발하는 요인이 되며, 성장기 자녀의 심리적 적응과 정서발달에 부정적인 영향을 준다(이영화, 2011). 성장기 및 청소년은 성인보다 환경 변화에 민감하며 정신적 · 심리적으로 미숙하기 때문에 정서적 혼란과 문제를 겪기 쉽다.

셋째, 어머니와 자녀의 의사소통 유형이 자녀와의 관계에 영향을 준다. 부모의 의사소통 유형은 다양하게 분류될 수 있는데 개방적이고 친밀하며 공감적이며 애정적일수록 자녀와의 관계가 긍정적이다(최수진, 2015). 어머니뿐 아니라 아버지의 의사소통 방식도 중요한데, 특히 어머니가 차단적이고 무뚝뚝하고 거부적이고 무시적인 의사소통방식을 취하는 것은 자녀와의 관계를 원만하게 결속시키지 못하는 이유가 된다. 메시지 전달방식은 가족 간의 감정교류, 개인의 가치, 관심을 표현하는 방식이므로 어머니의 건전한 대화습관은 자녀와의 유대와 관계개선에 도움이 된다. 부모의 양육태도는 자녀가 성장함에 따라 변화된다. 영유아기부터 고등학교 시기의 자녀를 둔 부모를 대상으로 이루어진 연구를 보면, 자녀가 영유아기일 때에 부모가 양육자 역할을 중요시하다가 자녀의 연령이 높아질수록 감소하고 다시 초등학교 고학년에서 높아지는 것으로 나타났다(나종혜, 2002). 또한 같은 연구에서 아버지는 자녀가 영아일 때 양육의 중요성을 가장 높게 인식하였고 자녀의 나이가 증가할수록 낮게 인식하여 청소년 자녀의 부모들이 양육행동의 책임감을 가장 덜 가진 것으로 나타났다. 부모의 양육태도는 자녀가 성장함에 따라 자녀의 시기별로 강조되는 내용이 있음을 알 수 있는데, 역할 내용은 달라져도 부모의 본질적인 양육태도는 일관적인 특성을 갖는다고 볼 수 있다. 부모는 자녀가 성장하여도 그 자녀의 부모이기에 자녀가 어느 시기에 있더라도 부모와 자녀의 관계는 안정적으로 지속되어야 한다.

오늘날 부모-자녀의 관계에서 발생하는 불미스런 사건들은 가족구성원 간의 갈등과 불화를 가져오며 가족의 해체를 가져오기도 한다. 가족의 갈등과 붕괴는 특정사건을 계기로 일어나지만 평소에 부모가 안정적이고 가족 간의 관계가 신뢰적이라면 커다란 어려움에 직면해도 구성원의 노력으로 함께 극복할 수 있다.

실습 6-1 부모의 양육태도 검사

1: 전혀 그렇지 않다 2: 대체로 그렇지 않다 3: 보통이다 4: 대체로 그렇다 5: 매우 그렇다

질 문 내 용	1	2	3	4	5
01. 나와 자주 다정하게 이야기를 하신다.					
02. 형제들을 야단치실 때 차별하는 일은 없다.					
03. 내가 잘못하거나 실수했을 때 꾸짖기보다는 애썼다고 격려해 주신다.					
04. 가족과 함께 휴일에 나들이 가거나 여가를 즐기기를 좋아하신다.					
05. 처음에는 허락하지 않으시다가 끈질기게 내가 조르면 귀찮아서 하는 수 없이 허락을 해버리신다.					
06. 하던 일에 대해서는 끝까지 마쳐야 한다고 자주 말씀하신다.					
07. 나 스스로 나의 일은 직접 결정하도록 맡겨 주시는 편이다.					
08. 모든 일을 열심히 하라고 자주 말씀하신다.					
09. 무슨 일을 하든지 우리 집에서는 미리 부모님 허락을 받아야 한다.					
10. 여행이나 새로운 일은 위험하다고 못하게 하신다.					
11. 학업에 필요한 것이라고 하면 어떻게 해서라도 마련해 주신다.					
12. 자기 일은 자기가 처리해야 한다고 말씀하실 때가 많다.					
13. 내가 어떤 일을 하더라도 그것이 나쁜 일이 아닌 이상 내게 맡겨주신다.					
14. 새로운 일에 대해 나와 함께 생각하거나 이야기하기를 좋아하신다.					
15. 내가 질문하면 아시는 데까지는 자세히 설명해 주려고 애쓰신다.					
16. 내가 하는 일에 대해 간섭하시는 경우가 많다.					
17. 내가 하고 싶어하는 일은 거의 다 허락해 주시는 편이다.					
18. 내 친구들이 집에 찾아올 때면 싫어하시는 편이다.					
19. 내가 하는 말에 대해 무시해 버리시는 경우가 많다.					

20. 내 의견은 묻지도 않고 나에 대한 일을 부모님 마음대로 결정하실 때가 많다.					
21. 화가 나시면 가족들에게 화풀이 하는 경우가 많다.					
22. 생활에 귀감이 되는 이야기를 자주 들려주신다.					
23. 기분이 좋지 않으실 때는 나의 요구를 무조건 거절하실 때가 많다.					
24. 기분이 좋은 때는 잘해 주시다가 기분이 나쁘시면 뚜렷한 이유 없이 야단을 치시곤 한다.					
25. 새로운 어떤 일에 호기심이 생겨 열중하고 있으면 엉뚱한 짓을 한다고 나무랄 때가 많다.					
26. 무엇을 내가 해 달라고 했을 때 부모님은 우선 화부터 내시는 편이다.					

출처: 김혜영(2000). 부모의 양육태도.

* 친밀형, 통제형의 2영역으로 구성되어 있음.

2 부모의 대화기술

1) 부모-자녀의 대화

현대사회는 가족의 이동이 빈번하고 가족구성원들의 독자적 역할의 확대로 인해 서로 간의 대화시간이 충분하지 않은 특성을 보인다. 가족의 대화는 가족구성원 간의 이해를 넓히며 화목한 관계를 유지하도록 하는 데 필요하다. 부모와 자녀의 관계는 서로 주고받는 대화에 의해 증진된다. 부모가 자녀와 대화를 할 때 바람직한 대화방법을 사용한다면 자녀와의 문제를 효과적으로 해결할 수 있을 뿐 아니라 자녀의 감성을 증진시킬 수 있고 나아가 부모와 자녀의 관계를 향상시킬 수 있다. 가족은 친밀한 대화가 많을수록 서로의 입장과 사정을 잘 이해하고 화목하게 지낼 수 있다. 그러나 가족 간에 소통이 불편하거나 갈등이 생기면 서로 상처를 주거나 받기도 하여 관계가 악화될 수도 있다. 말 한마디로도 빚을 갚을 수 있다는 속담이 있듯이 아무리 가까운 가족 간이라도 불편한 의사소통이 반복되지 않아야 문제가 생기지 않을 것이다. 어떤 말은 상대방을 기분 좋게 하지만 어떤 말은 불쾌하게 하므로, 상호 간에 이루어지는 대화는 공동체의 생활양식에서 매우 중요한 부분이다.

자녀를 양육하는 부모는 평소에 효율적인 대화기술을 발휘해야 한다. 자녀와 대화할 때 한 번 더 생각하고 자녀의 입장을 존중하면서 적절한 대화기술을 활용한다면 부모-자녀의 관계가 개선될 뿐 아니라 자녀에게 용기와 자신감, 성취감을 불어넣어줄 수 있으며 나아가 이후의 상호신뢰를 바탕으로 한 가족관계에 지속적인 영향을 준다(이희경, 2009). 어린 자녀에게 부모가 하는 언어적 표현, 곧 '말(message)'은 자녀의 독립심과 자신감을 키울 수도 있고, 의존심과 열등감을 키울 수도 있다. 자녀에게 부모가 어떻게 대해주느냐에 따라서 자녀의 감성이 증진될 수도 있으며 해가 될 수도 있다. 아동의 정서가 건강하고 안정될 때 사회적 적응이나 학업성취 면에서 성공적일 수 있다.

상자 6-4 자녀가 부모에게 하고 싶은 말

1. 나를 자주 쓰다듬어 주고 사랑해 주세요.
2. 나와 자주 놀아 주세요.
3. 친구나 형제와 비교해서 탓하지 말아 주세요.
4. 일찍 잠자리에 들라고 하지 마세요.
5. 내가 해내기 힘든 일을 자꾸 하라고 하면 괴로워요.
6. 나와 했던 약속은 꼭 지켜주세요.
7. 건성으로 듣고 건성으로 칭찬하지 마세요.
8. 나도 마음이 있어요. 내 마음을 이래라 저래라 하지 말아 주세요.
9. 내 말에 귀를 기울여 주세요.
10. 잔소리를 하지 말아 주세요.

부모는 자녀와 대화하면서 자녀의 고민이나 어려운 문제를 해결하도록 도와주어야 하는 상황에 놓이게 된다. 그러나 부모는 자녀와 대화하면서 오히려 갈등상황에 처하게 되어 난처하거나 화가 나는 경우가 많다. 부모가 적절하게 대화해 주지 못할 경우는 부모나 자녀가 불쾌감을 갖게 될 뿐 아니라 발생한 문제를 해결하는 데 도움이 되지 않는다. 자녀와의 대화에서 겪게 되는 갈등은 자녀에게 문제가 있거나 부모에게 문제가 있을 수 있으므로, 부모는 대화에 관련된 다양한 정보를 알아 상황에 따른 적절한 대화기술에 적용할 필요가 있다.

2) 대화의 기법

부모의 양육태도와 대화방법에 관한 수많은 연구들을 분석해 보면, 성공적인 대화기술들을 찾아볼 수 있다. 주로 교육자, 상담심리학자, 정신의학자 등이 부모들에게 소개한 대화기술은 적극적 경청과 반영적 경청, 나-전달법(I-message) 사용하기, 자연적 · 논리적 귀결 사용하기, 적절한 칭찬과 격려하기, 무승부법 사용하기 등이 있다. 이에 대한 구체적인 방법을 소개하면 다음과 같다.

(1) 적극적 경청과 반영적 경청(active and reflective listening)

부모는 자녀의 말에 귀를 기울여서 잘 들어주어야 한다. 부모들은 자녀가 미숙하다고 생각하여 부모의 판단이 무조건 옳다고 생각하거나 자신의 생각대로 선입견으로 갖기 쉬우며, 자녀가 하는 말에 귀를 기울이지 않는 경우가 있다. 부모는 자녀의 눈높이에 맞추어 자녀가 하는 말을 진지하게 들어야 자녀의 생각과 행동을 이해할 수 있고 나아가 자녀에 대한 신뢰감을 쌓을 수 있다. 자녀가 어릴 때에는 눈을 맞추어 잘 들어주고 있다는 것을 보여주고 고개를 끄덕이거나 동조하는 인식반응으로 적극적인 경청을 할 수 있다. 자녀의 연령에 맞게 자녀가 하는 행동이나 말에 숨은 생각과 감정을 들어주어 부모가 자녀를 이해하고 있다는 느낌을 받을 수 있도록 하는 것이 반영적 경청이다. 특히 부모에게 문제가 있는 것이 아니고 자녀에게 문제가 있는 경우에 반영적 경청을 하여 성의껏 들어준다면 자녀는 자신의 생각을 솔직하고 자유롭게 표현할 수 있게 된다.

예를 들어, 자녀가 친구와 다툰 후에 그 친구와 다시는 놀지 않겠다고 할 때, "네가 어떻게 했기에 그러니? 그런 소리하면 안 돼!"라는 반응 대신에 "저런, 매우 속상했겠구나!"라는 표현으로 아이의 마음을 어루만져 주는 표현을 하는 것이 반영적 경청에서 나오는 반응이다. 청소년기 자녀가 성적이 떨어지거나 등교 거부를 할 때, 무조건 야단치기보다 그런 이유에 대하여 잘 들어주는 반응은 자녀로 하여금 부모의 입장과 자신의 행동을 돌아보게 하여 문제해결을 위한 실마리를 찾으면서 부모와 신뢰감을 유지할 수 있게 한다.

(2) 나-전달법(I-message) 사용하기

자녀의 못마땅한 행동을 보면 부모는 여러 가지 방법을 통해 부모의 생각을 전달한다. 자녀의 입장에서 문제가 되지 않지만 부모입장에서 문제가 되는 경우 사용할 수 있는 방법이 바로 나-전달법이다. 자녀의 행동에 대한 부모의 느낌이나 생각을 객관적으로 표현하는 방법이 나-전달법이다. 이 방법은 자녀를 탓하거나 비난하지 않으면서도 부모의 생각을 전달하기 때문에 자신으로 인해 겪게 된 부모의 입장을 자녀가 이해하게 된다. 즉 자신의 행동에 대해 부모가 느끼는 감정을 돌아볼 수 있고 부모가 원하는 행동은 무엇인지도 알게 된다. 예를 들면, 집안에서 어린 자녀가 장난감을 가지고 놀다가 치우지 않고 늘어놓았을 때, "왜 이렇게 집안을 어지럽혀서 엄마를 힘들게 하니?"라든가 "너는 늘어놓기만 하고 누구보고 치우라는 말이니? 너 때문에 엄마가 못살겠다. 더 이상 장난감을 가지고 못 놀 줄 알아라!"라고 하는 표현은 자녀를 탓하면서 불쾌한 엄마의 감정을 전달하는 형태이다. 그러나 "엄마가 할 일이 많은데 장난감을 치우지 않아 너무 힘들구나!" 혹은 "엄마가 집안청소를 해야 하는데 장난감이 흩어져 있어서 청소하기가 어렵구나!" 라는 표현은 자녀를 꾸짖지는 않으면서 엄마의 생각을 전달할 수 있는 방법이다. 청소년기 자녀가 아무 연락도 없이 늦게 귀가할 때, 무조건 자녀를 탓하며 야단치기보다 걱정했던 부모의 입장을 말로 설명해 준다면 자녀로 하여금 자신의 행동을 돌아보면서 부모의 입장을 이해하게 한다. 이 방법은 부모가 언성을 높이지도 않고 자녀를 꾸짖지도 않으면서 잘못한 자녀의 행동에만 초점을 두고 부모의 느낌과 생각을 전달할 수 있다.

(3) 적절한 칭찬과 격려하기

자녀에게 부모가 사용하는 칭찬과 격려는 자녀의 자아존중감과 자신감을 길러준다. 적절한 칭찬과 격려는 자녀에게 만족감을 주며 의욕을 북돋아주므로, 자녀는 매사에 자신감이 생겨서 어떤 일이든 유쾌한 기분으로 열심히 할 수 있게 된다. 특히 부모로부터 인정받는 자녀는 밖에서도 자신감을 보이며 학교적응, 사회생활 등에서 활력을 찾는다. 그러므로 부모는 자녀에게 칭찬과 격려를 통해 부모-자녀의 관계를 증진하고 자녀의 성장을 도와야 한다. 자녀에 대한 격려는 쓰다듬어주기, 눈웃음 등의 신체적인 표현에서 여러 형태의 언어적 표현까지 다양하며 자녀를 칭찬할 때는 다음과 같은 점을 고려한다. 첫째, 칭찬은 자녀의 능력수준과 연령에 맞아야 한다. 유아기와 학동기 자녀에게 사용하는 칭찬의 제스추어와 어휘수준은 달라야 한다. 둘째, 지나친 칭찬은 오히려 해가 될 수 있다. 예를 들어, '멋있다', '참 잘했다', '착하다', '예쁘다' 등의 표현도 지나치게 남발되면 자녀가 열등감을 갖게 되거나 자신감을 잃게 되며 부모의 칭찬을 신뢰하지 않게 된다. 셋째, 현재 행동에 대해 사실에 입각해서 칭찬을 한다. 현재 행동에 과거의 실수를 빗대어서 표현하지 말고 자녀가 현재에 행동한 만큼만 사실에 입각해서 칭찬해 주어야 부모의 칭찬에 대해 아이가 신뢰감을 느낀다. 예를 들어, 집에서 자녀가 그림을 그린 후 엄마에게 자랑을 할 때 습관적으로 '착하다', '잘했다'라고 칭찬하는 말은 자녀에게 신뢰감을 주지 못하므로 '꽃이 살아 있는 것처럼 선명하게 잘 그렸다', '색을 정확하게 잘 칠했다' 등 부모의 사실적인 느낌을 표현해 주는 것이 효과적이다.

(4) 무승부법 사용하기

부모-자녀 관계에서 부모와 아이 모두에게 문제가 되는 상황이 있는 경우에 힘을 행사해서 누가 이기고 지는지로 문제를 삼는 것이 아닌 양쪽 모두 기분 좋게 이겼다는 느낌을 가지도록 할 수 있는 방법이 무승부법이다. 즉 부모와 자녀가 모두 다 승자가 되는 방법으로 부모와 자녀 모두의 요구를 만족시키는 해결책을 찾는 민주적인 방법이며 문제의 원인을 찾고 가능한 해결방법을 서로가 제시하며 그 중 합의된 해결방법으로 문제를 해결하는 것이다. 그러므로 부모와 자녀가 서로 간 강요를 적게 하면서 양보하고 협력하는 과정을 가져 양편 의견을 조정하는 문제해결의 절차를 밟는 과정에서 자녀는 합리적으로 갈등을 해결하는 방법을 배우게 되고, 부모는 자녀의 요구를 존중하면서도 갈등을 해결하는 방법을 적용할 수 있게 된다. 예를 들어, 문구점에서 자녀가 장난감을 사달라고 조를 때 엄마는 사줄 준비가 되어 있지 않으면, 두 사람 사이에 갈등이 생기는데 그 장난감을 자녀가 원하는 이유(요즘 유행이므로, 가지고 놀고 싶어서 등)를 귀를 기울여서 들어주어 아이의 요구를 우선적으로 인정해 주며, 엄마가 사줄 수 없는 이유(비슷한 장난감이 있으므로, 예상보다 비싸므로 등)를 충분히 설명해 주면서 양자의 의견을 좁힌 다음 살 시기를 미루든지 그보다는 조금 싼 것을 고를 것인지 등 합의된 해결책을 결정해 실행할 수 있다. 그렇지만 계속 부모가 사줄 수 없다고 주장하다가 힘겨루기에서 아이에게 밀려 사준다면 무승부법에서는 실패한 것이다.

(5) 자연적 · 논리적 귀결 사용하기

자연적으로 일어나는 결과에 의해 어린 아이들은 미래의 일을 예측해 대비하거나 자신의 행동 조절을 할 기회를 가질 수 있다. 어느 정도 부모가 개입을 해서 자녀를 통제한 후 자녀가 자연적 귀결을 경험한다면 자녀는 자신의 행동에 책임을 지는 경험을 하게 된다. 그 예로, 공원에서 자녀가 공놀이를 하다가 다른 놀이를 위해서 공을 아무데나 두었다가 그 공을 찾지 못했다면 당분간은 공놀이를 할 수 없게 된다. 이와 같이 자연적 귀결은 다른 상황에도 전이되어 어린이들이 행동을 스스로 조절하고 결과에 대해 책임을 느끼게 하며 부모-자녀의 갈등상황에서 부모가 개입해 자녀와 합의된 결론을 찾아 문제해결을 할 수 있다. 즉 논리적 귀결을 사용할 때는 자녀에게 선택의 기회를 주고 결론을 내리는 과정에서도 최종적인 결정을 바꿀 수 있는 기회를 주며, 부모와 자녀가 서로 책임감을 가지고 문제해결도 함께할 수 있다. 그 예로, 늦게 일어나는 자녀를 날마다 깨워 학교에 가게 하는 경우, 서로 해결점을 찾는 대화를 하여 자녀 스스로 바른 습관을 실천하도록 논리적 귀결을 적용하여 부모는 자녀에게 단호하고 친절하게 대하여, 말을 적게 하면서 다정한 말로 잘못된 행동에 대해 논리적 귀결로 이끌도록 해야 한다.

3 부모–자녀 관계 향상을 위한 자기이해

건강한 가족은 기능적으로 잘 유지되어 건전한 상태임을 의미하나 문제가 없는 가족이라는 의미는 아니다. 모든 가족은 도전과 위기, 스트레스에 직면하게 되는데 어떤 가족에 비해 당면한 문제를 잘 다루며 대처해 나가는 강점이 있다. 가정마다 자녀들의 정의적, 지적 특성에 영향을 주며 사회에 잘 적응하고 사회로부터 지식, 적절한 행동, 가치관 등을 습득하게 되는 중요한 교육의 장이 되고 있으며 이러한 역할을 주로 담당하게 되는 존재는 부모이고 자녀의 성격 발달에 통합 과정과 유형 분화에 영향을 주므로 자녀가 사회와 접촉하며 성장할 수 있는 기반을 만들어준다. 부모의 자기 이해를 위한 방법으로 몇 가지 검사를 실시해 볼 수 있다. 자신의 성격과 행동을 진단해 스스로를 이해해 보기로 한다.

1) MBTI 성격 유형

MBTI(Myers-Briggs Type Indicator)는 심리학자 융의 심리 유형론을 바탕으로 캐서린 브릭스(Katharine Briggs)와 이사벨 마이어스(Isabel Myers)가 오랜 세월에 걸쳐 연구 개발한 성격 유형 선호지표이다. 자신과 타인의 성격역동을 이해하는 데 유용하게 쓰이는 도구로 자기이해와 타인이해 및 수용에 효과적이다.

성격 유형은 환경과의 상호작용을 통해 표현되는 것으로 타고난 능력과 환경에 따라 달라진다. 정신의학자 융(Jung)에 의하면 열등기능의 개발은 성숙한 성격을 완성하는 과정이고 심리 유형(태도의 개인차, 선호하는 인식양식의 개인차, 선호하는 판단양식의 개인차)이라는 패턴을 형성한다고 보았다. MBTI 성격 유형에서 나타내는 4가지 선호 경향은 다음과 같다.

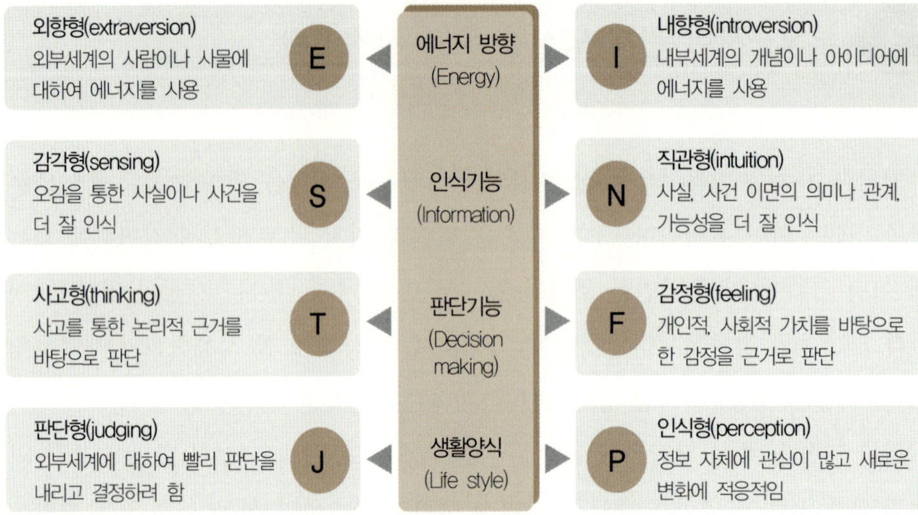

그림 6-1 MBTI 4가지 선호경향성

첫째, 에너지 방향이 외향형(extraversion)인 경우 폭넓은 대인관계를 유지하고 사교적이며 활동적이다. 이들은 주로 말로 표현하는 것을 선호하고 경험을 통해 이해를 하는 편이다. 내향형(introversion)은 깊이 있는 대인관계를 유지하고 조용한 편이다. 이들은 주로 글로 표현하는 것을 선호하고 이해한 다음에 경험한다.

둘째, 인식기능면에서 감각형(sensing)은 오감에 의존하고 실제의 경험을 중시하며 현재에 초점을 맞춘다. 이들은 정확하고 꼼꼼하게 일처리를 하며 사실적으로 묘사하는 것을 선호한다. 직관형(intuition)은 육감 내지 영감에 의존하고 미래지향적이며 가능성과 의미를 추구한다. 이들은 신속하게 일처리를 하며 비유적이고 암시적으로 묘사하는 것을 선호한다.

셋째, 판단기능면에서 사고형(thinking)은 진실과 사실에 주목하며 논리적이고 분석적이다. 이들은 원리와 원칙이 있을 때 편안함을 느끼며 규범, 기준을 중시한다. 감정형(feeling)은 사람과 관계에 주목하며 상황적이고 감정적이다. 이들은 의미와 영향을 고려할 때 편안함을 느끼며 자신에게 주는 의미를 중시한다.

넷째, 생활양식 면에서 판단형(judging)은 분명한 목적과 방향이 있으며 기한을 엄수한다. 이들은 정리정돈과 계획을 잘하고 통제와 조절을 통해 분명한 목적의식과 뚜렷한 기준이 있다. 인식형(perceiving)은 자발적이고 호기심이 많으며 적응력이 높고, 새로운 사건이나 변화를 추구한다. 이들은 상황에 맞추는 개방성과 융통성을 통해 목적과 방향은 변화 가능하고 상황에 따라 일정이 달라지며 자율적이다(어세스타, 2013).

이러한 성격 유형에 따른 선호의 차이는 부부 관계, 부모-자녀 관계, 자녀 관계 등의 다양한 상황에서 어떤 식으로든 영향을 미친다.

심리 유형에 따른 성격 유형별 부모의 특성을 살펴보면 다음과 같다.

(1) ISTJ 성격을 가진 부모의 특성

ISTJ 유형의 부모는 다양한 정보를 통해서 자녀의 발달과정에 맞는 장난감이나 책, 교육 등에 대한 정보를 알아보고 준비하는 편이다. 또한 정리정돈, 매사에 계획 세우기, 약속 지키기, 예의바르게 행동하기 등을 중요하게 가르치고 공정, 정의, 원칙, 책임감, 성실 등 사회생활의 기초가 되는 태도를 모범적으로 보여준다. 그러나 스스로 바람직한 방향이라고 생각하는 기대에 자녀가 어긋나게 행동할 때는 계속 이야기하고 따져서 방향을 바꿀 수 있도록 설득하고 통제하려는 경향이 있기에 자녀와의 관계가 힘들어질 수도 있다. 그러므로 계획적인 생활과 정리된 공간에서 편안함을 느끼는 자신의 성향을 인지하고 자신을 위한 계획된 시간을 만들 필요가 있다.

(2) ISFJ 성격을 가진 부모의 특성

ISFJ 유형의 부모는 자녀들이 필요로 하는 것을 민감하게 알아채고 충족시켜 주고자 한다.

자녀의 학교생활에 관한 준비물이나 실제적이고 구체적인 일들을 꼼꼼하게 잘 챙긴다. 또한 맛있는 음식을 만들어 주고, 집안을 잘 정돈하여 편안한 환경을 제공한다. 그러나 자녀의 성실하지 못한 모습이나 계획한 것을 이행하지 않는 태도, 불규칙한 생활습관, 무절제한 모습에 대해서는 힘들어하고 자녀가 지나친 외부활동을 하는 것, 자녀의 수다, 자녀에게 답을 재촉받을 때 불편함을 느낀다. 그러므로 자녀양육이 우선이기는 하나 자신의 성향을 인지하면서 스스로를 돌보는 시간을 만들 필요가 있다.

(3) INFJ 성격을 가진 부모의 특성

INFJ 유형의 부모는 자녀의 감정을 이해하고 지지해 주며 자녀가 충분히 사랑받고 있다고 느낄 수 있도록 해주는 편이다. 이들은 자녀의 잠재력에 초점을 맞춰 강점, 장점을 잘 찾아 지지한다. 그러나 이따금 자녀의 입장을 지나치게 배려하거나 자녀의 감정호소에 흔들려 원칙과 공정성을 지키기 힘들어한다. 그러므로 매사에 너무 깊이 생각하거나 심각하게 생각하는 성향이 있는 자신을 인지하면서 스스로를 돌보는 시간을 만들 필요가 있다.

(4) INTJ 성격을 가진 부모의 특성

INTJ 유형의 부모는 자녀의 성향과 특성에 대해서 깊이 관찰하고 분석하여 파악하려는 태도를 가지고 있다. 자녀의 개성을 가치 있게 여기고 자율성을 존중하며, 자녀가 가지고 있는 잠재력과 가능성을 통해서 비전을 제시한다. 그러나 자녀에 대한 기대 수준이 높기 때문에 자녀가 학습을 적당히 하거나 중간 정도의 수준에 머무르는 것을 인정하기 어려울 수 있다. 그러므로 자녀가 침범하지 않는 자신만의 시간과 공간을 필요로 한다는 것을 인지하면서 스스로를 돌보는 시간을 만드는 것이 필요하다.

(5) ISTP 성격을 가진 부모의 특성

ISTP 유형의 부모는 개방적, 수용적, 관대함, 융통성, 이성적, 합리적, 독립적인 태도를 보이고 자신의 욕구와 자녀의 욕구를 구분하여, 자녀의 선택을 존중하고 자녀에게 일정한 틀을 강요하지 않고 독립성을 인정하면서 그들이 원하는 삶을 선택할 수 있도록 격려한다. 그러나 규칙적인 생활지도와 일관성 있게 지도하는 것을 어렵게 여기며, 책을 읽어 주는 것, 말을 많이 하는 것, 계속 놀아주는 것 등에 쉽게 지치는 편이다. 그러므로 독립적이고 자유롭기를 원하는 자신의 성향을 알고 가족의 도움을 받아 잠시라도 혼자만의 시간을 가지는 것이 필요하다.

(6) ISFP 성격을 가진 부모의 특성

ISFP 유형의 부모는 자녀들을 개인으로서 존중하며, 자녀를 위해 조용하지만 실질적인 행동으로 배려해 준다. 허용적이며 개방적인 태도로 자녀에게 선택권을 주고, 선택하기까지 지지하며 수용해 준다. 그러나 다소 허용적인 면이 자녀들을 규제하거나 제한하는 것을 어려워하고, 자녀들에 대한 단호한 대처를 힘들어 한다. 그러므로 자녀를 돌보는 것 못지않게 자신의 에너지를 돌보며 혼자만의 시간을 가지는 것을 선호하다는 것을 인지하고 자신에게 관심을 기울여 자신의 욕구를 돌볼 필요가 있다.

(7) INFP 성격을 가진 부모의 특성

INFP 유형의 부모는 자녀의 반응에 민감하며 자녀의 감정을 잘 알아채고 이해해주며 공감해 주고, 자녀에게 필요한 것이 무엇인지 관심을 기울여 양육한다. 그리고 자녀에게 자신만의 시간을 제공하고 독립된 공간에서 생활할 수 있도록 배려하는 편이다. 그러나 체계적으로 시간을 관리하거나 생활 훈련을 하는 것, 일관성 있는 태도를 유지하는 것, 올바른 것에 대한 확신을 갖고 결정을 내리는 것을 불편해할 수 있다. 그러므로 자녀에게 최선을 다하고자 하는 자신의 성향을 인지하고 오히려 자신만을 위한 시간을 의식적으로 만들 필요가 있다.

(8) INTP 성격을 가진 부모의 특성

INTP 유형의 부모는 자녀의 자발성을 격려하고 자녀의 결정을 기다려 주며, 간섭이나 통제를 최소화하여 자녀에게 자율성을 부여한다. 독창성과 다양한 변화, 가능성을 인정하고 앞으로의 비전을 제시하여 미래에 대한 안목을 넓힐 수 있도록 도움을 준다. 그러나 자녀를 칭찬하고 인정하며 공감하는 등의 친밀감을 표현하거나 사랑 표현 등의 정서적인 교류를 하는 것은 어려워할 수 있다. 그러므로 혼자만의 시간을 즐기기를 원하고 자기계발에 대한 욕구를 가지고 있다는 것을 인지하여 자신의 지적 욕구를 충족시키는 시간이 바로 자녀를 양육하는 데 필요한 에너지를 채우는 시간이 되기도 한다는 것을 기억할 필요가 있다.

(9) ESTP 성격을 가진 부모의 특성

ESTP 유형의 부모는 자녀들에게 실제적으로 세상을 살아가는 방법을 가르치고자 하고 스스로 솔선수범하는 편이다. 또한 자녀의 관심사에 대해 적극적으로 대화하며 함께 즐긴다. 그러나 집안일을 조직하고 정돈하며 규칙적으로 해야 하는 일상적인 일들은 힘들어하는 편이다. 그러므로 무엇이든 명료한 답을 원하는 성향이 있음을 인지하여 자녀가 자신의 감정을 말로 표현할 수 있도록 충분히 기다리고 들어주는 연습이 필요하다.

(10) ESFP 성격을 가진 부모의 특성

ESFP 유형의 부모는 자녀들에게 현실적이고 실제적인 도움을 주고자 노력하며 새로운 경험을 함께 즐긴다. 구체적인 정보를 제공하면서 함께 재미있는 놀이를 찾아내고 활동하여 자녀들이 사랑받고 보호받는다는 느낌을 준다. 그러나 객관적인 태도로 자녀를 대하는 것을 어려워하고, 가족의 친밀함을 중요하게 여기는 만큼 자녀의 독립적인 태도를 섭섭하게 받아들이기도 한다. 그러므로 자녀가 기상과 취침시간, 등교시간 등의 규칙적이고 지속적인 생활, 논리적인 대응을 잘 할 수 있다는 것을 인지하여 그것이 결국 부모 자신을 위한 배려라는 것을 인지할 필요가 있다.

(11) ENFP 성격을 가진 부모의 특성

ENFP 유형의 부모는 다양한 경험과 기회를 제공하면서 개성과 자신만의 독특함을 존중하여 개방적인 태도로 자녀의 의견을 격려해 준다. 또한 창의성을 중요하게 여기며 꿈이나 비전에 대해 긍정적이고 자녀에게 쉽게 공감하며 자녀에 대한 애정표현도 스킨십을 하는 등 적극적이며 자연스럽다. 그러나 구체적인 계획과 실천, 반복되는 일상, 규칙적인 생활과 함께 일관성 있는 양육태도나 끈기가 부족할 수 있다. 그러므로 일상적인 일에 쓰는 에너지가 불필요하다는 생각에 늘 새로운 활동을 시도하려고 하는 자신을 인지하여 자신을 위한 휴식시간을 가질 필요가 있다.

(12) ENTP 성격을 가진 부모의 특성

ENTP 유형의 부모는 사회적인 평가보다 아이의 행복을 우선으로 여기며, 현재의 모습보다는 가능성에 집중하기 때문에 자녀가 스스로의 미래에 대해 긍정적인 태도를 가진다. 또한 일상생활에서 지나치게 개입하지 않으며, 자녀의 의견을 존중하고 선택권을 주는 편이다. 그러나 자녀에게 정서적인 지지를 하는 것뿐만 아니라 자신의 감정을 표현하는 것에 불편감을 느낄 수 있다. 그러므로 비전에 대한 열정으로 활동이 지나치게 많아질 수 있는 자신의 성향을 인지하고 자녀의 에너지를 살피며 자신을 위한 내적 시간을 가지는 것이 필요하다.

(13) ESTJ 성격을 가진 부모의 특성

ESTJ 유형의 부모는 예의바른 태도와 성실, 책임감, 규범의 중요성과 필요성, 사회성과 사회기술 등을 중요한 양육기준으로 여기고 가르친다. 또한 자녀가 미래를 계획하고 현실성 있게 살 수 있도록 조언하고, 명확한 목표를 가지도록 부모 스스로가 능력 있는 역할 모델이 되려고 한다. 그러나 자녀에게 칭찬보다는 비판이 앞서고, 자녀가 잘하는 것은 당연하게 여기고 자녀에게 부족한 것은 지적하여 도와주려고 부정적인 피드백을 하는 경향이 있어 냉정해 보일 수 있다. 그러므로 끝이 보이지 않은 양육의 지속적인 과정과 지나치게 모범적인 엄마가 되려고 하는 것이 부정적인 스트레스를 경험하게 되는 성향이 있음을 인지하여 자신의 능력을 실현하려는 태도가 자녀에게 도움이 된다는 것을 기억할 필요가 있다.

(14) ESFJ 성격을 가진 부모의 특성

ESFJ 유형의 부모는 자녀에게 가족, 이웃, 주변 사람들과 어울려 조화롭게 지내는 방법을 안내하고 돕는다. 또한 자녀의 다양한 활동과 경험을 위해 일상을 계획하고, 조직하고 실행하면서 구체적이고 실질적으로 자녀들이 필요하다고 생각되는 일을 찾아서 해주기를 좋아하는 편이다. 그러나 아이의 생활에 대해 모든 것을, 구체적으로 알고 싶어 하며 자녀에게 깊이 관여하는 경향이 있다. 그러므로 정리정돈, 계획성, 시간관념 등 해야 할 일에 대해 잔소리를 하며, 자녀 스스로 하도록 기다리는 것을 힘들어 하는 성향이 있다는 것을 인지하여 자신을 느슨하게 풀어놓는 시간이 필요하다.

(15) ENFJ 성격을 가진 부모의 특성

ENFJ 유형의 부모는 자녀를 개방적인 태도로 대하며 격려하고 칭찬해 준다. 또한 자녀의 잠재력과 가능성에 대하여 긍정적으로 지지하고 기대하면서 자녀를 위해 다양한 일을 계획해 나간다. 그러나 자녀 이해에 대해 지나치게 자신감을 가지는 성향으로 인해 자녀의 문제를 부모 자신이 해결해 주고 싶어 해서 자녀가 힘들어하면 같이 힘들어하는 모습을 보이기도 한다. 그러므로 부모 자신의 외부에 대한 관심과 활동으로 자신의 에너지가 소진될 수 있음을 기억하고 에너지를 충전할 수 있는 여유를 가져야 한다.

(16) ENTJ 성격을 가진 부모의 특성

ENTJ 유형의 부모는 자녀의 독립심과 자율성을 인정하면서 책임감 있게 적극적으로 행동하기를 지지하고 리더십을 발휘하기를 원한다. 또한 다양한 경험, 새로운 것에 대한 도전을 격려하면서 성취감을 갖도록 돕고 미래지향적 사고와 거시적 안목으로 목표를 설정하고 비전을 갖도록 동기화하는 데 노력을 한다. 그러나 자녀를 정서적으로 지원하고 무조건 지지하는 것이 힘들 수 있다. 그러므로 자녀가 자신의 계획대로 따라주지 않으면 스트레스가 크고 설득하고 통제하는 태도를 나타내는 성향이 있음을 기억하여 자녀양육에 필요한 에너지를 축적하기 위한 완벽성을 늦추고 휴식을 갖는 것이 필요하다.

2) 에니어그램

에니어그램(Enneagram)이란 그리스어로 아홉이라는 의미를 가지는 Ennea와 그림 또는 점이라는 의미를 가지는 gram의 합성어로 아홉 가지 점을 가지는 그림을 의미한다. 에니어그램의 성격 유형은 크게 머리형(사고중심), 가슴형(감정중심), 배형(본능중심)으로 나누어지며 세 가지 중심 중에 자신의 중심 에너지를 찾는 것은 성격 유형의 발견에 있어 매우 중요하다. 모든 사람들은 어떤 유형이든지 자신의 성격에 세 가지 에너지의 중심을 모두 가지고 있지만 한 에너지 중심에서 나오는 힘이 다른 두 에너지 중심에서 나오는 힘보다는 좀 더 지배적 역할을 한다. 개인에 따라서 세 가지의 중심 중에 한두 가지를 주로 사용하고 그 중의 한 중심은 억압되어 있다고 본다. 중심에너지는 그 사람이 나타내는 반응적 행동을 통해 파악할 수 있으며 특히 내외적인 상황에 따라 스트레스를 과다하게 받으며 더욱 두드러지게 나타난다(이소희, 2008). 즉 사람마다 서로 다른 심리적 힘을 얻는 세 가지 힘의 중심(배중심, 가슴중심, 머리중심)에 의해서 일어나는 정보의 처리기능과 해석에 따라 파생되는 아홉 가지 성격 유형 역동성을 이해함으로써 자신에 대한 이해와 타인을 이해하는 데 유용하게 쓰이는 검사도구이다. 머리중심 유형(5, 6, 7번 유형)은 논리에 맞는 객관적인 것을 알아내는 것이며 관계를 맺기보다 해야 할 일을 중요시한다. 이들은 스스로 결정을 내릴 필요성을 느끼지 않으며 눈앞의 문제에 대해서 다른 사람들과 곧잘 논쟁을 한다. 또한 이들에게는 존경하는 사람들이나 그 문제에 관여하고 있는 권위자들의 의견이 매우 중요하다. 가슴중심 유형(2, 3, 4번 유형)은 자기 이미지에 대해 관심을 기울이며 세상에 관계하는 이미지에서 자신의 존재감을 얻으려고 하며 에너지도 다른 사람을 향해 집중되어 있으며 인간관계를 매우 중요하게 여기기에 어떠한 결정을 내릴 때 그 결정에 영향을 받는 사람들을 고려해 곤경에 처하지 않도록 배려한다. 배중심 유형(8, 9, 1번 유형)은 대체로 진행 중인 일을 파악하는 데 신속하고 이들은 냉혹한 현실조정을 하며 질서 회복을 위해서 본능적으로 그것들과 정면대결하는 반응을 한다. 이들은 천성적으로 규율을 잘 지키고 다른 사람들도 지시와 통제에 따르도록 만든다.

표 6-3 에니어그램의 유형별 특징 및 기능

유형 번호	중심 영역	유형 별칭	유형의 특징	기능	회피	함정	악점	장점
2	가슴(감정) 중심 유형	조력가	모성애적, 보호적 유형: 배려하는, 소유욕 강한, 도움되는, 조종하는 성격	감정이입 이타주의	욕구	봉사	교만	겸손
3		성취가	실용주의적, 성공지향적 유형: 자기도취적, 자기확신에 차 있고, 야망이 있으며, 적대적 성격	자기존중 자기개발	실패	효율	기만	정직
4		예술가	수줍고 명상적인 유형: 창조적, 수줍어하고, 개인주의적이며, 우울한 성격	자의식 예술적 창의성	평범	독특	신망	마음의 평안
5	머리(사고) 중심 유형	사색가	분석적, 지적인 유형: 통찰적, 괴짜, 독창적, 병적인 공포심이 많은 성격	열린마음 독창적 사고	공허	지식	탐욕	애착하지 않음
6		충성가	전통적, 의무적인 유형: 호감형, 의존적, 책임감, 마조히즘적 성격	동일시 사회협력	벗어남	안전	겁	용기
7		낙천가	개방적, 활동적 유형: 정열적, 과도한, 완벽한, 광적인 성격	열정 실용적 행동	고통	이상	탐닉	철저
8	배(본능) 중심 유형	지도자	지배하고 강력한 유형: 자기신념, 독재적, 단호함, 파괴적 성격	자기주장 지도성	나약	정의	과도한 욕망	적절한 힘
9		중재자	양보하고 태평한 유형: 수용적, 수동적, 믿음직, 억압적 성격	수락성 수용성	갈등	평화	자기 망각	행동으로 옮김
1		개혁가	합리적, 이상적 유형: 이상적, 규범적, 원칙적, 완벽주의, 편협한 성격	합리성 사회적 책임감	성냄	완전	분노	침착

출처: 연미희, 김진숙(2015). 부모교육. p.214.

3) DISC 행동 유형

(1) 인간 행동 유형의 이해

인간의 행동은 비교적 오랜 시간에 걸쳐서 반복적으로 학습된 것이기에 일정한 경향성을 갖고 반복적으로 나타난다. 이러한 인간의 행동을 행동 유형(behavior al-pattern)이라고 부른다(한국교육컨설팅연구소, 2002). 행동 유형은 특정상황 아래 비교적 일관되고 반복적으로 나타나는 개인의 독특한 반응 양식으로서 많은 행동과 학자들은 인간의 행동에는 다음과 같은 특성이 드러난다고 하였다(이창준, 2002).

첫째, 행동은 성격이 아닌 개인의 외형적 특성을 나타낸다. 외형적이란 개인의 삶에 대한 태도, 가치, 생각, 감정 등의 내면적 요소가 아니라 밖으로 표출된 특성, 곧 보디랭귀지(bodylanguage)라는 것이다. 그러므로 조금만 주의 깊게 관찰하면 개인의 행동특성은 쉽게 관찰할 수 있다.

둘째, 개인행동에는 일정한 패턴이 있다. 그것은 하나하나의 행동이 다른 행동과 밀접한 관련이 있다는 것으로 행동은 일정한 경향성 아래 이해될 수 있으므로 하나의 특정한 행동으로 개인행동을 완전히 이해하는 것은 불가능하지만 하나의 패턴, 즉 일정한 경향성을 가지고 다른 사람을 이해하는 데에 도움을 받을 수 있다.

셋째, 인간행동은 습관화되어 있다. 습관이란 우연이 아니라 오랜 시간동안 학습된 자연발생적인 것이다. 상황에 따라 사람들은 반복적으로 유사한 행동을 보여주기 때문에 습관화된 행동으로 개인을 이해하는 것은 그 사람이 어떤 행동을 하게 될 것인가를 충분히 예측할 수 있게 해준다.

(2) DISC 행동 유형

DISC 행동 유형은 1928년 미국 콜롬비아 대학 심리학 교수인 마스턴(W. M. Marston)에 의해 개발되었다. 마스턴에 따르면 인간은 태어나서부터 성장하여 현재에 이르기까지 자기 나름의 독특한 동기요인에 의해서 선택적으로 일정한 방식의 행동을 취하게 되는데 이를 행동스타일(behavior style) 또는 행동패턴(behaviorpattern)

이라고 한다. 즉, DISC 행동 유형이란 인간행동의 유형적 특성을 네 가지 기준(속도, 우선순위, 환경, 내적 에너지)으로 구분하는 틀로, 개인마다 인간은 독특한 동기요인에 대해 일정한 방식으로의 행동을 취하게 되며 이런 행동경향성은 4가지 행동패턴을 가진다는 것이다. 이를 주도형(Dominance), 사교형(Influence), 안정형(Steadiness), 신중형(Conscientious)으로 구분할 수 있으며 이것을 DISC 행동 유형이라 부른다.

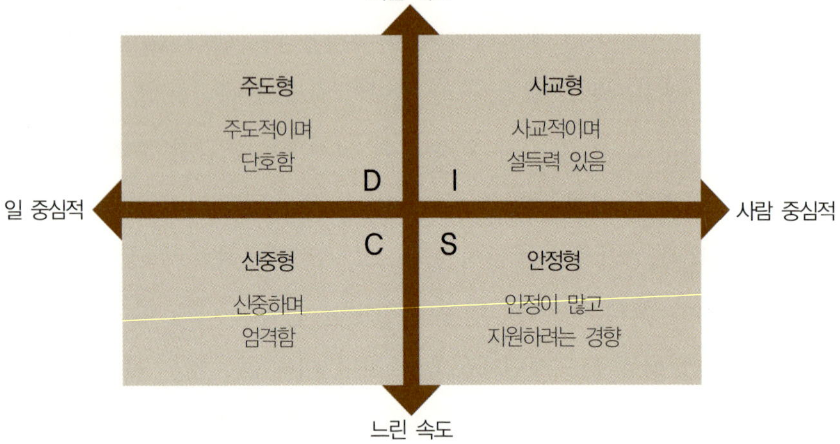

▌그림 6-2▌ 우선순위와 속도에 따른 DISC 행동 유형 특징

출처: 조호경(2017). 창업교육 교육생들의 DISC 행동 유형이 창업의지 및 학습몰입에 미치는 영향. 중앙대학교 산업 · 창업경영대학원 석사학위논문.

첫째, 주도형(D)은 활동성이 가장 강한 사람들로 분류하며 무엇인가 항상 목표를 삼고 그것을 성취하려 노력하며 마침내 목표를 이루고 만다. 이 유형의 사람은 보스 기질을 타고난 사람들로서 강한 책임의식을 가지고 있고 솔선수범하며 잘못된 것을 남에게 미루지 않는다. 일 중심적이고 주도적이며 매우 독재적이고 의지가 강하며 단호하고 독립심이 매우 강하다. 신중형(C)과 같은 일 중심적 사람들이지만 같은 일을 하더라도 신중형(C)은 생각하고 준비하느라 속도가 느린데 반해 주도형(D)은 직관적으로 핵심을 보기에 실행과 판단력의 속도가 매우 빠르다. 이들의 탁월한 점은 일을 처리할 때 감정에 이끌리지 않고 냉철한 판단력으로 처리하고 실용적으로 시간을 잘 관리하는 것이다. 이들의 사고구조가 매우 실용적이기에 시간낭비를 하지 않는다. 이들은 누구의 조언도 필요로 하지 않고 혼자서 깨닫고 혼자서 결정해 실행해 나간다. 즉 혼자 있을 때 일집중의 에너지가 충만하기에 주변에 사람이 없는 것을 더 좋아한다. 주도형(D)의 단점은 일을 할 때 주위의 사람을 의식하지 않고 앞만 보고 나가는 일중심이 되어 대인관계에 소홀해질 수밖에 없어서 인간관계에서 많은 문제점을 나타낸다. 동료나 가족들은 이들을 멀리하고 싶은 두려움을 가지게 된다. 그들은 다른 사람들을 독점하고 이끌어 가려는 성향이 강해 남을 부담스럽게 만들며 마음 상하게 하기 때문이다. 주도형(D)의 부모들은 자부심과 독립심이 강해 자기만족에 빠지는 특성이 있고 큰 소리로 화를 내면서 불만을 터뜨리는 경우가 있다.

둘째, 사교형(I)은 활동적이면서도 부드럽다. 사람과 함께 있는 것을 좋아해 누구라도 쉽게 사귄다. 공부하는 것을 좋아하지 않고 감수성이 풍부하며 창조적이고 명랑하다. 일을 재미있게 하며 사람들과 함께 하기를 좋아하고 낙천적이며 적극적이다. 이들은 호기심이 많아 한곳에 집중해 흥미를 느끼지 못하나 순박하고 순진한 편이다. 이들은 전반적으로 불안정하며 의지가 약하기에 자기통제력이 많이 요구된다. 어떤 일을 하다가 다 마치지도 않은 상황에서 또 다른 일을 벌이는 경우가 많아서 정리를 잘 못하는 것이 단점이다. 사교형(I)의 부모들은 자녀의 행동을 규제하지 않으며 원하는 대로 허용하고, 지도하기보다 자녀 스스로 선택하게 하고 자녀의 잘못된 행동에 대해 강요하거나 명령하지 않으며 인격적으로 존중하고 귀를 기울인다.

셋째, 안정형(S)은 다른 어떤 유형보다 침착하고 친절하며 온유하고 타인과 잘 어울린다. 다른 사람이 도움이 필요할 때에 도와주는 것을 좋아하며 적응력이 강한 유형이다. 감정의 영향을 별로 받지 않는 본성으로 지성적이고 명랑하며 조용하다. 극단적으로 행동하지 않고 중도를 걸으며 극단적 주장을 하지 않기에 모두와 다투지 않으며 다른 사람에게 상처 주지 않고 자신을 드러내지도 않으며 해야 할 일을 조용히 처리하고 온유하며 겸손하다. 이들은 어려움 없이 쉽게 상황에 따라서 처리하는 것을 좋아하고 먼 미래를 미리 생각하고 계획하지 않으며 화가 날 때도 가슴에 두고 참는 성격이며 변화에 적응하기 위한 시간이 걸리는 단점이 있다. 필요할 때는 리드하지만 리드하기보다 따르는 유형으로 감정의 지배를 받지 않으며 일관성 있게 일을 처리하며 마음의 분노도 적으며 인생에 대해 크게 기대하지도 않는다. 차분하고 느긋하며 꾸준하고 남에게 상처 주지 않는 유형이다. 안정형(S)형의 부모들은 천성적으로 조용하고 태평하고 잠잠하기 때문에 일에 대한 동기가 약하고 무능해 보일 수 있으며 매사에 도전적이기보다 가장 쉬운 방법을 찾아낸다. 그러나 긍정적인 성격적 특성임에도 종종 무기력하고 허탈감에 빠져 냉담해지기도 한다.

넷째, 신중형(C)은 DISC 행동유형 중에서 가장 복잡한 정신 구조를 소유한 유형이다. 이들은 깊이 사고·분석하며 철저하고 사색적이며 매우 민감하나 대체적으로 염세적이며 비판적이고 강박관념에 싸여 있다. 신중형(C)은 생각이 깊고 조용하며 혼자 있는 것을 즐기는 유형이다. 일반적으로 이들은 표현하기에 편안한 상황일 때를 제외하고 거의 감정표출을 하지 않으며 예의가 바르다. 이들의 강한 상상력은 때때로 낭만주의적인 경향으로 흐르기 쉬우며 분석적인 사고는 종종 비판적이 되고 언제나 완벽주의를 요구한다. 이들은 최고의 감성을 지니고 있어 위대한 예술가들이 많고 법이나 철학과 같은 이론적 학문을 즐긴다. 신중형(C)은 계획에 따라 활동하기를 좋아하고 일을 조직적으로 처리한다. 이들은 인생의 목적을 진지하게 추구하고 질서 있게 모든 일을 처리하며 지성과 아름다움에 가치를 두고 비판적이고 내성적이며 어떤 문제가 일어나기 전 그것을 예측해 본다. 이들에게는 마음의 활동이 중요하며 연구하고 분석하며 복잡한 문제라도 해결책을 찾아보고 심지어 놀 때에도 진지하고 계획적이다. 그래서 사람들이 이들을 내면적이고 신중하며 공적인 태도를 갖춘 사람으로 본다. 신중형(C)의 단점은 큰 재능을 지녔을지라도 높은 기대치 때문에 열등의식으로 고통받으며 중압감을 느끼거나 독촉당할 때는 피하려 하고 우울하고 염세적이며 자기 연민에 빠지는 경향이 강해 결과적으로는 빈약한 자아상을 갖기 쉬우며 무능력과 실패의 감정을 지닐 수 있다.

감수성 높이기

1. 긍정의 말을 연습해 보세요.

하지 말아라 : Don't	해라 : Do
1. 뛰지 마. 넘어지지 마라.	
2. 떠들지 마. 소리 지르지 마라.	
3. 가까이 가지 마. 만지지 마라.	
4. 방해하지 마. 끼어들지 마.	
5. 볼맨 소리 좀 하지 마. 우는 소리 하지 마.	
6. 때리지 마. 괴롭히지 마라.	
7. 아무 데나 낙서하지 마라.	
8. 소리 내면서 먹지 마라.	
9. 흘리지 마. 엎지르지 마라.	
10. 꿀꺽 꿀꺽 삼키지 마라.	

2. 북돋아주는 말을 연습해 보세요.

북돋아주는 말	표현하기
있는 그대로 받아들이기	아 그래서 그런 거구나.
신뢰감 쌓기	나는 항상 너를 믿는단다.
노력과 향상을 인정하기	최선을 다했구나.
사랑과 애정 표현하기	열심히 하는 걸 보니까 네가 무척 자랑스럽구나.
긍정적으로 지지하기	네가 해보고 싶었던 일을 해냈구나.

PART 03
가족 성장 이야기

Chapter 07

아동기, 청소년기의 부모

어떠한 일도 갑자기 이뤄지지 않는다.
한 알의 과실, 한 송이의 꽃도 한 순간에 생겨난 것이 아니다.
나무의 열매조차 금방 맺히지 않는데
하물며 인생의 열매를 노력도 하지 않고
조급하게 기다리는 것은 잘못이다.

by 에픽테토스

아동기, 청소년기는 생활 중심이 가정에서 학교로 옮겨지는 단계로 많은 변화와 발달을 하는 시기이고 신체적 · 심리적 · 정서적 · 경제적 · 사회적 측면 등 다양한 환경에서 영향을 받고 성장발달의 변동을 경험한다. 이 시기의 아동 및 청소년들은 가정보다는 학교에서 언어, 규범, 규칙 준수 및 가치를 포함한 문화와 사회구조를 배우기 시작하며, 다양한 학습을 통해 지식을 확장하여 성장 · 발달하게 된다.

이 장에서는 아동기, 청소년기의 발달 특성을 바르게 이해하고 발달시기에 직면한 발달과업에 대한 부모의 역할과 지도방법 등을 알아보고자 한다.

Chapter

07 아동기, 청소년기의 부모

1 아동기 발달의 이해

일반적으로 아동기(childhood)는 만 6세부터 만 13세까지로 생활의 중심이 가정에서 학교로 옮겨지는 학령기이고, 2차 성징과 같은 신체발달과 함께 정서·인지·사회성 등의 발달이 복합적으로 진행되는 시기이다. 과거에는 아동에 대해서 성인의 축소물이나 부모나 자녀와의 관계에서 종속적인 존재로 보았으나 현대에는 발달적 존재로서의 아동, 의사표현의 역량을 갖춘 아동, 보호적 존재로서의 아동으로 인격과 존엄성을 지닌 독립된 인간으로서의 주체로 인식한다(이재연 외, 2008; 오정수·정익중, 2013; 윤매자 외, 2014; 노병일 2016). 또한 인지적으로 규칙을 준수하고, 신체적으로 성장하며 정서적으로 성숙한 표현방식이 다양해지는 시기이므로 가정이나 학교, 지역사회에서 충분한 지원이 필요하며 가정이 없는 아동에게는 가정을 만들어 주어 가족과 함께 있을 권리를 보장하여(송정미, 2010; 길영신 외, 2017) 빈곤, 안전, 질병 등의 잠재적 위험 및 복합적이고 역동적인 문제에 노출되지 않도록 하는 것이 무엇보다 필요하다(Wenke, 2010). 우리나라 아동복지법은 광범위하게 18세 미만을 아동으로 규정하고 만 6세부터 8세까지를 아동전기, 만 9세부터 12세까지를 아동후기로 하여 발달단계를 구분하고 있으며 프로이트(Freud), 피아제(Piaget), 에릭슨(Erikson), 콜버그(Kohlberg) 등의 심리학자들이 아동발달의 연구를 통해 아동기의 중요성을 강조한 바 있다. 아동기(childhood)는 유아기와 청소년기를 이어주는 시기로 형식적·비형식적·무형식적 교육과 경험을 통해 사회가 요구하는 기본적인 기술을 습득하는 발달단계이다.

1) 신체발달

아동기 신체 발달은 영·유아기에 비해 완만한 경향을 나타내며 전 생애에서 보면 빠른 속도로 진행되고 있으며 개인차가 있어 발육의 정도가 조금씩 다르다. 영·유아기의 통통한 모습이 사라지고 신체 비율이 상부에서 하부로 발달해 가며 지속적으로 신체 부분들이 자란다.

초등학교 입학 시기에는 남아가 여아보다 신체적 성숙이 더 빠른 편이나 11세경이 되면 여아가 남아의 성숙보다 더 우세해지고 사춘기는 여아가 남아보다 2년 정도 먼저 시작된다. 뇌는 12세경에 이르면 성인의 약 95% 정도로 성장하게 되므로 신체발달에 있어서 이 시기의 다양한 활동은 특별히 중요하다. 소근육운동 기능도 증가하고 손과 손가락을 사용해서 악기 연주, 수공예 등 취미활동을 할 수 있게 되며 쓰기, 읽기, 셈하기의 기본적인 기술학습이 생겨서 일상생활에 필요한 개념이 형성된다.

신체성장과 발달이 서서히 진행되며 근육발달이 왕성해지고 호흡은 깊어지고 느려지며 규칙적이 된다. 다른 발달단계에 비해 심장 크기가 적으며 심장이 천천히 자라고 심장박동은 학령기가 끝날 무렵 1분에 70~80회 정도로 성인과 비슷해진다.

또한 아동기는 자기 자신에 대한 신체상을 표현할 수 있고, 또래와 직접 비교하면서 관심을 높이는 시기이므로 자신에 대한 또래친구들의 평가에 민감하게 반응한다. 그러므로 아동기는 다양한 영역에서 균형 잡힌 성장과 발달이 이루어지도록 체험활동이나 놀이 및 교육, 환경 등의 노출이 필요하다. 놀이의 경우 아동기에는 자신의 욕구나 감정 발산을 촉진하고 건전하게 성장하는 촉진제가 되므로(이성한 외, 2016) 다양한 놀이를 마음껏 즐기는 환경에 노출시키는 것은 아동들의 각 신체기관을 조화롭게 발달시킬 뿐 아니라 사회적·정신적 발달에 영향을 미친다.

아동 개개인의 발달에 맞는 다양한 교육의 기회는 타고난 잠재력 계발 및 능력을 발휘하게 되므로 인지적 발달에 영향을 미친다. 또한 안정적인 환경은 기본적인 의식주를 충족시켜 생존, 안전, 건강에 영향을 미친다. 빈곤아동의 경우에는 그렇지 않은 아동보다 발육부진, 발달지체 등과 같은 신체발달의 문제나 지나친 음식 섭취, 편식 등과 같은 잘못된 식습관으로 인한 영양공급결핍의 결과를 나타내므로 신체발달을 위해 좋은 영양, 규칙적인 운동, 대·소근육 사용의 활동 등이 필요하며(이수정, 2015; 김현자 외, 2016) 아동이 다양한 체험과 학습놀이 기회를 통해 스스로 운동 기술을 익히고, 근육의 협응(coordination)의 정교화가 이루어져서 자아존중감을 형성하고 자신의 몸을 통제하고 조정하는 능력을 기르는 데 도움이 필요하다.

2) 인지발달

아동기의 인지능력은 아동발달의 다양한 측면에 중요한 영향을 준다. 에릭슨(Erikson, 1964)이 제시하고 있는 학령기의 발달과업인 근면감 획득을 위해서 다양한 학습의 기회를 통하여 인지능력의 증진과 새로운 규칙을 익힘으로써 사물을 지각하고 판단하는 데 자기중심성(ego-centrism)과 지각의존성(perceptual dependency)을 극복할 수 있도록 도와야 한다. 인간의 인지발달은 인위적인 노력만 기대할 수 있는 것이 아니다. 지능은 개인이 능률적 환경에 대처할 수 있고 합리적 해결이 가능하며 유목적 행동을 할 수 있는 총체적 능력을 의미한다. 지능은 유전과도 관계가 있으며 가정의 사회경제적 지위, 지역 등의 환경과도 관계가 있다. 블룸(Bloom)은 4세까지 지능의 50%, 5~8세까지 30%, 17~18까지 20%가 형성된다고 하였고 아동기 지적발달은 심신발달에 따라 생기는 변화, 아동기의 기존 문화를 받아들이는 자세, 학습결과와 관련이 있다. 아동기(7~12세)는 프로이트의 잠복기에 해당한다. 이 시기의 특징은 지금까지 습득한 가치 있는 기술연마로 새로운 기술을 배우는 데 집중하며 실질적이고 구체적인 것에 의존하는 경향이 많아 새로운 것을 익히기 위해 이미 알고, 보았던 것, 경험했던 것에 대한 관계를 필요로 한다. 이 시기는 구체적 수준에서 논리적 수준으로 향상된다. 주변 사물에 대한 호기심이나 배우려는 욕구증가로 발달하는 시기이며 스스로 여러 가지를 할 수 있는 능력을 갖추고 여러 관점을 넓히면서 주변사물들 간 관계성을 고려할 수 있다. 자신의 주변을 둘러싼 세계에 대해 생각과 이해가 성장하며 새로운 사고, 즉 실제 행동보다 사고 과정을 통해 많은 활동을 수행할 수 있다.

3) 사회 · 정서발달

아동기는 사회 속에서 규칙, 방법, 기술 등을 터득해 나가면서 사회적 존재로 살아가고(김나영, 2007; 남옥선, 2007), 정서의 표현으로 분노를 표현하게 되며, 분노의 표현 형태를 부분적으로 변화시킬 수 있는 숙련의 증가를 보인다. 또한 자신의 생김새와 특징을 인식하면서 긍정적, 부정적 자아개념을 형성하고 성장하며, 자아의 발견을 통해서 자아중심적 사고에서 타인의 관점을 고려할 수 있게 되는 등 긍정적인 상호작용을 할 수 있다(권혜진 · 이순형, 2001). 즉 타인과 상호작용하면서 사회 속에서 행복함을 느끼며 살기 위해서는 정서의 사회화 필요와 정서적 자기 조절능력 등 사회 · 정서발달이 필수적이다(이선영, 2006). 그러므로 안정되고 원활한 정서발달을 위해 관찰, 학습을 통해 좋은 모델링을 할 수 있도록 긍정적 경험에 노출하는 것이 중요하다(김유미, 2007). 이 시기의 자기를 형성하는데 부모역할이 필수적이고 이해와 수용을 함께 지닌 반영(mirroring), 이상적인 모델을 제공하므로 확고한 자긍심을 심어주고 신뢰할 만한 환경에서 자라 기본적인 안정감을 가질 수 있도록 긍정의 사고와 능력을 키워주는 과정이 필요하다. 아동기의 정서는 성장하면서 어떤 정서경험을 하느냐에 따라 성격발달에 큰 영향을 준다. 아동기에도 기쁨, 절망, 사랑, 수용, 자긍심, 죄책감, 불안, 공포, 부끄러움, 스트레스, 좌절, 분노, 우울, 적대감, 질투, 당황, 유머, 동경, 기타 감정들을 경험하고 그것을 표현한다. 이 시기 아동들의 정서적 분출은 대부분 일시적이기에 조그만 일에도 기뻐하다가 금방 울기도 하고 울다가도 곧 소리 내어 웃기도 하지만 성장할수록 감정기억을 하는 시간도 길어지고 자제력이 생긴다. 정서적인 안정감을 원하며 자신이 사랑받고 있음을 깨닫고 필요한 사람이라는 점을 알면서 안정감을 가지게 된다. 이를 통해 나와 타인의 정서인식 · 표현 · 조절이 가능하도록 하고 자신의 삶을 계획하고 성취하기 위해 정서활용을 할 줄 알게 된다.

상자 7-1 아동기에 흔히 나타날 수 있는 정서적 증상에 대한 이해

- **불안**: 불안이란 다양한 상황 내에서 경험하는 근심, 두려움, 걱정 및 공포와 같은 불쾌한 정서를 말한다. 아동기에 경험하는 학업 수행, 사회적 접촉, 관계 맺기 등으로부터의 불안은 8세에서 13세 사이의 연령의 아이들에게 공통적으로 나타나는 현상이라고 보며, 일시적인 공포나 불안은 정상발달로 간주한다. 그러나 아동의 발달단계를 고려했을 때 애착 대상과의 분리에 대해서 과도한 불안이나 공포를 부적절하게 나타내면 분리불안장애라고 할 수 있다(권석만, 2014).
- **분리불안**: 분리불안장애는 부모의 양육 태도, 아동의 유전적 기질, 아동의 행동적 · 인지적 등의 요인들이 복합적으로 작용하여 발생하는 심리적 장애로 여겨지고 있다. 예를 들면, 부모의 부적절한 양육행동이나 과잉보호적인 양육행동은 부모와 떨어져 혼자 있는 것에 대한 두려움과 부모에 대한 의존성을 강화하여 스스로 나약하다는 인식으로 인한 만성적인 불안을 야기하는 요인이 된다.
- **틱장애**: 틱(Tic)은 특별한 이유 없이 얼굴이나 목, 어깨, 몸통 등의 신체 일부분을 반복적으로 불규칙하게 움직이거나 이상한 소리를 내는 것을 말한다. 틱 증상은 초등학생 5명 중 1명 정도의 출현으로 새 학기에 많이 나타나며 대부분 2~3개월 지나면 저절로 없어진다. 이 중에서 5% 정도는 틱장애로 남으며, 2%는 만성으로 진행된다. 아동의 틱(Tic) 증상으로 인해 부모나 교사에게 꾸지람을 듣게 되면 관계가 악화될 수 있고, 자신의 마음이나 생각을 표현해야 하는 상황에서도 표현하지 않게 되는 경우가 발생할 수 있다. 이러한 생활습관이 청소년기에 증상으로 계속되지 않도록 언어적 · 비언어적인 표현과 관심이 필요하다. 가벼운 틱(Tic)장애는 자연히 사라지는 경우가 많으므로 부모나 교사 및 주변인은 아동의 틱(Tic)증상에 예민하게 반응하지 않는 것이 필요하다. 일관성 있고, 소통의 표현이 자유로운 가족 안에서 아동은 연령의 증가와 더불어 틱(Tic)증상이 감소한다는 믿고 틱(Tic)의 심각도와 개인의 상황에 맞게 치료나 상담을 적절하게 서로 병행할 필요가 있다.

4) 언어발달

아동기에는 언어를 자신의 지적인 의사소통 도구로 활용하고 학습도구로 인식한다. 언어능력이 현저하게 발달하여 자신만의 독특한 패턴이 생기고 말의 길이가 길어지고 의미 있는 문장을 생각할 수 있게 된다. 대화하는 성별, 연령, 사고방식, 이해 정도 등과 같은 것을 알게 되고 여건에 맞는 자기 언어를 선택 조절할 수 있게 되는데 이를 창조적 의사소통기능이라 한다. 또한, 어휘수가 늘고 비교를 나타내는 "덜", "더"와 같은 어휘 사용이 자유롭고 말하는 사람(speaker)과 듣는 사람(listener)의 입장에서 의사소통이 가능하므로 전조작기와는 달리 자신과 타인의 입장 차이를 이해할 수 있는 탈중심화 능력이 가능하다.

5) 진로발달

아동기에는 호기심을 가지고 놀이를 통해 상상력을 발휘하게 되고 탐색을 통해 충족되고, 탐색활동은 정보의 습득으로 이어진다(김진숙 외, 2016). 탐색활동을 통해 얻어진 정보 습득은 주요 인물, 즉 아동이 모방하기로 선택한 인물의 말에 귀를 기울임으로써 자신의 행동을 통제하는 법을 익히게 되고 흥미의 발달로 이어진다(Buck, 2008). 주요 인물(롤 모델)은 부모, 친척, 또래, 선배, 선생님, 연예인, 역사적 인물, 연예인 등 다양한 인물이 될 수 있으나 동성의 롤 모델이 더 큰 영향을 미친다는 연구결과가 있다(Nixon & Robinson, 1999). 연구에 따라 차이는 있으나 일반적으로 초등학교 2학년 때 이미 직업에 관련한 성역할 고정 관념을 가지게 될 경향이 있다고 한다(Turner & Lapan, 2005). 이는 자신이 가질 수 있는 직업을 협소화시킬 위험으로 연결되기 때문에 이 시기에 다양한 롤 모델을 제공해 주는 것이 중요하고 아동기에 주로 많은 시간을 보내는 환경이나 장소에서 만나는 사람들을 통해 다양한 학습과 관찰, 관심과 격려, 경험 등을 제공함으로써 진로에 대한 개개인의 내적 동기가 진로의사결정에 도움이 되고 지속될 수 있도록 도와야 한다.

초등학생 이전에 시작된 진로발달은 초등학년과 청소년기를 거쳐 성인이 된 이후에도 끊임없이 지속된다(Gibson, 2003). 이는 진로발달의 시기가 빨라졌을 뿐 아니라 성인이 된 이후에도 직업을 찾거나 바꾸려는 시도가 일어나고 있기 때문에 직업에 대한 탐색은 평생에 걸친 작업이 됨을 의미한다(Watson & McMahon, 2005). 구체적인 진로 탐색의 경우 빠르면 2학년 때부터 시작하는 아동이 있기도 하지만, 대부분 초등학교 고학년인 4학년에서 6학년부터 시작한다. 진로 탐색에서 중요한 전환점은 초등학교에서 중학교로 진학할 때인데 이는 아동 초기의 경우 진로 탐색을 직업과 관련된 활동이나 행동으로만 연결하여 생각하던 것이 초등학교 고학년과 중학생이 되면서 자신의 흥미, 직업 가치 등을 고려하기 시작하기 때문이다. 따라서 아동기에 진로에 대하여 생각할 수 있는 기회를 제공하거나, 구체적인 진로 탐색을 하게 해주는 것은 진로 결정에 중요한 영향을 미칠 수 있다. 계획적이고 합리적이며, 성역할로부터의 편견 없이 다양한 정보를 제시하여 아이들로 하여금 자신의 미래에 대하여 설계하는 것은 학업 교육만큼이나 중요한 일이다. 효과적인 진로발달을 위해 아동이 자신을 이해하도록 관련 검사를 실시하거나 진로에 관련된 유용한 정보를 얻을 수 있는 인터넷 사이트를 활용하는 것도 한 방법이다(Holland, 1997; Gottfredson, 2002).

실습 7-1 진로탐색 유형

※ 다음의 6가지 유형 중 자신의 성격과 가장 가까운 유형을 순서대로 □ 안에 번호를 써 보세요.

□ 현실형(R)	□ 탐구형(I)
현실형은 현장에서 몸으로 부대끼는 활동을 좋아하며, 동물이나 도구 혹은 기계를 가지고 일하는 것을 좋아합니다. 도구, 기계, 장비 혹은 식물과 동물을 가지고 일하는 데 좋은 기술을 가지고 있으며, 그런 것들과 같이 당신이 볼 수 있고, 만질 수 있고, 사용할 수 있는 실제적인 것들을 믿고, 가치있게 생각합니다. 현실형은 자기 자신을 실제적이고, 기계를 잘 다루는 현실적인 사람이라고 생각합니다.	탐구형은 사람보다는 아이디어를 강조하고, 추상적인 지능의 소유자입니다. 탐구형이 강한 사람은 수학 혹은 과학문제를 풀고 연구하는 것을 좋아하며, 그러한 문제를 이해하고 푸는 것에 익숙해져 있습니다. 이들은 자기 자신을 정확하고, 과학적이고 지적으로 보고 있습니다. 호기심이 강하며, 그 호기심을 풀기 위해서 골똘히 생각하고, 원인과 결과를 분석해내는 성향을 지니고 있습니다.
□ 예술형(A)	□ 사회형(S)
예술형은 창의성을 지향하며, 아이디어와 재료를 사용해서 자신을 새로운 방식으로 표현하는 작업을 좋아합니다. 예술형이 강한 사람은 미술, 드라마, 공예, 춤, 음악 혹은 글쓰기 같은 창조적인 활동들을 좋아하며, 이 방면에서 뛰어난 예술적인 능력을 가지고 있습니다. 이들은 자기 자신을 표현적이고, 독자적이고, 독립적인 사람이라고 생각합니다. 따라서 이들은 일반적으로 순서가 정해져 있거나 반복적인 활동을 피하는 경향이 있습니다.	사회형은 다른 사람과 함께 일하는 것을 지향합니다. 사회형은 기본적으로 자선가 타입입니다. 이들은 다른 사람을 육성하고 개발하는 것을 좋아합니다. 이익이 적더라도 도움이 필요한 사람을 돕는 일을 합니다. 사회형이 강한 사람은 가르치거나, 돕는 것을 좋아하며, 그와 같은 일에 익숙해져 있고, 자기 자신을 친근하고 의지할 수 있고, 도움을 주는 사람으로 생각합니다.
□ 진취형(E)	□ 관습형(C)
진취형은 사람들을 이끌고 설득하고, 사물과 아이디어를 판매하는 것을 좋아하며, 그러한 방면에 소질이 있습니다. 이들은 정치, 리더십, 혹은 비즈니스에서의 성공에 가치를 둡니다. 이들은 자기 자신을 정력적이고, 의욕적이고 사교적으로 봅니다. 진취형은 물질이나 아이디어보다는 사람에 관심을 가지고 있습니다. 진취형이 강한 사람은 다른 사람들을 도와주고 육성하기보다는, 특정 목표를 달성하기 위해 타인을 통제하고 지배하는 데 관심이 있습니다.	관습형은 일반적으로 잘 짜인 구조에서 일을 잘하고, 세밀하고 꼼꼼한 일에 능숙합니다. 관습형이 강한 사람은 정해진 순서대로 숫자, 기록, 기계를 가지고 하는 일을 좋아하며, 자신이 현재 하고 있는 일을 잘 해내는 것에 큰 가치를 둡니다. 이들은 스스로를 잘 정돈되어 있고, 계획에 따르는 것에 익숙한 사람으로 봅니다. 따라서 이들은 애매하고, 비구조적인 활동을 피하는 경향이 있습니다.

출처: 커리어넷(http://www.career.go.kr).

6) 아동기 부모역할

아동기의 부모는 자녀의 발달과업을 이해하고 바람직한 성장을 이루도록 보다 적절한 방법으로 적극적으로 개입해야 한다. 아동기는 어리고 여린 마음으로 인해 쉽게 상처받을 수 있고, 작은 상처는 발달 및 성장에 부정적인 상관을 초래할 수 있기 때문이다. 이를 위해 부모는 첫째, 주어진 과제에 대한 호기심과 탐색을 통해 흥미로 지속될 수 있도록 근면성 발달에 도움을 주어야 한다. 아동기의 호기심은 자율성을 인정받고 지지를 받으며 성취감을 경험하게 되고 내적 동기로 이어지게 된다. 긍정적인 내적 동기 유발을 통해 학습에 더 열중하고 성공적인 경험을 하며 이를 통해 아동기의 발달과업인 근면성 발달에 도움을 줄 수 있다. 둘째, 친구관계에 민감해지고 단짝을 만드는 과정에서 갈등을 경험하게 되는 때이므로 부모는 자녀의 심리적·정서적 안정에 관심을 가져야 한다. 셋째, 자녀가 긍정적인 자기개념을 형성할 수 있도록 비계 설정을 바르게 해주어야 한다. 자녀를 독립된 인격체로 존중하고 자율성과 독립성이 관계, 학습, 진로 등에 대한 만족감으로 연결되도록 버팀목이 되어주어야 한다. 넷째, 인터넷의 보급 확대에 따른 사용연령이 낮아지면서 아동기의 인터넷 이용 빈도가 높아지고 있으므로 부모는 아동의 행동을 명시하는 규칙을 만들고 수정, 변경하는 시간을 주어야 한다. 이귀숙(2014)의 연구에서 부모관여는 자녀의 심리사회적 적응에 직접적인 영향을 미치고, 아동의 자기개념과 또래관계를 통해서 간접적으로 영향을 미치는 것으로 나타났다. 아동기의 학업은 생애 전반에 걸쳐서 지속적으로 영향을 주므로(안우환, 2007) 적절한 수준의 수용, 인정, 격려를 통해 긍정적인 자기(self)개념을 갖도록 조력하는 일은 중요하다. 부모는 꾸준히 아동의 강점을 발견해 주고 소소한 과제부터 성공하는 경험이 자주 생기도록 지도해야 한다.

2 청소년기 발달의 이해

청소년기는 아동기에서 성인기로 넘어가는 시기이자 의존에서 독립으로 나아가는 과도기이다. 청소년은 청소년기본법상 9세 이상 24세 이하의 자로 규정하고 있으며 생물학적, 사회적, 법적인 기준에 따라 정의가 달라지지만 2차 성징을 포함해서 급속한 신체적인 성장과 성적 발달에 따른 심리적 변화와 자기정체성을 형성하는 중요한 시기이다. 신체적으로 성장, 성적 성숙으로 이성에 대한 관심이 높아지며, 수치심이 강해지는 특징을 보이며 자아의식이 높아지고 성격은 예민해지며, 기성세대에 대한 반발, 권위로의 일방적 강요, 집단활동 중 개인적 자유 구속에서 벗어나려고 한다. 성숙한 인간으로 성장해가는 단계로 자신의 역할 수행에서 변화가 요구되고, 또래 관계가 확장됨에 따라 대인관계를 계속 형성해 나가면서 점차 사회화가 이루어지는 시기이다. 청소년기에는 부모-자녀 관계에서 대화가 부족하고, 감정표현이 서툴러 바람직하게 소통하는 시간이 그 어느 시기보다 필요하다. 청소년기 자녀가 삶 속에서 좋은 모델링을 경험할 수 있도록 부모는 관찰자, 감독자, 상담자, 협력자 등의 역할로 함께 하는 것이 중요하다.

1) 신체발달

청소년기는 신체적 성장급등 또는 성장폭발이라고 할 만큼 빠른 신체적 성장속도를 보이며 영양상태가 현저히 좋아지고 내분비선의 왕성한 활동으로 성적(性的) 성숙을 동반하는 신체적인 발달시기로 심리적 · 정신적 변화를 일으킨다. 여자 청소년은 초경(menarche)을 통해, 남자의 경우에는 몽정(nocturnal emission)을 통해 성숙의 시기를 알게 되고 신체변화에 따른 심리적인 영향을 받는데, 조숙한 청소년은 외모에 대한 부적응 문제를 경험할 수 있고, 피로감, 게으름, 불안함, 변덕스러움, 혼자만의 공간 선호, 부모나 가족, 친구에 대한 적대감을 느끼기도 하는 반항의 시기로도 나타난다(Gogtay, Giedd, Lusk, Hayashi, Greenstein, & Vaituzis et al., 2004).

이 시기의 청소년들은 신체발달이 왕성할 때이고 신체적·정신적으로 건강해야 하는 시기이므로 대화, 스포츠와 게임, 음악 감상, 악기 연주, 신문, 영화 감상, 그림 감상, 운동 등의 활동이 필요하다(Blakemore, 2008). 또한, 개인적 관심, 선호하는 활동에 봉사 체험, 동아리 활동, 참여 등의 기회를 통해 청소년이 속해 있는 집단의 관심 정도에 따라 진로를 선택하고 결정하는 데 도움을 받을 수 있다. 즉 청소년들은 빠른 속도변화와 시대상황을 받아들이고, 새로운 문화를 흡수하며 극단적 상상이나 추상적 사고로 불안정할 수 있다. 혼란스러운 정서를 순화하기 위해 교육이 중요한 교정 역할을 하므로 교육을 통한 긍정적 변화를 이끌어 내야 한다.

2) 인지발달

청소년기는 피아제(Piaget)의 발달단계 중 형식적 조작기(formal operational stage, 11세~성인)에 있는 시기로서 논리적, 추상적 사고를 할 수 있다. 이 시기에는 좀 더 높은 수준에서 사고하는 방법의 중요성을 이해하고, 자발적으로 자기주장에 대해 근거를 제시하면서 표현할 수 있게 된다. 청소년기 사고는 유연해서 문제를 해결하는 데 융통성을 발휘할 수 있고 한 가지 관찰된 결과에 대해서도 다양한 관점에서 해석을 할 수 있으므로 예상외의 결과가 나왔다 하더라도 선입견에 사로잡히지 않을 수 있다. 그러나 지능수준이 제한되거나 경제적·문화적인 결핍 등으로 인하여 이 형식적 조작단계에 도달하지 못하는 청소년의 경우에는 사건이 자신의 생각과 부합되지 않는 결과가 나오면 혼란스러워할 수 있다. 그러므로 청소년기에는 불가능한 것을 인지하고 현재 가능한 현실에 대해 이해할 수 있는 실천의 장이 지속적으로 마련되어야 한다.

3) 사회·정서발달

청소년기의 정서적 변화는 사회적·신체적 변화가 매우 큰 영향을 미친다. 강렬하게 보이는 정서적 동요로 그들 특유의 신경질적 조급성과 주의산만, 흥분성,

갑갑증 등 생리적 변화로 이어지며 빠르게 성장하는 신체변화와 함께 서투른 동작, 제2차 성징 발달도 불안과 수치심 유발 행동으로 전개되기도 한다. 사회적 조건과 심리적 조건들은 정서적 변화에 큰 영향을 주며 자유압박과 구속, 생활의 간섭을 반항의 이유로 호소한다. 이들은 불안감과 갈등이 많고 이를 효과적으로 처리하는 방법도 미숙해서 주의가 필요하며 각 개인의 다양한 생활조건의 차이로 인해 표현도 개인적인 차이가 있다. 남과 비교해 열등감을 갖기도 하고, 감수성이 예민해져 때때로 현실적응이 어렵고 우울증과 비행 같은 부적응 상태를 보인다.

청소년기에 가장 많이 나타나는 문제는 불안, 우울과 같은 정서적 문제이다. 청소년의 정서는 외부표출보다는 내부에 숨겨지며 방어기제에 의해 변용되는 등 외부에서 쉽게 알 수 없고 불안정하고 일관성이 없으며 정서기복이 아동기에 비해 비교적 격렬하고 넓다. 자아의식이 발달하면서 고독에 빠지기 쉬우며 의식적인 정서억제로 인해 분노가 혐오감이나 초조감으로, 공포심은 우울이나 불안감으로, 기쁨·환희는 행복감으로 이행되고, 억압된 강렬한 감정을 해소하는 방법으로 자살을 선택하기도 한다. 불안이나 우울감 등이 지속될 때 이를 정서장애라고 하는데 삶이나 일상생활에 대한 불만으로서 청소년들은 일시적으로 우울해질 수 있다. 흔히 두통, 피로, 식욕부진, 시력장애, 기억력 장애, 불면증 등을 보이며, 때때로 등교 거부, 가출, 비행, 학업 중도 포기 등의 청소년 문제를 일으킨다.

우울한 기분이 오랜 기간 지속되거나 학업, 수면, 체중 또는 식욕 등과 같은 변화가 있을 수 있고 이는 집중력, 기억력, 의사결정능력에 방해요인이 된다. 우울증으로 약물에 노출되고 의존하게 되면 개선보다는 상황을 악화시키는 결과를 나타낸다. 특히 친구 관계가 빈약한 경우 자살 위험도 나타날 수 있다. 만일 술이나 약물에 어려서부터 노출된다면 행동 문제는 이후로도 지속될 가능성이 커지며, 이러한 행동 문제가 더 공격적이고 파괴적인 양상을 보일 수 있다. 청소년기는 보다 독립적인 생활을 추구하며, 신체적·생리적 발달과 정서적 변화가 매우 심한 시기로 자신뿐 아니라 타인에게도 해를 입힐 수 있기 때문에 이러한 행동 문제를 단순하게 생각하면 안 된다. 흔히 청소년의 행동 문제로 인해 야기되는 문제들로는 학교 부적응, 비행, 잦은 화와 분노 폭발, 심각한 폭력, 담배, 약물 남용, 비행,

절도, 강간 등을 들 수 있다(안동현, 2009). 흔히 청소년기를 '질풍노도'의 시기라고 말한다. 질풍은 분노를 의미하는 것으로 그만큼 청소년기는 정서가 폭발적이고 그 어느 시기보다 스트레스를 받는 요인이 많다(Bardo, 2004). 스트레스는 자신의 의지와는 상관없이 일어나며 개인이 적응하기 어려운 환경에 처할 때 느끼는 심리적 압박감이나 신체적 긴장상태를 의미하지만 적당한 스트레스는 신체와 정신에 오히려 활력을 주기도 한다.

상자 7-5 유익한 스트레스 해소법

스트레스 없이 사는 일은 쉽지 않으므로 '이만하면, 적당히'와 같은 생각을 가져보자.

① **숙면 취하기**: 잠은 스트레스를 덜어주고, 예방하는 데 도움이 된다. 예민한 신경을 안정시켜 주고 심리 · 정신적으로 균형을 잡아주니 규칙적으로 잠드는 시간을 습관화하는 게 중요하다.

② **적당히 몸 움직이기**: 몸을 움직이면 연관되어 있는 뇌, 심장, 호흡, 혈관 등을 활성화시킨다. 적당한 운동은 사람에 따라서 자신감을 갖게 하고, 쉽게 좌절하지 않도록 지구력을 길러준다. 몸을 움직이는 많은 활동 중에 물을 겁내지 않는다면 수영도 좋고, 가볍게 움직이는 활동을 하고 싶다면 자전거 타기나 줄넘기, 체조 등을 권장한다.

③ **서서히 스트레스와 친해지기**: 스트레스 없는 삶이 불가능하다면 스트레스 상황에 대한 문제의 맥락과 본질을 잘 관찰해볼 필요가 있다. 의외로 문제 감소 및 해결 이 될 수 있다.

④ **자신에 대한 긍지 높이기**: 자신 스스로를 존중하고 사랑하는 마음을 키워서 자신의 의지와는 상관없이 경험하게 되는 '반갑지 않은 스트레스'를 '유익한 스트레스'로 바꾸는 연습을 권장한다.

4) 도덕성 발달

청소년기는 집단의 표준에 맞는 습관, 풍속, 행동 유형에 대한 도덕성 개념의 변화가 바람직하다면 정직하고 책임감 있는 시기를 경험할 수 있다. 그러나 도덕적 지식과 도덕적 행동이 일치되지 않는 경험을 하게 되면 또래집단에서의 부적응, 미성숙한 충동 등의 비행 행동이 나타난다. 청소년의 비행(misdemeanors)은 사춘기 시기인 13~14세경에 많이 나타난다. 비행의 주 원인으로는 신체적 결함, 낮은 학업 수준 혹은 낮은 수준의 지능, 또래 관계의 어려움, 학교에 대한 부정적 태도, 교사와의 갈등, 도덕적 혼란, 대중매체의 영향, 불리한 가정 조건 등을 들 수 있다. 가능한 처벌하는 상황은 없어야 하겠으나, 청소년들을 처벌할 시 유의점을 살펴보면, 처벌은 비행 행동 자체에 대해서만 주어지는 것이어야 한다. 그리고 일관성 있어야 하며, 그들의 처벌이 정당하게 여겨져야 한다. 또한, 처벌 내용이 자신의 내적 통제에 건설적인 것이어야 하며, 청소년이 처벌의 동기를 이해한 이후에 시행되어야 한다. 특히 공포를 일으키는 처벌을 지양해야 하며 관계없는 과제를 할당해서는 안 된다.

5) 진로발달

자신의 진로를 선택하고 결정하는 일은 개인의 삶 전체에 영향을 줄 수 있는 가장 중요한 일이며 개인에게 진로는 자아실현의 수단이다. 확고한 직업정체성을 발달시켜 나가는 과정에서 청소년은 어느 시기에든 혼미(자신이 원하는 것을 명확히 알지 못하고 미래에 대한 무관심), 유예(원하는 방향을 정하지 못한 상태, 휴학시기), 유실(다른 대안을 탐색하지 않은 채 가족 전통에 따라 선택), 성취(자신이 원하는 것을 알고 직업목표를 달성하기 위해 계획을 세우는 것)의 네 가지 정체성 상태 중 하나에 속해 있을 수 있으나 일반적으로 청소년들이 네 가지 정체성 상태를 다 거치는 것은 아니고 다른 순서를 거치기도 하며 반복적으로 경험할 수도 있다(유경희 · 양진향, 2014: 김진숙 외, 2016). 청소년기 자아정체감과 진로정체감의 종단연구에서 이은경 외(2017)는 중3에서 고2, 고3 시기의 자아정체감과 진로정체감의 변화추이를 확인한 결과, 개인차가 존재하기는 하지만 학년이 올라감에 따라 자아정체감과 진로정체감이 증가하는 것으로 나타났다. 이는 장시간 학교에 있는 학생들이 학교 안에서 학습, 모델링, 정보, 통제 등을 경험함으로써 자신과 진로에 대한 시간 조망, 교수설계, 프로그램 개발, 체험의 기회 등이 실현되어야 가능한 일이다. 김순미와 이현림(2008)의 연구에서는 자기효능감은 진로탐색행동이나 진로결정

등과 유의미한 관련이 있으며, 자기효능감이 강할수록 직업선택과 계획을 돕는 탐색적이고 계획적인 활동들을 더 많이 수행하며 개인의 자신감과 관련되어 진로 결정의 중요한 예측변수가 되어왔으며, 개인의 진로발달에 큰 역할을 한다고 보았다. 이정인(2008)의 연구에서는 대학생 시기는 자신에게 적합한 진로를 발견하고 준비하기 위한 집중의 시기이므로 성인사회에 진입을 앞두고 어떻게 보내느냐는 매우 중요하다고 보았다. 특히 빠르게 변화하는 지식정보시대에 학생의 창의력을 신장하고 사고력을 길러주며 새로운 지식을 창출하는 전문 직업인의 필수 능력으로서 비판적 사고가 강조되고 있는 우리 사회에서 구체적인 인생 계획을 세우는 데 자아존중감과 자기효능감은 주요 변인이 되고, 성공적인 직업인으로 기능하기 위한 비판적 사고 교육은 진로 교육에 있어서 논리적 사고를 기르는 도구적 역할을 하게 된다고 주장한다. 즉 자기효능감이 높은 사람은 성취 경험이 많다고 가정할 수 있고, 주어진 과제에 대해서 용이하게 해결하려는 지각을 한다고 볼 수 있으므로 진로결정 몰입 과정에도 영향력을 끼칠 것이라고 예측할 수 있다. 복잡하고 예측할 수 없는 상황으로 변화되는 진로 현장에 적응하기 위하여 자신의 의견을 논리적으로 제시하고 정보의 적용, 분석, 종합, 추론 및 의사결정을 효율적으로 할 수 있도록 인재를 양성하는 일은 중요한 진로과제이다.

6) 청소년기 부모역할

청소년기의 부모는 무엇보다 의사소통 시간을 갖는 것이 필요하다. 자녀와의 소통에서 자녀가 스스로 '나'를 주어로 시작하여 이야기하는 시간을 갖고 서로의 생각이나 느낌을 수용할 수 있도록 지지해 주는 것이 필요하다. 간혹 의사소통을 하다가 의도하지 않게 문제행동이 일어날 수 있는데 이때 해결 방법으로 자녀가 한 말을 그대로 되풀이해 주거나 요약해 주면 내면의 솔직한 이야기들을 털어놓게 되고 그때부터 새롭게 문제를 해결하는 실마리를 찾을 수 있다. 또 다른 방법으로 자녀의 문제행동을 멈추도록 하기 위한 사고정지(thought stopping)기술의 활용을 권장한다. 강박사고와 같은 의식적 행위를 감소하거나 중단시키기 위해서 자녀에게 우선 'stop'하고 시간과 거리를 두는 일이다. 또한, 부모-자녀 간의 신뢰가 더욱 필요하다. 신뢰형성을 위해 부모-자녀 관계에서 자녀의 신념과 느낌에 대해 적극적인 태도로 진정성 있게 귀를 기울이는 일이 중요하다. 부모는 자녀의 성장발달을 도울 수 있는 의미 있는 방식과 방법에 대해 진지하게 생각해 보고 실천하도록 노력한다. 나아가 자녀의 미래와 성공에 대해 굳게 믿어주는 부모가 있다는 것을 자녀들에게 전달할 필요가 있다.

감수성 높이기

자녀가 다음과 같은 행동을 보인다면 부모로서 어떻게 대처할 것인지 이야기해 보세요.

1. 한 가지 일에 집중을 못하고 매우 산만한 행동을 보이네요.
2. 핸드폰을 손에서 놓지 않아요.

Chapter 08

중년기, 노년기의 이해

부모들이 우리의 어린 시절을 꾸며 주셨으니

우리는 그들의 말년을 아름답게 꾸며드려야 한다.

by 생텍쥐페리

현대사회는 인간의 기대수명이 길어지면서 중년기, 노년기 가족의 특성이 과거와 다르게 많이 달라졌다. 우리나라 중년기, 노년기 가족은 자녀부양 기간의 증가, 단독가족의 증가, 가족의 수직화, 이혼 증가 등의 변화가 이루어졌으며 이런 변화는 앞으로도 지속될 것으로 전망된다. 보다 행복한 삶, 이전과는 다른 좀 더 질 높은 삶을 계획하고 맞이하기 위한 사회·경제적 안전망 구축이 어느 때보다도 필요한 때이다. 생애주기 중에 신체적, 심리적, 사회적으로 많은 변화를 경험하는 시기이므로 질 높고 건강한 노후를 준비하기 위한 대안이 요구된다. 이는 지속가능해야 하고, 중년기와 노년기의 가족관계 변화에 대비한 다양한 교육프로그램의 제공 등이 필요하다.

이 장에서는 중년기, 노년기의 특성을 이해하고 이 시기의 부모들이 건강하고 즐겁게 생활할 수 있도록 돕는 방안을 고찰해 본다.

Chapter

08 중년기, 노년기의 이해

1 중년기의 이해

1) 중년기 부모의 이해

중년기 부모는 위로 부모를 모셔야 하고 아래로는 자녀의 성장과 독립에 대한 책임감을 가지므로 노부모나 자녀처럼 누구로부터 보호나 지원을 받을 기회가 적다. 한국 사회는 점점 노인 인구가 증가하고 노년기가 길어지면서 사회·경제·문화적인 변화와 함께 중년기를 맞이하는 가족생활에 많은 변화를 주고 있다. 이러한 관점에서 중년기 부모의 노부모 부양이나 자녀 성장을 위한 부모로서의 역할이 발달과업의 하나로 이해되어야 할 필요가 있다. 책임감 있고 성실하게 자녀를 양육한 중년기 부모는 자녀에게 부양받을 권리를 갖는다. 동시에 부모를 부양하는 일이 자율적이고 진심에서 우러나올 때 자식으로서 부모님에 대한 존경, 사랑, 배려하는 사람의 참모습이라 할 수 있다. 그러나 자발적인 동기에서가 아닌 의무감으로 노부모를 부양하는 태도로 받아들인다면 부담감을 느끼는 정도가 상대적으로 심해지고 그에 따른 심리적 부담, 부정적 갈등 등은 부정적 생각을 할 가능성을 높일 수 있다. 세대별 노후 부양관의 차이를 살펴본 연구에서 젊은 세대일수록 노후 부양책임을 개인책임으로 여기고 있으며, 여성이 남성에 비해 노후 부양책임을 가족책임과 국가책임으로 생각하는 경향이 있는 것으로 나타났다(J. Seok, 2009). 이민아 외(2010)의 연구에서는 가족에 대한 스트레스가 높을수록 자살

생각, 자해충동, 자살계획 및 자살시도를 할 확률이 높아진다고 보고하였다. 중년 남성들의 경우 가족관계가 불만족스럽고 가족갈등이 있는 경우 과음할 확률이 높고(송예리나 · 김진영, 2013) 남성의 음주문제는 배우자에 대해 폭력을 행사할 가능성을 높이며 배우자의 음주문제에 영향을 미치는 것으로 나타났다(윤명숙 · 조혜정, 2012). 심리학자 융(Jung, 1875~1961)은 이미 환자 중 3분의 1 이상이 임상적으로 보았을 때 신경증 때문에 상담을 받으러 오는 것이라기보다는 중년의 위기를 제대로 넘기지 못해서 내방한 것이라고 하였다. 즉 중년기에는 젊은 시절의 가치관(금전이나 명성, 지위, 봉사 등)을 계속 지속하기 어려운 복합적인 문제들이 생기기 때문에 중년기 위기를 "위협"으로 느끼게 된다. '위험한 고비', '어떤 일의 전환점', '절정', '변환점' 등의 의미를 가지고 있는 중년기 위기는 어느 누구에게나 나타날 수 있으나 그 위기를 어떻게 해결하고 감소시키느냐에 따라 위기상황은 위축될 수도, 성장할 수도 있다. 중년기에 다양한 위기를 느끼기 시작하는 상황은 자신이 늙어가고 있음을 느낄 때, 배우자의 질병, 도벽, 종교적 갈등, 불신이나 직장을 잃어버렸을 때, 자녀가 부모 곁을 떠날 때(군대 혹은 결혼), 자녀나 배우자로부터 무시당할 때, 폐경기가 시작되었을 때, 자녀가 부모보다 먼저 죽었을 때 등을 들 수 있다. 이를 발달상의 성장을 향한 전환점이 될 수 있도록 가족구성원 전체가 협력하고 격려하며 지지하는 가족문화를 만들어야 한다.

2) 중년기의 생활 변화

중년기가 되면 본격적으로 자신의 생활을 독립적으로 영위하기 위해 구체적이고 지속적인 삶의 질 향상을 위한 노력을 하게 된다. 중년기에는 개인적, 사회적 역할이 유지되어야 하고 심신의 노화과정을 자연스럽게 받아들이며 건강한 생활을 위해 노력해야 한다. 이를 위해 중년기에 경험할 수 있는 우울, 불안 등의 심리 · 사회적 · 정신적인 스트레스로부터 자신의 감정을 조절하고 삶에 대한 긍정적인 사고를 가지는 태도가 중요하다. 또한 적절한 운동과 즐거운 마음가짐으로 생활에 활력을 기르는 생활습관이 요구된다. 세로토닌은 감정이나 식욕, 수면 등의 행동을 통제하는 대표적인 중추신경계 전달물질로서, 인간의 활동, 진통, 불안, 공격성, 학습, 성, 수면, 사회형태, 혈압, 체온과 연관되며, 세로토닌 활성도에 따라 기분, 식욕, 수면, 활동성, 자살, 성적·인지적 기능장애의 원인이 될 수 있다. 이시형(2010)에 의하면, 세로토닌은 충동성과 긴장성을 조절해 평상심을 유지하는 데 도움을 주는 호르몬으로 평소에 유쾌하고 운동감 있는 생활습관을 발휘한다면 세로토닌의 분비가 촉진되어 생활의 의욕과 활력을 주고 중년기의 우울, 불안 등이 줄어들게 되며 삶의 질이 달라진다고 하였다.

상자 8-1 일상생활 속 세로토닌 활성을 높이기 위한 방법

1. 15초 동안 소리 없이 입을 최대한 크게 벌려서 웃는다. (안 쓰던 근육을 사용하므로 떨림이 있을 수 있음)
2. 입을 모으면서 근육을 풀어준다.
3. 다시 15초 동안 소리 없이 입을 크게 벌려서 웃는다.
4. 입을 모으면서 근육을 풀어준다.

※ 3회 반복해 준다.

(1) 신체 및 심리적 변화

우리나라에서는 중년기를 일반적으로 40세부터 65세 이전의 시기로 보고 있으며, 발달특성상 청소년기와 마찬가지로 인생의 급변기라고도 한다. 이 시기는 생의 발달단계 중 성숙기이자 노년기를 준비하는 단계로 신진대사 저하, 피부의 탄력 저하, 얼굴의 주름, 체중 증가 등 신체생물학적 차원에서의 노화가 시작되는 시기이고, 사회문화적 차원에서는 대인관계 및 사회경제적 지위 변화, 그에 따른 역할, 불확실한 미래 등에 대한 갈등으로 정서적인 변화를 경험하게 되는 심리적 위기상태이다(송지준·엄인숙, 2008).

융(Jung, 1875~1961)은 중년기 이후의 인생이 중요하다고 보았고 이 시기에는 의식(意識)상에 있는 자아(自我)와 무의식(無意識) 속에 있는 자기 성장의 잠재력이 개발되어 이웃과 사회를 위해 가치 있는 일을 찾기도 하며, 행복한 인생, 즉 바쁜

생활 속에서 미루었던 공부나 취미활동을 찾는다고 하였다. 또한 자신을 알아차리고 새로운 인생을 계획하는 기회도 되지만 자기침체나 스트레스를 경험하는데 이는 정신건강과 밀접한 관련이 있다고 보았다(고명수 외, 2015; 장하영, 2006). 중년기의 위기는 하나의 심리적 상태로 끝나기보다는 육체적 질병으로 이어지기 때문이다. 프로이트(Freud, 1856~1939)는 사람의 의식은 전체 마음 중의 얇은 표면에 불과하므로 마음의 대부분은 의식(意識)이란 표면 아래 있다고 보았다. 무의식(無意識)은 인식되지는 않지만 행동에 영향을 미치고, 무의식적 과정들은 모든 신경증적 증상이나 행동의 근원이므로 중년기에 일어날 수 있는 다양한 질환이나 증상의 의미, 행동의 원인, 건강기능을 방해하는 변인들을 알아가는 과정은 매우 중요하다.

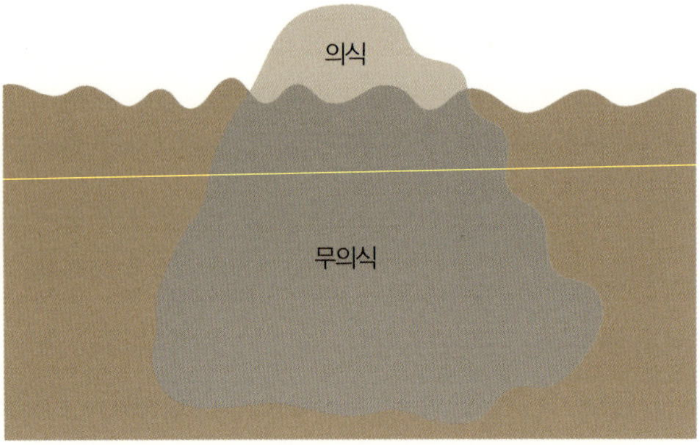

▌그림 8-1▐ 의식과 무의식을 표현하는 빙산

중년기가 되면 노후 준비를 하는데 보통 50세 이상부터 시작하는 경우가 많다. 그 이유는 그동안 자녀의 교육과 뒷바라지에 신경을 쓰며 정작 자신을 위해 준비할 겨를이 없었기 때문이다. 그러나 중년기가 되어 수입이 줄거나 직장을 이탈하게 되는 경우에는 본의 아니게 경제적인 위기를 맞이할 수 있어서 의도한 계획에 차질을 빚기도 한다. 또한 자녀들이 성장하고 독립하게 되면서 가정에 부부만 남게 되어 공허한 마음과 허전함이 생활 전반을 차지하여 삶의 의욕이나 자기정체성을 상실하기 쉽다. 이때 우울증상이 나타나기도 하는데, 심리적 현상으로서 그 자체가 질병은 아니지만 제대로 대처하지 못하면 우울증으로 발전하기도 한다.

자녀들이 성장해감에 따라 진학, 취직, 연애, 결혼 등 가족구성원 개개인이 각자의 생활에 집중하는 과정에서 부모에 대해 소홀해짐을 느끼고 자기정체성을 잃었다고 느낄 수 있기에 중년기의 정신건강 관리는 매우 중요하다. 우울증은 의욕이 저하되며 슬픔과 집중력이 저하되는 증상 외에도 식욕상실, 불면증, 기억력 저하, 집중력 감소, 절망감 등의 양상으로 나타나기도 한다. 또한 배우자의 사망, 부모를 모셔야 하는 책임감, 실직이나 진급 실패 등으로 중년의 위기를 불러오며 피할 수 없는 호르몬 등 신경내분비적인 변화도 뒤따르게 된다.

한국보건의료연구원(2010)에 의하면 중년기 여성은 우울증의 유병률이 남성보다 1.5 내지 2.5배까지 높다고 한다. 신체적으로는 여성만이 겪는 월경이나 임신과 출산을 시작으로 폐경을 경험하면서 이 시기를 전후해 예민한 신경과 심리적 변화와 함께 여러 가지 신체증상들을 동반하게 되고 노화가 진행되는 자신의 신체적인 모습을 상실이라고 여기게 되어 자아존중감이 낮아지고 심리적으로는 지금까지 수행해온 역할에 가치를 부여하지 못하게 된다(정영희, 2012). 자아존중감은 인간의 인지, 정서, 행동 전반에 강력한 영향을 미치므로 인간의 발달적 변화와 적응에서 결정적인 역할을 수행한다. 즉, 자신에 대한 주관적 평가로서 자아존중감이 높다는 것은 자신을 있는 그대로 받아들이고, 존중하고 스스로를 가치 있는 인간으로 느낄 수 있는 것이다. 온기영(2000)의 연구에서는 주로 중년 여성이 남성보다 가족관계 스트레스를 더 높게 지각하는 이유를 가족생활에서의 여성의 정서적 역할과 교육적 역할로 인해 가정생활의 많은 부분에서의 책임이 여성에게 주어지므로 그에 따른 스트레스의 수준이 더 높고 자아존중감은 줄어들기 때문이라고 보았다. 일반적으로 스트레스는 생리적, 심리적, 사회적 특성에서 부과되는 환경적 자극과 개인의 내적 요구를 지각하는 상태로서 개인의 적응능력을 넘어설 때 경험하는 현상이고(박수민, 2009), 스트레스 상황에 대해 개인차는 있으므로 상호작용적인 관점에서 정의해야 할 필요가 있다고 보았다(유은애, 2008). 장영자(2013)는 중년 여성의 스트레스 수준을 살펴보면 부부관계에 따른 스트레스가 가장 높았고 경제, 건강, 자녀관계에 따른 스트레스 순이라고 보았다. 전업주부인 경우에는 중년기까지 수행해 온 주부의 역할에서 성취감을 느끼지 못하여 신체적 기능 저하, 심리적으로 심한 위기감에 빠질 수 있다고 보았다. 장혜진(2016)에 의하면 중년기 여성의 사회봉사활동이 심리적 안녕감에 미치는 영향에 관한 연구에서 사회봉사활동이 우울감의 부정적 정서를 완화시켰으며, 리와 페라로(Li & Ferraro, 2005) 연구에서도 사회봉사활동이 정신건강에 장기적으로 긍정적인 영향을 미친 것을 발견하였다. 따라서 중년기에는 다양한 심리사회적, 경제적 변화로 인한 우울감과 낮은 자아존중감, 신체적 기능저하, 상실 등에 머물러 있지 않도록 가족구성원의 보살핌, 관심, 지지와 소소한 사회봉사활동 참여 등이 필요하다.

한국 사회의 경쟁적인 문화는 중년기 남성에게 성공지향적인 삶을 요구하고 개인과 성공에 대한 높은 기대로 이어져 스트레스 요인으로 작용한다. 사회적 지위를 높일 수 있는 안정적 시기인 동시에 성취에 대한 상대적 열등감과 불안의 시기라는 심리적 갈등상황은 정신적인 위기상태를 야기한다. 중년기 남성에게 나타날 수 있는 우울증의 경우는 신경정신질환의 약 29.3%를 차지하고 있으며 자살과 가장 연관이 깊은 것으로 밝혀졌다(김미량·송강영, 2009). 자살은 흔히 부정적인 생활사건, 즉 새로운 변화에 적응해야 하는 심리적 부담, 스트레스를 주는 사건들에 의해 촉발된다. 절망적이고 고통스러운 상황에서 벗어날 수 있는 최선의 해결방법으로 자살을 선택하기도 한다. 자살하는 사람의 약 90%는 정신장애를 지니며, 이들 중 약 80%가 우울장애를 지니고 있으므로 과거의 자살기도 경력, 우울증상의 심각도, 미래에 대한 계획, 최근의 상실경험, 자살의 암시 등을 세심하게 살피고 평가하여 자살을 방지하도록 노력해야 한다. 종합해 보면, 예측하지 못한 생활 사건에 대해서 부담을 최소한으로 줄이고 추후 발생되는 다양한 문제를 해결할 수 있도록 정보를 선별하고 활용할 수 있는 재적응 교육이 필요하다.

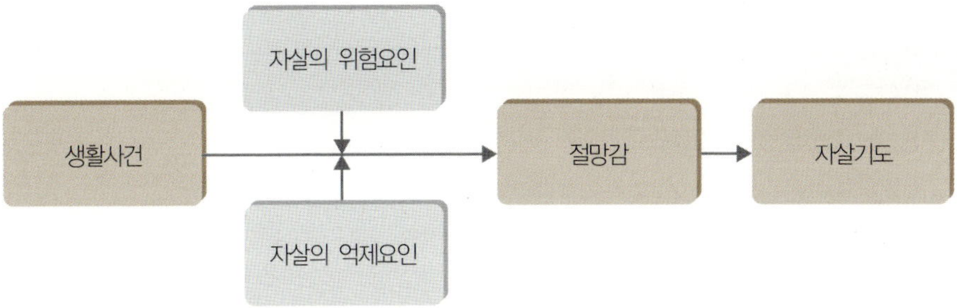

| 그림 8-3 | 자살에 관한 심리학적 설명모델

출처: 권석만(2015). 현대이상심리학. p.328.

상자 8-2 가족복지서비스 실천방안

실천현장과 정책을 위한 팁

1. 우울 및 자살 위험자 발견 시 대처방법 정보제공: 가족 및 지역사회 주민에게 자살위험 경고 신호에 대한 정보와 정신건강 관련 지역자원에 대한 정보를 제공하여 자살 위기자를 직접적으로 발견하고 의뢰할 수 있도록 돕는다.
2. 일반적인 정신건강교육 프로그램 강화: 중년기의 스트레스, 우울, 자살 징후와 같은 주제의 정신건강교육 프로그램을 지속적으로 제공하여 개인과 가족이 위기를 관리할 수 있도록 하고 주변의 위기에 대해 건강한 태도를 갖도록 돕는다.
3. 위험군 조기발견 및 집중지원: 검사를 통해 우울 및 자살위험 정도를 초기에 확인하고 위험 수준별 프로그램을 개발 및 개입하여 스트레스에 대한 면역력을 키우고 효과적인 자기보호 또는 방어수단을 확립할 수 있도록 돕는다.
4. 동년배 및 가족 지지집단 프로그램 지원: 지역사회에 기초한 동년배 지지 프로그램을 통하여 우울 및 자살위험에 처한 성인들이 자연스럽게 공감과 지지를 받고 대인관계 능력과 대처능력을 개발할 수 있도록 제반 환경을 제공하도록 한다.
5. 정신건강 인식개선과 지역문화조성: 지역주민의 정신건강에 대한 인식개선과 지역문화조성에 초점을 맞추어 사회공동체 공통의 문제인 자살안전과 정신건강에 대한 개방적인 대화문화를 조성하도록 한다.
6. 지역 내 위기지원센터와 긴급전화 운영: 즉각적으로 이용 가능한 위기지원책을 제공하고 지역사회 서비스와 연계한 통합지원시스템을 구축한다.

출처: 엄현주, 전혜정(2014). 중년기 남녀의 자살생각에 관한 예측요인. 정신보건과 사회사업, 42(2), 57.

상자 8-3 지원기관

자살예방사업은 보건복지부가 정책을 수립하고 중앙자살예방센터의 사업지원, 자치구 보건소의 행정지원을 기반으로 자치구 정신건강증진센터에서 수행하고 있다.

- 보건복지부 http://www.mohw.go.kr/front_new/index.jsp (국번 없이 129)
- 중앙자살예방센터 http://www.spckorea.or.kr/index.php (02-2203-0053)
- 한국자살예방협회 http://suicideprevention.or.kr/new2/main/main.php (02-413-0892)

(2) 문화적 변화

중년기를 어떻게 볼 것인가에 대해 학자들마다 이견이 있으나 로저스(Rogers)는 중년기를 성숙기로 묘사하였다. 서보현(2000)의 연구에서 중년기는 인생주기의 필연적인 한 단계로서 비교적 예측 가능한 시기이고, 새로운 자아의 충동, 외부 환경의 요구 등에 의하여 갈등과 불균형이 나타나는 시기이며 생활사건 중심적 입장을 고려하는 삶이 요구된다고 보았다. 중년기에는 신체적 측면에서의 변화로 건강상태가 이전보다는 저하된 상태일 수 있고 소화기능 또한 노화현상이 서서히 나타나기 시작하지만 인지적 측면에서는 새 지식을 학습할 수 있는 능력은 저하될 수 있으나 그동안의 축적된 경험을 기반으로 한 지혜를 가지게 되며, 이에 따라 전체적인 문제해결 능력은 증대된다. 즉 성장, 성숙, 학습, 문화적 영향에 의해 습득되는 지능은 계속 발달하고 시간 조망(time perspective), 즉 미래에 대한 감각을 발달시키는 데 도움이 되는 것이다. 특히나 직업적 측면에서는 확고한 직업정체성을 발달시켜 나가는 과정으로 끊임없이 변화하는 세계의 사회적·경제적 국면에 적응하는 데 도움이 될 수 있으므로 지속적으로 사회의 맥락 안에서 환경적 요소와 상호작용하면서 직업에서의 성공 여부를 재평가, 재사회화하게 되는 시기이기도 하다. 그럼에도 불구하고 재평가, 재사회화는 일에 대한 업무과다나 반복되는 일과 생활, 젊은 동료의 승진 등으로 정서적 문제를 경험하게 되므로 적응과정에서 스트레스와 긴장은 클 수밖에 없다. 더군다나 한국 사회도 평생직장보다는 정년에 도달하기 이전에 근로자의 조기퇴직을 유도하는 상황이므로 이 시기를 어떻게 맞이할지에 대해 개인별로 구체적인 설계와 실천이 필요하다. 광신덕

(2005)의 연구에서 조기퇴직 시 당시의 상황 및 심리사회적 변화와 조기퇴직 후 현재의 생활 및 심리사회적 변화에 대해 문제중심 인터뷰를 한 결과, '새로운 시도에 대한 두려움', '이전 일과 직장에 대한 정서', '자신의 계획을 유예' 관련하여 다음과 같이 표현하였다.

사례

새로운 시도에 대한 두려움

"뭘 당장 해야겠다는 생각은 쉽게 결정을 못하겠어. 왜! 이제 잘할 수 있는 일을 버리고, 또 다른 일에 도전을 해야 되기 때문에, 그것 때문에 겁도 나고."

이전 일과 직장에 대한 정서

"지금은 봉급생활을 한 청춘을 다 바쳐서...(중략)... 있었던 직장을, 회사의 입장만 생각해서 그렇게 사람의 인생을 생각지 않고 내버린다는 것은...(중략)... 회사에 관해서 서운한 점이 많지, 그런 면에서."

자신의 계획을 유예

"젊으면 다시 다른 사업이라도 하겠는데, 이제 오십대가 넘어버리니까 나와서 할 게 없고, 현재 지금은 전전긍긍하고."

종합해 보면 중년기 삶에서 성공적인 적응을 위해 첫째, 생애발달에 대한 이해와 둘째, 신체적 · 정신적 · 사회적 노화에 대한 변화를 수용하고, 셋째, 자신의 삶을 긍정적으로 성찰하며, 넷째, 자신의 생활사건에 대해 대처능력을 키우며 삶의 균형을 추구해야 한다.

2 노년기의 이해

1) 노년기 부모의 이해

최근 한국 사회는 인구노령화의 부담이 증가하여 노인복지를 위한 여러 가지 지원과 실천이 이루어지고 있으나, 고령사회화 속도가 빠르게 진행되고 있어 개인 스스로 해결해야 하는 과제를 안고 있다. 특히 우리나라 여성들의 노후준비가 부족하다는 연구결과는 1980년대 후반부터 보고되었다. 대부분 자녀교육 및 양육, 혼인비용 등의 지출로 노후계획을 할 여유가 없으므로 노후계획 시기를 늦추고 있다. 과거에 비해 상대적으로 증가한 시간 동안 여가를 즐기는 데 한계가 있는 노년기를 성공적인 노후생활로 만드는 데에는 신체적, 인지적 기능과 정신건강 등이 균형을 이루는 것이 요구된다. 대부분의 연구에 노년의 건강상태가 그들의 삶의 만족도에 가장 중요한 요인으로 나타나는데 건강한 노인일수록 자신의 생활에 긍정적이며 사회활동에 적극적으로 참여하여 생활만족도가 높게 나타나고(김철진, 2000) 결혼 상태와 삶의 만족도와의 관계에 있어서는 배우자가 있는 노인들이 사별, 이혼 등으로 배우자가 없는 노인들보다 사회, 심리적으로 적응도나 행복감 또는 삶의 만족도가 더 높다(박광희 · 한혜경, 2002). 또한 노인의 경제적인 여건이 높을수록 우울 수준이 낮아지고 삶의 만족도는 높게 나타나 경제적으로 어려울수록 삶의 만족도가 떨어지는 것을 알 수 있다(임주영 · 전귀연, 2004). 가족이나 친지 등의 외부와 거의 관계를 맺지 않는 노인들보다는 가족이나 친지 등 외부관계를 맺고 있는 노인들에게서 삶의 만족도나 사기가 높은 것(Litwin, 2001)으로 보아 노년기 삶의 만족은 노년기를 둘러싸고 있는 가정환경뿐 아니라 사회환경적인 요인이 어떠한가에 따라 달라지고 보다 활기찬 노년을 보내기 위해 노인 스스로 다양한 여가생활을 통해 사람들과 새로운 관계를 맺는 일이 중요하다는 점을 알 수 있다. 구연배(2008)는 다양한 발달단계별, 정신건강 문제별, 개인별로 적합한 독서요법 프로그램 제공은 우울기분을 낮추는 데 효과가 있다고 하였다. 황승회와 김혜연(2014)의 연구에서는 건강유지, 노후대책 및 경제생활, 여가 및 취미생활 등을 기본적인 필요항목으로 프로그램이 제공되어야 한다고 보았다. 종합해 보면 노년기에는 본인의 건강, 배우자 및 가족들과의 관계, 경제적인 안정이 삶의 만족도를 높이는 데 직접적인 관련이 있음을 알 수 있다. 이러한 만족요인은 생애의 어느 단계에 속하던지 삶의 질을 높이고 안정적으로 살아가는 데에 공통적으로 필요한 것이다.

상자 8-4 노년기에 관한 연구

- 노년기와 관련된 많은 연구들에서 일관성 있게 지적되는 것이 부부관계, 세대관계와 같은 가족관계 요인이며 생활범위가 가족에게로 축소되는 시기로 부부나 자녀 등 가족 간의 유대나 가족관계 만족도가 노인의 심리적 복지 등 전반적인 안녕에 영향력이 큰 것으로 나타나고 있다(Jun, Song, & Kim, 2000).
- 부모세대와 자녀세대의 사고방식과 대화방식의 차이는 노인의 고립과 소외를 증가시키고 자녀와의 관계에서의 고독감, 자손들과의 내면 교류를 통한 이해와 교류를 필요로 하였다(정태연·조은영, 2005).
- 노후준비에서 성별에 따라 노후준비 영역이 상이하였으며 여성은 정서적 노후준비와 신체적 노후준비를 잘 한다. 노후준비에는 주관적인 노후의 경제적 준비수준에 현재의 주관적 경제적 능력이 가장 큰 영향을 미쳤다(Hong, & Kwak, 2006).
- 노인들은 실제로 죽음과 가까이 있다고 생각하지만 그 죽음을 직면하지 않고 다만 그 죽음에 대한 두려움을 종교에 맡기고 싶어 한다(전미영, 2014).
- 노인 인구의 약 30%는 정신과적으로 치매와 우울증이 나타난다. 일반적으로 우울증은 정서적으로 가장 흔하게 나타나는데 이는 자살에 이르게도 하는 치명적인 질병이다(마진주, 2015).

종합해 보면 노년기를 맞이하는 부모는 일찍이 그들의 자녀뿐 아니라 국가와 사회에 많은 기여를 하였다. 지금의 상황보다 어려운 여건에서 가정을 일으키고 사회를 구성하여 국가의 발전에 이바지했을 뿐 아니라 현재의 나와 우리가 존재하도록 한 존재이다. 노부모의 복지를 위해서 자녀와 부모 간의 정서적인 유대를 강화하는 노력과, 부모와 자녀만 포함하는 것이 아니라 손자세대까지 포함하여 사람 존중 사상이 인성교육의 핵심이므로 사회관계에 긍정적인 영향을 주는 소중한 사람들로 자리매김할 수 있도록 인생에서 가장 어른시기인 노년기를 재조명해야 한다.

2) 노년기의 생활 변화

오늘날 평균수명의 연장, 생활수준의 향상과 노후에 대한 인식이 변화함에 따라 스스로 노후준비나 노후설계에 대한 필요성을 인식하고 있다. 하비거스트(Havighurst, 1900~1991)는 각각의 발달단계에서 사회가 기대하는 능력을 발달과제라고 불렀다. 노년기에는 자신의 변화에 적응하고 발달과업을 수행하며 노후생활에 적합한 환경을 조성하는 것이 중요하다. 노인문제가 일찍부터 대두된 선진국의 노인들은 젊어서부터 개인 혹은 국가에서 노후대책을 세우고 있지만 우리나라의 노인문제는 과도기적 단계로서 개인적으로도 노후에 대한 준비가 부족하고 국가적 측면에서도 미약한 실정이다(H. Ahn, H. Kim, J. Anh & Y. Kim, 2009). 그럼에도 불구하고 중장년층이 노년기에 앞서 미리 노후생활에 대해 어떠한 생활목표를 세울 것인지 또는 노후에 무엇을 어떻게 할 것인지에 대한 예측적인 사회화가 필요하다. 예측적인 사회화를 통해 노년기에 대한 준비가 되어 있을수록 노후생활에 대해 좀 더 긍정적 태도를 가질 수 있고 삶의 질이 향상될 수 있다.

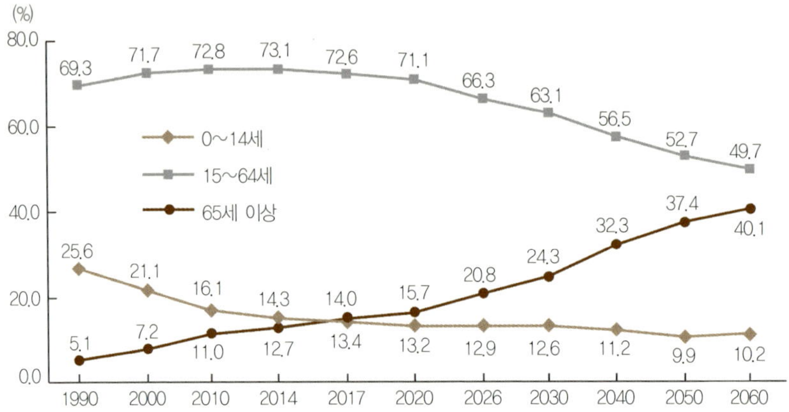

그림 8-4 고령인구 추이

출처: 통계청(2014). p.13.

2015년 우리나라 65세 이상 인구비율은 13.1%이며, 2030년 24.3%, 2040년 32.3%, 2060년 40.1%로 지속적인 증가 추세를 보일 것으로 예측된다. 15세 미만 유소년인구 100명에 대한 65세 이상 노령인구의 비율을 나타내는 노령화지수는 1990년 20.0명에서 2015년 94.1명으로 4.7배나 증가하였으며, 25년 후인 2040년에는 현재의 3배 이상 증가하는 288.6명이 되어 인구고령화는 빠른 속도로 진행될 것으로 전망하고 있다. 일부 학자들은 인류수명이 100세에 가까워지면서 노인뿐 아니라 모든 세대의 전 생애주기를 포괄하는 패러다임의 변화가 예상된다고 주장하기도 한다(오영희 · 김유경, 2011). 즉, 생애주기의 변화로 인해 가족관계와 사회관계를 중심으로 삶에 대한 전반적인 인식이 달라지고 있기 때문에 노년기 삶의 방식도 재조명할 필요성이 대두되고 있다.

(1) 신체 및 심리적 변화

노년기는 노인복지법 대상 연령인 65세부터 시작되는 인간의 삶에서 가장 마지막 생애주기다. 에릭슨(Erikson, 1902~1994)의 발달단계에 의하면 이 시기는 자신의 삶을 돌아보는 '자아통합감 대 절망감'의 발달단계에 해당되며, 다양한 측면의 상실 등 삶의 경험을 통합하고, 다음 세대에 전이시키며 인간의 역사가 이어지도록 한다고 보았다(최송식 외, 2015). 노년기가 되어 자아통합을 이루지 못하면 절망감 및 좌절감을 크게 느끼기 쉽다. 노년기가 되면 평생을 살아오면서 쌓은 경험과 지혜를 자신의 삶의 방식에 적용하고 통합하여 후세대에게 본보기를 보이며 안정적인 삶의 자세를 유지하는 것이 요구된다.

노년기의 심리는 사회적 문화와 전통적인 관습 등과도 관련이 있을 뿐 아니라 다양한 여건의 변화에서도 많은 영향을 받는다. 노인의 학력 수준이나 가구소득과 같은 사회경제적 지위는 노인의 정신건강과 관련이 있는데, 교육수준과 사회경제적 지위가 높을수록 정신건강 상태가 더 양호하다고 보고되고 있다. 특히 노년기는 그동안의 삶을 살아오면서 성적 충동, 공격적 충동, 적개심, 원한, 좌절감 등의 여러 요인에서 오는 갈등을 느끼지 않을 수 없다. 일반적으로 연령이 높을수록, 그리고 여성 노인의 정신건강이 남성 노인의 정신건강보다 더 열악한 것으로 알려져 있다.

정신건강이란 자기능력을 최대한 발휘하고 환경에 적응하여 자기 생활을 독립적, 건설적, 자주적으로 처리해 나갈 수 있는 건전한 성격체를 의미하는데(강필원 외, 2012) 직업에서의 은퇴로 인한 경제력 약화, 가족 내 역할 축소, 가까운 지인들의 죽음 등으로 오랫동안 수행해 오던 다양한 역할들을 상실함에 따라 고독과 소외를 경험하게 되면 정신건강에 부정적인 영향을 미친다. 김민정(2005)의 연구에서 여성 노인의 경우에는 노년기 경제활동 참여 자체와 경제활동 참여에 대한 만족도가 모두 정신건강에 중요한 변수로 작용하고, 남성 노인의 경우에는 경제 활동 참여 자체보다는 경제활동에 만족하느냐의 여부가 더 중요한 것으로 보았다. 이는 제도적으로 노년기 경제활동 참여 자체를 증진시키는 것뿐만 아니라 노인들이 취업에 만족할 수 있는 지원이 필요함을 시사한다. 또한 거주형태나 도구적인 부양 등 다각적인 측면에서 배우자의 중요성이 커지고 있는데, 핵가족화, 빈 둥지 시기의 증가 등으로 인해 부부관계의 중요성이 커지고 자녀에게 부양을 기대하지 않게 됨에 따라 노후생활에 있어 배우자의 유무가 중요한 변수로 작용한다.

노년기에 많이 발생하는 치매는 2012년에는 53만 4천 명, 2020년에는 75만 명, 2050년에는 2백만 명이 넘을 것으로 추정된다. 정신의 기능이 쇠퇴하지 않도록 평소에 운동을 꾸준히 할 뿐 아니라 정신건강을 유지하면서 자연스럽게 변화되는 것에 익숙해져야 한다. 노년기에 겪게 되는 다양한 심리적 고통은 적절한 약물치료를 통해 경감될 수 있지만 오용된 약물은 노인 환자에게 치명적인 결과를 가져다줄 수 있다. 노화와 관련된 생리적 변화로 인하여 약물의 흡수나 대사과정이 젊은 사람과 다를 수 있기 때문에 반드시 복용하는 약물의 속성에 대하여 잘 알아둘 필요가 있다. 또한 노인 심리치료의 효과에 대한 연구가 젊은 사람에 비해 부족한 것은 사실이나 최근의 분위기는 노인 심리치료에 대한 낙관론이 훨씬 더 우세하다. 약물치료는 가장 관리하기 쉬운 치료적 접근법이라고 볼 수 있으나, 심리치료가 항우울제 투여의 효과와 비교해서 뒤떨어지지 않으며 부작용의 위험이 적기 때문에 노년기 정신장애의 치료에 약물요법이 최적의 치료법이라 할 수 없다(설순호 · 권석만 · 신민섭, 2007; 임선영, 2013).

(2) 문화적 변화

현재는 소수의 노인만이 음악회나 연극, 박물관, 미술관 등을 이용하지만 미래의 노인층은 젊어서부터 문화활동 향유 경험이 많고 풍부한데다가 경제적인 능력도 향상되어 다양한 문화 여가활동에 대한 욕구가 증가할 것이라고 한다(이경우, 2017). 수명의 연장으로 늘어난 노년의 시간을 어떻게 보낼 것인가에 대한 초점은 시간 활용과 상관이 있고 삶의 질(Quality of Life)과 관련이 있다. 노년기의 운동이나 교양문화활동은 심신의 노화를 느리게 하며 젊음의 활력을 유지하게 하는 매개가 된다. 바쁜 일과와 직무로 인해 미루어 왔던 미술, 음악, 오락이나 관광활동은 노년기의 삶을 보다 윤택하게 하고 즐겁게 해주는 기폭제가 될 것이다.

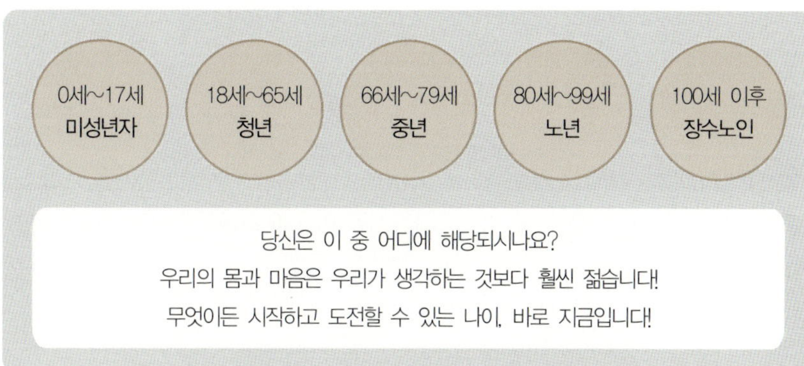

▌그림 8-6▐ UN이 재정립한 평생연령 기준

UN이 재정립한 평생연령기준표가 전 세계에 배포되자, 기존의 60세 이상 노인들은 기뻐했다. 100세 시대를 앞두고 제정한 것이지만 힘과 용기를 주는 순기능이 있었기 때문이다. 인생 후반기에 수행에서 미미한 쇠퇴가 일어나기는 하지만 교육과 훈련, 재활 등을 통하여 회복이 불가능한 것은 아니다. 그러므로 연령 이외의 교육수준, 생활경험, 불안수준과 심리적 스트레스, 신체적 건강수준, 동기 등을 통해 노년기 평생교육으로서의 학습수행 유지는 중요한 의미가 있다. 평생교육의 목적은 모든 사람들에게 균등한 교육을 위한 것이고, 평생교육법 제4조에 '모든 국민은 평생교육의 기회를 균등하게 보장받는다.'라고 명시되어 있다.

우리나라의 평생교육은 1982년 사회교육법 제정을 시작으로 1999년 평생교육법을 전면 개정하여 2000년부터 평생교육정책이 본격적으로 추진되었다. 노년기의 평생교육은 생활의 질을 향상시켜서 행복한 노년기를 준비할 수 있도록 돕는다. 나이가 많다는 것은 학습에 전혀 지장이 되지 않는다. 학습이란 단순히 정보나 사실의 획득이 아니라 의미를 만들어가는 행위이고, 자신의 경험에 대한 의미를 전환시키는 역동적인 과정으로 노년기 적응에서 매우 중요하다.

사례 : 축어록

"선생님, 신기해요. 어제 선생님이 외워오라고 한 내용을 어제 저녁에 밥을 먹다가도 길을 걷다가도 외우기 시작했어요. 제가 평소에는 안경을 어디에다 두었는지도 생각도 나지 않고 주방에 냄비 올려놓은 것도 잊어버리고 고생하는데, 아침에 제가 화장실 거울 앞에서 다시 생각해보니 어제저녁 내내 외웠던 르네상스의 미술과 인상주의 미술에 대해서 글쎄 그게 그대로 외워지고 있는 거예요! 선생님, 저 안 늙었나 봐요! 앗싸!"

(김○월, 68세)

"아! 기분이 좋아져요. 손가락을 계속 종이에 문지르니까 열도 나고 춥지도 않아요. 그리고 무언가 나에게 이상한 느낌이 전해지는데, 이것은 아마 내가 어릴 때 소꿉장난 하던 그때의 느낌이에요. 정말 재미있어요. 신나요. 그리고 신기해요. 그냥 문질렀는데 이렇게 그라데이션이 나오다니요. 전에 수채화 할 때는 이 그라데이션 효과가 정말 어려웠는데요. 앞으로 저 파스텔화 많이 하겠어요."

(이○순, 66세)

출처: 이경우(2016). 특수층 미술교육의 사례분석 연구-노년기와 장애우를 중심으로-동방문화대학원대학교 박사학위논문.

메지로우(Mezirow)는 전환학습이론의 틀에 준하여 노년기 전환학습 프로그램 시안을 개발하였고, 구체적 내용으로 전환학습 프로그램 목표 설정, 주요 내용 선정, 메지로우의 전환학습과정 10단계에 따른 주제별 분류 및 구체적 활동의 제시로 구성 및 단기과정, 중기과정, 장기과정으로 구분하여 구성하였다. 메지로우는 관점전환에 의한 전환학습과정이 반드시 정확하게 이 순서대로 이루어져야 하는 것은 아니라고 하였다. 전환학습이 방향을 혼란시키는 딜레마의 발생과 동시에 시작되는 것은 아니고, 딜레마를 경험하는 개인이 자신의 삶 속에서 무엇인가 부족한 부분이 있다고 깨달을 때 비로소 전환학습이 일어난다고 주장하였다.

▌표 8-1▐ 메지로우의 전환학습과정 10단계

단계	내용
1단계	혼란스러운 갈등
2단계	두려움, 분노, 죄책감, 부끄러움으로 인한 자기점검
3단계	가정에 대한 비판적 평가
4단계	불만족 및 전환의 과정이 공유되고 다른 사람들도 비슷한 변화를 겪은 것을 인식
5단계	새로운 역할, 관계, 활동을 위한 선택 탐색
6단계	새로운 행동 과정의 계획
7단계	계획을 실행하기 위한 지식과 기술의 습득
8단계	새로운 역할을 임시적으로 시도해 보기
9단계	새로운 역할과 관계에 대한 역량과 자신감 구축
10단계	새로운 관점이 제시하는 조건에 따라 삶에 재통합

출처: 정경연, 박휴용(2015). 노년층 전환학습 프로그램 개발: Mezirow의 전환학습이론을 바탕으로 한 시안.

▌표 8-2▐ 우리나라의 노인 참여 여가활동

활동 유형	종류
휴양활동	휴식, 낮잠, 대화, 삼림욕, 여행, 취침, 요리, 다도 등
사교활동	여행, 야유회, 소풍, 친목회, 친지방문 등
봉사활동	보육원, 양로원, 재활원, 복지관 봉사 등
오락활동	게임, TV시청, 영화관람, 놀이공원 방문 등
교양 · 문화활동	연극 · 영화관람, 미술작품이나 전시장 관람, 음악감상, 악기연주, 공작, 수예, 서예, 원예, 캘리그라피, 독서, 그림, 글쓰기, 사진 등
스포츠 · 신체활동	산책, 수영, 자전거타기, 등산, 달리기, 요가, 체조, 게이트볼, 낚시, 조깅, 스포츠댄스, 골프, 테니스, 탁구 등
관광활동	박물관 견학, 고적 및 유적지 방문, 여행, 현장체험 학습

출처: 김동진(2007). 활동유형별 노년기 여가의 종류.

정종보(2012)의 연구에서는 우리나라에서 실시되고 있는 노인교육을 운영주체별로 복지기관에서 실시하는 노인교육 프로그램(노인교실, 노인종합복지관, 종합사회복지관, 경로당 등), 대학이나 대학교의 평생교육원 및 사회교육원 프로그램, 각종 종교기관에서 운영하는 프로그램, 국민연금공단이나 노인인력개발원과 같은 정부 및 공공기관에서 실시하는 프로그램, 민간단체 및 기업에서 이루어지는 프로그램 등으로 나누었다. 또한 우리나라 노인들이 주로 참여하고 있는 여가활동을 분류하면 휴양활동, 사교활동, 봉사활동, 오락활동, 교양·문화활동, 스포츠·신체활동, 관광활동이 있다.

다양한 여가활동 프로그램은 심리적 위기감을 해소하는 데 도움을 주며 개인의 삶의 질을 높이는 데 기여함으로써 긍정적인 보호요인이 될 수 있다. 또한 개인적인 교육보다도 집체교육을 통해서 사회적 비교를 할 수 있는 기회를 제공하는 일은 노년기를 맞이한 개개인의 자기효능감과 우울의 문제 등을 개입하고 해결하는 데 도움을 준다.

감수성 높이기

1. 연령대별로 스스로의 노후를 설계(건강, 가족, 자녀, 경제, 일 등)해 보세요.
2. 건강한 노년기를 위해 지금 학습자 본인이 해야 할 일은 무엇인지 5가지 내용과 그 이유를 기록해 보세요.
   1)
   2)
   3)
   4)
   5)

Chapter **09**

아름다운 가정 만들기

가족들이 서로 맺어져 하나가 되어 있다는 것이
정말 이 세상에서의 유일한 행복이다.

by 퀴리 부인

오늘날 정보화의 발전으로 세계화가 빠르게 진행되어 사회구조가 변해가면서 가족의 형태와 구성은 다양해지고, 가족이 사회에서 수행하고 있는 보편적 기능이 약화되어 가족에 대한 인식도 변화되고 있다. 자녀양육 및 교육, 경제적, 정서적 역할 등 가족의 보편적 기능을 제대로 수행하지 못하면 가정은 폭력, 억압 등의 장소가 되기도 하며, 사회적 불평등을 재생산하는 장소가 되기도 한다. 국제결혼이 점차 늘어나고 있고, 맞벌이, 다문화, 한부모, 새터민, 조손, 입양, 재혼가족 등 다양한 가족에 대한 인식도 개방적으로 변화되고 있다.

이 장에서는 사회구조가 변화됨에 따라 달라진 다양한 가족에 대한 이해를 넓히고 아름다운 가정을 만들기 위한 다양한 실천방법을 모색해 보고자 한다.

Chapter 09 아름다운 가정 만들기

1 다양한 가정

현대사회의 산업화와 도시화 현상은 가족의 구조와 기능 및 가족구성원 간의 관계에 많은 변화를 가져왔을 뿐 아니라 다양한 가족 유형을 만들어냄으로써 성장하는 영유아기, 아동 및 청소년기, 성인기, 중년기, 노년기 모두에게 중요한 영향을 미치고 있다. 가족은 '공유된 역사를 지니며, 일정한 정서적 유대를 경험하는 상호의존적 사람의 집합체'(도미향·이기숙·강기정·이무영·박경애, 2014: 18)로 경제적 활동, 지위계승 그리고 자녀양육 및 사회화, 정서적 유대 등의 다양한 기능에 따라 가족구성의 형태나 특징이 다르다.

1) 맞벌이가정

맞벌이가정(dual career family)은 부모가 모두 직업을 가지는 가족형태를 말한다. 직장에 다니던 여성은 결혼과 더불어 출산 및 육아, 가사 문제 등으로 직장생활을 멈추었다가 40대 이후에 다시 취업현장으로 돌아가는 경우가 많다. 그러나 경력단절은 재취업의 장애요인이 되기도 하며 다시 취업을 하여도 육아 및 가사활동으로 인한 어려움을 겪기도 하고, 맞벌이가족이 필요로 하는 가까운 거리에 자녀를 맡길 기관이 마땅치 않아 불편해하기도 한다. 많은 남편들이 자녀양육과 가사에 참여를 한다고 하지만 실제로 남성의 근무시간이 줄어들지 않는 한 가사 및 육아 참여는 제대로 이루어지기 쉽지 않다(여성가족부, 2015b).

맞벌이부부는 서로의 직업적 성취를 위해 각자 많은 것을 양보하고 서로 배려해야 한다. 배우자가 상대 배우자에게 많은 것을 희생하도록 요구한다면 갈등이 생길 수밖에 없다. 대부분의 부부는 직장생활로 인한 여건 때문에 가정생활의 많은 부분에 갈등을 느끼는데, 서로의 사회적 관계나 직업적 성취를 도와주기도 하며 함께 여가시간을 갖는 등 부부가 함께 얼마나 서로 이해하고 격려하느냐는 맞벌이가족의 적응을 위해 필요한 요소이다. 한편, 여성의 직업만족도가 높으면 배우자와의 적응도가 높고, 남편이 부인의 취업을 인정하는 경우에는 그렇지 않은 경우보다 적응도가 높다(김혜경 외, 2016). 따라서 맞벌이부부는 서로의 능력과 성취도를 이해해 줄 수 있고, 역할 교환을 통한 협조를 실천할 수 있는 성숙한 정체감을 지니고 있어야 한다. 부부가 그들의 정체성을 확고히 지니며 상호 안정감이 있을 때 서로에 대한 기대와 수용 사이의 갈등을 조화롭게 극복해 나갈 수 있다(홍길회 외, 2012). 여러 가지 이유로 아내가 취업을 유지하거나 새로 취업을 하는 맞벌이가정의 증가는 아내의 직업생활 및 가정생활에 대한 만족도와 상관이 있으므로 생계유지만을 위해 직업을 선택하기보다 일하는 것에 만족해하며 직업생활을 통해 자아실현의 기회를 가질 수 있다는 긍정적 태도가 중요하다.

맞벌이가정의 자녀양육을 위해 고려해야 할 내용은 다음과 같다.

첫째, 맞벌이가정의 자녀는 혼자 해야 하는 일이 많을 수 있고, 동생이 있을 경우 어른의 역할을 감당해야 하여 또래에 비해 어른스러울 수 있으므로 물질로 보상하는 것보다는 자녀의 마음을 헤아려주는 것이 필요하다.

둘째, 맞벌이가정의 자녀를 돌볼 대리양육자가 부재중이거나 제 역할을 하지 못할 때 신체적·정서적 발달이 늦어질 수 있으므로 지속적인 관심이 필요하다.

셋째, 아버지의 직무만족을 높일 수 있는 직장문화를 만드는데 기업의 가족친화제도시행이 이루어진다면 어머니의 경제활동으로 인한 육아부담, 자녀양육문제 등의 장애요인은 줄어들 수 있으므로 맞벌이부부의 자녀양육을 위한 정책적인 지지가 필요하다. 아버지의 적극적인 자녀양육 참여는 일만 하는 아버지의 모습뿐 아니라 자녀에게는 친구 같은 아버지, 멘토가 되는 아버지로 인식될 수 있으므로 가정의 건강성을 향상시키는 데 도움이 된다.

넷째, 짧은 시간이라도 가족이 모두 함께하는 노력이 필요하다.

2) 다문화가정

다문화가정이란 외국인과의 결혼을 통해 다양한 인종, 다양한 문화 등이 결합한 가정형태를 말한다. 이들은 의사소통의 어려움, 문화적 차이, 가족 간의 갈등, 차별대우, 경제적 어려움, 사회적 지원체계의 부족 등 복합적 요인으로 인해 외국인 배우자 중에는 적응의 어려움을 겪는 사람들이 적지 않다(여성가족부, 2015). 특히 의사소통의 어려움은 서로의 문화를 이해하는 데 장애요인이 되는데, 이들의 언어습득은 가정환경 및 교육환경의 영향을 많이 받는다. 주 양육자인 어머니의 사용 언어와 의사소통 유형은 아동의 언어발달에 중요한 요인이 되는데 현실적으로 외부활동이 제한적이어서 한국어 교육에 참여할 기회를 충분히 갖지 못하는 경우가 많다. 이중 언어를 사용해야 하는 데서 오는 어려움도 있으며, 출산과 육아를 하면서 문화 차이로 인한 어색함과 불편이 따른다. 자녀의 언어발달은 어머니의 영향을 크게 받게 마련인데 한국어가 서툴기 때문에 어머니는 자녀에게 피드백을 주기 어렵고 의사소통이 활발하지 못해 자녀의 언어발달, 인지능력의 저하로 연결되기도 한다. 또한 우리나라는 비교적 다문화사회 진입이 빠르게 이루어졌으나 여전히 다문화가정을 바라보는 사회적 편견이나 선입견으로 인해 또래 관계를 형성하는 데 어려움과 정체성 혼란을 경험할 수 있다. 다문화가정이 잘 적응하기 위해서 부모의 노력 이외에 가족의 지지, 사회적 지원이 필요하다.

다문화가정의 자녀양육을 위해 고려해야 할 내용은 다음과 같다.

첫째, 다문화가정 부부 먼저 서로 배우자의 나라에 대한 학습과 이해가 이루어져야 자녀의 문화적 불편감을 해소하는 데 도움이 된다.

둘째, 부모는 다문화가정의 부모 모임을 통해 자녀양육에 대한 정보를 공유하여 자녀가 학교생활에 잘 적응할 수 있도록 학업에 도움을 주어야 한다.

셋째, 자녀가 한국어에 익숙해지도록 수시로 대화시간을 갖고, 적극적인 소통을 위해 노력함으로써 언어능력 향상에 도움을 주어야 한다.

넷째, 다문화가정을 위한 다양한 부모교육 프로그램이 마련되어 결혼생활과 자녀교육에 긍정적인 영향력을 가져오도록 체계적이고 실질적인 정책이 마련되어야 한다.

3) 한부모가정

한부모가정이란 배우자와 사별 혹은 이혼하거나 배우자로부터 유기된 자, 정신이나 신체의 장애로 장기간 노동능력을 상실한 자, 미혼자가 세대주이면서 18세 미만의 자녀와 함께 생활하는 가정형태를 말한다(한부모가정지원법 제14조). 양부모 가족생활을 하다가 어떤 이유에서든 한부모가정이 된 경우, 그 한 부모는 이전에 수행해 왔던 어머니 또는 아버지로서의 역할 이외에 다른 한편의 부모역할까지 수행해야 하며, 이에 따른 역할 갈등, 특히 역할 가중을 경험하게 된다. 역할 가중이란 역할 수행자가 맡고 있는 역할들을 편안하게 수행하지 못할 만큼 과도한 양의 역할이 부여되었을 때 나타나고, 한 개인에게 기대되는 역할들의 상충으로 가족생활의 긴장이 고조될 때 갈등은 발생된다(정현숙 외, 2003). 한부모 부자가족의 경우는 경제적인 문제보다 생계부양도 하면서 보호자로서의 부모역할을 동시에 감당하는 것을 어려워한다. 특히 자녀가 여자일 경우, 아동 및 청소년기의 성장과정에서 돌봐주어야 하는 부담을 경험하게 된다. 또한, 심리적으로 결혼에 실패했다는 본인의 처지에 대한 좌절이 내면화되어 있을 경우 상대가 떠나간 것에 대해 인간에 대한 배신감과 분노를 해결하지 못한 상태이므로 자녀에게 정서적 지지를 표현하는 데 한계가 있다. 따라서 한부모 부자 가정을 위해서는 가사역할 수행상의 문제 해결을 위한 우선적인 지원과 아버지가 받았을 상처에 대한 정서적 지지와 교육이 필요하다. 또한 한부모 모자 가족의 경우는 경제적인 문제에 당면하는 경우가 많다. 경제적인 면을 혼자서 책임지고, 동시에 가사노동이나 자녀양육에 대한 책임을 혼자서 감당해야 하기 때문이다. 특히 자녀가 남자인 경우 성역할 모델의 결핍을 겪을 수 있다. 부모는 일과 가정을 균형감 있게 돌보는 데 어려움이 있고, 이로 인한 만성적이고 일상적인 피로에 시달리며, 자녀양육에 할애할 시간이 양부모가 있는 가정과 비교했을 때 충분하지 않을 수 있다. 이에 우리나라는 한부모가정 보호 및 지원을 위한 한부모가정 지원법(1989년의 모자복지법, 2003년 모부자복지법에서 변경)이 2008년에 시행되었고 가치관의 변화, 이혼율 증가 등에 따른 한부모가정 증가에 따른 자립 기반 조성을 위한 사업이 진행되고 있다. 점차 한부모가정, 미혼모・부자가정, 조손가정 등 도움이 필요한 다양한 가정이 가족기능을 유지하고 건강한 생활을 영위할 수 있도록 다양한 지원 사업은 지속되어야 한다.

한부모가정 자녀양육을 위해 고려해야 할 내용은 다음과 같다.

첫째, 한부모가정의 60% 이상이 이혼가정이라고 볼 때, 심리적 혼란을 경험하였으므로 가족구성원 개개인의 정서에 따뜻하게 반응해 주어야 하며 부모로부터 충족하지 못한 결핍을 국가와 학교가 조력해야 한다.

둘째, 국가가 운영하는 건강가정지원센터, 청소년상담복지센터, 복지관 등의 서비스를 통해 심리적 고충이나 내면의 상처를 치유받을 수 있도록 기회를 제공해 주는 것이 필요하다.

셋째, 일과 자녀양육은 역할이 과중해지므로 가능한 일과 그렇지 못한 일에 대한 구분이 필요하고 우선순위를 정하여 일상적인 생활을 효율적으로 관리해야 한다.

넷째, 부모와 가정으로부터 결핍된 정서적 고립감과 낮은 자아존중감은 학교, 교사, 또래관계를 통해 나아질 수 있도록 도움이 제공되어야 한다.

4) 새터민가정

새터민가정은 북한 사회를 떠나 남한 사회에 정착하고, 대한민국 주민등록을 취득하고 거주하는 가족형태를 말한다. 새터민이라는 용어가 쓰이기 전에는 북한이탈주민이라고 칭하였으나 통일부(2005)는 '새로운 터전에서 삶을 시작하는 사람'이라는 뜻으로 새터민이라는 명칭을 사용할 것을 권장하였다. 1990년대 중반에는 입국자가 947명이었으나, 2015년 입국자는 잠정적으로 28,133명으로 추산되며 가족단위로 입국하는 추세이다. 이들은 중국과 몽고, 베트남 등 많은 고생과 죽을 고비를 넘어 한국에 입국하여 주로 경기도와 서울에 가장 많이 거주하고 인천, 충북, 경북, 경남, 부산, 대구 순으로 거주하고 있는 것으로 나타났다(남북하나재단, 2016). 사회주의적 가치관과 사고방식의 차이로 인한 적응의 어려움, 북에 두고 온 가족에 대한 그리움, 이들에 대한 남한주민의 이해 부족 등으로 초기 정착에 갖가지 불편을 겪는다. 우리나라는 새터민의 안정적 정착과 활동을 지원하기 위해 탈북자 정착지원법이 시행되고 있다. 내용으로는 사회적응 교육, 정착금, 주거, 취업, 사회보장, 교육, 상담 등이 있다(통일부, 2013). 이러한 지원정책 외에도 일반인들의 그들에 대한 인식을 높여 새터민 대상의 다양한 특성이 고려되어 다수가 혜택을 받을 수 있도록 지원되어야 할 것이다. 새터민 자녀들의 대상별 교육 기회 제공과 여건 개선을 통해 새터민가정이 남한에 안정적으로 정착하여 활동할 수 있도록 노력해야 할 것이다.

새터민가정 자녀양육을 위해 고려해야 할 내용은 다음과 같다.

첫째, 시간이 지날수록 남한에 입국하는 새터민의 수는 증가하는 추세이므로 이들의 남한사회 문화 적응 대책을 위한 연구들이 활발하게 수행되어야 하며 지속적인 국가의 적절한 조치와 지원이 필요하다.

둘째, 새터민가정이 적합한 문화적응 스트레스를 경험한다 하더라도 잘 적응할 수 있도록 대처능력 함양을 위한 교육이 필요하다.

셋째, 새터민가정이 문화에 잘 적응할 수 있도록 결연을 통한 후원자 연계나 공식적, 비공식적 지지망 확보가 필요하다.

5) 조손가정

조부모 자녀의 이혼이나 자녀의 사망, 이혼, 가출, 질병, 경제적 어려움 등의 이유로 18세 이하 손자녀들과 한 집에 동거하면서 손자녀의 기본적인 생활을 1차적으로 책임지는 1세대 조부모와 3세대 자녀로 구성된 가족형태를 말한다(김혜선, 2004). 조손가정의 경우, 첫째로 부모의 부재에 따른 심리적·정서적 문제를 경험하게 되거나, 부모의 사망과 가출로 인한 상처, 미움, 원망, 그리움 등을 경험하게 된다. 심리·정서적으로 불안정한 상태에서 자녀는 학습저하, 학습능력부진, 학습무동기 등으로 이어질 수 있다. 자녀는 부모가 없는 상황에 대해 정확히 알고 있지 않기에 부모에 대한 양가감정, 대인관계 문제, 사회적 기술 문제, 또래관계의 부적응, 행동장애, 충동적 행동, 학교 부적응 등의 문제행동을 보일 수 있다. 특히 조부모의 경우, 자신의 의지와는 상관없이 발생한 가족해체로 인해 손자, 손녀 양육의 책임을 떠맡을 수밖에 없고, 신체적 노화, 정서적 둔감, 경제적 어려움 등 빠르게 변화하는 한국 사회에 잘 적응하기 쉽지 않으므로 이들의 역할갈등은 최고조에 달한다(Elkind, 1990; Kornhaber, 1995). 이에 절대적 빈곤에 의해 신체적인 결핍뿐만 아니라 심리·정서적·사회적인 결핍을 경험하지 않도록 아동수당, 양육수당 등을 통해 경제적으로 지원하여 양육 부담을 덜어줘야 한다. 조손가정의 가사를 책임지는 사람이 연로하여 아동에게 적절한 양육을 해 줄 수 없으므로 가사를 담당하는 도우미를 파견해 준다거나 아동의 학습을 도와주는 학습도우미를 연계해 주는 일이 필요하다. 현재 우리나라는 조손가정만을 대상으로 하는 별도의 지원체계는 마련되어 있지 않으며 저소득층 지원 정책과 한부모가족지원법, 건강가족지원법 등에서 최소한의 지원정책이 이루어지고 있을 뿐이다(김미영, 2013). 조손가정의 상황별 맞춤지원, 사회적 지지체계 구축에 관한 통합서비스 등 사회적 관심이 보다 요구된다. 그 예로 취학 전 손자녀를 위한 주간 및 종일 탁아 등의 지원, 취학 손자녀의 방과 후 프로그램 지원, 조부모를 대상으로 한 손자녀 관련 상담 프로그램 등이 필요하다(완강희, 2014).

조손가정의 자녀양육을 위해 고려해야 할 내용은 다음과 같다.

첫째, 조부모는 손자녀에게 허용적이고 관대한 편이기에 자칫 손자녀가 버릇이 없거나 사회적인 규범을 지키는 것을 어려워할 수 있으므로 손자녀의 교육에 도움이 되는 문제행동을 다룰 수 있는 기술, 의사소통기술 등을 습득할 필요가 있다.

둘째, 손자녀양육에 대한 책임감과 손자녀를 위한 삶으로 동일시되어 죄책감, 우울감, 무기력감이 지속되지 않도록 조부모를 위한 사회적 지지망을 확보해야 한다.

셋째, 조부모들을 억압하는 부정적 정서를 노출시켜서 긍정적 정서반응으로 변화시키는 교육이 지속적으로 제공되어야 한다.

넷째, 조손가정만의 특수성을 고려한 지원정책이 필요하고, 손자녀의 성장발달에 도움이 되는 양육 상담 및 조언을 제공해야 한다.

6) 입양가정

입양가정은 법적·사회적 과정에 의해서 아동을 자신의 아이로 삼는 가족형태를 말한다. 친부모가 아동을 키울 능력이 없거나 양육하려 하지 않을 때 아동에게 대체 가정을 만들어 주어 아동이 친부모와 가졌던 권리와 의무를 갖게 해주는 것이다(황해익 외, 2017). 전통사회에서는 이웃이나 친척이 역할을 대신 수행해 주는 보호망이 존재하였으나, 현대사회에서는 복잡한 상황으로 인해 거의 어려운 일이다. 국내입양은 혈연 중심적 전통에 부딪쳐 부진한 상황이고, 국외입양이 많이 이루어져 왔는데, 특히 과거에는 우리나라가 고아수출국이라는 불명예를 입기도 하였다. 입양은 아동복지 측면에서 부모가 돌볼 수 없는 아동에게 가정을 제공해줌으로써 그 아동의 건강한 성장과 발달을 도울 수 있으며 또한 불임부부가 자녀를 가질 수 있는 기회를 가질 수 있게 하여 복지 측면에서는 긍정적으로 검토될 수 있는 제도이다. 최근에는 다양한 가족에 대한 인식이 확산되어 공개 입양에 대한 편견이 과거보다 감소하는 경향을 보인다. 또한 민법의 개정으로 2008년부터 친양자제도가 도입되어 양부모가 친양자 입양을 원할 경우 입양자녀가 만 15세가 되기 이전에 가정법원에 친양자 입양 재판을 청구해 법적으로 친생자 관계를 인정받을 수 있는 제도로서 기존의 입양제도와 달리 자녀의 성과 본을 변경할 수 있다(유계숙 외, 2008). 국내입양은 점차 증가 추세로 바뀌었지만 여전히 장애아동의 입양은 매우 부진한 상황이다. 국내 입양 아동의 입양배치 후 가족적응과 관련된 다양한 문제들이 대두되기도 한다. 여러 복합적인 문제는 급기야 파양을 초래하기도 하여 입양아가 이중고를 겪는 일도 종종 발생한다. 따라서 입양가족의 적응을 도울 수 있는 서비스 체계가 마련되어야 할 것이다. 입양가족은 새로운 가족을 구성하는 과정에서 아동과 가족의 의사소통이나 문제해결력 향상을 위한 가족 기능이 강화되어야 할 필요를 느낀다(최정숭, 2007). 입양가족의 적응력을 높여 입양아의 안정적인 가정 정착을 도와야 한다. 대부분의 연구에서 입양아동의 현재 연령이 낮을수록 가족 적응에 유리한 것으로 나타난다. 현재, 우리나라는 입양촉진 및 절차에 관한 특례법으로 입양가정과 입양아의 적응을 지원하는 근거를 마련하고 있다.

입양가정의 자녀양육을 위해 고려해야 할 내용은 다음과 같다.

첫째, 입양모의 경우 부모가 되었다는 성취감을 갖게 함으로써 부모로서의 책임감과 부모 역할에 대한 만족감을 느낄 수 있도록 한다.

둘째, 입양모는 입양아를 양육하는 과정에서 일어날 수 있는 다양한 문제에 대해 긍정적인 사고로 대처하는 노력이 필요하다.

셋째, 자녀들은 자신의 기억 속에 있는 친부모에 대한 그리움이 있으므로 시간적인 여유를 두고 상호작용을 하며 가족공동의식을 발달시켜야 한다.

넷째, 자녀와 초기에 따뜻한 관계를 형성하고 유지하는 데 도움이 되도록 부모가 함께 지역사회관련 기관에서 입양가정에 대한 부모교육을 듣고 실천해야 한다.

7) 재혼가정

재혼(remarriage)가정이란 자녀의 유무에 관계없이 한쪽 배우자가 재혼인 경우 형성되는 가족형태를 말한다. 사별로 인해 형성된 재혼가족은 이혼으로 형성된 재혼가족에 비해 상호작용의 복잡성이 덜하다고 볼 수 있으나, 재혼가정의 자녀들은 경우에 따라 우울증이나 수동공격, 반항과 같은 부적응 행동을 보이기도 한다. 초혼 가족과는 달리 혈연적 유대가 없고 상이한 생활경험을 가진 새로운 구성원의 가족에서 자녀와 원만한 관계를 형성하는 것은 재혼가족이 당면할 수 있는 문제이다. 재혼가족의 구성 형태나 재혼가족을 이루는 경로는 다양하므로 재혼가족의 성격을 동일하게 볼 수 없으나, 부모-자녀 관계는 서서히 친밀한 관계로 형성 될 수 있으며 새로운 가족으로 기능하기 위한 어느 정도의 시간이 필요하다.

우리 사회의 이혼 증가는 재혼의 필요를 증가시키는 원인이 된다. 따라서 시대적인 변화에 가족구성이 다양해지는 것은 자연스런 현상으로 받아들여야 한다. 재혼가정에 대한 편견이나 부정적인 선입견이 해소되어야 하며, 재혼가정의 자녀들이 갈등이나 부적응의 강도가 높아지지 않도록 이들에 대한 배려와 함께 사회 전반의 인식이 개선되어야 한다. 한 연구에서 개방코딩 방법으로 재혼에 관한 자료를 수집한 결과, 재혼가정의 청소년은 부모의 재혼으로 인해 갈등과 부적응 과정을 겪으면서 심리적인 스트레스를 받는 것으로 나타났다. 청소년의 갈등과 부적응은 부모의 재혼을 수용하기 어려울수록 크게 나타났는데, 이는 갑작스럽게 당면한 사건으로 지각된 경우가 많았으므로 부모는 자녀와의 충분한 대화를 통해 자녀가 수용할 수 있는 수준을 높이도록 노력해야 할 것이다.

재혼가정의 자녀양육을 위해 고려해야 할 내용은 다음과 같다.

첫째, 재혼가정 자녀의 심리적 안녕과 적응을 촉진하기 위하여 가족구성원의 기다림이 요구된다. 자녀들이 전혼에서의 부모-자녀 관계를 기억하고 있으므로 복잡한 마음일 수 있으니 적응기간을 충분히 가지고 서서히 접근한다.

둘째, 부모의 이혼과 재혼을 경험한 자녀들은 수치심을 느낄 수 있고, 이혼과 재혼에 대한 자각과 사회적 인식의 영향을 받을 수 있으므로 부모의 이혼과 재혼을 경험하면서 문제 있는 가정의 자녀라는 사회적 편견에 대한 소외감과 상실감이 들지 않도록 사고전환의 기회가 제공되어야 한다.

셋째, 재혼 부모와 소통이 어렵고 재혼 부모의 양육 태도가 일방적이며 엄격할수록 자녀들이 재혼가정에 적응하기 어렵다. 그러므로 자녀가 소속감을 느낄 수 있도록 가족구성원 간의 건강한 소통 방법을 익히고 우호적인 부모-자녀 관계를 유지하여야 한다.

넷째, 재혼가족이므로 계부모가 친부모와 경쟁하지 않고 새로운 역할을 정립하려는 노력이 필요하다. 또한, 새로운 가족공동문화를 만들어가는 노력이 필요하다.

2 아름다운 가정, 만들어가요

1) 책 읽는 가족

우리가 책을 선택할 때나 책을 읽는 과정에서 독서의 중요성과 즐거움을 안다면 독서는 평생 이어지는 좋은 습관일 것이다. 독서는 개인에 대한 통찰과 자기 이해를 증진시킬 수 있고 상상력의 세계를 경험하며 부모와의 공감대를 형성하는 데 중요하다. 또한, 독서를 통한 가정의 언어 환경은 언어적 자극, 문자능력, 문법 능력, 독해력 발달을 도울 뿐 아니라 심리적 안정 및 사랑을 느끼게 되는 과정이기 때문이다. 책을 읽는 동안 카타르시스(catharsis)를 경험하게 되고 이는 작품 속의 등장인물과 같은 느낌을 경험하면서 등장인물과 자신을 동일시함으로써 독자들의 긴장을 정화시키고 순화시킬 수 있고, 그로 인해 그들 자신을 더 잘 이해 할 수 있도록 도와주어 정서적이거나 심리적인 긴장을 이완하는 데 도움을 받는다(고재욱, 2011). 책 읽는 가족이 되기 위한 실천방안을 제시하면 다음과 같다.

첫째, 부모님들이 먼저 자녀에게 권해줄 책을 읽어야 하고 책을 읽은 후에는 구체적인 활동이 반드시 함께 일어나야 한다(예: 등장인물의 역할을 맡는 역할극에 참여함으로써 자신의 내적인 갈등을 더 많이 인식하게 되어 심리적인 통합과 올바른 자아 인식을 하게 된다). 부모와 자녀가 함께 책을 읽는 것은 책을 통해 서로의 생각을 공유하게 되어 자녀의 마음을 이해하고 헤아리려는 실천과정이기 때문이다.

둘째, 정기적으로 집 주변 도서관을 방문하다. 자녀들에게 즐거움을 주는 책이 있다면 밥 먹는 것, 잠자는 것도 잊고 몰입하게 되겠지만, 그렇지 않은 경우에는 무슨 꾀를 써서라도 책장을 덮고 만다. 쾌락 중에 가장 오래가는 것이 독서라고 한다. 집 주변의 책을 읽을 수 있는 장소, 도서관 등은 가족 모두가 즐길 수 있는 특별한 놀이 장소가 될 수 있다.

셋째, 자녀와 서점에 간다. 그 무엇도 한 권의 좋은 책이 주는 쾌락만큼 오래 지속되지는 않는다. 책 읽기는 그 자체가 목적이면 좋다. 책을 한 권 두 권 읽고 그리고 이런 경험이 쌓이고 쌓이면서 책을 읽기 시작하면 처음에는 목적하지 않았지만 어느새 생각과 지식이 깊어지고 넓어진다. 서점은 다양한 책이 있는 곳이기에 읽고 싶은 책을 고르는 경험은 책을 더욱 좋아하게 되고 관심을 갖는 주제를 더욱 깊이 있게 알아보는 계기가 될 수 있다.

넷째, 거실이나 베란다 등에 작은 도서관을 꾸민다. 가족과 함께하면 좋을 책을 정해두거나, 주제가 있는 이야기 벽면을 만들어 가족이 함께 꾸미거나, 책 속의 실제 장소를 방문하면 좋은 추억이 될 것이다.

2) 봉사하는 가족

봉사는 남을 위해 헌신할 수 있는 마음을 의미하고 민주적인 방법에 따라 자발적으로 참여하며 협동하고 실천하는 능력이 필요하다. 가족구성원만의 자원봉사활동을 생각하는 가족문화를 어릴 때부터 실천한다면, 협력하고 봉사하는 생활태도는 자발적으로 생기게 된다. 자원봉사활동에 대한 부모님의 관심과 지지를 많이 받을수록 자원봉사활동을 지속하는 데 힘이 된다. 가족결속력이라고도 하는 가족유대감은 가족자원봉사를 통해서 서로를 구속한다는 의미가 아니며 사랑, 배려, 이해, 신뢰, 인정, 행복, 개별성 존중 등의 개념을 포함하고 있으므로 가족 간의 유대를 위하여 질적인 시간을 함께 보낼 수 있다(이경은, 2003). 김정옥과 장덕희(2003)는 가족자원봉사란 가족을 자원봉사의 하나의 단위로 한, 공공복지를 향한 가치이념과 동시에 민주적 방법에 의한 자주적·협동적 실천 노력이며, 개인, 집단, 지역사회에서 발생되는 제반 사회문제를 예방·해결하고 사회적 환경을 개선하기 위하여 공사의 조직체를 통하여 무보수로 서비스를 제공하는 일련의 활동이라고 정의하였다. 자원봉사활동이 가족건강성에 미치는 영향에 관한 연구(이창호, 2007)에서 가족자원봉사활동에 참여한 집단이 참여하지 않은 집단보다 가족의 결속력과 가족 의사소통에서 유의미한 차이를 나타냈다. 이지원(2007)의 연구에서는 가족건강성의 네 가지 하위영역(가족유대감, 문제해결능력, 가치체계공유, 역할 유연성)에서 모두 유의미하게 높은 건강성을 가진다고 보았다. 결국 가족구성원의 봉사하는 삶은 소소히 일어나는 작은 문제들에 대해 이해와 공감을 표현하고 문제를 해결하는 과정에서 중요한 의미를 가질 수 있고, 가족구성원 모두에게 긍정적인 결과로 작용할 수 있다. 부산지역 8개 건강가정지원센터에서는 각 센터별 20여 가족에서 많게는 70여 가족이 센터에 2인 이상의 가족이 소속되어 가족봉사단 활동이 연간 운영되고 있다. 가족봉사단 활동 내용은 건강가정캠페인활동, 사회복지시설 봉사, 공익행사지원 및 무료급식 봉사활동, 노인요양시설 등에 찾아가서 손 마사지, 유기견 보호소를 찾아가거나 공동육아 나눔터에서 돌봄 봉사, 저소득가정에 식료품 배달 봉사, 외국인 유학생을 대상으로 가족봉사자 가족의 집에 1박 2일간의 홈스테이 운영, 기부문화캠페인 등 센터별로 특성화되어 있었다.

▌표 9-1▐ 가족봉사단 활동(부산지역 중심) (2016년 12월 기준)

센터명 (개소 일시)	참여가족현황	가족봉사단 활동내용
부산시 (2005.5.1.)	52가족(144명)	• 환경정화활동 • 건강가정캠페인 • 사회복지시설 및 무료급식봉사
해운대구 (2006.9.8.)	16가족(36명)	• 기관축제지원 • 노인요양시설봉사
부산진구 (2007.4.2.)	39가족(110명)	• 푸드마켓 연계 저소득가정 식료품 배달 • 사회복지시설(장애인정서지원)
사하구 (2008.1.29.)	25가족(75명)	• 공동육아나눔터봉사 • 낙동강 문화원 에코봉사 • 유기견 동물보호소 노력봉사
연제구 (2009.4.30.)		• 2016.9월부터 다문화가족봉사단 운영에 따라 봉사활동기간이 1개월 이내이며, 봉사활동에 참여하는 자녀의 연령이 미취학아동이 다수여서 조사대상기관에서 제외
영도구 (2010.3.31.)	73가족(170명)	• 지역아동센터 학습멘토링 • 찾아가는 손 마사지 봉사(노인요양시설 등)
동래구 (2011.1.1.)		• 다기능화센터로 가족봉사단 필수운영 기관이 아니라 가족봉사단이 운영되지 않음. 조사대상기관에서 제외
금정구 (2011.4.25.)	31가족(119명)	• 공익행사지원 • 기관축제지원 • 제3국 기부문화 캠페인

사상구 (2012.4.9.)	27가족(87명)	• 외국인 유학생 홈스테이 운영
수영구 (2013.6.18.)	25가족(61명)	• 사회복지시설 봉사(정서지원 및 뷰티 케어)

출처: 박지영(2016). 가족자원봉사활동에 참여하는 부모와 자녀의 가족건강성 비교연구. 신라대학교 사회복지대학원 석사학위논문. pp.6-8.

3) 운동하는 가족

"좋은 약보다 좋은 음식이 낫고,
좋은 음식을 먹는 것보다 걷기가 더 낫다."

허준의 동의보감 중에서

설문조사 실시 답변

자녀와 운동프로그램을 마련한다면 어떤 점이 좋을까요?

- 평소 저나 아이가 규칙적인 운동을 하지 않고 있는데 함께 운동을 하게 된다면 더 적극적으로 운동을 하게 될 것이며 아이와의 관계도 좋아질 것이다.

  (이○정 어머니)

- 우리 유경이는 평소에 운동을 좋아하고 달리기는 1등을 하는 편인데 학원이며 숙제 등으로 시간에 쫓겨 운동을 자주 못하고 있어서 일요일마다 가족이 함께 하는 운동시간을 가진다면 아이들도 좋아하고 아이 엄마도 함께하는 동안 쉴 수 있어서 좋을 것이다.

  (전○경 아버지)

- 우리는 가게를 운영하고 있어서 평소 ○○이가 학교 끝나고 대부분 혼자 지내게 되고 영화를 다운받아서 보고 있는 편인데 잠깐이라도 함께 운동을 하면 어떤 직업으로 진로를 준비하고 있는지 대화도 하면서 바람직한 가족관계를 만들어가는 데 도움이 될 것이다.

  (이○애 어머니)

운동에 대한 관심과 흥미는 있으나 대부분 시간관계로 규칙적인 운동을 하지 못하는 가족이 많다. 집안일을 가족구성원 한 사람의 몫으로 생각하기보다는 협력하여 가능한 한 빨리 끝내고 가족과 운동을 통해 가족문화를 만들어간다면 이

전에 미처 알지 못했던 건강한 가족관계를 만들 수 있을 것이다. 정종임(2008)은 가족과 함께하는 운동을 통한 초등학생의 여가시간 스크린매체 의존도 낮추기 연구에서 평소 학생들이 많이 하는 운동으로 축구, 배드민턴, 자전거, 줄넘기, 태권도, 달리기, 택견, 수영 등을 꼽았고, 부모님들이 즐겨하는 운동으로는 등산, 배드민턴, 걷기, 줄넘기, 수영, 요가 등을 꼽았다. 보편적으로 가정이나 주변 환경에서 쉽게 접할 수 있는 운동의 효능을 제시하였다.

표 9-2 쉽게 접할 수 있는 운동의 효능

운동종목	효능과 지도과정
걷기	• **효능:** 다리운동이 주가 되는 전신운동으로 근육의 발달뿐 아니라 심폐지구력을 향상시키며, 어디서든 쉽게 할 수 있는 간편하고 경제적인 운동이다. 부상의 위험이 적고 스스로 운동량을 쉽게 조절할 수 있다는 장점과 함께 누구나 평생 할 수 있는 운동이다. • **지도과정:** 걸을 때는 발뒤꿈치부터 발바닥, 발가락 순서로 닫도록 하고 걷는 속도는 약간 빨리 걷도록 한다. 운동시작 시간과 도착 시간을 측정하여 성취 수준을 측정한다.
달리기	• **효능:** 달릴 때는 심장이 한 번 펌프질하는 혈액량이 증가해 혈액순환을 돕는다. 달리기 등 규칙적인 운동을 하게 되면 평균수명이 서너 살 이상 증가한다는 연구결과도 있다. 달리기로 가장 효과를 볼 수 있는 질병은 고혈압 등 심혈관 질환이다. 달리기로 심장과 폐가 튼튼해지므로 스트레스 조건에서도 혈압의 변동이 적다. • **지도과정:** 초기에는 가볍게 달리며 무리하지 않는 범위에서 두 바퀴 뛰고 한 바퀴는 빠르게 걷는다. 운동 시작 시간과 도착 시간을 측정하여 성취 수준을 측정한다.
줄넘기	• **효능:** 줄넘기는 간단한 도구를 가지고 시간이나 장소에 구애받지 않고 할 수 있는 운동이다. 산소를 지속적으로 섭취하면서 지방을 에너지원으로 이용하여 체지방을 줄여 유산소운동으로 비만을 예방하며 심장기능이 좋아져 전신지구력이 증진되고 혈압을 낮추어 동맥경화 예방에도 도움이 된다. 줄넘기를 매일 10분 이상 하게 되면 피하지방이 제거되고 건강한 육체를 만들 수 있다. • **지도과정:** 각 단계 8호간을 기준으로 하여 1~10단계까지를 1세트로 규정하며 3분 운동 후 1분을 쉬도록 한다.
훌라후프	• **효능:** 옆구리 군살제거에 효과가 있으며 허리를 유연하게 하는 데 효과가 있다. 복근을 단련하여 척추를 지탱하는 근육이 강화되어 잘못된 자세로 인한 허리의 통증 등을 예방할 수 있다. • **지도과정:** 횟수를 세면서 시작하여 성취기준을 알아본다. 음악을 틀어놓고 할 경우 노래 곡으로 성취기준을 정할 수도 있다.
스트레칭	• **효능:** 스트레칭은 복잡한 신체의 각 구조를 부드럽게 하고, 골격을 강하게 하며, 각 부위에 쌓여 있는 노폐물을 배출하고, 신진대사를 원활하게 해준다. 근력과 유연성을 키우고 운동 부족으로 틀어진 골반과 자세를 교정하는 데 효과적이다. • **지도과정:** 목-팔-가슴-다리운동 등 몸을 쭉 늘려 줄 수 있는 운동으로 무리하지 않는 범위에서 진행한다.

배드민턴	• **효능**: 배드민턴은 정확한 자세와 다양한 기술을 요구하기 때문에 배드민턴을 오래 친 사람들은 다른 운동을 금방 배우게 된다. 성장기라면 키가 크는 데 도움이 될 수 있고, 체중을 감소할 수 있으며 근력강화를 통한 활기찬 생활을 할 수 있다. • **지도과정**: 시작 시간과 끝낸 시간을 측정한다.
자전거	• **효능**: 운동부족을 해소시키고 심신단련을 증진해 준다. 페달의 회전운동은 하부근육의 발달을 가져오고 핸들과 브레이크의 조작으로 혈액의 말초순환을 촉진시켜 동맥경화와 같은 신체적 장애를 예방한다. • **지도과정**: 시작 시간과 끝낸 시간을 측정한다.
등산	• **효능**: 심폐기능 향상, 근력강화, 정신적 만족감 등이 있으며 등산을 하면 체중부하로 인해 골격계에 자극을 주어 골밀도를 향상시키며 오르막과 내리막은 근육강화에 매우 좋다. 다른 운동에서와 마찬가지로 산행 시 분비되는 뇌 내 호르몬은 스트레스 해소, 우울증 예방 등에 도움이 된다. • **지도과정**: 시작 시간과 끝낸 시간을 측정한다.

출처: 정종임(2008). 가족과 함께하는 운동을 통한 초등학생의 여가시간 스크린매체 의존도 낮추기. 한국체육대학교교육대학원 석사학위논문.

3 관련 법령

이법위인(以法爲人)이란 '법은 사람을 위한 것'이어야 한다는 의미이다. 꼭 법제처가 아니더라도 우리들은 국민을 위하는 마음으로 정책 하나하나에 신경을 써야 하며, 국민의 입장에서 생각하고 헌법정신의 보편적 가치를 토대로 법치행정을 구현해야 한다. 국민이 법이 어려워 법을 모르거나, 법을 잘 몰라 손해보는 일이 없도록 부모교육에서 다뤄졌던 생애주기별 관련 법령에 대해 알아보고자 한다.

(1) 건강가정: 건강가정기본법 [일부개정 2016.5.29 법률 제14234호 시행일 2016.11.30]

- **목적**: 건강한 가정생활의 영위와 가족의 유지 및 발전을 위한 국민의 권리·의무와 국가 및 지방자치단체 등의 책임을 명백히 하고, 가정문제의 적절한 해결방안을 강구하며 가족구성원의 복지증진에 이바지할 수 있는 지원정책

을 강화함으로써 건강가정 구현에 기여하는 것을 목적으로 한다.

● 이념

가정은 개인의 기본적인 욕구를 충족시키고 사회통합을 위하여 기능할 수 있도록 유지·발전되어야 한다.

(2) 영유아의 보육: 영유아보육법 [일부개정 2016.2.3 법률 제14001호]

● **목적**: 영유아(영幼兒)의 심신을 보호하고 건전하게 교육하여 건강한 사회 구성원으로 육성함과 아울러 보호자의 경제적·사회적 활동이 원활하게 이루어지도록 함으로써 영유아 및 가정의 복지 증진에 이바지함을 목적으로 한다.

● 이념

① 보육은 영유아의 이익을 최우선적으로 고려하여 제공되어야 한다.

② 보육은 영유아가 안전하고 쾌적한 환경에서 건강하게 성장할 수 있도록 하여야 한다.

③ 영유아는 자신이나 보호자의 성, 연령, 종교, 사회적 신분, 재산, 장애, 인종 및 출생 지역 등에 따른 어떠한 종류의 차별도 받지 아니하고 보육되어야 한다.

(3) 유아교육: 유아교육법 [일부개정 2016.5.29 법률 제14155호]

● **목적**: 이 법은 「교육기본법」 제9조에 따라 유아교육에 관한 사항을 정함을 목적으로 한다. 〈개정 2010.3.24.〉

● 정의

1. "유아"란 만 3세부터 초등학교 취학 전까지의 어린이를 말한다.
2. "유치원"이란 유아의 교육을 위하여 이 법에 따라 설립·운영되는 학교를 말한다.
3. "보호자"란 친권자·후견인 그 밖의 자로서 유아를 사실상 보호하는 자를 말한다.
4. "방과후 과정"이란 제13조제1항에 따른 교육과정 이후에 이루어지는 그 밖의 교육활동과 돌봄활동을 말한다.

(4) 아동복지: 아동복지법 [일부개정 2016.5.29 법률 제14224호 시행일 2017.5.30]

- **목적**: 아동이 건강하게 출생하여 행복하고 안전하게 자랄 수 있도록 아동의 복지를 보장하는 것을 목적으로 한다.
- **이념**

① 아동은 자신 또는 부모의 성별, 연령, 종교, 사회적 신분, 재산, 장애 유무, 출생지역, 인종 등에 따른 어떠한 종류의 차별도 받지 아니하고 자라나야 한다.

② 아동은 완전하고 조화로운 인격발달을 위하여 안정된 가정환경에서 행복하게 자라나야 한다.

③ 아동에 관한 모든 활동에 있어서 아동의 이익이 최우선적으로 고려되어야 한다.

④ 아동은 아동의 권리보장과 복지증진을 위하여 이 법에 따른 보호와 지원을 받을 권리를 가진다.

(5) 아동학대: 아동학대범죄의 처벌 등에 관한 특례법 [(타)일부개정 2016.5.29 법률 제14224호 시행일 2017.5.30.]

- **목적**: 아동학대범죄의 처벌 및 그 절차에 관한 특례와 피해아동에 대한 보호절차 및 아동학대행위자에 대한 보호처분을 규정함으로써 아동을 보호하여 아동이 건강한 사회구성원으로 성장하도록 함을 목적으로 한다.
- **정의**

1. "아동"이란 「아동복지법」 제3조 제1호에 따른 아동을 말한다.
2. "보호자"란 「아동복지법」 제3조 제3호에 따른 보호자를 말한다.
3. "아동학대"란 「아동복지법」 제3조 제7호에 따른 아동학대를 말한다.
4. "아동학대범죄"란 보호자에 의한 아동학대로서 다음 각 목의 어느 하나에 해당하는 죄를 말한다.

(6) 청소년: 청소년 기본법 [법률 제14839호, 2017.7.26.]

- **목적**: 이 법은 청소년의 권리 및 책임과 가정・사회・국가・지방자치단체의 청소년에 대한 책임을 정하고 청소년정책에 관한 기본적인 사항을 규정함을 목적으로 한다.
- **이념**

① 이 법은 청소년이 사회구성원으로서 정당한 대우와 권익을 보장받음과 아울러 스스로 생각하고 자유롭게 활동할 수 있도록 하며 보다 나은 삶을 누리고 유해한 환경으로부터 보호될 수 있도록 함으로써 국가와 사회가 필요로 하는 건전한 민주시민으로 자랄 수 있도록 하는 것을 기본이념으로 한다.

② 제1항의 기본이념을 구현하기 위한 장기적・종합적 청소년정책을 추진할 때에는 다음 각 호의 사항을 그 추진 방향으로 한다. 〈개정 2015.2.3.〉

1. 청소년의 참여 보장
2. 창의성과 자율성을 바탕으로 한 청소년의 능동적 삶의 실현
3. 청소년의 성장 여건과 사회 환경의 개선
4. 민주・복지・통일조국에 대비하는 청소년의 자질 향상

(7) 입양: 입양특례법 [일부개정 2015. 5.18 법률 제13322호]

- **목적**: 요보호아동의 입양(入養)에 관한 요건 및 절차 등에 대한 특례와 지원에 필요한 사항을 정함으로써 양자(養子)가 되는 아동의 권익과 복지를 증진하는 것을 목적으로 한다.
- **정의**

1. "아동"이란 18세 미만인 사람을 말한다.
2. "요보호아동"이란 「아동복지법」 제3조 제4호에 따른 보호대상아동을 말한다.
3. "입양아동"이란 이 법에 따라 입양된 아동을 말한다.

4. "부양의무자"란 「국민기초생활 보장법」 제2조 제5호에 따른 부양의무자를 말한다.

(8) 장애아동: 장애아동복지지원법 [일부개정 2016.2.3 법률 제14004호]

- **목적**: 국가와 지방자치단체가 장애아동의 특별한 복지적 욕구에 적합한 지원을 통합적으로 제공함으로써 장애아동이 안정된 가정생활 속에서 건강하게 성장하고 사회에 활발하게 참여할 수 있도록 하며, 장애아동 가족의 부담을 줄이는 데 이바지함을 목적으로 한다.
- 이념

① 장애아동을 위한 모든 활동에 있어서 장애아동의 이익이 최우선적으로 고려되어야 한다.

② 장애아동은 자신에게 영향을 미치는 모든 활동에 대하여 자신의 견해를 자유로이 표현할 권리를 최대한 보장받아야 한다.

(9) 한부모가족: 한부모가족지원법 [일부개정 2016.3.2 법률 제14069호 시행일 2016.9.3]

- **목적**: 한부모가족이 건강하고 문화적인 생활을 영위할 수 있도록 함으로써 한부모가족의 생활 안정과 복지 증진에 이바지함을 목적으로 한다.
- 정의

1. "모" 또는 "부"란 다음 각 목의 어느 하나에 해당하는 자로서 아동인 자녀를 양육하는 자를 말한다.
2. "한부모가족"이란 모자가족 또는 부자가족을 말한다.
3. "모자가족"이란 모가 세대주(세대주가 아니더라도 세대원(世代員)을 사실상 부양하는 자를 포함한다)인 가족을 말한다.
4. "부자가족"이란 부가 세대주(세대주가 아니더라도 세대원을 사실상 부양하는 자를 포함한다)인 가족을 말한다.
5. "아동"이란 18세 미만(취학 중인 경우에는 22세 미만을 말한다)의 자를 말한다.
6. "보호기관"이란 이 법에 따른 보호를 행하는 국가나 지방자치단체를 말한다.
7. "한부모가족복지단체"란 한부모가족의 복지 증진을 목적으로 설립된 기관

이나 단체를 말한다.

(10) 다문화가족: 다문화가족지원법

- **목적**: 다문화가족구성원이 안정적인 가족생활을 영위하고 사회구성원으로서의 역할과 책임을 다할 수 있도록 함으로써 이들의 삶의 질 향상과 사회통합에 이바지함을 목적으로 한다. [개정 2015.12.22] [시행일 2016.3.23.]
- 정의
  1. "다문화가족"이란 다음 각 목의 어느 하나에 해당하는 가족을 말한다.
  2. "결혼이민자 등"이란 다문화가족의 구성원으로서 다음 각 목의 어느 하나에 해당하는 자를 말한다.
  3. "아동 · 청소년"이란 24세 이하인 사람을 말한다.

(11) 노인: 노인복지법 [(타)일부개정 2016.5.29 법률 제14224호 시행일 2017.5.30.]

- **목적**: 노인의 질환을 사전예방 또는 조기발견하고 질환상태에 따른 적절한 치료 · 요양으로 심신의 건강을 유지하고, 노후의 생활안정을 위하여 필요한 조치를 강구함으로써 노인의 보건복지증진에 기여함을 목적으로 한다.
- 정의
  1. "부양의무자"라 함은 배우자(사실상의 혼인관계에 있는 자를 포함한다)와 직계비속 및 그 배우자(사실상의 혼인관계에 있는 자를 포함한다)를 말한다.
  2. "보호자"라 함은 부양의무자 또는 업무 · 고용 등의 관계로 사실상 노인을 보호하는 자를 말한다.
  3. "치매"란 「치매관리법」 제2조 제1호에 따른 치매를 말한다.
  4. "노인학대"라 함은 노인에 대하여 신체적 · 정신적 · 정서적 · 성적 폭력 및 경제적 착취 또는 가혹행위를 하거나 유기 또는 방임을 하는 것을 말한다.
  5. "노인학대관련범죄"란 보호자에 의한 65세 이상 노인에 대한 노인학대로서 다음 각 목의 어느 하나에 해당되는 죄를 말한다.

감수성 높이기

1. 아름다운 가정을 만들기 위해 나는 무엇을 실천하고 싶은지 목록을 만들어 보세요.
2. 절대적 빈곤, 상대적 빈곤, 주관적 빈곤에 대한 개념을 정리해 보고 각각의 예를 들어 보세요.

PART **04**

함께 사는 세상 이야기

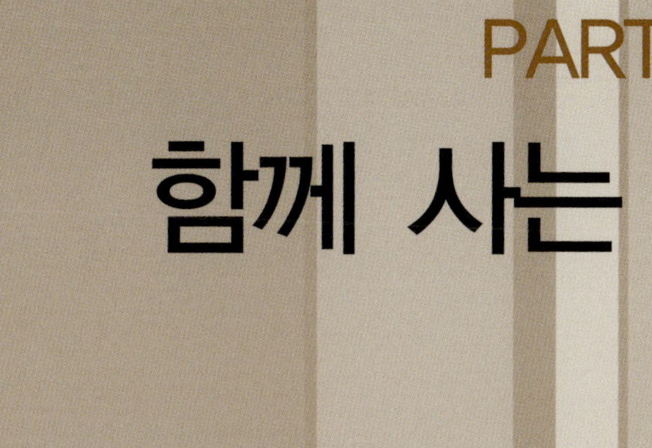

Chapter 10

더불어 사는 세상

1. 반편견 교육
2. 세계시민 교육
3. 지속가능발전 교육

희망은 밝고 환한 양초 불빛처럼
우리 인생의 행로를 장식하고 용기를 준다.
밤의 어둠이 짙을수록 그 빛은 더욱 밝다.

by 올리버 골드스미스

반편견 교육을 통해 인종적, 문화적 다양성이 증대되는 현실에서 요구되는 지식과 태도, 기술을 함양하기 위한 정보를 찾아보고, 우리 사회가 안정적이며 조화롭게 다문화사회로 정착하는 데 어떠한 것이 강조되어야 하는지 살펴보고자 한다. 또한, 성숙한 시민, 세계시민으로서 갖추어야 할 태도나 의식, 자질에 대해 살펴보고 인류가 자연환경과 지속적으로 공존하면서 지속가능한 미래와 사회 변화를 위한 삶의 방식, 가치, 필요한 행동 등을 배우고자 한다.

Chapter

10 더불어 사는 세상

1 반편견 교육

인간은 대상에 대하여 다양한 생각을 할 수 있다. 다양한 생각은 평소 자신이 사물이나 현상에 대하여 어떠한 관점을 가지고 있느냐가 중요하다. 왜냐하면 개인의 관점이 사실에 입각하지 않거나 왜곡되어 사물이나 현상을 이해하는 데 영향을 줄 수 있기 때문이다. 따라서 객관적이고 사실에 입각하여 판단을 내릴 때 현상의 정확한 이해를 바탕으로 문제해결에 도움이 될 것이다. 즉, 그릇된 고정관념이나 편견에서 벗어나려는 노력이 중요하다.

1) 반편견

편견(prejudice)이란 집단의 속성에 대한 현실검증보다는 태도 소유자의 심리적 과정에서 나오는 개인이나 집단에 대한 부정적이고 적대적인 태도를 말한다(사회학사전, 2016). 편견은 특정 집단에 대해서 한쪽으로 치우친 의견이나 견해를 가지는 태도로, 일반적으로 부정적인 정서와 평가를 동반한다. 특정 집단에 대한 편견은 그 집단과 집단에 속한 구성원들을 대하는 상황에서 부정적 평가의 작용을 통해 불이익을 주는 등의 외현적 행동으로 나타나 차별 대우를 야기한다. 따라서 반편견(anti-bias)은 특정 집단과 구성원들에 대해 부정적 정서가 없는 상태를 의미한다. 반편견과 상반되는 편견과 유사한 의미로 사용되는 차별(discrimination), 고정관념(stereotype)에 대해 알아보면 다음과 같다.

편견은 어떤 종류에 대하여 미리 판단하는 하나의 태도(attitude)를 말하며 차별은 하나의 행동(action)을 말한다. 다시 말하면, 차별은 한 사람 또는 여러 사람들을 불공정하게 처치(unfair treatment)하는 것이다. 차별은 겉모습, 연령, 인종, 민족, 성(sex), 키, 또는 장애에 토대를 두고 있다. 또한 수입이나 종교적·정치적 신념 등도 차별의 대상이 되기도 한다. 사람들이 어떤 집단에 소속되어 있다는 이유로 차별을 받을 때, 이를 소수(miniority)집단이라 부른다. 사회학자 워스(Wirth, 1945)는 소수집단을 사람들의 신체적·문화적 특성으로 인해 불평등한 처치를 받고, 자신들을 집단적인 차별의 대상으로 간주되는 사람들의 집단이라고 정의하였다. 이에 비해 지배집단(dominant group)은 권력과 특권 및 더 높은 사회적 지위를 갖고 있는 사람들을 말한다(Henslin, 2006). 편견은 개인과 집단에 대하여 그릇된 인식을 영속화시킬 수 있으며 개인과 집단의 기회와 균등한 권리를 부정하는 차별을 가져올 수 있다(Schaefer, 2010).

한편, 고정관념은 각 집단의 구성원들에게 적용된 집단에 대한 일반화이고(Gilovich et al., 2006), 집단 내의 개인차를 인정하지 않고 모든 집단구성원들에 대한 신뢰할 수 없는 일반화를 말한다(Schaefer, 2010). 즉, 성, 인종, 민족, 직업 등에 대하여 사람들이 비합리적으로 일반화시킨 신념이라 할 수 있다. 고정관념은 어린 시절에 사회화 과정을 통해 수용되는 특성을 갖는다.

이상에서 살펴본 바와 같이 편견, 차별 그리고 고정관념은 다른 집단에 대하여 호의적으로 보지 않는 경향이라는 것을 알 수 있다. 이 세 가지 요소는 다른 집단을 비호의적으로 본다는 점에서는 공통점도 있지만 편견은 다른 사람이나 집단에 대한 태도를 강조하고, 차별은 자신의 생각을 실천으로 옮기는 행동을 말하며, 고정관념은 가령, 특정 집단은 그러한 경향이 있을 것이라는 일반화에 초점을 둔다는 점에서 차이가 있다. 그러나 편견, 차별 및 고정관념으로 인해 근거 없이 다른 집단을 멸시하거나 비하하는 수단으로 활용되면 안 된다.

2) 반편견 교육

반편견 교육(anti-bias education)은 성, 인종, 민족, 능력, 장애 유무 등에 상관없이 모든 사람을 존중하도록 교육함으로써 이들에 대한 편견을 갖지 않도록 교육하는 것이다. 반편견 교육에서는 각 아동이 서로의 차이를 존중하는 다양성의 수용과 편안한 감정이입을 발달시켜 자신 있고 폭넓은 자아정체감을 형성하도록 한다(특수교육학 용어사전, 2009).

(1) 반편견 교육의 목적

홀과 롬버그(Hall & Rhomberg, 1995)는 반편견 교육의 목적은 서로의 차이를 존중하고 수용하는 분위기에서 긍정적인 자아감을 형성하도록 하는 데 있다고 하였다. 구체적인 내용은 다음과 같다(최나영, 2012).

첫째, 성차, 인종, 계층, 문화, 개인의 정체성에 대한 긍정적 발달을 돕는다.

둘째, 다른 집단에 소속된 개인을 인식하고 감정을 이입하며 관련짓는 능력을 기른다.

셋째, 다른 사람의 삶의 방식을 이해하고 존중한다.

넷째, 다른 사람에 대한 관심과 개방으로 다른 사람을 기꺼이 포함시키고 협동하려는 마음을 갖는다.

다섯째, 사회에 대한 현실적 인식과 책임감을 기르며 자신의 가족이나 집단을 넘어서서 적극적 관심을 갖는다.

여섯째, 사회환경에서 비평적인 분석가 및 활동가가 될 수 있는 자율성을 기른다.

일곱째, 모든 사회현상에 참여자가 되게 하는 교육적 기술과 사회적 지식을 발달시킨다.

여덟째, 효과적이고 상호적인 가정과 학교의 관계를 맺는다.

이와 같이 반편견 교육은 다양한 사람들이 자신을 존중하고 타인을 존중하는 태도를 갖게 함으로써 결과적으로 나와 다른 사람을 이해하고 수용할 수 있는 기반을 만들고자 하는 것이다.

한편, 반편견 교육과정을 위해 더만-스파크스(Derman-Sparks, 1989)와 홀과 롬버그(Hall & Rhomberg, 1995)는 다음 4가지로 반편견 교육의 주요 목적을 정리하였다(김영옥, 1998).

첫째, 자기의 정체감에 대해서 긍정적으로 생각하게 하며, 특히 이중 문화권의 아동들에게는 개인적 정체감 및 집단의 정체감과 관련된 것으로 우월감을 갖지 않고 자신감을 가질 수 있게 도와준다.

둘째, 다양성에 대하여 편안하고 감정이입적인 상호작용을 하도록 촉진한다. 다양한 사람들 사이의 유사점과 차이점을 이해하고, 차이점에 대해 공손하게 효율적으로 묻고 학습하며, 차이점을 편안히 받아들이고, 협상하고 적응하는 성향을 발달시키는 것이 포함된다. 예를 들면, 아동이 다른 사람을 편안하게 느끼지 않는 것은 비언어적 부분(눈 마주치기의 회피, 부적절한 표정 등), 언어적 부분(놀리기 등), 신체적 부분(때리고 떠밀기 등)으로 나타날 수 있다. 그러므로 사람들 사이의 차이점과 유사점을 이해하고 차이에 대해 묻고 배우며 협의하고 수용하는 과정에서 지식뿐만 아니라 성향을 발달시키는 것이다.

셋째, 편견에 대한 비판적인 사고를 할 수 있도록 돕는다. 불공평한 상황을 만났을 때 자신과 사람들이 어떻게 느끼는가에 대해 심각하게 생각할 수 있게 하며 공정함과 불공정한 대우를 구별할 수 있도록 돕는다. 자신이나 다른 사람의 정체성(성, 인종, 능력, 사회 계층, 연령, 몸무게, 기타 특성 등)에 대한 차별적 행동을 인식하는 인지기술과 편견이 고통을 준다는 것을 아는 정서적 감정이입의 발달을 의미한다.

넷째, 편견에 대하여 자신과 다른 사람을 옹호할 수 있는 능력을 갖도록 돕는다. 비판적인 사고와 감정이입이 기초가 되어 아동이 불공정함과 편견에 직면할 때 자신과 다른 사람을 위해 이의를 제기할 수 있게 하며 행동으로 옮기는 것을 학습하도록 돕는다.

종합해 보면, 다양성을 수용할 수 있는 생각과 태도를 가지고 상호작용하며, 감정이입능력을 발달시키고, 자신감을 가지고 폭넓은 자아정체감을 형성하여 불공평한 상황에 직면했을 때 자신은 물론 다른 사람의 입장을 고려하여 비판하거나 지지해 줄 수 있는 행동 기술을 발달시키는 것이라고 할 수 있다. 특히 우리나라의 경우, 남아 선호사상, 지역감정, 직업에 대한 편견, 성차별, 집단이기주의, 장애인 차별, 외모 중시, 낯선 문화 및 낯선 사람에 대한 배척, 물질만능주의, 선진국과 후진국에 대한 인종 및 문화에 대한 차별 등 많은 편견과 고정관념들이 존재하고 있다. 따라서 반편견 교육을 통해 비판적으로 사고하고 반응할 수 있도록 도우며 민주적인 의사결정의 원리를 이해하도록 돕고 사회에서 공동체의 일원으로서 각기 중요한 역할을 담당할 수 있는 능력을 키워야 한다.

(2) 반편견 교육의 내용

홀과 롬버그(Hall & Rhomberg, 1995)는 반편견 교육의 영역을 〈표 10-1〉과 같이 제시하였다.

▮표 10-1▮ 편견의 영역 분류

영역	정의
능력 (ability)	• 신체적, 정신적, 정서적 능력 또는 그것의 범위, 아동들에게서 가장 공통적으로 인식되는 능력은 신체적 능력임(신체적 또는 정신적 장애를 포함하는 포괄적인 의미)
나이 (age)	• 나이 들어 보이거나 젊게 보이는 것, 또는 실제 나이가 많고 적은 것(세대 간의 차이를 포괄함)
외모 (appearance)	• 키(작은/큰), 몸매(뚱뚱한/마른), 흉터 또는 화상과 같은 외모의 손상
신념 (belief)	• 어떤 것에 대해 믿거나 믿지 않는 것, 다양한 종교, 무신론, 자연의 힘에 대한 믿음, 심령술, 정치적인 믿음 포함
계층 (class)	• 개인의 생활양식을 반영하는 사회적 경제적 가치(지위)를 나타냄. 계층을 결정하는 공통요인에는 직업, 주거형태, 의류, 교통수단, 교육 배경이 있음
문화 (culture)	• 같은 집단의 다른 구성원들과 공유하는 생활방식으로 사고방식, 믿음, 언어, 국경일, 축하, 풍습 등이 포함. 우리들 각각은 다른 문화의 가족, 인종 집단, 사회에 속함
가족구성 (family)	• 가족구조: 가족구성원은 누구인가, 세대주는 누구인가, 또한 그들의 역할은 무엇인가(최근 가족구성의 다양화) 등
성 (gender)	• 남성, 여성 및 남성다움/여성다움에 부여된 혹은 관련된 역할, 성별로 인한 차별은 성차별이라고 불림
인종 (race)	• 동일한 출신 및 일련의 신체적 특징으로 연결된 사람들의 집단이며 피부색, 머리카락 형태, 얼굴 및 신체 모습 등과 같은 유전적으로 결정된 것
성적 관심 (sexuality)	• 성적인 지향 또는 선호를 말한다. 동성애 부부 및 동성애 공포(혐오)를 다룸

출처: 김경(2002). 유치원 생활 주제와 통합된 반편견 프로그램의 효과. 전남대학교 대학원 박사학위논문.

〈표 10-1〉에 나타난 바와 같이, 사람들이 가지고 있는 편견의 종류는 매우 다양하다는 것을 알 수 있다. 사람들은 상대를 이해할 때 주관적 판단에서 벗어나 객관적으로 잠재력을 평가하는 데 관심을 기울여야 할 것이다. 특히, 홀과 롬버그가 제시한 분류 중 '능력' 영역에서 '아동들에게서 가장 공통적으로 인식되는 능력은 신체적 능력이라는 부분은 많은 시사점을 준다. 사람들은 다양한 능력과 무한한 잠재역량이 있다. 그럼에도 불구하고 신체적인 부분에 대한 편견을 갖는 것은 인간의 존엄성과 평등 차원에서 인식의 변화가 필요하다. 어린 시절부터 이러한 편견에서 벗어나 사람됨이나 잠재력을 중요시하는 교육이 이루어져야 한다.

반편견 교육을 위한 주제 및 구체적인 내용을 정리해 보면 다음과 같다.

첫째, 민족의 차이점과 공통점 측면에서 보면 민족의 차이점 및 공통점을 인식하고 인정하며 피부색이나 머리카락 형태, 얼굴 및 눈동자색 등과 같이 유전적인 신체적 특징에 대한 편견과 고정관념을 제거하는 노력이 필요하다. 또한 긍정적 자아정체성 확립으로 올바른 민족적 정체성 확립을 해야 한다.

둘째, 능력 측면에서 보면 재능이나 장애, 편견에 대응하며 다른 사람을 이해하려는 노력이 필요하다. 이 영역에서는 자신과 타인에 대한 존중 및 가치 존중을 포함한다.

셋째, 성정체성 측면에서 보면 정형화되지 않은 성역할과 행동에 대한 이해를 기초로 하여 양성성의 개념을 올바르게 인식하여 바람직한 성정체성을 확립해야 한다.

넷째, 문화적 유사성과 차이점 측면에서 다양한 문화의 독특성과 유사점 및 차이점을 이해하고 존중한다. 또한, 각 문화마다의 특별한 날이나 기념일, 습관, 언어 등을 포함하여 다문화적인 시각으로 서로를 인정하고 존중하는 노력이 필요하다.

다섯째, 고정관념과 차별적 행동 측면에서 다양한 가족의 구조와 역할을 알고 사회적·경제적 계층에 따른 차이를 인정한다. 또한, 종교, 연령 및 세대 간의 차이를 극복하려는 노력과 외모에 대한 고정관념이나 차별적 행동을 제거해야 한다.

(3) 학교에서의 반편견 교육방법으로서의 신뢰문화 학습

편견은 다양한 요인에 의해 일어날 수 있다. 그 중에서도 사람들 사이에서의 상호불신에 의해 편견이 일어날 수 있다. 신뢰(trust)란 말은 남을 믿고 의지한다는 의미이다. 따라서 더불어 사는 사회, 공동체를 형성하기 위해서는 서로 믿어주면서 서로 의지할 때 때로는 어려움을 극복하기도 하고, 힘을 합쳐 더 행복한 사회를 만들기도 할 것이다.

이러한 신뢰는 신뢰문화(culture of trust)와 관련될 수 있다. 신뢰문화란 조직문화의 한 요소이므로 학교조직에서의 신뢰도 중요한 조직문화의 한 요소로 생각할 수 있다.

학교에서의 신뢰는 협동을 촉진시키며 개방성을 증대시키고 집단응집성을 높임으로써 결국 학생들의 성취도도 증대시키기 때문에 매우 중요하다(Hoy & Miskel, 2008). 모든 사람들은 신뢰하기를 원하고 또 신뢰받고 싶어 하지만 신뢰관계는 상호의존성에 기초하므로 결코 쉬운 일이 아니다.

따라서 학교에서 수업을 통해서나 기타 프로그램 활동을 통해서 학생들 상호 간에 신뢰학습을 할 필요가 있다. 이러한 신뢰학습을 통해서 학생동료들 간에, 특히 다문화적 배경을 지닌 학생들 간에 서로 믿고 의지하는 방법을 알게 될 것이다. 신뢰학습은 다른 사람에 대한 편견, 다른 나라에 대한 편견, 다른 생각에 대한 편견 등을 극복하는 좋은 방법으로 활용될 수 있을 것이다.

(4) 반편견 교육을 위한 부모의 역할 및 태도

반편견 교육의 성패는 교사와 부모의 역할에 달려 있다. 교사와 부모는 자신의 신념과 태도를 가지고 자녀를 양육하며 교육과정을 계획·실행하고 직접적인 상호작용을 통해 자녀의 정체성 및 사회적 태도 형성에 결정적인 영향을 미치기 때문이다.

특히 가정은 최초의 교육의 장으로서 기본적인 생활양식, 행동양식, 습관을 형성하는 곳이며 부모 역할과 태도가 가장 중요한 영향을 미친다.

반편견 교육과정을 위해서는 부모 자신의 신념이 자신이 속한 사회의 편견이나 제도적인 억압을 반영하고 있지는 않은지를 의식해야 한다. 편견들은 겉으로 드러나 있기보다는 각종 매체나 책, TV 등에 내재되어 있는 경우가 많고, 부모도 자신의 편견을 무의식적으로 나타내기 때문이다. 자녀의 편견 역시 매우 이른 시기에 형성되나, 편견은 어떤 상황에 노출되기 전에는 잘 드러나지 않는 특성이 있다. 즉 대상의 '차이점'과 '유사점'에 대하여 다시 생각할 수 있는 상황이 마련되지 않은 한 스스로 편견을 제거하기는 어렵다.

특히 선정선(1994)에 의하면 이러한 편견은 부모의 사회, 경제적 지위가 낮을수록 높게 나타난다고 하였다. 즉, 부모의 역할이 얼마나 중요한 것인지 알 수 있는데 무엇보다 자녀들의 인종, 성, 장애에 대한 인식이 일찍 발달되기 시작하는 경우가 대부분이라는 것이다. 또한 편견이나 고정관념은 어른들의 차원에서 다루어져야 할 문제라고 할 수 있지만 어른의 편견이 바로 아동들에게 전이가 된다.

더만-스파크스(Derman-Sparks, 1989)도 실제 반편견이나 편견 모두가 부모를 비롯한 성인의 문제이기는 하지만 편견을 만들어내도 가르치고 유지하는 힘을 가진 부류 역시 성인이기 때문에 아동들은 무기력하게 편견에 대해 언급하고 도전하지 못하면서 사회적으로 널리 퍼져 있는 편견적 태도에 빠져 들고 만다고 하였다(박영자, 2001).

따라서 자녀들에게 편견에서 벗어날 수 있도록 돕는 다문화교육을 다양하게 제공하고, 또한 우리 사회 속의 편견을 없애야 한다. 눈에 보이지 않는 부정확성이나 고정관념으로 인하여 생기는 부모의 편견적 태도는 어린시기의 자녀들에게 많은 영향을 미치며, 의도하지 않았을지라도 자녀들과의 상호작용 중에 성이나 인종, 장애에 대한 편견 등을 심어주게 되므로 부모들 스스로 사회적 편견으로부터 벗어나는 것이 무엇보다 중요하다고 할 수 있다.

김혜연과 김정희(2001)는 반편견 교육을 위한 부모의 신념과 역할을 4가지로 제안하였다.

첫째, 부모는 자신의 신념, 실천 행위에 대해 그것의 원인이나 결과를 끊임없이 반성하고 수정해 나가야 하며 부모 스스로가 아동에게 편견 없는 바람직한 모델이 되어 주어야 한다.

둘째, 정형화된 사고를 피하고 아동에게 존재하는 다양한 능력과 차이를 인정할 수 있어야 한다.

셋째, 부모들은 자신의 관점과 태도를 의식적으로 점검하고 부족한 지식의 한계를 깨달아 끊임없이 학습해 나가야 할 필요가 있다.

넷째, 부모는 자녀의 교육기관과 협력하여 반편견 교육을 통합적으로 실행하기 위해 노력해야 한다.

부모는 자신이 자란 시기와 현 시기를 비교하고, 미래를 연상하여 반편견 교육을 작은 일에서부터 실시하도록 세심한 배려를 하여야 한다. 특히 아동의 태도와 의식은 무의식적인 부모의 언행을 보고 배운다는 것을 인식하고 부모는 훌륭한 교육자가 되도록 노력하여야 한다.

결론적으로 부모의 역할이나 태도는 아동의 인성이나 가치에 중요한 영향을 미치며, 나아가 편견이나 고정관념을 지양하고 포용력 있는 인간을 육성하고자 하는 다문화적 가치를 습득하기 위해서도 반편견 교육에서 부모의 적극적인 참여는 필수적인 요소이다.

2 세계시민 교육

빠르게 변화되는 세계화로 인하여 세계시민 교육의 필요성이 강조되고 있다. 세계시민 교육(global education)은 세계를 하나의 사회체제로 보고 '세계 여러 나라가 겪는 여러 가지 문제 및 이슈에 대한 학습'을 통해 타 문화 사람들에 대한 시각을 이해하고 수용하며 그들의 시각으로 세계를 조망해 보고 그들 역시 우리와 같은 욕구와 필요를 가지고 있음을 깨닫게 하는 학습이다(Tye, 1991; Carr, 1996). 지구촌 사회에서 잘 적응하고 살아가기 위한 개인적 · 공공적 삶에서의 필요한 지식이나 다양한 기술과 능력을 습득한다면 민주적인 삶을 살아가는 데 유익하다. 이는 상호의존, 상호이해, 문화에 대한 이해와 인정, 다양한 관점, 세계 이슈에 대한 지식

등에 대한 폭넓은 이해를 바탕으로 협력과 조화를 통해 자국의 위상은 물론 인류 공동체에 기여하는 세계시민으로서의 자질을 함양할 수 있다(Kirkwood, 2001).

1) 세계시민

시민성(citizenship)은 개인의 타고난 권리의 존중과 함께 공동체에 대한 애착과 헌신이라는 두 가지 측면 모두와 밀접하게 관련되어 있다. 세계화 시대에 요구되는 세계시민은 '바람직한 민주시민의 양성'의 개념으로 이해할 수 있다. 시민성은 시민으로서의 소속을 의미하며, 시민으로서 갖추어야 할 태도나 의식, 자질을 의미하고 사회가 요구하는 시민으로서 사회문제를 합리적으로 감소 및 해결하여 사회생활을 영위하도록 필요한 기능, 가치와 태도, 지식, 실천과 참여 등을 포함한다(박상준, 2011). 시민성의 구체적인 자질에는 사회, 문화, 정치, 경제, 역사 등 여러 분야의 기본적인 지식을 갖추고, 탐구와 사고를 통하여 사회생활에서 부딪히는 다양한 문제를 해결할 수 있는 능력을 포함하고 문화나 시대 상황에 따라 변화한다(차경수・모경환, 2008).

상자 10-1 시민 교육에 관한 연구

- 학교는 학생들의 민주적 생활방식을 유지하는 데 필수적이고, 교사는 다른 사람들과 학생들이 효과적인 상호작용을 할 수 있도록 사회적 능력 함양에 도움을 주어야 한다. 즉 갈등해결력은 학교에서 반드시 가르쳐야 할 기능으로 보았다(Banks et al., 2010).
- 특정 강사를 자신의 멘토로 생각하고 있거나, 평소부터 만나고 싶었던 사람을 만난다는 것은 시민 교육 참여에 결정적 이유가 됐다(김승환, 2014).

창조적으로 미래의 삶을 준비하는 데 성숙한 시민적 자질은 매우 필요하다. 가치와 필요한 지식을 전수하는 시민 교육은 범세계적인 교육적 이슈이고 급변하는 현대사회에서 시민으로서 지혜롭고 현명하게 살아가는 방법에 대한 중요성을 함께 만들기 위한 변화이다. 일본에서는 국가주의적 기존 공민교육의 틀을 재조정해 정치 · 사회 · 경제적 문해력을 함양하고 개인의 자립을 위한 시민 교육을 강조하는 움직임이 강해지고 있다. 미국은 1990년대부터 일반교육과정 속에 시민 교육을 편입하고, 사회 각계 단체에서의 적극적 후원을 받아 학생들의 시민성 함양을 위해 다양한 학습경험을 하고 있다. 영국에서는 2002년부터 중등교육과정 개편을 통해 시민 교육(citizenship)을 의무교과로 실시하고 있다. 초등교육에서는 아직 의무교과로 지정되지 않았지만, PSHEC(Personal-Social-Health Education and Citizenship)이라는 시민 교육 프로그램을 편성 · 운영하며 통합적으로 다양한 주제를 다루는 시민 교육을 실시하고 있다.

시민 교육은 과거와는 다르게 학습자에게 연습과 훈련의 기회를 제공하고 경험을 통해 미래를 준비할 수 있게 하는 것이 객관적이고 올바른 가치판단을 갖도록 하는 데 도움이 된다는 점이다. 또한 민주주의의 사회구성원으로서 시민이 가져야 할 기능, 이해, 지식을 익히고 동시에 시민으로서의 책임과 역할에 대한 이해를 도모하게 한다. 그러므로 문화 안에서 형식교육(학교교육) 외에 지역사회 및 지역사회기관과 같은 비형식, 무형식 교육은 매우 필요하고 협력을 통한 깊고 넓은 체험의 기회를 경험하도록 적극적으로 지원해야 한다(고은실, 2013).

2) 세계시민 교육

(1) 세계시민 교육의 목표

다민족, 다문화적인 상호작용으로 끊임없이 영향을 받는 세계시민사회에서 더불어 잘 살기 위해 세계시민육성을 위한 학교교육, 학교 밖 교육이 더욱 중요해지고 있다. 세계시민 교육은 다음과 같은 인식을 발전시켜 주어야 한다.

첫째, 학습자마다 세계에 대한 다양한 관점을 인식(Perspective Consciousness)할 수 있도록 해야 한다.

둘째, 학습자에게 이민, 자원과 환경, 과학, 기술, 사회 · 경제 · 정치적 상황 및 변동, 법, 기술, 국가 간 또는 국가 내 분쟁 등과 같은 변화에 대한 지식을 가르쳐야 한다.

셋째, 학습자에게 세계의 인간 사회에 존재하는 생활양식과 문화의 다양성에 대한 인식, 다양한 문화와 생활양식을 비교 및 분석할 수 있는 능력을 배양하도록 한다.

넷째, 학습자가 세계의 지식, 흐름(knowledge of global dynamics)을 인식하도록 도와주어야 한다.

다섯째, 학습자가 개인, 국가, 인류가 직면하게 될 다양한 선택의 문제를 검토 및 결정을 내리고 효과적으로 추진해 나갈 수 있는 능력을 배양하도록 해야 한다(Hanvey, 1976; Kniep, 1987).

이와 같이 세계시민 교육은 세계화로 인한 변화에 합리적으로 선택하고 결정하도록 바람직한 민주시민을 양성하고, 세계무대에서 주도적인 능력을 발휘할 수 있는 세계시민으로서의 자질을 갖추게 하려는 것이다.

(2) 세계시민 교육의 내용

세계시민 교육을 학습자들이 다른 문화와 지역에 사는 사람들의 관점을 이해할 수 있도록 다섯 요소로 제시하였다(Savage & Armstrong, 2000).

첫째, 한 문화에 대해 심층적 학습을 하는 단일문화에 대한 학습(monocultural emphasis)이다.

둘째, 다른 사회의 구성원들이 중요한 개인적, 사회적인 사건들을 통해 어떻게 그들의 가치관이나 태도를 형성시켜 왔는가를 이해 및 비교하는 학습(experience emphasis)이다.

셋째, 각 사회들이 현재의 우리 삶에 어떤 기여를 했는지를 배우는 기여도에 대한 학습(contributions emphasis)이다.

넷째, 각 사회들이 공통적으로 인간의 삶에 필요한 음식, 의복, 오락, 거주 등의 이슈를 어떤 방식으로 해결하는지를 이해하고 비교하는 비교 문화적인 학습(intercultural emphasis)이다.

다섯째, 학습자가 다른 문화나 지역에 사는 사람들의 관점으로부터 직·간접적으로 어떤 영향을 받아왔는지를 이해하는 개인경험에 대한 학습(personal emphasis)

이다.

이와 같이 세계시민 교육 내용을 통해 얻게 된 시사점은 학습자에게 미래를 준비할 수 있는 경험과 훈련의 기회를 제공하는 시민 교육이 구현되어야 한다는 것이다. 또한 자신과 타인의 경험에 대해 이야기 나누며 올바른 가치판단 과정을 체험해 보는 토론수업을 지향하는 것이다. 나아가 지역사회 및 사회기관과의 협력으로 보다 넓고 깊은 교육적 경험을 지원하여, 건강하고 균형 잡힌 시민육성을 위해 노력해야 한다.

(3) 시민역량 강화를 위한 부모의 역할 및 태도

시민 교육 실천에서 가장 기본이 되는 것은 학교 혹은 지역사회의 실천적인 노력도 중요하지만 건강한 가족, 부모 자신의 민주적인 시민역량을 꾸준히 기르는 일이다. 특히 배려와 갈등 관점에서 신혜진(2008)은 인간은 다른 사람들과 원만한 공동생활을 하려면 타인의 감정을 의식하는 기능과 타인의 권리와 감정을 존중해 줄 능력이 필요하다고 보았다. 가정에서의 부모는 자녀와 함께 가정의 규칙을 세우고 책임 있게 지켜나가고, 그 과정에서 스스로 선택하고 결정할 수 있는 기회를 자주 갖고, 자녀와 국제 이슈에 대한 지속적인 대화를 통해 비판적인 사고를 기르도록 하는 것이 필요하다. 성숙한 시민, 세계시민은 하루아침에 이루어지는 것이 아니므로 가정은 변화하는 사회의 문제에 꾸준한 관심을 가지고 세계시민으로서의 다양한 사회문제에 자발적으로 참여하고 문제를 해결하는 과정을 통해서 다양한 문화, 학습, 사회, 정치, 법, 경제 등에 대한 열린 마음과 열린 생각을 갖도록 하는 것이 중요하다. 정용교(2015)는 21세기 탈 근대적 상황에서 공감력 회복 관점을 시민 교육의 중요한 주제이므로 타자와의 관계망 회복을 통해 세상과 소통하기, 낯선 것을 친숙한 것으로 만들기, 남을 인정하고 나를 인정받는 법 배우기 등으로 가능할 수 있다고 보았다. 즉 상호간 공감능력이 떨어지면 도덕적 민간성이 그만큼 약화되고 그것은 다시 도덕적 판단능력을 저하시키며, 결국 도덕적 실행력의 부족으로 이어질 수 있기 때문이다.

3 지속가능발전 교육

1) 지속가능한 발전

우리가 사는 지구촌은 기후변화로 인해 각종 자연재해와 생태계의 파괴 현상이 나타나고 있다. 특히 지구 온난화는 전 지구의 생존문제에 커다란 영향을 주고 있으며, 인류의 지속적인 사회경제 발전과 건강한 삶을 유지하고자 하는 노력은 이러한 기후변화로 위협을 받고 있다(이희경, 2013). 지속가능한 발전(sustainable development)은 환경문제에 대한 국제적인 대응방안으로 새롭게 소개된 개념으로, 현재와 미래 세계에 전 세계가 건전한 환경을 지켜가면서 동반성장하는 것에 목표를 두고 있다.

(1) 지속가능한 발전의 의의

지속가능한 발전이란 1987년에 세계환경개발위원회가 처음 사용한 용어로, '미래 세대의 욕구를 충족시킬 능력을 손상시키지 않으면서 우리 세대의 욕구를 충족시키는 개발'로 정의된다(지옥정, 2011 재인용). 지속가능한 발전 계획은 2002년 UN 세계정상회의에서 거론되면서 본격적으로 환경보전과 경제성장, 그리고 사회적 책임의 조화와 균형을 강조하게 되었는데(신은수, 2011; 신은수·박은혜, 2012), 이러한 배경은 산업화 및 문명화로 인해 개발과 발전을 거듭해온 지구 환경에 전 세계가 협력하여 대응해야 한다는 점에 인식을 같이한 것이다. 지속가능한 발전은 환경변화에 대한 대응에서 출발한 개념이지만 환경을 넘어 경제, 사회, 문화, 윤리, 교육 등의 지속적인 발전을 추구하는 개념으로 소개되고 있다.

유네스코(UNESCO, 2006)는 지속가능한 발전을 사회, 경제, 생태, 정치의 4가지 차원에서 균형을 이루는 것으로 소개하였다. 각 범주의 내용을 소개하면 〈표 10-2〉와 같다(지승현, 2007).

표 10-2 지속가능한 발전의 내용

범주	내용
사회적 지속가능한 발전	함께 하는 삶, 평화, 평등, 인권
경제적 지속가능한 발전	적절한 경제개발
생태적 지속가능한 발전	모든 생명체, 자원, 생명부양, 시스템의 보전
정치적 지속가능한 발전	민주적인 의사결정

유네스코(UNESCO, 2006)가 제안한 지속가능한 발전은 어느 특정한 분야의 발전을 강조한 것이 아니라 각 범주의 전체적 발전을 지향하면서 절제된 공유와 유지에 관련된 내용을 포함하고 있다. 즉, 사회적으로는 공존과 평등 그리고 인권을 동시에 추구하며, 경제적으로는 과도한 개발이 아닌 적절한 개발을, 생태적으로는 생산과 소비의 균형 등을 추구하도록 하여 개발과 보존이라는 두 가지 차원을 동시에 접근하고 있다. 국내의 한 연구에서는 지속가능한 발전의 범주는 평등(Equity), 경제(Economy), 생태(Ecology)로 보아 '3E'로 소개되기도 한다(김귀곤 · 김귀순 · 김승율, 2003). 지속가능한 발전의 의미는 사회적으로 공감하며 누구나 수용할 만한 가치 있는 내용이다. 그런데 지속가능한 발전에 대한 개인적인 인식은 낮은 편이다. 예를 들어, 지구 온난화는 산업화에 따른 온실가스로 인해 재촉되었다는 것에 사회적으로 공감하고 있다. 그러나 개개인이 자동차 및 냉 · 온열기 등의 사용으로 배출된 탄소가 대기의 온도를 올리고 있다는 인식은 낮은 편이다. 지속가능한 발전은 개개인이 관심과 작은 실천으로 시작되어야 한다는 인식에서 출발해야 할 것이다. 종합해 보면, 지속가능한 발전은 인류의 지속적인 번영과 유지를 위해 전 지구시민이 유한한 환경을 지켜가면서 가능한 범위의 성장을 추구하는 것이다.

(2) 지속가능한 발전의 전개과정

전 세계는 산업 및 경제의 발전으로 지구 온난화와 자연환경 훼손의 문제에 직면하자 이에 대응 방안으로 지속가능한 발전에 대한 국제적 논의가 진행되었다. 1972년 경제학자 및 기업인들이 지구환경에 대한 위기감에서 국제적 대응시각을 가진 것에서 시작하여, 지금까지의 발전이 미래에도 보장될 수 있는가에 대한 문제를 제기하게 되었다. 1987년 세계환경개발위원회(WCED)가 발표한 '우리 미래'의 보고서에 '지속가능발전'이라는 용어를 공식적으로 사용하면서 환경과 개발의 조화를 강조하였고, 그 후 1992년 유엔발전회의에서 환경적으로 건전하고 지속가능한 발전이라는 환경의 의미를 강조하였다. 2002년에는 '지속가능한 발전 정상회의'를 가지면서 환경보호, 경제발전, 사회발전을 종합적으로 강조하였다.

그 전개 과정을 그림으로 나타내면 [그림 10-1]과 같다.

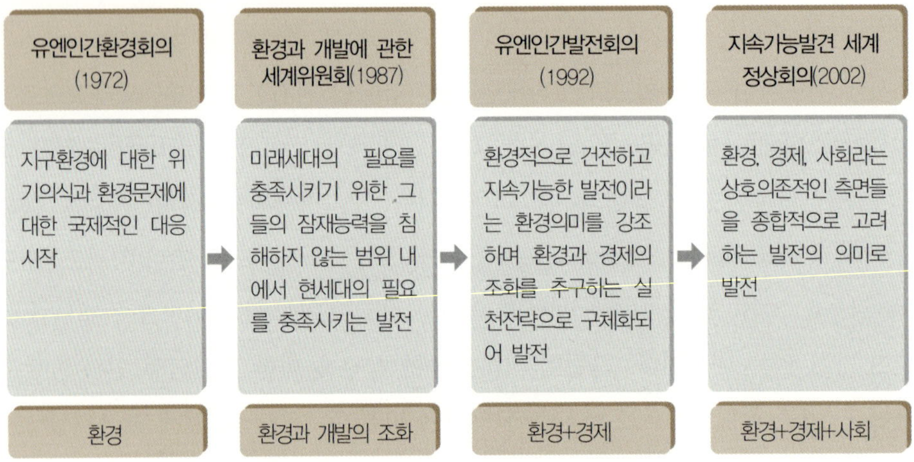

▮그림 10-1▮ 지속가능한 발전의 전개 배경

출처: 지승현(2007). 지속가능발전 이해교육 프로그램 개발연구. p.7.

그 후, 2005년 UN의 ESCAP(아시아태평양경제사회위원회)에서 녹색성장(green growth)이라는 용어가 '환경적으로 지속가능한 성장'을 달성하기 위한 의미로 사용되었으며, 우리나라는 2000년대를 전후하여 '녹색(green)'을 주제로 한 다양한 캠페인이나 구호, 관련 용어 등의 담론이 확장되면서 자연환경 보호와 친환경적인 자연친화적 삶의 방식을 강조하여 왔다. 우리 정부는 2010년 「저탄소 녹색성장 기본법안」을 제정·공포하여 '경제와 환경이 조화를 이루는 성장'을 표방하였으며 ① 효율적 온실가스 감축, ② 탈석유·에너지 자립 강화, ③ 기후변화 적응역량 강화, ④ 녹색기술개발 및 성장동력화, ⑤ 산업의 녹색화 및 녹색산업 육성, ⑥ 산업구조의 고도화, ⑦ 녹색경제 기반 조성, ⑧ 녹색국토·교통의 조성, ⑨ 생활의 녹색혁명, ⑩ 세계적인 녹색성장 모범국가 구현이라는 정책 방향을 수립한 바 있다.

지속가능한 발전은 지구시민이 지속적으로 추구할 과제이며 꾸준히 전개되어야 할 새로운 패러다임이다.

2) 지속가능발전 교육

(1) 지속가능발전 교육의 의의

지속가능발전 교육이란 인류의 삶이 지속적으로 발전하기 위해 강조되는 교육 개념이다. 즉, 인류가 자연환경과 지속적으로 공존하면서 삶의 질을 높여가기 위해 요구되는 교육을 말한다. 유네스코(2006)는 지속가능발전 교육을 지속가능한 미래와 사회 변화를 위해 필요한 가치, 행동, 삶의 방식을 배울 수 있는 사회를 지향하는 교육이라고 보았다. 따라서 지속가능발전 교육은 절대적인 것이 아니라 지향하는 관점에 따라 강조점이 달라질 수 있다. 우리나라 교육부(2012)는 '지속가능발전을 위한 녹색성장교육의 정착·확산 방안'을 제시하면서 유치원 및 초·중등, 대학에 체험하고 실천하는 교육을 강조했다. 즉, 지속가능 발전은 교육을 통해 개인 및 사회가 생활 속에서 실천해야 할 방향이라는 점에 합의하여, 각급 학교뿐 아니라 가정에서 실천할 수 있는 교육이다.

(2) 지속가능발전 교육의 내용

지속가능발전 교육의 내용은 강조되는 영역이나 관점에 따라 다양하게 소개될 수 있다. 환경의 지속가능발전을 위해서는 물, 에너지, 공기, 토양 등이 포함되며 사회 문화적 발전을 위해서는 평등, 평화, 인권, 문화적 다양성 등이 강조되는 등 그 내용 범주는 매우 다양하다. 또한 실천적인 면이 강조됨에 따라 교육의 대상이 어린이로부터 어른까지 다양하게 소개된다. 여러 학자의 분류내용을 정리하여 소개한 지속가능발전 교육의 내용은 〈표 10-3〉과 같다(김호석 외, 2011).

표 10-3 지속가능발전 교육 내용

관점	내용
사회・정치・문화적 관점	인권, 평화, 안전, 통일, 문화 다양성, 사회정의, 건강, 거버넌스・시민참여, 양성평등, 소양(매체, ICT), 세계화・국제화 책임
환경적 관점	자연자원(물, 공기, 토양 등), 에너지, 기후변화, 생물다양성, 환경문제, 지속가능한 식량생산, 지속가능한 촌락・도시, 재해, 예방 및 감소, 교통
경제적 관점	지속가능한 생산과 소비, 기업의 지속가능성, 시장경제, 빈부격차 완화

출처: 김호석 외(2011). 학교 교육과정 지속가능발전 교육(ESD) 강화방안.

(3) 지속가능발전 교육을 위한 부모의 역할 및 태도

지속가능발전 교육은 우리 삶의 전반적인 분야에서 이루어져야 함을 알 수 있다. 성숙한 지구 시민이라면 인류의 지속가능한 발전을 위해 내가 실천할 수 있는 일을 가까운 곳에서 찾아 실행으로 옮겨야 한다. 가정에서는 쓰레기를 줄이고 에너지를 절약하는 것에서부터 시작하여 '아나바다'의 생활습관을 가지는 것도 지속가능발전을 위한 작은 실천이다.

지속가능발전 교육은 유아기의 생활습관 형성에서부터 시작되어야 한다. 부모의 생활 속 실천이 어린 자녀 및 청소년기 교육에 직・간접적으로 영향을 준다. 지속가능발전을 위한 교육은 다른 기본생활습관 교육과 마찬가지로 삶의 방식과 관련된다.

반편견 의식이나 세계시민 의식, 그리고 지속가능발전을 추구하는 의식은 어릴 때부터 이들의 사회적인 가치를 존중하고 내면화하는 것에서 출발한다. 부모는 자녀의 거울이며 선생님이며 누구보다 영향력이 큰 모델이다. 모두가 지구의 미래를 생각하는 현명한 세계시민정신을 발휘하여 더불어 사는 사회를 이끌어가는 지구 구성원이 되도록 노력해야 할 것이다.

상자 10-2 CO₂ 다이어트 운동

CO_2 다이어트 운동을 해 보세요.

하나, 실내온도를 적정하게 유지합니다.

[1도의 비밀] 난방 1도 낮추면 가구당 연간 231kg의 CO_2 감소
[여름철 적정한 실내온도 26~28℃] 여름철에는 간편한 복장
[겨울철 적정한 실내온도 18~20℃] 난방온도 1도를 낮추면 연간 CO_2 231kg을 줄이고, 76,000원 절감

둘, 승용차 사용을 줄이고 대중교통을 이용합니다.

[B.M.W 건강법] 버스(B), 지하철(M), 걷기(W)로 내 몸과 지구에 건강 선물
[승용차 5부제] 승용차 5부제 참여하면 연간 CO_2 589kg, 420,000원 절감
[대중교통 이용] 대중교통을 이용
[자건거 이동] 가까운 거리는 걷거나 자전거로 가기

셋, 물을 아껴 씁니다.

[간단샤워] 샤워 시간을 1분만 줄여도 연간 CO_2 7kg 감소
[세수할 때 물을 받아쓰기] 가구당 연간 CO_2 17kg 절감
[돈을 내고 쓰는 물] 샤워기와 양변기는 절수형으로 설치
[I LOVE 양치컵] 개인용 양치컵을 사용하기

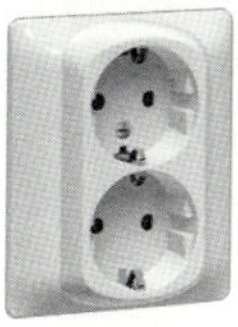

넷, 전기 제품을 올바르게 사용하여 에너지를 절약합니다.

[냉장고 비우기] 냉장고에 음식물 가득 채우지 않기
[플러그 OFF] 사용하지 않는 전기 플러그를 뽑으면 연간 CO_2 65kg 절감
[낮은 층은 걷기] 낮은 층은 엘리베이터 대신 걷기!

다섯, 온 가족이 모여서 식사합니다.

[효율적인 조리기 선택] 열의 흡수가 잘 되는 밑바닥이 넓은 조리기 사용
[불꽃 조절하기] 조리기의 불꽃은 적당히 조절해서 사용합니다.
[밸브 꼭 잠그기] 가스 사용 후 밸브는 꼭 잠급니다.

출처: 지옥정, 이희경 외(2012). 유아녹색성장프로그램. 부모용 자료. 교육부.

상자 10-3 지속가능한 발전을 위한 기념일

지속가능한 발전을 위한 기념일이 제정되어 있다. 내용은 다음과 같다.

날짜	환경기념일
2월 22일	세계 습지의 날
3월 22일	세계 물의 날
3월 마지막 주 토요일	불 끄는 날
4월 4일	종이 안 쓰는 날
4월 22일	지구의 날
5월 22일	세계 생물종 다양성 보존의 날
6월 5일	환경의 날
6월 17일	세계 사막화 방지의 날
7월 11일	세계 인구의 날
8월 22일	에너지의 날
9월 16일	세계 오존층 보호의 날
9월 22일	세계 차 없는 날
10월 16일	화학조미료 안 먹는 날
11월 26일	아무 것도 사지 않는 날
12월 11일	세계 산의 날

출처: 지옥정, 이희경 외(2012). 유아녹색성장프로그램. 부모용 자료. 교육부

감수성 높이기

1. 편견, 차별, 고정관념에 대한 개념 정의와 각각의 사례를 기록해 보세요.
2. 나의 생활습관을 돌아보고 실천 가능한 CO_2 다이어트 운동을 써 보세요.

Chapter 11

폭력 없는 세상

1. 가정 및 학교폭력 예방
2. 학대 및 성폭력, 성매매 예방
3. 양성평등 교육

인생에 있어서 최고의 행복은

우리가 사랑받고 있음을 확인하는 것이다.

by 빅토르 위고

최근 우리사회는 각종 폭력이나 학대 사건이 가정 및 학교 안팎에서 자주 일어나 이에 대한 교육적 대책의 적극적 마련이 제기되고 있다. 환경은 개인, 가정 및 사회를 중심으로 하고 있어서 누군가는 어떤 환경에 더 많이 영향을 받을 수 있으나, 누군가는 어떤 환경에도 영향을 받지 않을 수 있다. 그러므로 같은 외적 자극, 즉 환경에 대해 나이가 많든 적든 서로 다르게 지각하고 반응할 수 있다.

이 장에서는 여러 상황에서 발생할 수 있는 폭력, 학대, 성폭력 등과 관련한 기본지식을 알고 이를 예방할 수 있는 구체적 실천방안을 모색한다. 또한 변화되고 있는 성역할 인식을 통해 양성평등 교육을 실천할 수 있는 예비부모로서의 자질과 역할 및 기술을 습득한다.

Chapter

11 폭력 없는 세상

1 가정 및 학교폭력 예방

1) 가정폭력 예방

(1) 가정폭력

가정폭력은 가족구성원 중의 어떤 사람이 다른 구성원에게 의도적으로 언어적·신체적·정서적·정신적으로 고통을 주는 폭력 행위를 말한다. 한 가정이 해체에 이르는 과정과 그 이후에 급격한 가족구조의 변화는 가족구성원들에게 심한 갈등을 경험하게 하며, 다양한 형태의 폭력을 수반하게 된다. 가정에서 폭력을 경험한 자녀들은 학교에서도 폭력을 경험하기 쉬운데, 이들 자녀는 불안이나 우울, 공격성 수준이 가정폭력을 경험하지 않은 학생들보다 높기 때문이다. 가정폭력은 부부간, 자녀학대, 형제 간 폭력으로 나타날 수 있는데, 1차적 피해도 문제지만 잠재되어 있다가 성장하면서 나타나는 2차적 피해가 더욱 심각한 문제를 초래한다(김평화·윤혜미, 2013; 조은정, 2013). 특히 자녀의 연령이 어릴 경우, 자신의 의지와 무관하게 가정폭력을 목격하고 부모에 의해 직·간접적인 폭력과 방임, 유기를 경험하는 등 상처를 받으면 아동기, 청소년기를 거쳐 성인기까지 지속되어 사회적 적응에 부정적인 영향을 받을 수 있다. 가정폭력 경험을 한 아동 및 청소년은 그러한 경험을 가지고 있지 않은 아동 및 청소년보다 자존감이 낮고, 상담이나 치료가 오래 걸릴 수 있으므로 가족구성원의 건강한 가정, 학교 적응, 사회 복귀를 위한 다양한 지지기반이 필요하다(이유진 · 윤옥경 · 조윤오, 2013).

(2) 가정폭력 예방

1998년 가정폭력방지법이 제정되기 전까지 가정폭력은 단순한 사생활문제로 취급되었기에 경찰을 비롯한 공적 기관은 물론 지역사회와 이웃이 개입하지 않았다. 그러나 가정폭력방지법 제정 이후 그동안 시민단체와 상담관련기관 중심으로 피해자에게 지원되던 서비스가 행정기관의 도움을 받아 가정폭력에 보다 더 적극적으로 대처하게 되었다. 전국적으로 반복되어 일어나고 있는 여러 유형의 가정폭력은 국가로 하여금 가정교육의 중요성을 더욱 강조하게 하였으며, 특히 부모 및 예비부모를 대상으로 폭력예방을 포함한 부모교육이 이루어지도록 하였다. 이러한 차원에서 예비부모교육이라는 과목명으로 전국 대학생을 대상으로 한 인성교육이 강화되었고 본서도 그러한 맥락에서 예비부모들이 적극적으로 활용하도록 의도되었다.

근래에 우리나라는 인성교육진흥법(2015.7.21)을 시행하면서 영유아기관, 초 · 중 · 고 · 대학교 등에서 자체적인 인성교육의 계획을 수립, 시행하도록 하고 있다. "세 살 버릇 여든까지 간다."는 속담에서처럼, 인성은 인간의 성품(性品), 즉 사람의 품격(됨됨이)이나 성질이라는 의미를 가지고 있다. 인성의 개념 속에는 성품, 품성, 기질, 성격, 인간의 특성, 사람됨, 전인성, 인격, 도덕성, 역량 등 개인적 및 사회적인 요소가 포함되어 있다. 좀 더 구체적으로 표현하면 인성은 개성이나 성격이라고 보기보다 인간다움, 도덕적 자질, 인품, 인격(character)으로 이해하는 것이 적절하다. 인성이란 사회적으로 유익하고 교육과 노력을 통해 도달 또는 성취해야 할 지향점이며, 각 개인의 태도와 사고 및 행동의 근원이 되는 특질들의 총합으로 도덕성에 성격이 통합된 것을 의미하며 미래 사회에서 인성을 성공적 삶을 영위하는 데 필요한 핵심역량(key competencies)으로 보았다(정광희, 2015).

이와 같은 관점으로 볼 때, 가족은 스트레스나 고통스러운 상황에서 받는 부정적 영향을 완화시켜 주며 지지해 주는 가장 신뢰할 수 있는 긍정적 자원이다(권승숙, 2009). 특히 부모는 효과적인 인성교육의 전략과 방법을 이해하고 실천할 수 있는 부모교육을 통해 역량을 함양하는 것이 중요하다. 신체적인 접촉을 통해 문제를 해결하기보다는 대화를 통해 문제를 해결할 수 있는 건전한 부모됨 및 양육방식과 인성교육에 대한 열정과 비전, 인성교육의 내용과 방법에 대한 탄탄한 지식과 실천능력을 갖추어야 한다.

2) 학교폭력 예방

(1) 학교폭력

「학교폭력예방 및 대책에 관한 법률」에 의하면 학교폭력은 '학교 내・외에서 학생을 대상으로 발생한 상해, 감금, 폭행, 협박, 유인, 약취, 명예훼손, 공갈, 모욕, 강요, 강제적인 심부름 및 성폭력, 사이버 따돌림, 따돌림, 정보통신망을 이용한 음란・폭력정보 등에 의하여 신체・정신 또는 재산상의 피해를 수반하는 행위'로 규정된다. 즉, 7가지의 행위(신체폭력, 언어폭력, 따돌림, 성폭력, 금품갈취, 강제심부름, 사이버폭력)를 학교폭력으로 규정하고 있다. 특히 강제심부름과 사이버폭력은 법률이 개정되면서 추가된 항목이다(교육부, 2014).

학교폭력은 표면적으로 그 비율이 감소하는 것으로 보이지만 점점 더 집단화, 흉포화 양상을 보이고 있으며 일회성 단순폭력이 아닌 지속적인 가해 형태를 나타내고 있어 학교폭력이 학생들의 단순한 탈선이 아닌 심각한 범죄의 수준에 이르고 있다. 학교폭력으로 인한 보복 행위, 자살 등 피해 후유증이 심각하며 학교폭력이 성인범죄로 성장할 수 있다는 점에서 심각한 사회문제로 인식되고 있다. 모든 일반 학생들도 학교폭력에 노출되어 있으며 학교폭력이 점점 저연령화되고 있다(심의보, 2015). 또한 학교폭력은 언어적 모욕이나 험담하기, 별명 부르기, 조롱하기, 빈정거리기, 소문 퍼뜨리기, 위협적인 행동 등 언어・심리적 유형에서 폭행하고 싶지 않은 일을 강요하기, 상해 입히기 등 신체적・물리적 유형이나 집단 따돌림 등으로 다양화되어 나타난다. 결국 학교폭력은 학교생활의 부적응을 야기하여 학교 공부에 흥미를 잃게 하고 무단결석을 하게 만들며 학업성적이 떨어져 심각한 학교부적응 상태를 초래한다(김현숙, 2013).

① 신체폭력

신체폭력은 가해자가 피해자를 주먹으로 때리거나 발로 차는 등의 물리적인 폭행을 말하며, 형법상 폭행죄에 해당될 수 있다. 신체폭력은 소유물을 빼앗거나 지속적인 신체 학대행위로 확대되기도 한다. 가해학생은 성장과정에서 심리·정서적으로 상처를 심하게 받은 경우에 폭력행동이 나타나기도 한다. 자신의 행동으로 상대방이 얼마나 고통을 받는지에 대한 공감능력이 결여되어 있는 경우가 많고, 집단 간의 싸움은 신체적 폭행의 강도가 커져 보다 큰 싸움으로 번지기도 한다. 신체적 폭력은 서열 다툼으로 나타나기도 하여 지배와 피지배의 관계에서 가해자와 피해자의 입장이 된다. 신체폭력은 주로 은밀하게, 때로는 치밀하게 진행되어 드러나지 않고 잠복되어 있어 문제해결이 쉽지 않다. 폭행 사건이 발생했을 때 엄격하게 처벌하거나 방치하면 폭력학생의 행동을 더욱 폭력적으로 만들 수 있다(이재욱, 2012).

② 언어폭력

언어폭력은 정도에 따라 다양한 양상을 보이고, 놀림이나 조롱, 심한 욕설, 헐뜯기, 비난 등의 행위를 말한다. SNS 사용이 활발해지면서 온라인을 통한 거짓과 협박과 모욕 등의 언어폭력이 최근에 사회 문제로 급증하고 있다. 상대방의 약점을 과장·확대하여 말하거나 별명 등을 사용하여 괴롭히기도 한다. 청소년들 사이의 언어폭력은 심각한 정서적·정신적 상처를 남기고 때때로 신체폭행을 동반하여 돌이킬 수 없는 결과를 초래하므로 언어폭력은 학교 교육과 사회의 건전한 분위기 조성으로 근절시켜야 할 과제이다.

③ 집단따돌림

청소년들이 가장 두려워하는 폭력 중의 하나가 집단따돌림이다. 집단따돌림은 어떤 아동들이 다른 아동들에 의해서 빈번하고 규칙적으로 괴롭힘을 당하며 공격받는 것으로, 흔히 왕따라고 말한다. 피해학생은 개인적으로 신체가 허약하고 공감능력이 부족하거나 낮은 자아존중감을 가진 경우가 많으며(송미선, 2007), 가정적으로 부모와 의사소통이 적거나 부모에 대한 적대감정을 가진 경우에 자주 나타난다(구본용, 1997). 가해학생의 경우는 성적 부진 등으로 인한 좌절감이 학교생활에 부적응으로 나타나 다른 친구들을 괴롭히는 경우가 많다(이명신, 2000). 피해학생은 대인관계를 맺는 데 어려움을 느끼며 친구들과 우정을 나누는 능력이 부족하며 정신병적 증상이 나타나기도 한다.

(2) 학교폭력 예방

학교가 갖추어야 할 이상적인 모습은 '삶의 공간'이자 '배움의 공간'이어야 한다. 세상의 '현재'와 '미래'를 상상하고 현상의 근본 원리를 되묻고 각각의 지식을 연결하고 종합하면서 '배움의 즐거움'을 경험하는 곳이어야 한다. 그러나 학교 안팎에서 일어나는 학생 폭력은 증가하고 있고 학교폭력 예방프로그램의 필요성이 보다 강조되고 있는 분위기이다. 학교폭력 예방교육은 가해학생들뿐 아니라 일반학생을 대상으로 학교별 맞춤형 예방교육, 정신건강 서비스 지원, 교직원 및 학부모 대상 학교폭력 예방 교육을 꾸준히 실시하여야 한다. 그 외에 예방 교육을 위한 방안을 제시하면 다음과 같다.

첫째, 가정에서의 지속적인 관심이다. 초등학생 특성의 경우 중·고등학생에 비해 부모로 인한 영향력이 높기에 학교 부적응 문제가 학업 중단문제로 확대되지 않는 면이 있으므로 부모의 관심과 지속적인 사회적 지지가 요구된다(우미경, 2009; 윤연기, 2010; 김민주, 2011).

둘째, 체험형 교육을 확대하는 것이다. 학교폭력의 심각성을 체감하고 공감할 수 있도록 관련 연극, 뮤지컬 관람 등 문화체험형 예방교육 기회를 확대하고, 연극 및 역할극을 활용한 교육활동을 활성화하여 학생들의 상호소통과 이해 및 자기만족감을 증대하여야 한다.

셋째, 학교의 자율적인 예방활동을 활성화한다. 또래 집단 내에서 서로 도움을 받고 도울 수 있는 프로그램을 지속적으로 개발 및 보급과 학생들의 건전하고 자율적인 또래문화 형성을 지원한다. 또래보호, 또래상담, 학생자치법정 등 다양한 또래활동을 통해 학생 스스로 문제를 해결하는 역량 신장 및 문화를 확산하고 단위학교의 자율적 예방활동을 확대해야 한다.

넷째, 학교역량 제고 및 은폐·축소에 대한 관리·감독을 강화한다. 학교폭력 관련 민원에 대한 신속한 해결을 지원하기 위해 '학교폭력 민원제도'를 운영하고 은폐·축소 등의 민원발생 시 신속하고 공정한 처리를 지원하기 위해 '사안처리 점검단'을 운영한다거나 운영 성과 및 우수사례 공유 등을 통한 지속적인 운영 개선을 추진해야 한다.

다섯째, 안전한 학교환경 조성 및 전 사회적 대응체계를 구축해야 한다. 그를 위해 학교폭력 조사 및 신고 시스템 개선, 학교안전 인프라 확충, 지역사회의 예방 및 근절을 위한 활동을 확대해야 한다.

2 학대 및 성폭력·성매매 예방

1) 학대 예방

(1) 학대

학대는 아동의 평등한 자유와 권리를 박탈하거나 아동의 적절한 발달을 저해하는 행위 그리고 방임의 조건과 제도를 모두 포함한다(Gil, 1970). 가정폭력으로 학대를 경험한 아동들은 성인이 된 후 자신의 자녀들을 학대하며 자신이 과거에 받았던 학대경험을 반복하는 등 악순환이 될 수 있어 사회적으로 문제가 되고 있다.

첫째, 신체학대는 보호자를 포함해서 성인이 아동에게 신체적인 손상을 입히거나 신체적 손상을 입도록 허용한 우발적 사고를 제외한 모든 행위를 말한다. 구타나 폭력에 의한 멍이나 화상, 찢김, 골절, 장기파열, 기능의 손상 등이 해당되며 충격, 관통, 열, 화학물질이나 약물과 같은 다른 방법에 의해서 발생된 손상을 포함하는데 이를 경험한 아동들은 중복외상(multiple trauma) 혹은 누적아동기 외상(cumulative childhood trauma) 등을 경험했을 가능성이 높고, 누적아동기 외상은 단일외상에 비해서, 비대인관계적 외상과 성인기에 겪는 중복외상에 비해서도 정신

병리 및 조절상의 어려움, 나아가 대인관계 및 사회적 적응 등에서 부정적 영향을 미친다(Fergusson, Boden, & Horwood, 2008). 또한 외적인 상처와 심리적인 문제를 남기게 되고, 부모의 폭력적인 모습을 반복적으로 접하고 익히게 되면서 자신이 성인이 되어서 폭력을 행사하는 세대 간 폭력으로 전이될 수 있다(김혜영 · 석말숙, 2003; 김성일, 2005).

둘째, 방임은 보호자가 아동에게 고의적으로 반복적인 아동보호 및 양육을 소홀히 하여 아동의 정상적 발달을 저해할 수 있는 모든 행위를 말한다. 아동은 학대한 양육자에게 의존되어 있기 때문에 폭력 앞에서 이들은 신체적, 정서적, 성격적으로 무기력해지고 황폐화된다(임혜나, 2016).

셋째, 정서적 학대는 양육자나 보호자가 아동에게 감금이나 억제, 언어적 모욕, 정서적 위협, 기타 가학적인 행위를 하는 것을 말한다. 가학적이거나 악의적이며 양육자에 의해 당한 마음의 상처이기 때문에 성장과정의 삶에도 영향을 줄 수 있다. 또한, 기간과 증상이 길어져 만성이 된다면 전체 기억에 대해서 해리방어가 나타나거나 신체화 증상으로 이어지기도 한다(Allen, 2005).

넷째, 성적 학대는 성인의 성적인 충족을 위해서 미성숙한 아동과 함께하는 모든 성적인 행위를 말한다. 아동의 경우, 외상사건을 경험할 경우 위협과 공포를 느끼며, 일시적이거나 영구적으로 대응능력을 잃게 되며 자아개념도 변할 수 있다(Solomon & Siegel, 2003; 장정수, 2007).

(2) 학대 예방

오늘날의 다양한 가족의 형태는 아동이 성장, 발달하는 과정에서 때때로 학업 · 정서적 · 행동적 · 낮은 자존감 등의 문제를 경험하게 한다. 가정, 학교, 학교 밖에서 일어나는 폭력의 수위는 점점 지능적으로 증가하고 있는 상황이므로 학대 폭력예방 교육을 꾸준히 실시하여야 한다. 그 외에 예방교육을 위한 방안을 제시하면 다음과 같다.

첫째, 신고의무를 활성화한다. 아동복지법 제25조에 의하면, 누구든지 아동학대를 알게 되었을 때는 아동보호전문기관 또는 수사기관에 신고할 수 있으며, 특히 신고의무자들은 직무상 아동학대를 알게 된 때에는 즉시 아동보호전문기관 또는 수사기관에 신고(1577, 1391, 129, 112, 119)하여야 한다고 규정하고 있다. 이에 가정에서든 학교에서든 기관에서든 학대예방에 관련된 신고자는 동법 제25조 제3항에 의해 신고인의 신원보호가 보장되므로 아동학대 발견 시 신고의무의 역할을 신속하게 수행해야 한다.

둘째, 부모의 스트레스를 완화시킬 수 있는 노력이 필요하다. 부모의 스트레스를 완화시켜 주기 위해 생활변화에 기능적으로 대처할 수 있도록 학대 부모에 대한 다양한 사회적 기술훈련과 함께 실제 생활에 접목할 수 있는 지식과 기술습득이 필요하다.

셋째, 지역자원의 제공이 마련되어야 한다. 부모의 고립감으로 인해 아동을 학대하는 경우, 비슷한 처지의 부모들끼리 정기적으로 만나 서로의 경험을 나누는 부모자조집단을 조직하거나 참여해야 하고, 지역에서는 가족과 아동에게 도움이 필요하다면 언제든지 전문상담원을 통해 관련 서비스와 자원이 제공 되도록 체계적인 지원이 필요하다.

넷째, 아동학대예방관련 홍보가 활성화되어야 한다. 아동학대의 예방과 방지, 위반 행위자의 계도를 위한 교육 홍보영상을 공중파 방송으로 송출하고, 전광판·무료 옥외광고를 실시하고 SNS 서비스와 기업체 프로모션 등을 활용하여 학대예방에 국민이 적극적인 참여를 유도한다(한미현 외, 2016).

다섯째, 부모역할에 대한 지속적인 교육이 필요하다. 미국 등 선진국에서 실시하고 있는 부모교육처럼 학대의 원인이 아동의 특성인 경우에는 부모, 자식 간의 애착증진 교육, 부모의 대처능력 부족과 정서결함인 경우에는 부모역할에 대한 교육, 아동발달에 대한 부모의 기초지식이 부족한 경우에는 아동성장발달에 대한 교육 제공이 필요하다(김주아 외, 2015).

2) 성폭력 예방

(1) 성폭력

"성폭력(sexual violence)이란 상대방의 의사에 반하여 힘의 차이를 이용하여 가해자의 일방적인 성적 행위를 통해 상대방의 성적 결정권을 침해하는 모든 성적 행위"를 말한다. "사회적, 신체적으로 우월한 지위를 이용한 남성이 여성에 대한 성적 자기결정권을 침해하는 행위뿐만 아니라 동성 간에 이루어지는 어느 일방의 성적 자기결정권의 침해"도 포함한다. 특히 아동·청소년들은 주위 친구들의 집단따돌림이나 성폭력 경험을 알면서도, 피해자를 돕지 못하는 방관자로서, '내가 아니라서 다행!'이라는 소극적 태도를 보일 수 있으나 불의를 보고도 아무런 대응을 하지 못했다는 생각은 두려움, 수치심 등 건강한 심신의 성장발달을 크게 저해하게 된다. 성폭력 피해 아동들 중에는 신체학대 등 중복학대집단이 더 높은 외상 후 스트레스 장애(PTSD) 진단율 및 외상 후 스트레스 장애(PTSD) 증상을 보였으며, 아동기에 중복된 대인관계 외상을 겪은 사람들은 성인기에 이르러서도 여전히 높은 외상 후 스트레스 장애(PTSD) 증상을 보이고 있다(Cloitre et al., 2009). 사고나 폭행, 범죄, 단일 성폭력과 같은 단일외상과 지속된 학대와 방임의 영향을 외상 후 스트레스 장애(PTSD) 증상과 비외상적 증상으로 나누어 비교했을 때, 외상 후 스트레스 장애(PTSD) 증상은 단일외상 아동들이 더 높았으나 외상과 직접 관련이 없는 정서 문제, 행동 문제, 또래 적응 등의 다른 정신건강 영역에서는 지속된 아동기 외상이 더 부정적인 것으로 나타났다(Lindauer, 2013). 즉, 아동기 외상이 누적되는 경우 그 경험은 여러 영역에서 매우 부정적인 영향을 미치나 단일외상과 같은 충격적인 외상으로서의 영향이라고 할 수 있는 외상 후 스트레스 장애(PTSD) 증상과 직접적인 상관은 상대적으로 낮을 수 있다.

표 11-1 성폭력의 유형

유형		주요 내용
행위	강간	폭행·협박에 의해 상대방의 반항을 곤란하게 하여 가해자가 자신의 성기를 피해자의 성기로 강제로 삽입시키는 행위
	유사강간	폭행 또는 협박으로 상대방에 대하여 구강, 항문 등 신체(성기는 제외한다)의 내부에 성기를 넣거나 성기, 항문에 손가락 등 신체(성기는 제외한다)의 일부 또는 도구를 넣는 행위
	강제추행	폭행·협박에 의해 성교는 하지 않고 가슴, 엉덩이, 성기 부위에 접촉하거나, 키스, 음란한 행위, 피해자나 가해자의 성기를 노출시키는 등 성적 수치심을 가지게 하는 행위
	성희롱	업무 또는 고용, 기타 관계에서 성적 언동 등으로 성적 굴욕감 또는 혐오감을 느끼게 하거나 성적 언동 또는 그 밖의 요구에 따르지 아니하였다는 것을 이유로 불이익을 주는 행위
	성학대	보호하거나 양육하는 대상인 청소년에 대한 성적 가혹 행위
	스토킹	상대방이 원하지 않는 데도 계속 일방적으로 쫓아다니면서 괴롭히는 행위
	사이버 성폭력	온라인상에서 상대방의 동의를 구하지 않고 원치 않는 성적 대화나 메시지를 전달함으로써 불쾌감, 위협감 등을 느끼게 하는 것
대상	아동	13세 미만 미성년자에 대한 간음, 강간, 강제추행 등의 성폭력 행위 ※청소년성폭력과의 차이점: 폭행 또는 협박이 필요하지 않고, 피해자의 동의가 있더라도 처벌됨
	청소년	13세 이상 19세 미만 미성년자에 대한 강간, 강제추행 등의 성폭력 행위
	장애인	신체장애: 정신장애를 가졌다는 이유로 가해지는 신체적·언어적·정신적 폭력
관계	또래	또래 친구들 사이에서 발생하는 성폭력 행위
	낯선 사람	전혀 알지 못하는 타인에 의한 성폭력
	친족	4촌 이내의 혈족·인척과 동거하는 친족(사실상의 관계에 의한 친족을 포함)관계인 사람이 강간, 강제추행 등 성폭력을 행사한 경우
	지인	가해자가 피해자의 이웃, 부모의 지인, 친구의 가족인 경우 등과 같이 피해자와 가해자가 서로 아는 사이인 상태에서 발생하는 성폭력 행위
	데이트	애인 관계와 같이 친밀한 관계를 이용하여 가해지는 성폭력으로, 일방의 명백한 동의 없는 상태에서 성적인 언행을 하는 등 상대방의 일방적인 강요나 조정에 의해 일어난 성폭력 행위

출처: 교육부(2014). 성폭력 사안처리 가이드-교원용.

가해청소년의 경우 대부분이 낮은 자존감, 공격성 및 충동성, 공감능력 부족이라는 심리적 특성을 보였으며 관계형성능력의 부족, 장기조망능력의 부족, 가치관의 혼란, 문제해결능력의 부족 등 개별적 특징과 문제적인 부모, 학교에서의 부정적 경험이라는 사회적 특성을 나타낸다.

(2) 성폭력 예방

"성폭력은 불가피한 현상이 아니며, 예방이 가능하다."는 인식이 확산되고 있기에 아동, 여성들을 대상으로 하는 성폭력 범죄는 불가피한 것이 아니다. 개인, 사회, 국가의 노력 여하에 따라 변화가 가능하다(Lara Fergus, 2012).

첫째, 지속적인 홍보가 요구된다. 최근 부모 및 가족지원 프로그램들은 대부분 위기대상이나 상황에 초점이 맞춰져 있다. 그러다보니 심각한 사례로 불안을 간접경험하게 되는 경우가 생기는데, 가정 안에서 실천할 수 있도록 예방차원의 성교육 광고나 홍보가 필요하다.

둘째, 체계적인 가족접근이 요구된다. 청소년의 경우 성인으로서 아직 완전한 독립을 이루지 못한 상태이므로 가족관계의 영향을 받을 수밖에 없다. 이전의 성폭력, 가정폭력, 가정해체 등의 경험이 성폭력 가해자들에게서 더 높게 발견되고 있다는 점을 참고한다면, 가족에 대한 접근이 필요하다.

셋째, 꾸준한 교육이 진행되어야 한다. 성폭력 가해청소년들이 그동안의 잘못된 학습으로 인해 가지고 있던 인지적인 오류를 감소시키기 위해 가정은 물론 어린이집, 유치원, 학교, 기관 등에서 지속적인 성교육이 필요하고 성폭력을 용인하는 문화에 대한 접근을 시도하는 것이 필요하다. 성폭력 예방에 도움을 주는 기관으로는 한국성폭력 상담소(02-338-5801), 한우여성민우회성폭력상담소(02-335-1858), 여성긴급전화(국번 없이 1366), 대한법률구조공단(132), 한국여성의전화(02-2263-6465), 위민넷 여성위기상담(02-2269-0212)기관이 있다.

3) 성매매 예방

(1) 성매매

청소년 성매매의 문제가 사회적 이슈가 되면서 정부는 청소년의 성매매와 관련한 성매매방지법으로 「성매매 알선 등 행위의 처벌에 관한 법률」과 「성매매방지 및 피해자보호 등에 관한 법률」을 제정하여 청소년 성매매와 관련한 처벌 규정을 제시하고 있다. 특별히 청소년의 성보호를 위해 「아동·청소년의 성보호에 관한 법률」을 별도로 제정하여 아동·청소년을 19세 미만의 자로 정의하면서 성매매를 엄격히 규제하고 있다. 청소년의 성경험은 금품을 매개로 한 성매매로 이어질 수 있다는 점을 고려해야 하며, 성매매가 발생되는 다양한 요인을 인식할 필요가 있다.

첫째, 성매매 발생 개인적 요인으로 청소년의 성에 대한 부적절한 태도, 조숙한 성경험, 왜곡된 성가치관, 물질주의적 가치관 등과 같은 개인의 가치관과 어렸을 때의 성학대나 성폭력 경험 등의 개인적 경험 혹은 음주, 흡연, 약물 등의 유해물질에의 노출, 심지어 호기심 등이 영향을 미칠 수 있다. 특히 아동기의 신체적, 정서적, 성적학대 경험은 청소년의 성매매에 대한 직접적 요인이 되며(이해경·이경성·신현숙, 2004; 황주희, 2004; 홍봉선·남미애, 2007), 아동기에 친(양)부모나 형제를 포함한 주변 사람에 의한 성폭력 피해 경험도 청소년의 성매매에 영향을 미친다(조아미·이명화, 2001).

둘째, 성매매 발생 가족관련 요인으로 가족이 해체되었거나 청소년이 부모로부터 충분한 애정을 받지 못하고 지지를 받지 못한 채로 성장했거나 부정적인 부모-자녀 관계를 지닌 경우에 더 자주 발생한다. 그리하여 부모의 이혼, 부모의 불화나 갈등, 부모의 무관심, 가정의 경제상황이 열악한 경우의 부모는 자녀를 돌보기가 어려워 자녀를 방임하거나 지나치게 통제하거나 거부하는 경향이 있다. 이러한 부모의 양육행동이나 태도는 청소년 자녀를 방황하게 하고 비행에 빠지게 함으로써 성매매에 빠지게 하는 원인이 되기도 한다.

셋째, 성매매 발생 친구관련 요인을 들 수 있다. 청소년기는 또래의 영향력이 크기 때문에 어떤 유형의 친구와 어울리는지에 따라 청소년의 삶이 좌우될 수 있다. 친구의 부추김이나 소개, 청소년 성매매에 대한 또래집단의 허용적 문화 등이 청소년 성매매의 중요한 요인이 된다는 조성연, 이용교와 방은령(2000)의 연구결과로도 입증된다. 청소년 시기는 자신과 비슷한 과정을 경험하는 또래를 통해 심리적 인정과 지지를 얻음과 동시에 친구와의 관계 속에서 행동을 함께하도록 동조압력을 받는 경우가 많다. 따라서 성매매 행위를 결정하는 과정에서 비행을 경험했거나 그런 행동이 용인되는 또래문화에 쉽게 접하는 청소년일수록 성과 관련된 문제에 노출될 경향이 크고, 그것이 성매매로 이어질 수 있다.

넷째, 성매매 발생 학교관련 요인으로 청소년은 많은 시간을 학교에서 생활하기 때문에 교사와 친구의 지지 및 학교체제가 청소년의 전반적인 생활에 중요한 영향을 미친다. 성매매 청소년의 상당수가 학교생활에 잘 적응하지 못함으로써 학업성취도가 낮고, 학교공부와 학교생활에 대한 몰입 정도도 낮아 학교를 중퇴한다는 연구결과(남미애, 2001; 조아미 · 이명화, 2001)와 일치한다. 사회적 지지망이 없거나 약하며, 학교에서 교사의 지지를 받지 못하는 청소년은 쉽게 성매매를 할 수 있다.

(2) 성매매 예방

많은 시간을 학교에서 보내는 청소년들이기에 이 시기를 잘 적응하도록 하기 위해 가정, 학교, 사회에서는 특별한 관심과 노력이 지속되어야 하고, 청소년기에 할 수 있는 일탈적 행동을 단호히 거부하고 자신이 좋아하고 잘할 수 있는 다양한 흥미, 활동 등에 몰입하는 방법을 배우고 익힐 수 있도록 사회적 지지가 필요하다.

첫째, 가족적 측면에서 부모와 자녀의 갈등을 해결하고 관계를 개선하려는 노력이 필요하며 현재 부모의 자녀 지도방식이 자녀에게 미치는 영향과 청소년기의 자녀에 대한 효과적인 지도방식 등에 대한 부모교육이 필요하다(정규석 외, 2014).

둘째, 청소년 성매매는 아직 신체적으로나 정신적으로 미성숙한 청소년으로 하여금 너무 이른 시기에 불건전한 성관계를 경험하게 함으로써 청소년 성비행의 연령을 하향화시키고, 그 정도를 심화시킴과 동시에 임신과 낙태를 유발하여 영아 유기나 살해, 살인, 강간, 성폭력, 절도 등의 범죄를 양산하는 사회적 병리현상을 가속화시킬 수도 있다. 이에 학교는 청소년들이 건전한 성가치관을 확립할 수 있도록 성교육을 실시해야 하므로, 유혹에 시달리지 않고 건전한 삶으로 살아가며 자아정체감을 확립하도록 도와야 한다(전동일 외, 2016).

3 양성평등 교육

민주사회에서 인간은 존엄하며 법 앞에서 평등하다. 개인의 존엄성과 평등은 어떠한 경우에라도 보장받아야 하는데, 개인에 대한 차별이나 불평등 의식은 현대 민주사회의 발전에 걸림돌이 된다. 특히 국제화 사회에서 남녀에 대한 성차별이나 불평등 의식은 점차 사라지고 있다. 양성평등 교육의 이해를 위해 성역할과 양성평등에 관해 살펴보기로 한다.

1) 성역할

성역할(sex role)이란 각 사회문화가 여성, 남성에게 기대하는 행동기준을 말하며 시대적, 문화적 요구에 따른 특징을 갖는다. 성역할은 유아기에 형성되어 이후에 성인이 되어서까지 전 일생에 걸쳐 지속적 영향을 미치므로, 올바른 성역할 개념의 습득은 매우 중요하다. 성역할을 사회적 성(gender)과 생물학적 성(sex)으로 구분하면, 사회적 성은 성정체성(gender identity)과 관련하여 사회적・문화적으로 획득된 사회적 성을 의미하며, 생물학적 성은 사람의 신체적, 유전적 측면과 관련된 성을 의미한다. 전자는 남녀별로 다르게 기대되는 문화적인 속성을 의미하며 후자는 타고난 호르몬 또는 생물학적 변인에 기인한다. 성역할 정체감의 혼란은 개인의 삶에 많은 혼란을 가져온다.

2) 양성평등

(1) 양성평등의 의미

양성평등은 '양성이 평등하다'는 문장을 줄인 말이다. 즉, '양성이 평등하다'는 말은 '남녀는 인간으로서 평등하다'는 뜻으로 볼 수 있고, '남녀는 인간으로서 평등해야 한다'는 뜻으로 볼 수 있다. 그러나 양성평등의 개념이 등장하기까지 과거

여성은 오랜 성차별을 경험해야 했다. 역사를 통해서도 알 수 있듯이 대체로 여성의 지위가 남성에 비하여 낮았고, 여성이 성차별을 받아 온 것은 사실이다. 이러한 남성중심의 사회구조는 지배와 복종에 관한 인류의 역사 가운데 가장 오래된

상자 11-1 양성평등에 대한 이해

■ 양성평등을 위한 노력의 실례

- 참정권 운동과 여성해방운동
- 국제연맹에 의한 남녀평등 규정과 국제연합에 의한 「세계인권선언」, 「국제인권규약」, 「여성차별철폐선언」 등

■ 양성평등의 규범적 의미, 법적 의미, 행정학적 의미에 대한 이해

- **평등의 규범적 의미:** 평등권은 국가 권력이 입법 · 행정 · 사법의 모든 분야에서 '같은 것과 같지 않은 것'을 구별하는 판단의 준거를 정하는 것이 난제로 제기된다(이윤경, 1999). 이 원칙들이 평등에 관한 모든 것을 해결해 주는 것은 아니지만, "남녀 모두에게 합리적 판단에 의해 '같은 것은 같게', '같지 않은 것은 같지 않게' 대우하는 것"으로 해석될 수 있다(조영택, 2005). 결국 남녀평등은 상대적 평등을 의미하며, 국민들의 실생활에서의 구속력은 없다.
- **평등의 법적 의미:** 제11조 제1항은 "모든 국민은 법 앞에 평등하다. 누구든지 성별 · 종교 또는 사회적 신분에 의하여 정치적 · 경제적 · 사회적 · 문화적 생활의 모든 영역에 있어서 차별받지 아니한다."라고 규정하고 있다. 이러한 헌법상의 규정은 성문법과 불문법 등 모든 법을 집행함에 있어 첫째, 남자와 여자를 차별하면 안 되며, 둘째, 법을 집행함에 있어 행정과 사법뿐만 아니라 입법 자체도 남성과 여성을 차별해서는 안 된다. 셋째, 헌법상 양성이 법 앞에 평등하다는 것은 남성과 여성의 신체적 구조, 생리적 차이를 무시하고 획일적으로 동등하게 대우해야 한다는 의미는 아니다. 여성이 본질적으로 평등하다는 것을 자의적으로 불평등하게 취급하거나, 본질적으로 불평등한 것을 자의적으로 평등하게 취급해서는 안 된다는 뜻이다(이문현, 1995).
- **평등의 행정학적 의미:** 행정은 입법부나 사법부와 같이 규정된 법에 따라 판단하는 것뿐만 아니라 정책의 시행이나 서비스 제공 등의 행정 행위의 결과를 판단함에 있어 그 가치판단이나 만족도 등을 명확한 기준이 없는 모호한 것에 대한 판단을 할 때가 많다. 그 과정에서 정치나 사회의 변화, 여론 등의 영향에 민감하므로 행정에서의 양성평등 접근은 더욱 어렵다(조영택, 2005). 행정은 유아, 학생, 학부모, 노동자, 교원, 군인, 종교단체, 종친회 등의 이념, 조직, 혈연, 이익 등 다양한 집단이 대상이 된다.

것이라고 말할 수 있다(엄판호, 1999). 이러한 성적 불평등 관계는 세월을 지나오면서 양성평등을 위한 노력으로 점진적으로 발전되었다.

(2) 양성평등을 위한 노력

여성과 남성이 평등한 사회를 구현하기 위한 우선적인 노력은 평생교육의 관점에서 평생 이루어져야 하고, 특히나 가정에서의 생활에서 이루어지지 않으면 더불어 사는 세상에서의 실효를 거두기 쉽지 않다. 성역할에서부터 양성평등이 생활에서 올바르게 실현될 수 있도록 가정, 학교, 사회 등에서의 지속적인 노력이 요구된다.

첫째, 양성성에 입각한 놀이활동을 늘린다. 가정에서는 각자의 개성과 능력이 발휘될 수 있도록 어릴 때부터 자신이 선택한 역할 및 놀이를 할 수 있도록 기회를 제공해야 한다. 특히 첫 자녀가 딸인 경우 남자와 같이 키우고자 하는 마음으로 부모는 자녀가 선택한 놀이보다는 남자 아이들에게서 주로 보이는 놀이나 활동에 관심을 갖도록 하거나 치중하게 하는 등의 활동은 지양해야 한다.

둘째, 자녀가 자립적인 마음과 태도 능력을 배양하도록 환경이나 상황을 마련해주는 것이 필요하다. 양성평등은 문화에 따른 기존의 편견을 극복하고 각 문화의 독특성을 존중하는 사회가 되도록 하는 데 의미가 있으므로 유아에서부터 긍정적인 자기정체성 발달과 사회적 편견에 적극적으로 대처할 수 있는 다양한 교육적 접근(방인옥 · 박찬옥 · 이기현 · 김은희, 2001)이 이루어져야 하고, 그 과정을 통해서 양성 중 어느 특정 성에 대하여 부정적인 감정이나 고정관념, 차별적인 태도를 가지지 않고, 생물학적 차이를 사회 · 문화적 차이로 직결시키지 않으며, 남녀 모두에게 잠재되어 있는 특성을 충분히 발현하여 자신의 자유의지로 삶을 계획하고 세상을 볼 수 있도록 사고를 확산하는 기회의 시간을 갖도록 하는 일이 필요하다.

셋째, 생애주기별 양성평등 교육은 유아기, 아동기, 청소년기, 중년기, 노년기를 살아가는 전 생애 동안 이루어져야 하는 과정이므로, 올바른 양성평등 의식발달을 지지하고, 일상생활 속에서 자연스럽게 양성평등이 실현될 수 있도록 지속적인 노력이 필요하다.

상자 11-2　2012년도 생애주기별 양성평등의식 교육

■ 양성평등을 방해하는 생각들

- 여자는 집안살림만 하는 것이 좋다.
- 여자의 행복은 전적으로 결혼을 잘 하는 데 있다.
- 남자는 씩씩하고 용감하고, 여자는 순종적이어야 한다.
- 남녀가 똑같이 일을 하는 경우 임금, 승진의 기회가 우선 남자에게 주어져야 한다.
- 남학생들에게 여학생들보다 철저한 직업교육을 시켜야 한다.
- 남녀가 함께 일하는 조직에서 책임자는 남자가 되어야 한다.
- 남자는 여자보다 지도자가 될 수 있는 능력이 많다.
- 여자는 남자에 비해 의존적이다.
- 남자가 울기는 왜 울어. 눈물을 보이는 남자는 연약하고 능력이 없는 남자이다.

■ 양성평등 실천을 촉진하는 생각들

- 집안 살림은 가족이 함께 분담한다.
- 행복은 남성과 여성이 함께 노력해서 이룰 수 있다.
- 여자나 남자 모두 능력과 적성에 맞는 직업을 찾아야 한다.
- 남녀가 똑같이 일을 하는 경우 임금, 승진의 기회도 동등하게 주어져야 한다.
- 21세기에 한국이 한 단계 업그레이드된 선진국이 되기 위해서는 경제성장뿐 아니라 선진적 시민의식을 갖추어야 하는데, 그 중 하나가 양성평등의식이다.
- 인종 간 또는 지역 간의 차별의식을 극복하기 위해서는 인간존중이 밑바탕 정신이 되고, 국민화합의 근본이라 할 수 있는 양성평등의식이 최우선적으로 이루어져야 한다.
- 여성을 보호하는 정책에서 양성평등으로 정책 패러다임이 변화하고 있다. 출산율은 미래의 우수한 노동력 확보와 직접 연결되기 때문에 남성에게도 적용되는 모성보호정책은 더욱 강화되어야 한다.
- 양성평등정책이 선언적 평등에서 실질적 평등으로 전환되는 과정은 남녀가 윈윈하는 관계로 발전되어야 한다. 양성평등사회를 이루기 위해서는 국가의 노력뿐 아니라 개인차원에서의 노력도 필요하다.

출처: 한국양성평등 교육진흥원(2012). 2012년도 생애주기별 양성평등의식교육.

감수성 높이기

1. 학교폭력의 유형을 어느 정도 알고 있는지 확인해 보세요.

① 신체폭력 ② 언어폭력 ③ 금품갈취 ④ 강요 ⑤ 따돌림 ⑥ 성폭력 ⑦ 사이버폭력 예) 신체폭력이면 ①		
1	목을 졸라 기절시키고 깨어나면 때리고 다시 기절시키는 행동 반복	
2	아무 이유 없이 지나가면서 머리를 하루에도 몇 번씩 때림	
3	'5만 원 가지고 놀이터로 오지 않으면 죽어.'라고 문자를 보냄	
4	싸움 잘하는 학생이 약한 학생에게 자신의 청소를 대신 시킴	
5	말을 듣지 않으면 끌고 가서 때리겠다고 함	
6	돈을 갚을 확실한 약속 없이 자꾸 빌려 달라고 하고 갚지 않는 경우	
7	'나는 네가 너무 재수 없어.'라는 말을 상대방 학생을 볼 때마다 함	
8	종이에 '죽여 버리겠다.' '몸 조심해.'라는 말을 적어 보냄	
9	뒷담화를 했다며 가서 다짜고짜 때림	
10	'넌 얼굴이 너무 환자같이 생겨서 기분 나빠!'라고 말함	
11	학교 짱이 학생들에게 2천 원씩 일괄적으로 걷어 오라고 시킴	
12	마주칠 때마다 '뻐큐'를 하며, 주먹을 쥐고 무서운 표정을 지음	
13	사이버상에서 자신의 게임 아이템을 상대방에게 대신 키우도록 협박	
14	야한 동영상을 캡처하여 자신이 싫어하는 학생에게 이메일로 보냄	
15	싫은 학생의 운동화에 락스를 부음	
16	지나갈 때 부딪히는 척하면서 가슴을 만지는 행동을 2~3번 반복함	
17	조별 숙제를 하면서 같은 반 학생들이 한 학생을 의도적으로 배제시킴	
18	선배가 자신의 생일이라고 비싼 선물을 달라고 해서 운동화를 사 줌	
19	싫어하는 학생의 가방에 여러 번 뱀 모양의 모형을 넣어 두어서 놀라게 함	
20	여러 명이 한 명의 학생이랑 놀지 말자면서 인사도 받지 않음	
21	'쟤네 집은 가난해서 00도 가지 못할 거야.'라고 소문을 냄	
22	수업 시간에 바로 뒷자리에서 샤프나 볼펜으로 계속 찌름	
23	학교 화장실에서 일진 신고식을 한다며 학생들 뺨을 때림	
24	일부러 소문을 내서 다른 학생들이 피해학생을 싫어하도록 조장함	
25	게임 아이템을 주지 않으면 '가만 두지 않겠다.'고 협박하여 빼앗음	

문항	1	2	3	4	5	6	7	8	9	10	11	12	13
정답													
문항	14	15	16	17	18	19	20	21	22	23	24	25	
정답													

출처: 청소년폭력예방재단 · 서울대학교 교육연구소(2008). 학교폭력 사안처리 가이드북. 교육과학기술부. 20.

2. 최근 발생한 폭력사례(학교폭력, 가정폭력, 성폭력, 아동학대 등) 중 한 사례를 선택하여 예방대책에 대해 이야기해 보세요.

정답 : 1-①, 2-①, 3-⑦, 4-④, 5-②, 6-③, 7-②, 8-②, 9-①, 10-②, 11-③, 12-②, 13-④, 14-①, 15-③, 16-⑥, 17-⑤, 18-③, 19-⑤, 20-⑤, 21-②, 22-①, 23-①, 24-⑤, 25-③

Chapter 12

봉사, 기부하는 세상

1. 봉사하는 사회
2. 기부하는 사회

인간의 진정한 재산은
그가 이 세상에서 행하는 선행이다.

by 마호메트

자원봉사는 개인 또는 단체가 지역사회, 국가 및 인류사회를 위하여 대가 없이 자발적으로 지식, 재산, 노력, 시간 및 기술 등의 자원을 제공하는 활동을 말한다. 이는 이타적 마음의 산물이며 세상을 아름답게 밝히는 등불의 역할을 한다. 또한 자원봉사를 통해 자기성장을 경험하는 일은 봉사자 스스로에게 보람과 즐거움을 주는 공동의 행복을 추구하는 과정이라 할 수 있다.

기부에도 사람들의 다양한 참여형태, 즉 물품기부 및 현금기부, 재능기부 등 여러 가지 유형이 있다. 기부의 형태 및 기부에 영향을 미치는 다양한 요인을 이해하고 각자가 행할 수 있는 가능한 영역을 찾아 자신이 할 수 있는 봉사와 기부를 적용하는 데 도움이 된다.

이 장에서는 예비부모로서 더불어 사는 아름답고 행복한 공동체를 이루어가는 데 기여하는 방법 중 하나인 봉사와 기부를 실천하는 가정을 이루는 데 목적을 둔다.

Chapter 12 봉사, 기부하는 세상

1 봉사하는 사회

1) 봉사

(1) 봉사의 의미

우리나라의 봉사활동은 오래전부터 하나의 미풍양속으로서 개인의 이익보다는 타인이나 공공의 목적을 위해서 자신이 소유한 물적 · 시간적 자원을 제공하는 것을 의미한다(최은숙, 2012). 자원봉사활동은 1903년에 설립된 YWCA연맹의 활동, 1905년에 설립된 대한적십자사의 활동, 1927년에 발족된 4-H의 활동과 새마을운동, 대학생들의 농촌봉사활동(농활), 해방 이후의 야학, 1950년에 창설된 유니세프 한국위원의 활동, 1978년에 개설된 한국 사회복지협의회의 지속적인 활동, 1986년 아시안게임과 1988년 서울올림픽에서 보여준 도우미정신과 활동, 1990년대의 포항자원봉사센터 자원봉사활동, 1995년 5.31 교육개혁운동에 포함된 청소년들의 자원봉사활동이 확산되었다. 2003년 사회복지법의 개정으로 구축된 민관조직의 지역사회복지협의회를 구성하여 이제 우리나라에서도 본격적인 자원봉사활동을 발전시키려는 의지가 표명되었다(이영희, 2007).

교육 분야에서도 사회봉사활동의 중요성은 1995년 봉사활동을 학생생활기록부에 반영하도록 한 정부의 교육개혁방안에서 제시되었다. 이때부터 학교 내외 자원봉사활동의 내용과 참여시간을 종합생활기록부에 기재하여 관리하는 것을 의무화하고 상급학교 진학 시 반영하도록 하였다(신교육체제수립을 위한 교육개혁방안, 1995). 이 시기에 대학에서도 일부 대학이 사회봉사과정을 도입하여 현재 다양한 형태의 사회봉사과정이 운영되고 있다. 오늘날 우리가 사용하고 있는 사회봉사라는 명칭은 자원봉사, 자원봉사활동, 자원활동 등 다양하게 사용되고 있다. 영어로도 volunteering, social work, voluntary service, volunteer activity 등 다양하며, 그 의미도 연구자에 따라 다양하게 사용되고 있다.

자원봉사는 자유의지라는 뜻을 가진 라틴어에서 유래되었다. 이 단어의 의미에는 무상봉사자라는 뜻이 포함되어 있다. 또한 자원봉사는 개인 또는 단체가 지역사회 · 국가 및 인류사회를 위하여 대가 없이 자발적으로 시간과 노력을 제공하는 행위를 말한다(우태식 · 김창래, 2015). 또한 자원봉사는 대가와 보수를 기대하지 않고 타인을 위해 자발적 의지로 시간, 재정, 재능 등을 할애하는 이타심의 산물이다. 자원봉사를 통해 지역사회의 문제를 인지하고 문제를 해결하기 위한 실천적 노력을 찾기 때문에 자원봉사는 협의적인 개념으로는 스스로 뿌듯함을 경험할 수 있고 광의적인 개념으로는 세상을 밝게 하는 등불의 역할을 하게 된다. 자원봉사를 통해 자기성장을 경험함으로써 봉사자 자신도 보람과 즐거움을 느끼는 공동의 행복을 추구하는 과정이라 할 수 있다. 따라서 자원봉사는 국가의 국력을 측정하는 물질 자본(physical capital), 인적 자본(human capital)과 동등한 제3의 자본인 사회자본(social capital)이라 할 수 있다(심정수, 2014). 자원봉사활동이란 다른 사람이나 물질의 힘에 의지하지 않는 개인의 자유로운 결정, 즉 자발성을 핵심으로 경제적 이득을 얻기 위한 직업의 형태가 아닌 무상으로 개인, 집단, 지역사회에서 발생되는 제반 사회문제를 예방 · 해결하고 사회적 환경을 개선하기 위하여, 자신이 가지고 있는 재산, 지식, 시간, 노력 및 기술 등의 자원을 제공하는 활동이라고 정의할 수 있다(강용규, 2012).

이상에서 제시된 것처럼 사회봉사는 자발성이 전제되어 있음을 알 수 있다. 즉, 봉사활동은 자기 스스로 이웃이나 공동체의 문제를 해결하는 데 자발적으로 참여하는 특징이 있다. 뿐만 아니라 봉사활동은 노력의 대가를 바라는 것이 아니라 순수한 봉사, 즉 무보수성이라는 특징이 있다. 더 중요한 것은 남을 위한 봉사가 궁극적으로는 봉사자 자신의 자아를 재발견하게 하고 자신의 잠재력을 계발하는 큰 선물이라는 것이다.

(2) 봉사활동의 필요성

사람들이 봉사활동을 하는 이유는 다양하지만 남에게 도움을 주려는 순수한 마음일 것이다. 조엽일(1998)은 사회봉사활동을 통한 교육 효과를 다음과 같이 제시하였다. 첫째, 사회봉사활동은 학생들로 하여금 타인과 협력하고 인간관계를 유지하게 함으로써 자기발전과 성숙에 기반이 되어 사회성을 기르고 자아실현을 할 수 있다. 둘째, 취미를 향상시키고 여가를 활용할 수 있다. 셋째, 자신의 적성을 발견할 수 있는 기회를 제공하며, 새로운 기술을 학습할 수 있게 하고 이미 가진 기술을 더욱 발전시키게 한다. 넷째, 신체적·정신적 건강을 지닌 전인적 인간으로 성장할 수 있다. 다섯째, 자신감을 갖게 하고 잠재적인 지도력을 개발하여 학습경험을 보다 풍부하게 한다. 여섯째, 민주주의 정신을 함양한다. 즉, 학생들에게 모든 일에 참여하게 하여 자발성과 협동심을 일깨워 줌으로써 민주주의 사회의 기반이 되는 민주주의 정신을 함양할 수 있다.

이영희(2007)는 자원봉사활동의 필요성을 다음과 같이 제시하였다.

첫째, 인간에 대한 존엄성과 가치를 인식한다. 가령, 장애인에 대한 봉사활동의 경우 청소년들로 하여금 나와 다르지 않다는 인간에 대한 존엄성을 통해 가치인식을 깨닫게 해 준다.

둘째, 사회성을 개발시켜 준다. 봉사활동은 그 과정에서 많은 사람들과 다양한 문화를 접하게 한다. 이러한 과정을 통해 다른 사람과의 협력과 원만한 인간관계를 유지함으로써 사회성을 기르고 자아를 실현하게 된다.

셋째, 자신감과 지도력을 향상시켜 준다. 봉사활동은 자신감을 가지도록 해주며 잠재적인 지도력을 개발하는 계기가 된다.

넷째, 보람 있는 여가생활을 부여한다. 청소년들은 봉사활동을 통해 관심분야를 찾게 되고, 자기 취미에 맞는 봉사활동을 하면서 여가를 보낸다.

다섯째, 진로선택에 도움을 준다. 봉사활동은 청소년들에게 다양한 경험과 체험의 기회를 부여한다. 이 과정에서 자기의 특기를 계발하게 되고, 다양한 인간관계를 통해 진로를 선택하는 데 많은 도움을 주게 된다.

조엽일(1998)은 사회봉사활동을 통한 교육효과를 다음과 같이 제시하였다.

첫째, 사회봉사활동은 타인과 협력을 통해 자기 성장과 성숙이 기반이 되어 사회성을 기르고 자아실현을 하도록 한다.

둘째, 취미를 향상시키고 여가를 활용할 수 있다.

셋째, 새로운 기술을 학습할 수 있게 하고 자신의 적성을 발견할 수 있는 기회를 제공하며, 이미 가진 기술을 더욱 발전시키게 한다.

넷째, 신체적·정신적 건강을 지닌 전인적 인간으로 성장할 수 있게 한다.

다섯째, 자신감을 갖게 하고 학습경험을 보다 풍부하게 한다.

여섯째, 민주주의 정신을 함양하게 한다. 즉, 학생들에게 모든 일에 참여하게 하여 자발성과 협동심을 발휘할 기회를 줌으로써 민주주의 정신을 함양할 수 있다.

종합해 보면 사회봉사는 우선 남에게 도움을 주려는 것이지만 봉사하는 과정에서 자신이 도움을 받는다. 이러한 과정은 결국 함께하는 사회, 더불어 사는 행복한 공동체 형성에 큰 도움이 될 것이다. 따라서 봉사활동을 위한 동기를 유발하고 더 권장할 수 있는 사회풍토를 조성해야 할 것이다.

우정자(2012)는 보상과 자원봉사 인정이 청소년의 지역사회 자본에 미치는 영향에 관한 연구에서 다음과 같은 결론을 도출하였다.

첫째, 자원봉사 만족이 높을수록 지역의 사회 자본 형성이 촉진된다. 청소년 자원봉사자의 자원봉사 동기나 욕구는 잘 충족되고 다른 청소년들과의 인간관계가 화목하여 자원봉사의 효과가 높아짐으로써 활동의 만족도가 높아지게 되고 지역사회 문제해결에 참여하고 남을 도우려는 규범의식이 높아질 가능성이 있다. 또한 자원봉사에 대한 만족도가 높으면 지역사회 구성원이나 다른 자원봉사자들과의 관계형성도 잘 이루어져 사회적 연계망이 자연적으로 강화될 수 있음을 시사한다.

둘째, 자원봉사 인정과 보상을 많이 받을수록 청소년의 사회적 연계망이 더욱 강화된다. 자원봉사활동의 노고와 정신을 격려하고 치하하는 표창, 인증서 부여, 행사 참여나 교육훈련 참여 등과 같은 기회를 부여하여 청소년 자원봉사자가 다른 이들과 교류를 가지고 모임에도 참여하게 됨으로써 사회적 연계망이 강화된다고 할 수 있다.

셋째, 자원봉사 만족도가 높은 청소년 자원봉사자는 보상과 인정을 많이 받을수록 사회적 연계망의 정도도 급격하게 상승하며, 자원봉사 만족도가 낮은 청소년 자원봉사자는 보상과 인정을 많이 받을수록 사회적 연계망은 비교적 완만하게 상승하는 것으로 나타났다. 따라서 청소년이 자원봉사 만족이 낮아도 보상과 인정은 지역의 사회 자본인 사회적 연계망에 영향을 미친다고 할 수 있다. 따라서 자원봉사 만족도가 낮은 청소년 자원봉사자에게 인정과 보상을 주어야 하며, 자원봉사 만족도가 높은 청소년 자원봉사자에게는 더욱 격려하고 그 활동과 정신을 높이 인정하고 보상해 주어 지역의 사회 자본을 확대하는 전략을 고려해야 한다.

(3) 가족자원봉사활동

가족자원봉사활동(family volunteering)은 긍정적 관점에서 가족을 대하고, 가족 간의 상호작용을 돕는 방안으로 대두되고 있다. 가족자원봉사활동이란 가족이 하나 되어 공동체의 과제들을 해결하는 일에 함께 참여하는 봉사활동을 의미한다. 이는 가족이 함께 여가활동을 하며 상호작용을 할 수 있는 기회를 제공하며 구성원 간에 다양한 활동을 공유함으로써 공동체 의식을 증진시킬 수 있다.

양수민(2012)은 가족자원봉사활동이 청소년의 가족건강성 및 학교적응에 미치는 효과를 다음과 같이 제시하였다.

첫째, 가족자원봉사활동은 청소년의 가족건강성 향상에 효과가 있다. 가족건강성 요인 중 가족원에 대한 존중, 유대의식, 긍정적인 의사소통, 가치관 목표 공유, 역할 충실, 문제해결능력, 사회와의 유대에서 긍정적인 효과가 있다. 둘째, 가족자원봉사활동은 청소년의 학교적응 향상에 효과가 있다. 학교적응 요인 중 교사, 수업, 친구, 학교생활 적응에서 긍정적인 효과가 있다.

이상에서 볼 때, 가족자원봉사활동은 청소년의 가족건강성과 학교적응에 긍정적인 영향을 미친다는 것을 알 수 있다. 가족구성원들이 경험을 공유하고 여가를 함께하는 실천적 방안으로서 효과가 있으며, 나아가 청소년들의 부적응이나 다양한 문제를 해결하는 데 유용한 방안으로 활용될 수 있다. 특히, 가족자원봉사활동을 하면서 올바른 가치관을 형성하고 타인에 대한 배려 등을 통해 가족구성원에 대한 이해와 배려뿐 아니라 긍정적인 의사소통을 가능하게 한다. 이러한 효과는 나아가 사회와 국가발전에도 긍정적 영향을 미치게 될 것이다.

2) 봉사하는 가정

사람들은 누구나 행복한 공동체 생활을 영위하길 기대한다. 함께 하는 사회, 더불어 사는 사회를 만들어가는 데 봉사는 매우 중요한 영향을 미친다. 봉사를 통해 개인적인 자아실현과 자신감, 성취감을 느끼고 삶의 긍정적인 의미를 찾는다. 또한 다른 사람들과의 원만한 관계 및 다양한 문제해결을 경험하며 사회적인 연계망을 구축하게 된다.

윤희영(2016)은 청소년의 자원봉사활동과 삶의 의미, 긍정 정서, 감사가 어떤 관계를 갖는지 연구하여 다음과 같은 결론을 얻었다. 첫째, 봉사는 삶의 의미 추구와 의미 발견, 긍정 정서와 감사에 정적인 상관관계를 나타냈다. 둘째, 1년간 30시간 이상 봉사에 참여하는 것보다 20시간 이상에서 30시간 미만 정도의 적정한 시간의 봉사에 참여할 때 긍정 정서를 더 많이 경험하였다. 셋째, 직접 봉사에 참여하는 것이 간접 봉사와 지원활동에 참여한 경우보다 삶의 의미 추구, 의미 발견, 긍정 정서와 감사가 높게 나타났다. 넷째, 자기실현 동기가 높을수록 완전 이타적 동기와 이기적 동기를 갖고 봉사에 참여하는 경우보다 삶의 의미 추구, 의미 발견과 감사가 높게 나타났다. 이를 통해 볼 때, 봉사는 자기실현의 동기를 가지고 적정한 시간 동안 직접 봉사활동을 함으로써 개인적인 삶의 의미와 정서에 긍정적 영향력을 미치며 나아가 건강한 개인이 모여 함께하는 사회, 더불어 사는 행복한 사회를 만들어가는 중요한 요인이 된다는 것을 알 수 있다.

상자 12-1 가족과 함께 만든 허수아비

강원도 강릉시종합자원봉사센터는 2003년 가족봉사단을 창단하여 지역사회를 위하여 다양한 봉사활동 중이다. 상추밭 가꾸어 이웃과 나누기, 허수아비를 만들어 농가에 전달하기 등을 통해 단순한 봉사 차원을 넘어 함께 농사짓고 일하면서 생기는 가족 간의 유대감, 그리고 어려운 농가에 지원함으로써 지역사회를 하나로 묶어 주는 효과를 낳고 있다. 참여 청소년들의 농촌 체험, 시민사회 리더십 교육 등의 효과 때문에 날이 갈수록 참여 가족이 늘어나고 있다.

2015년 여름, 강원도 강릉 사천해수욕장을 찾은 사람들은 독특한 풍경을 볼 수 있었다. 해변 입구에 허수아비들이 늘어서서 방문객을 맞이했기 때문이다. 그런데 허수아비들은 다양한 색깔의 옷에 모자나 두건 등으로 한껏 모양을 낸 귀여운 허수아비들이었다. 이 허수아비들은 강릉시종합자원봉사센터의 프로그램에 참여한 가족봉사단 200여명이 함께 만들어 사천면에 전달한 특별한 허수아비들이기 때문이다. 허수아비 만들기 프로그램에 참여한 학생들은 이렇게 말했다. "가족이 다 같이 허수아비를 만드는 동안 대화를 많이 나누게 된 것 같아요. 또 농가 체험도 되고 색다른 경험이었습니다.", "허수아비를 만들어서 드리면 농촌의 농부 아저씨들에게 도움이 된다고 하니 기쁜 마음으로 만들었어요."

부모들의 반응은 뜨거웠고 무엇보다 평소에는 불가능했던 친밀한 시간을 아이들과 보낼 수 있어서 좋아했으며, 더 나아가 농촌 체험의 교육을 아이들에게 시킬 수 있는 교육적 효과에 대해서도 만족했다. 면사무소 마당에 둘러 앉아 허수아비를 만들고 동네 어르신들을 심사위원으로 모셔 경연대회도 벌이는 동안 봉사는 가족들과 더불어 그리고 지역사회 사람들과 함께 정을 나누는 소통의 시간이 되었다.

출처: 데일리안(2016.6.18). 기사 중에서 발췌.

상자 12-2 대구시, 신규 자원봉사 우수프로그램

대구시는 시민들의 다양한 자원봉사 참여 활성화와 봉사활동 역량 강화를 위해 '자원봉사 우수프로그램' 83개를 선정했고 1억 6000만원의 사업비를 지원했다. 시에 따르면 시는 지난달 9일부터 지난 14일까지 접수된 137개 자원봉사 프로그램에 대한 심사를 통해 83개 프로그램을 선정해 프로그램당 최고 300만원까지 자원봉사활동 사업비를 지원했다. 봉사단체들은 공모사업에 선정된 주요 프로그램을 통해 청소년들의 재능봉사(공예, 피부케어), 취약계층 집수리, 퇴직공무원들의 악기재능기부, 치매노인 미술치료 등 다양한 분야에서 봉사활동을 펼칠 예정이다.

출처: 뉴시스(2015.3.30). 기사 중에서 발췌.

상자 12-3 가족단위 자원봉사 체험교실

9일 오전 대구 달서구청 2층 대강당에서 열린 가족봉사활동에 참여한 35가족 100명이 '천연치약 만들기' 체험에 앞서 강사로부터 설명을 듣고 있다. 대구 달서구가 9일 오전 구청 2층 대강당에서 가족봉사활동 권장을 위해 35가족 100명을 초청해 '천연치약 만들기' 체험교실을 열었다. 이날 행사는 달서구가 2013년부터 추진해 온 '달서 전 생애 자원봉사 이야기' 중 '가족 자원봉사 이야기'로 온 가족이 봉사활동에 참여해 가족 간 대화와 소통의 장을 마련하고 가족단위 봉사활동 활성화를 위해 마련됐다. 달서구청장은 인사말을 통해 "가족과 함께 하는 봉사활동을 통해 힐링의 시간이 되면서도 이웃 사랑을 실천하는 따뜻한 마음이 받는 이들에게도 그대로 전해지길 바란다"며 "앞으로도 가족이 함께 활동할 수 있는 자원봉사 프로그램을 지속적으로 개발해 나갈 것"이라고 밝혔다. 손○○(62, 남, 대구시 북구 태전동) 씨는 "손자들과 함께 봉사하고 싶어 신청했다"며 "가족과 함께 하는 시간들이 너무 소중하고 멀리서 온 보람이 있다"고 말했다. 초등학생을 데리고 온 서○○(44, 남, 대구시 달서구 도원동) 씨는 "어릴 때부터 나누고 베푸는 시간을 체험시켜 어른이 됐을 때 타인을 배려하고 도움을 줄 수 있는 사람이 되기를 바란다"며 "가족 간에 공통적인 주제를 가지고 대화할 수 있는 계기가 되는 것 같다"고 전했다.

출처: 브레이크뉴스(2016.3.23). 기사 중에서 발췌.

2 기부하는 사회

1) 기부

(1) 기부의 의미

기부란 사전적 정의로 공공사업이나 자선 사업을 돕기 위하여 물건이나 돈을 대가 없이 기여(a free contribution)하는 것을 말한다. 즉 자선(charity)과 박애(philanthropy)의 복합적인 개념으로 자선은 주변 사람들에 대한 동정심 및 개인적 차원의 관심과 순수하게 남을 돕고 베풀고자 하는 동기 및 행동, 개인적 이타심을 강조하는 것이라면 박애는 인류를 아우르는 집합적 차원으로 조직화된 기관 및 기구에 기부하는 조직적이고 전략적인 양상을 띠는 면을 말한다(최경란, 2017). 이는 개인적 이타심에서 나아가 인류의 삶의 질 향상을 위한 노력 혹은 성향인 것이다(Van Slyke & Brooks, 2005).

실생활에서 많이 접할 수 있는 기부기관

1. 유니세프(unicef)	www.unicef.or.kr
2. 사랑의 열매	www.chest.or.kr
3. 월드비전	www.worldvision.or.kr
4. 유엔난민기구(UNHCR)	www.unhcr.or.kr
5. 유네스코(UNESCO)	www.unesco.or.kr
6. 한국구세군	www.salvationarmy.kr
7. 굿네이버스	www.goodneighbors.kr
8. 아름다운가게	www.beautifulstore.org
9. 그린피스	www.greenpeace.org/korea
10. 한국국제기아대책기구	www.kfhi.or.kr

실천적 측면에서의 기부는 개인, 집단, 사회에서 발생하는 다양한 문제를 예방하고 개선하기 위해 시간적 기부와 물질적 기부로 구분한다. 시간적 기부는 공적·사적 기관에서 행해지는 활동에 보수 없이 자발적으로 참여하는 행위를 말하고, 물질적 기부는 공익을 위한 사업을 하는 기관에 대가 없이 물건이나 금전을 기여하는 행위를 말한다(조선주, 2007). 즉, 기부는 자발적이고 희생적인 자선행위이므로 인지적, 감정적 및 행동적 요소들을 갖는 지속적인 지향성을 갖는다(김남숙, 2009; 이은화, 2012). 그럼에도 불구하고 오늘날의 기부는 누군가의 구체적 요구와 요청에 의해 기부를 시작하게 되는 경우가 많으므로(Lili Wang et al., 2008) 사회환경, 관습, 사회적 네트워크를 통한 기부의 기회를 확대하여 기부 기회를 노출시켜 주는 것이 필요하다(Nicole Wallace, 2007).

(2) 기부의 유형 및 동기

우리 사회에서는 통상 물질적 기부를 '기부'라고 부르며, 시간적 기부는 '자원봉사'라는 용어로 구분하여 사용하고 있다(이용규 · 송오찬, 2011). 좀 더 구체적으로 표현하면 시간적 기부는 물질적 기부와는 달리 자원봉사자가 가지고 있는 시간, 기술, 지식 및 재능을 도움이 필요한 개인이나 단체에 대가를 바라지 않고 행하는 자발적인 활동으로 대상에 따라 아동 · 청소년 · 장애인 · 성인 · 노인으로 구분하고 영역별로는 노력봉사, 학습교양지도, 의료봉사, 상담봉사, 기능봉사, 업무지원봉사, 지역사회봉사를 하는 것이다(조석훈, 2009; 이은화, 2012).

기부행위에 영향을 미치는 요인으로 성별, 교육수준, 소득수준 등을 들 수 있는데(임은경, 2005; 강철희 외, 2009) 성별과 관련한 기부는 임은경(2005), 강철희 외(2009), 정익중 외(2012)의 연구에서 이타심으로 기부하는 사람들은 일반적으로 여성들의 기부율이 높은 것으로 나타났다. 그러나 황창순(2002), 김남숙(2009)의 연구에서는 보편적으로 여성보다 남성이 더 많은 기부를 하고 있다고 보고하고 있으며, 홍은진(2005), 강철희 외(2010)의 연구에서는 성별이 기부에 별다른 영향을 미치지 않는다고 보고하였다. 교육수준과 관련된 기부 역시 김남숙(2009)의 연구에서는 학력이 기부에 영향을 주었으나, 박태규 외(2003), 강철희 외(2009), 이상철 등(2010)의 연구에서는 학력은 기부에 영향을 미치는 요인으로 확인되지 않았다. 소득수준과 관련된 기부에서는 박태규 외(2003), 이상철 외(2010)의 연구에서는 가구소득에 대비한 기부 수준을 보는 연구에서 특별히 소득이 기부에 영향을 주는 요인으로 확인되지 않았으나, 강철희(2004), 홍은진(2005), 조선주(2007), 강철희 외(2010)의 연구에서는 높은 수준의 소득을 갖는 사람들이 기부금을 내는 것으로 나타났다. 성별, 교육수준, 소득수준 등의 개인적 배경요인은 기부에 영향을 미치는 요인으로 작용한다는 연구결과도 있으나 동시에 그렇지 않은 결과도 보고되었다.

종합해 보면 기부의 동기는 인간이 일정한 행동을 하도록 움직이게 하는 근원, 즉 '인간이 기부 행위를 하도록 하는 요인'으로 정의될 수 있다(장은영, 2009). 이타심, 사회에 대한 책임감, 동정심, 심리적 행복감과 같은 자발적 내적 동기와 경제적 여유나 혜택, 주변 환경, 외부의 요청 등을 통해 기부를 하려는 동기가 발생하는 외적(환경적) 동기에 따라 기부활동의 참여 여부를 결정된다. 기부자들의 기부 동기는 이타적인 동기가 많지만 최근에는 심리적인 만족감, 자신의 체면 또는 타인으로 하여금 자신이 인정받기 위해 기부를 하기도 한다(예종석 · 강명애, 2012). 즉 순수하게 어려운 사람을 돕고 싶고, 스스로의 만족을 위해서, 종교적인 이유인 내재적 동기나 가치, 경제적 여유, 도움받은 경험 등에 의한 동일시에 의한 동기(Arnett et al., 2003), 어려움으로 고통받는 사람들을 도와주고, 기부는 꼭 필요하다고 인식하는 규범적 동기, 기부 및 관련 활동단체와 계속된 관계 유지 및 세제혜택 등에 의한 외재적 동기 등 다양한 의미로 기부 동기가 있음을 알 수 있다(김용준 · 김주원, 2005; 최경란 2017). 다시 말해 기부는 개인의 내재적인 동기도 있지만 규범적 동기요인으로 기부에 기여하는 경우도 점점 증가추세에 있으므로 동기를 부여할 방안에 대한 홍보가 필요하다.

표 12-1 기부 동기의 빈도분석

변수	측정항목	빈도 (N)	백분율 (%)
내재적 동기	어려운 사람을 돕고 싶어서	67	33.00
	나 스스로의 만족을 위해서	66	32.51
	종교적인 이유로(헌금, 봉헌, 십일조 등)	32	15.76
동일시 동기	기부는 가치 있는 일이므로	115	56.65
	경제적으로 여유가 있어서	26	12.81
	나도 기부단체 및 주변 사람들에게 도움을 받았던 경험이 있어서	17	8.37
외재적 동기	기부 및 관련 활동단체와 계속해서 관계를 맺기 위해	29	14.29
	나의 학업 및 회사(사업)활동과 관련이 있어서	24	11.82
	세제혜택(세금감면)을 받을 수 있어서	20	9.85
규범적 동기	어려움으로 고통받는 사람들을 도와주어야 하므로	101	49.75
	사회적으로 기부는 꼭 필요한 일이므로	53	26.11
	기부를 하면 기부단체 및 도움을 받는 사람들로부터 감사와 인정을 받을 수 있어서	13	6.40
무동기	별 다른 생각 없이 우연한 계기로	20	9.85
	주변사람(가족, 친구) 및 기부단체의 권유로	16	7.88
	기부를 왜 해야 하는지 잘 모르겠음	16	7.88

출처: 최경란(2017). 기부활동에 참여하는 동기요인 연구.

(3) 기부에 영향을 미치는 요인

사람들의 다양한 참여, 즉 물품기부 및 현금기부, 재능기부에 직·간접적인 영향을 받고 있는 한국 사회 내 다양한 비영리단체가 기부에 영향을 미치는 요인을 알고 적용하는 일은 필요하다.

첫째, 관찰학습을 통한 기부행위에 동참하도록 하는 노력이 필요하다. 성장기의 자녀들은 부모나 형제자매, 주변 지인들의 행동을 동일시하고 모방하면서 학습하는 특성을 갖고 있으므로, 어릴 때부터 좋은 사회적 행동 성향을 형성하도록 가족, 친구, 주변인 등의 의미 있는 사람들의 기부행위를 관찰 학습하도록 해주는 환경이 필요하다. 부모가 지속적으로 기부하는 모습을 본 적이 있다면 자녀는 부모의 좋은 행동을 모델링하고 기부행동을 지속적으로 발달시켜 나갈 것이고, 부모가 기부를 하는 자녀의 기부가능성이 부모가 기부를 하지 않는 자녀의 기부가능성에 비해 더 높다(Steinberg & Wilhelm, 2003). 유아기부터 청소년기에 이르기까지 교육은 지식을 확장하고 사회화를 경험하는 시기이므로 올바른 기부문화 확립에 기여하게 되고 기부에 대한 직접적 참여나 간접적인 경험으로 이어지고 나아가 타인과 함께 공동의 목표를 추구하는 과정을 배워가는 성숙을 경험하게 된다. 또한 교육을 통해서 자존감을 강화시키고 사회문제에 대한 인식을 높일 수 있으므로 기부행동에 정적인 영향을 주고, 교육수준에 따라 사회적 지위나 자본축적과 더불어 개인의 자아실현 욕구도 높아져 자신이 바라는 이상적 가치를 삶에서 실현하려는 가능성이 높아진다(Schanning, 1999; 정회원, 2010; 임지은, 2015).

둘째, 연령별·상황별 기부활동에 대한 보상체계를 마련하는 것이 필요하다. 20대 전후의 연령층은 30대 이상의 연령층에 비하여 소극적인 기부 태도를 가질 수 있는 상황이나 환경이므로 이들에게 기부활동에 대한 적절한 보상체계는 스스로 참여의식을 가지고 자원봉사부터 시작하여 기부를 하게 하는데 이는 지속적인 기부활동으로 이어질 가능성이 높다. 김남숙(2007)의 연구에서 기부 문화는 40대가 가장 적극적인 기부 태도를 가지고 있다는 것으로 보았고, 연령이 많아질수록 기부에 참여할 가능성이 높으며(Shelley & Polonsky, 2002) 종교가 있는 사람들이 종교가 없는 사람에 비해 기부참여 및 기부규모가 상대적으로 높았다(Van Slyke &

Brooks, 2005). 또한 기혼이 미혼, 이혼, 사별, 별거인 경우보다 경제적인 안정 및 심리적인 안정으로 인해 기부규모, 기부참여도가 높고(강철희 · 주명관, 2008) 학력이 높은 미혼 여성이 기부활동에 적극적인 것으로 나타났다(이은화, 2011).

셋째, 사고의 전환이 필요하다. 사람들의 인식은 문화적 배경, 과거의 경험, 각기 다른 욕구, 다양한 동기 등에 의해 서로 다른 반응을 나타낸다. 기부행위에서 개인 기부자들의 역량과 내 · 외적인 동기는 서로 다른 지각적인 반응을 나타내므로(Sargent, 2004; 안효미, 2016) 사람들이 기부하는 이유가 가정 및 사회관계 속에서 자연스럽게 요청받고 자극받아 기부하는 문화를 활성화하는 것임을 인식시킬 필요가 있다.

넷째, 규칙적인 대중매체의 노출이 필요하다. 라디오와 TV, 신문과 잡지 등을 통해 기부에 대한 인식이나 긍정적인 태도를 모델링하여 행동으로 보여질 수 있도록 공유가 필요하다.

2) 기부하는 가정

성장기의 자녀들은 부모나 형제자매, 주변 지인들의 행동을 동일시하고 모방하면서 학습하게 되는 특성을 갖고 있으므로, 어릴 때부터 좋은 사회적 행동 성향을 형성하도록 가족, 친구, 주변인의 기부행위를 관찰 학습하도록 해주어서 기부행위에 동참하도록 하는 노력이 필요하다. 부모가 지속적으로 기부활동을 하고, 이를 본 적이 있다면 자녀는 부모의 좋은 행동을 모델링하고 기부행동을 지속적으로 발달시켜 나갈 것이다. 부모가 기부를 하는 자녀의 기부가능성이 부모가 기부를 하지 않는 자녀의 기부 가능성에 비해 더 높으므로(Steinberg & Wilhelm, 2003) 유아기부터 청소년기에 이르기까지 기부에 대한 직접적 · 간접적인 경험을 통해 다른 사람들과 함께 공동의 목표를 추구하는 과정을 배워가는 성숙을 경험하도록 해야 한다.

상자 12-4 나눔의 시작 '사랑밭' 기부 돌잔치

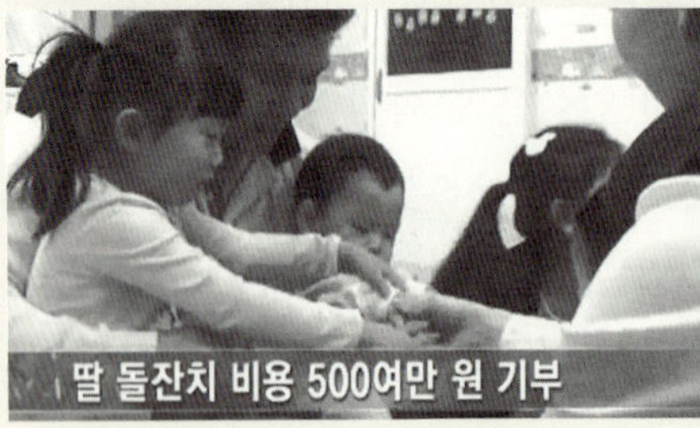

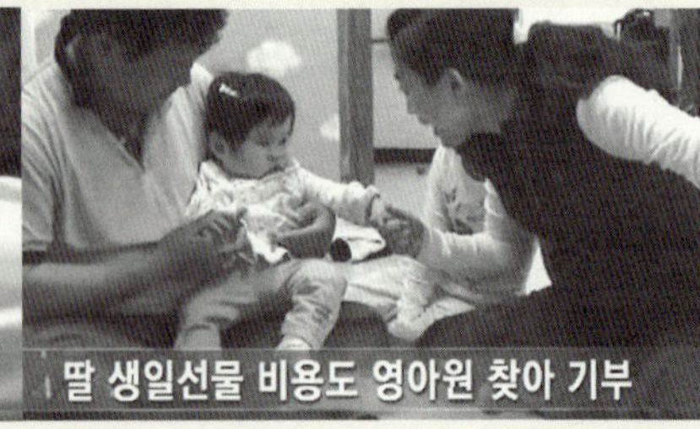

미소천사 주현이의 특별한 돌잔치

답례품 비용의 전액을 '사랑밭'을 통해 어려운 아이들에게 기부하는 특별한 돌잔치를 한 주현이 엄마 정하 씨는 "저희 아이에게 주신 그 축복을 그것을 누리지 못하는 많은 아이들과 함께 하고 싶어서 기부 돌잔치를 준비했다."고 말한다.

사랑밭이 준비한 특별한 '지문트리' 방명록에 손님들은 손가락의 지문을 찍는 것으로 방명록에 흔적을 남겼고 나눔의 돌잔치를 응원하고 기부에 동참해 준 하객들 중 윤희 씨는 "저희 아들도 돌잔치 때 기부했는데 물이 많이 부족한 나라에 우물 파는 일로 기부를 했고 그 우물을 주영이의 이름으로 기부해서 거기에 많은 사람이 우물을 퍼서 물을 먹을 수 있다는 것이 너무나 감사했고 오늘 이렇게 제 친구도 그런 기부를 한 것에 대해 너무나 기쁘게 생각한다."고 한다.

주현이 아빠 영훈 씨는 "여러분의 성원으로 주신 금액은 기부문화에 참여할 수 있는 제도가 있다고 이야기를 들어서 적극 참여하게 되어서 너무 기분이 좋고 행복하다."고 말한다.

많은 사람을 사랑할 줄 아는 마음을 아는 그 첫걸음을 실천한 소중한 하루를 맞은 주현이 에게 엄마는 "사랑 많이 받고 사랑 많이 할 줄 아는 그런 현명하고 지혜로운 아들이 되었으면 좋겠다."고 한다.

출처: 나눔의 시작 사랑밭 기부 돌잔치(www.youtube.com/watch?v=KxSqZmXQt_Y)

상자 12-5 열 어른 보다 낫다!

어른들을 감동 시킨 기특한 아이들

울산 양주파출소에 길에서 주은 천원을 들고 온 10살 임모 군의 영상이 화제다. 적은 금액이지만, 주인을 찾아주겠다는 순수한 마음으로 경찰서를 찾아온 예쁜 마음이 누리꾼을 감동시킨 것. 한편, 같은 날 영국의 8살 소년도 백혈병 환자들을 위해 2년 반 동안 기른 머리카락을 기부했다. 그는 머리를 기르는 동안 친구들에게 놀림을 당했지만 3년 전 엄마의 '머리카락 기부'를 보고 스스로 머리를 기르기로 결심한 것이기에 개의치 않았다고 한다. 방식은 다르지만 작은 일이든 비효율적이든 따지지 않고 남을 돕겠다는 마음으로 선행을 실천, 어른들을 감동시킨 두 '초등학생'의 기부문화이다.

출처: NAVER 영화, 경찰청; 크리스토퍼 페이스북(2016.3.16)에서 발췌

감수성 높이기

1. 실천가능한 봉사(가정, 지역사회, 우리나라, 세계)에 대해 이야기해 보세요.
2. 자신이 할 수 있는 기부의 유형을 써 보세요.

부록

관련 법령

Chapter

부록 관련 법령

이법위인(以法爲人)이란 '법은 사람을 위한 것'이어야 한다는 의미이다. 꼭 법제처가 아니더라도 우리들은 국민을 위하는 마음으로 정책 하나하나에 신경을 써야 하며, 국민의 입장에서 생각하고 헌법정신의 보편적 가치를 토대로 법치행정을 구현해가야 한다. 법이 어려워 국민이 법을 모르거나 법을 잘 몰라 손해를 보는 일이 없도록 부모교육에서 다뤄졌던 생애주기별 관련 법령에 대해 알아보고자 한다.

1) 건강가정: 건강가정기본법

[시행 2018. 7. 17.] [법률 제15350호, 2018. 1. 16., 일부개정]

- 목적: 이 법은 건강한 가정생활의 영위와 가족의 유지 및 발전을 위한 국민의 권리·의무와 국가 및 지방자치단체 등의 책임을 명백히 하고, 가정문제의 적절한 해결방안을 강구하며 가족구성원의 복지증진에 이바지할 수 있는 지원정책을 강화함으로써 건강가정 구현에 기여하는 것을 목적으로 한다.

- 기본이념: 가정은 개인의 기본적인 욕구를 충족시키고 사회통합을 위하여 기능할 수 있도록 유지·발전되어야 한다.

- 정의: 이 법에서 사용하는 용어의 정의는 다음과 같다.
  1. "가족"이라 함은 혼인·혈연·입양으로 이루어진 사회의 기본단위를 말한다.
  2. "가정"이라 함은 가족구성원이 생계 또는 주거를 함께 하는 생활공동체로서 구성원의 일상적인 부양·양육·보호·교육 등이 이루어지는 생활단위를 말한다.
  3. "건강가정"이라 함은 가족구성원의 욕구가 충족되고 인간다운 삶이 보장되는 가정을 말한다.

4. "건강가정사업"이라 함은 건강가정을 저해하는 문제(이하 "가정문제"라 한다)의 발생을 예방하고 해결하기 위한 여러 가지 조치와 가족의 부양·양육·보호·교육 등의 가정기능을 강화하기 위한 사업을 말한다.

■ 국민의 권리와 의무:

① 모든 국민은 가정의 구성원으로서 안정되고 인간다운 삶을 유지할 수 있는 가정생활을 영위할 권리를 가진다.

② 모든 국민은 가정의 중요성을 인식하고 그 복지의 향상을 위하여 노력하여야 한다.

■ 혼인과 출산

① 모든 국민은 혼인과 출산의 사회적 중요성을 인식하여야 한다.

② 국가 및 지방자치단체는 출산과 육아에 대한 사회적 책임을 인식하고 모·부성권 보호 및 태아의 건강보장 등 적절한 출산·육아환경을 조성하기 위하여 적극적으로 지원하여야 한다. 〈개정 2016. 5. 29.〉

2) 영유아의 보육: 영유아보육법

[시행 2019. 11. 1.] [법률 제16404호, 2019. 4. 30., 일부개정]

■ 목적: 이 법은 영유아(영幼兒)의 심신을 보호하고 건전하게 교육하여 건강한 사회구성원으로 육성함과 아울러 보호자의 경제적·사회적 활동이 원활하게 이루어지도록 함으로써 영유아 및 가정의 복지증진에 이바지함을 목적으로 한다. 〈개정 2011.8.4.〉

■ 정의:

1. "영유아"란 6세 미만의 취학 전 아동을 말한다.
2. "보육"이란 영유아를 건강하고 안전하게 보호·양육하고 영유아의 발달 특성에 맞는 교육을 제공하는 어린이집 및 가정양육 지원에 관한 사회복지서비스를 말한다.
3. "어린이집"이란 보호자의 위탁을 받아 영유아를 보육하는 기관을 말한다.
4. "보호자"란 친권자·후견인, 그 밖의 자로서 영유아를 사실상 보호하고 있는 자를 말한다.
5. "보육교직원"이란 어린이집 영유아의 보육, 건강관리 및 보호자와의 상담, 그 밖에 어린이집의 관리·운영 등의 업무를 담당하는 자로서 어린이집의 원장 및 보육교

사와 그 밖의 직원을 말한다. [전문개정 2007. 10. 17.]

■ 보육 이념:

① 보육은 영유아의 이익을 최우선적으로 고려하여 제공되어야 한다.

② 보육은 영유아가 안전하고 쾌적한 환경에서 건강하게 성장할 수 있도록 하여야 한다.

③ 영유아는 자신이나 보호자의 성, 연령, 종교, 사회적 신분, 재산, 장애, 인종 및 출생지역 등에 따른 어떠한 종류의 차별도 받지 아니하고 보육되어야 한다. 〈개정 2011.8.4.〉

■ 책임:

① 모든 국민은 영유아를 건전하게 보육할 책임을 진다.

② 국가와 지방자치단체는 보호자와 더불어 영유아를 건전하게 보육할 책임을 지며, 이에 필요한 재원을 안정적으로 확보하도록 노력하여야 한다. 〈개정 2013.1.23.〉

③ 특별자치도지사 · 시장 · 군수 · 구청장(자치구의 구청장을 말한다. 이하 같다)은 영유아의 보육을 위한 적절한 어린이집을 확보하여야 한다. 〈개정 2011.6.7., 2011.8.4.〉

④ 국가와 지방자치단체는 보육교직원의 양성 및 근로여건 개선을 위하여 노력하여야 한다. 〈신설 2015.5.18.〉

■ 육아종합지원센터: 영유아에게 제26조의2에 따른 시간제보육 서비스를 제공하거나 보육에 관한 정보의 수집 · 제공 및 상담을 위하여 보건복지부장관은 중앙육아종합지원센터를, 특별시장 · 광역시장 · 특별자치시장 · 도지사 · 특별자치도지사(이하 "시 · 도지사"라 한다) 및 시장 · 군수 · 구청장은 지방육아종합지원센터를 설치 · 운영하여야 한다. 이 경우 필요하다고 인정하는 경우에는 영아 · 장애아 보육 등에 관한 육아종합지원센터를 별도로 설치 · 운영할 수 있다. 〈개정 2008. 2. 29., 2010. 1. 18., 2013. 6. 4., 2018. 12. 24.〉

3) 유아교육: 유아교육법

[시행 2018. 2. 9.] [법률 제14567호, 2017. 2. 8., 타법개정]

■ 목적: 이 법은 「교육기본법」 제9조에 따라 유아교육에 관한 사항을 정함을 목적으로 한다. 〈개정 2010.3.24.〉

■ 정의:

1. "유아"란 만 3세부터 초등학교 취학 전까지의 어린이를 말한다.
2. "유치원"이란 유아의 교육을 위하여 이 법에 따라 설립·운영되는 학교를 말한다.
3. "보호자"란 친권자·후견인 그 밖의 자로서 유아를 사실상 보호하는 자를 말한다.
4. "방과후 과정"이란 제13조 제1항에 따른 교육과정 이후에 이루어지는 그 밖의 교육 활동과 돌봄 활동을 말한다.

■ 책임: 국가 및 지방자치단체는 보호자와 더불어 유아를 건전하게 교육할 책임을 진다.

■ 입학:

① 유치원에 입학할 수 있는 사람은 유아로 한다. 〈개정 2016.5.29.〉

② 원장은 교육 목적에 적합한 범위에서 유치원규칙으로 정하는 바에 따라 공정하고 투명한 방법으로 유치원에 입학할 유아를 모집·선발하여야 한다. 다만, 제3항에 따른 조례에서 모집·선발 시기 등을 달리 정한 경우에는 이에 따라야 한다. 〈신설 2016.5.29.〉

③ 지방자치단체(시·도에 한정한다)는 유아의 교육기회를 균등하게 보장하기 위하여 필요한 경우 유아의 모집·선발 시기, 절차 및 방법 등에 관하여 조례로 정할 수 있다. 〈신설 2016.5.29.〉

■ 특수학교 등:

① 특수학교는 신체적·정신적·지적 장애 등으로 특수교육이 필요한 유아에게 유치원에 준하는 교육과 실생활에 필요한 지식·기능 및 사회적응 교육을 하는 것을 목적으로 한다. 〈개정 2010.3.24.〉

② 국가 및 지방자치단체는 특수교육이 필요한 유아가 유치원에서 교육을 받으려는 경우에는 따로 입학절차·교육과정 등을 마련하는 등 유치원과의 통합교육 실시에 필요한 시책을 마련하여야 한다. 〈개정 2010.3.24.〉

■ 건강검진 및 급식:

① 원장은 교육하고 있는 유아에 대하여 건강검진을 실시하고, 그 결과 치료가 필요한 유아에게는 보호자와 협의하여 필요한 조치를 하여야 한다. 〈개정 2010.3.24〉

② 원장은 교육하고 있는 해당 유치원의 유아에게 적합한 급식을 할 수 있다. 〈개정

2010.3.24.〉

③ 제1항에 따른 건강검진의 실시시기 및 그 결과처리에 관한 사항과 제2항에 따른 급식 시설·설비기준 등에 관하여 필요한 사항은 교육부령으로 정한다. 〈개정 2008.2.29, 2010.3.24, 2013.3.23.〉

■ 응급조치: 원장(제21조 제2항에 따라 원장의 직무를 대행하는 사람을 포함한다)은 보호하는 유아에게 질병·사고나 재해 등으로 인하여 위급한 상태가 발생한 경우 즉시 해당 유아를 「응급의료에 관한 법률」 제2조에 따른 응급의료기관에 이송하여야 한다. 〈신설 2013.5.22.〉

4) 아동복지: 아동복지법

[시행 2020. 1. 1.] [대통령령 제29627호, 2019. 3. 19., 일부개정]

■ 목적: 이 법은 아동이 건강하게 출생하여 행복하고 안전하게 자랄 수 있도록 아동의 복지를 보장하는 것을 목적으로 한다.

■ 기본 이념:

① 아동은 자신 또는 부모의 성별, 연령, 종교, 사회적 신분, 재산, 장애유무, 출생지역, 인종 등에 따른 어떠한 종류의 차별도 받지 아니하고 자라나야 한다.

② 아동은 완전하고 조화로운 인격발달을 위하여 안정된 가정환경에서 행복하게 자라나야 한다.

③ 아동에 관한 모든 활동에 있어서 아동의 이익이 최우선적으로 고려되어야 한다.

④ 아동은 아동의 권리보장과 복지증진을 위하여 이 법에 따른 보호와 지원을 받을 권리를 가진다.

■ 정의:

1. “아동”이란 18세 미만인 사람을 말한다.
2. “아동복지”란 아동이 행복한 삶을 누릴 수 있는 기본적인 여건을 조성하고 조화롭게 성장·발달할 수 있도록 하기 위한 경제적·사회적·정서적 지원을 말한다.
3. “보호자”란 친권자, 후견인, 아동을 보호·양육·교육하거나 그러한 의무가 있는 자 또는 업무·고용 등의 관계로 사실상 아동을 보호·감독하는 자를 말한다.

4. “보호대상아동”이란 보호자가 없거나 보호자로부터 이탈된 아동 또는 보호자가 아동을 학대하는 경우 등 그 보호자가 아동을 양육하기에 적당하지 아니하거나 양육할 능력이 없는 경우의 아동을 말한다.
5. “지원대상아동”이란 아동이 조화롭고 건강하게 성장하는 데에 필요한 기초적인 조건이 갖추어지지 아니하여 사회적 · 경제적 · 정서적 지원이 필요한 아동을 말한다.
6. “가정위탁”이란 보호대상아동의 보호를 위하여 성범죄, 가정폭력, 아동학대, 정신질환 등의 전력이 없는 보건복지부령으로 정하는 기준에 적합한 가정에 보호대상아동을 일정 기간 위탁하는 것을 말한다.
7. “아동학대”란 보호자를 포함한 성인이 아동의 건강 또는 복지를 해치거나 정상적 발달을 저해할 수 있는 신체적 · 정신적 · 성적 폭력이나 가혹행위를 하는 것과 아동의 보호자가 아동을 유기하거나 방임하는 것을 말한다.
8. “피해아동”이란 아동학대로 인하여 피해를 입은 아동을 말한다.
9. “아동복지시설”이란 제50조에 따라 설치된 시설을 말한다.
10. “아동복지시설 종사자”란 아동복지시설에서 아동의 상담 · 지도 · 치료 · 양육, 그 밖에 아동의 복지에 관한 업무를 담당하는 사람을 말한다.

5) 아동학대: 아동학대범죄의 처벌 등에 관한 특례법

[(타)일부개정 2016.5.29. 법률 제14224호 시행일 2017.5.30.]

■ 목적: 아동학대범죄의 처벌 및 그 절차에 관한 특례와 피해아동에 대한 보호절차 및 아동학대행위자에 대한 보호처분을 규정함으로써 아동을 보호하여 아동이 건강한 사회 구성원으로 성장하도록 함을 목적으로 한다.

■ 정의:
1. “아동”이란 「아동복지법」 제3조 제1호에 따른 아동을 말한다.
2. “보호자”란 「아동복지법」 제3조 제3호에 따른 보호자를 말한다.
3. “아동학대”란 「아동복지법」 제3조 제7호에 따른 아동학대를 말한다.
4. “아동학대범죄”란 보호자에 의한 아동학대로서 다음 각 목의 어느 하나에 해당하는 죄를 말한다.

------------------ 중 략 ------------------

4의3. “아동학대범죄신고자 등”이란 아동학대범죄신고 등을 한 자를 말한다.

5. "아동학대행위자"란 아동학대범죄를 범한 사람 및 그 공범을 말한다.
6. "피해아동"이란 아동학대범죄로 인하여 직접적으로 피해를 입은 아동을 말한다.
7. "아동보호사건"이란 아동학대범죄로 인하여 제36조 제1항에 따른 보호처분(이하 "보호처분"이라 한다)의 대상이 되는 사건을 말한다.
8. "피해아동보호명령사건"이란 아동학대범죄로 인하여 제47조에 따른 피해아동보호명령의 대상이 되는 사건을 말한다.
9. "아동보호전문기관"이란 「아동복지법」 제45조에 따른 아동보호전문기관을 말한다.
9의2. "가정위탁지원센터"란 「아동복지법」 제48조에 따른 가정위탁지원센터를 말한다.
10. "아동복지시설"이란 「아동복지법」 제50조에 따라 설치된 시설을 말한다.
11. "아동복지시설의 종사자"란 아동복지시설에서 아동의 상담·지도·치료·양육, 그 밖에 아동의 복지에 관한 업무를 담당하는 사람을 말한다.

6) 청소년: 청소년 기본법

[시행 2019. 6. 19.] [법률 제15986호, 2018. 12. 18., 일부개정]

■ 목적: 이 법은 청소년의 권리 및 책임과 가정·사회·국가·지방자치단체의 청소년에 대한 책임을 정하고 청소년정책에 관한 기본적인 사항을 규정함을 목적으로 한다.

■ 정의: 이 법에서 사용하는 용어의 뜻은 다음과 같다.

1. "청소년"이란 9세 이상 24세 이하인 사람을 말한다. 다만, 다른 법률에서 청소년에 대한 적용을 다르게 할 필요가 있는 경우에는 따로 정할 수 있다.
2. "청소년육성"이란 청소년활동을 지원하고 청소년의 복지를 증진하며 근로 청소년을 보호하는 한편, 사회 여건과 환경을 청소년에게 유익하도록 개선하고 청소년을 보호하여 청소년에 대한 교육을 보완함으로써 청소년의 균형 있는 성장을 돕는 것을 말한다.
3. "청소년활동"이란 청소년의 균형 있는 성장을 위하여 필요한 활동과 이러한 활동을 소재로 하는 수련활동·교류활동·문화활동 등 다양한 형태의 활동을 말한다.
4. "청소년복지"란 청소년이 정상적인 삶을 누릴 수 있는 기본적인 여건을 조성하고 조화롭게 성장·발달할 수 있도록 제공되는 사회적·경제적 지원을 말한다.
5. "청소년보호"란 청소년의 건전한 성장에 유해한 물질·물건·장소·행위 등 각종 청소년 유해 환경을 규제하거나 청소년의 접촉 또는 접근을 제한하는 것을 말한다.

6. "청소년시설"이란 청소년활동 · 청소년복지 및 청소년보호에 제공되는 시설을 말한다.
7. "청소년지도자"란 다음 각 목의 사람을 말한다.
   가. 제21조에 따른 청소년지도사
   나. 제22조에 따른 청소년상담사
   다. 청소년시설, 청소년단체 및 청소년 관련 기관에서 청소년육성에 필요한 업무에 종사하는 사람
8. "청소년단체"란 청소년육성을 주된 목적으로 설립된 법인이나 대통령령으로 정하는 단체를 말한다.

7) 입양: 입양특례법

[시행 2019. 7. 16.] [법률 제16248호, 2019. 1. 15., 타법개정]

■ 목적: 이 법은 요보호아동의 입양(入養)에 관한 요건 및 절차 등에 대한 특례와 지원에 필요한 사항을 정함으로써 양자(養子)가 되는 아동의 권익과 복지를 증진하는 것을 목적으로 한다.

■ 정의:

1. "아동"이란 18세 미만인 사람을 말한다.
2. "요보호아동"이란 「아동복지법」 제3조 제4호에 따른 보호대상아동을 말한다.
3. "입양아동"이란 이 법에 따라 입양된 아동을 말한다.
4. "부양의무자"란 「국민기초생활 보장법」 제2조 제5호에 따른 부양의무자를 말한다.

■ 입양의 날:

① 건전한 입양문화의 정착과 국내입양의 활성화를 위하여 5월 11일을 입양의 날로 하고, 입양의 날부터 1주일을 입양주간으로 한다.

② 국가와 지방자치단체는 제1항에 따른 입양의 날 취지에 적합한 행사 등 사업을 실시하도록 노력하여야 한다.

■ 양친이 될 자격:

① 이 법에 따라 양친이 될 사람은 다음 각 호의 요건을 모두 갖추어야 한다.

1. 양자를 부양하기에 충분한 재산이 있을 것

2. 양자에 대하여 종교의 자유를 인정하고 사회의 구성원으로서 그에 상응하는 양육과 교육을 할 수 있을 것
3. 양친이 될 사람이 아동학대 · 가정폭력 · 성폭력 · 마약 등의 범죄나 알코올 등 약물중독의 경력이 없을 것
4. 양친이 될 사람이 대한민국 국민이 아닌 경우 해당 국가의 법에 따라 양친이 될 수 있는 자격이 있을 것
5. 그 밖에 양자가 될 사람의 복지를 위하여 보건복지부령으로 정하는 필요한 요건을 갖출 것

② 양친이 될 사람은 양자가 될 아동이 복리에 반하는 직업이나 그 밖에 인권침해의 우려가 있는 직업에 종사하지 아니하도록 하여야 한다.

③ 양친이 되려는 사람은 입양의 성립 전에 입양기관 등으로부터 보건복지부령으로 정하는 소정의 교육을 마쳐야 한다.

8) 장애아동 복지지원법(약칭: 장애아동복지법)

[시행 2016. 12. 2.] [법률 제14332호, 2016. 12. 2., 일부개정]

■ 목적: 이 법은 국가와 지방자치단체가 장애아동의 특별한 복지적 욕구에 적합한 지원을 통합적으로 제공함으로써 장애아동이 안정된 가정생활 속에서 건강하게 성장하고 사회에 활발하게 참여할 수 있도록 하며, 장애아동 가족의 부담을 줄이는 데 이바지함을 목적으로 한다.

■ 정의:

1. "장애아동"이란 18세 미만의 사람 중 「장애인복지법」 제32조에 따라 등록한 장애인을 말한다. 다만, 6세 미만의 아동으로서 장애가 있다고 보건복지부장관이 별도로 인정하는 사람을 포함한다.
2. "장애아동 보호자"(이하 "보호자"라 한다)란 친권자, 후견인, 장애아동을 보호 · 양육 · 교육하거나 그 의무가 있는 자 또는 업무 · 고용 등의 관계로 사실상 장애아동을 보호 · 감독하는 자를 말한다.
3. "장애아동 복지지원"(이하 "복지지원"이라 한다)이란 국가와 지방자치단체가 장애아동의 특별한 복지적 욕구에 따라 의료비지원, 보육지원, 가족지원 및 장애아동의 발달에 필요한 지원 등 다양한 인적 · 물적 자원을 제공하는 것을 말한다.

4. “복지지원 대상자”란 이 법에 따라 복지지원을 받는 사람을 말한다.
5. “장애아동 복지지원 이용권”(이하 “복지지원 이용권”이라 한다)이란 그 명칭 또는 형태와 상관없이 이용자가 제공자에게 제시하여 일정한 복지지원을 받을 수 있도록 복지지원의 수량 또는 그에 상응하는 금액이 기재(전자적 또는 자기적 방법에 따른 기록을 포함한다)된 증표를 말한다. 다만, 제22조 제1항에 따른 보육료 지원의 경우에는 「영유아보육법」 제34조의3에 따른 보육서비스 이용권으로 대체한다.

■ 기본 이념:
① 장애아동을 위한 모든 활동에 있어서 장애아동의 이익이 최우선적으로 고려되어야 한다.
② 장애아동은 자신에게 영향을 미치는 모든 활동에 대하여 자신의 견해를 자유로이 표현할 권리를 최대한 보장받아야 한다.

■ 장애아동의 권리:
① 장애아동은 모든 형태의 학대 및 유기·착취·감금·폭력 등으로부터 보호받아야 한다.
② 장애아동은 부모에 의하여 양육되고, 안정된 가정환경에서 자라나야 한다.
③ 장애아동은 인성 및 정신적·신체적 능력을 최대한 계발하기 위하여 적절한 교육을 제공받아야 한다.
④ 장애아동은 가능한 최상의 건강상태를 유지하고 행복한 일상생활을 영위하기 위한 의료적·복지적 지원을 받아야 한다.
⑤ 장애아동은 휴식과 여가를 즐기고, 놀이와 문화예술 활동에 참여할 수 있는 기회를 제공받아야 한다.
⑥ 장애아동은 의사소통능력, 자기결정 능력 및 자기권리 옹호 능력을 향상시키기 위한 교육 및 훈련 기회를 제공받아야 한다.

9) 한부모가족지원법(약칭: 한부모가족법)

[시행 2019. 6. 19.] [법률 제15989호, 2018. 12. 18., 일부개정]

■ 목적: 이 법은 한부모가족이 안정적인 가족 기능을 유지하고 자립할 수 있도록 지원함으로써 한부모가족의 생활 안정과 복지 증진에 이바지함을 목적으로 한다. 〈개정 2018. 1. 16.〉

■ 정의:

1. "모" 또는 "부"란 다음 각 목의 어느 하나에 해당하는 자로서 아동인 자녀를 양육하는 자를 말한다.

   가. 배우자와 사별 또는 이혼하거나 배우자로부터 유기(遺棄)된 자

   나. 정신이나 신체의 장애로 장기간 노동능력을 상실한 배우자를 가진 자

   다. 교정시설·치료감호시설에 입소한 배우자 또는 병역복무 중인 배우자를 가진 사람

   라. 미혼자[사실혼(事實婚) 관계에 있는 자는 제외한다]

   마. 가목부터 라목까지에 규정된 자에 준하는 자로서 여성가족부령으로 정하는 자

1의2. "청소년 한부모"란 24세 이하의 모 또는 부를 말한다.

2. "한부모가족"이란 모자가족 또는 부자가족을 말한다.

3. "모자가족"이란 모가 세대주[세대주가 아니더라도 세대원(世代員)을 사실상 부양하는 자를 포함한다]인 가족을 말한다.

4. "부자가족"이란 부가 세대주(세대주가 아니더라도 세대원을 사실상 부양하는 자를 포함한다)인 가족을 말한다.

5. "아동"이란 18세 미만(취학 중인 경우에는 22세 미만을 말하되, 「병역법」에 따른 병역의무를 이행하고 취학 중인 경우에는 병역의무를 이행한 기간을 가산한 연령 미만을 말한다)의 자를 말한다.

6. "지원기관"이란 이 법에 따른 지원을 행하는 국가나 지방자치단체를 말한다.

7. "한부모가족복지단체"란 한부모가족의 복지 증진을 목적으로 설립된 기관이나 단체를 말한다.

■ 국가 등의 책임:

① 국가와 지방자치단체는 한부모가족의 복지를 증진할 책임을 진다.

② 국가와 지방자치단체는 한부모가족의 권익과 자립을 지원하기 위한 여건을 조성하고 이를 위한 시책을 수립·시행하여야 한다. 〈신설 2011. 4. 12., 2014. 1. 21., 2018. 1. 16.〉

③ 국가와 지방자치단체는 한부모가족에 대한 사회적 편견과 차별을 예방하고, 사회구성원이 한부모가족을 이해하고 존중할 수 있도록 교육 및 홍보 등 필요한 조치를 하여야 한다. 〈신설 2013. 3. 22., 2016. 12. 20.〉

④ 교육부장관과 특별시·광역시·특별자치시·도·특별자치도의 교육감은 「유아교

육법」 제2조 제2호의 유치원, 「초 · 중등교육법」 제2조 및 「고등교육법」 제2조의 학교에서 한부모가족에 대한 이해를 돕는 교육을 실시하기 위한 시책을 수립 · 시행하여야 한다. 〈신설 2016. 12. 20.〉

⑤ 국가와 지방자치단체는 청소년 한부모가족의 자립을 위하여 노력하여야 한다. 〈신설 2014. 1. 21., 2016. 12. 20.〉

⑥ 모든 국민은 한부모가족의 복지 증진에 협력하여야 한다. 〈개정 2011. 4. 12., 2013. 3. 22., 2014. 1. 21., 2016. 12. 20.〉

■ 한부모가족의 권리와 책임:

① 한부모가족의 모(母) 또는 부(父)는 임신과 출산 및 양육을 사유로 합리적인 이유 없이 교육 · 고용 등에서 차별을 받지 아니한다. 〈신설 2011.4.12.〉

② 한부모가족의 모 또는 부와 아동은 한부모가족 관련 정책결정 과정에 참여할 권리가 있다. 〈신설 2018. 1. 16.〉

③ 한부모가족의 모 또는 부와 아동은 그가 가지고 있는 자산과 노동능력 등을 최대한으로 활용하여 자립과 생활 향상을 위하여 노력하여야 한다. 〈개정 2011. 4. 12., 2018. 1. 16.〉

10) 다문화가족지원법(약칭: 다문화가족법)

[시행 2018. 6. 13.] [법률 제15204호, 2017. 12. 12., 일부개정]

■ 목적: 이 법은 다문화가족구성원이 안정적인 가족생활을 영위하고 사회구성원으로서의 역할과 책임을 다할 수 있도록 함으로써 이들의 삶의 질 향상과 사회통합에 이바지함을 목적으로 한다. 〈개정 2015.12.22, 시행일 2016.3.23.〉

■ 정의: 이 법에서 사용하는 용어의 뜻은 다음과 같다. 〈개정 2011.4.4, 2015.12.1, 시행일 2016.6.2.〉

1. "다문화가족"이란 다음 각 목의 어느 하나에 해당하는 가족을 말한다.
   가. 「재한외국인 처우 기본법」 제2조제3호의 결혼이민자와 「국적법」 제2조부터 제4조까지의 규정에 따라 대한민국 국적을 취득한 자로 이루어진 가족
   나. 「국적법」 제3조 및 제4조에 따라 대한민국 국적을 취득한 자와 같은 법 제2조부터 제4조까지의 규정에 따라 대한민국 국적을 취득한 자로 이루어진 가족

2. “결혼이민자 등”이란 다문화가족의 구성원으로서 다음 각 목의 어느 하나에 해당하는 자를 말한다.

가. 「재한외국인 처우 기본법」 제2조제3호의 결혼이민자

나. 「국적법」 제4조에 따라 귀화허가를 받은 자

3. “아동・청소년”이란 24세 이하인 사람을 말한다.

■ 생활정보 제공 및 교육 지원:

① 국가와 지방자치단체는 결혼이민자등이 대한민국에서 생활하는데 필요한 기본적 정보(아동・청소년에 대한 학습 및 생활지도 관련 정보를 포함한다)를 제공하고, 사회적응교육과 직업교육・훈련 및 언어소통능력 향상을 위한 한국어교육 등을 받을 수 있도록 필요한 지원을 할 수 있다. 〈개정 2011.4.4, 2016.3.2, 시행일 2016.9.3.〉

② 국가와 지방자치단체는 결혼이민자등의 배우자 및 가족구성원이 결혼이민자등의 출신 국가 및 문화 등을 이해하는 데 필요한 기본적 정보를 제공하고 관련 교육을 지원할 수 있다. 〈신설 2017. 12. 12.〉

③ 국가와 지방자치단체는 제1항 및 제2항에 따른 교육을 실시함에 있어 거주지 및 가정환경 등으로 인하여 서비스에서 소외되는 결혼이민자등과 배우자 및 그 가족구성원이 없도록 방문교육이나 원격교육 등 다양한 방법으로 교육을 지원하고, 교재와 강사 등의 전문성을 강화하기 위한 시책을 수립・시행하여야 한다. 〈신설 2011. 4. 4., 2017. 12. 12.〉

④ 국가와 지방자치단체는 제3항의 방문교육의 비용을 결혼이민자등의 가구 소득수준, 교육의 종류 등 여성가족부장관이 정하여 고시하는 기준에 따라 차등지원할 수 있다. 〈신설 2015. 12. 1., 2017. 12. 12.〉

⑤ 국가와 지방자치단체가 제4항에 따른 비용을 지원함에 있어 비용 지원의 신청, 금융정보 등의 제공, 조사・질문 등은 「아이돌봄 지원법」 제22조부터 제25조까지의 규정을 준용한다. 〈신설 2015. 12. 1., 2017. 12. 12.〉

⑥ 결혼이민자등의 배우자 등 다문화가족 구성원은 결혼이민자등이 한국어교육 등 사회적응에 필요한 다양한 교육을 받을 수 있도록 노력하여야 한다. 〈신설 2015. 12. 1., 2017. 12. 12.〉

⑦ 그 밖에 제1항 및 제2항에 따른 정보제공 및 교육에 필요한 사항은 대통령령으로 정한다. 〈개정 2011. 4. 4., 2015. 12. 1., 2017. 12. 12.〉

■ 다국어에 의한 서비스 제공: 국가와 지방자치단체는 제5조부터 제10조까지의 규정에 따른 지원정책을 추진함에 있어서 결혼이민자 등의 의사소통의 어려움을 해소하고 서비스 접근성을 제고하기 위하여 다국어에 의한 서비스 제공이 이루어지도록 노력하여야 한다.

11) 노인: 노인복지법

[시행 2019. 7. 16.] [법률 제16243호, 2019. 1. 15., 일부개정]

■ 목적: 이 법은 노인의 질환을 사전예방 또는 조기발견하고 질환상태에 따른 적절한 치료・요양으로 심신의 건강을 유지하고, 노후의 생활안정을 위하여 필요한 조치를 강구함으로써 노인의 보건복지증진에 기여함을 목적으로 한다.

■ 정의:

1. "부양의무자"라 함은 배우자(사실상의 혼인관계에 있는 자를 포함한다)와 직계비속 및 그 배우자(사실상의 혼인관계에 있는 자를 포함한다)를 말한다.
2. "보호자"라 함은 부양의무자 또는 업무・고용 등의 관계로 사실상 노인을 보호하는 자를 말한다.
3. "치매"란 「치매관리법」 제2조 제1호에 따른 치매를 말한다.
4. "노인학대"라 함은 노인에 대하여 신체적・정신적・정서적・성적 폭력 및 경제적 착취 또는 가혹행위를 하거나 유기 또는 방임을 하는 것을 말한다.
5. "노인학대관련범죄"란 보호자에 의한 65세 이상 노인에 대한 노인학대로서 다음 각 목의 어느 하나에 해당되는 죄를 말한다.

------------------ 중략 ------------------

■ 노인의 날:

① 노인에 대한 사회적 관심과 공경의식을 높이기 위하여 매년 10월 2일을 노인의 날로, 매년 10월을 경로의 달로 한다.

② 부모에 대한 효사상을 앙양하기 위하여 매년 5월 8일을 어버이날로 한다.

③ 삭제 〈2011.8.4.〉

④ 범국민적으로 노인학대에 대한 인식을 높이고 관심을 유도하기 위하여 매년 6월 15일을 노인학대예방의 날로 지정하고, 국가와 지방자치단체는 노인학대예방의 날의 취지에 맞는 행사와 홍보를 실시하도록 노력하여야 한다. 〈신설 2015.12.29.〉

■ 생산품 우선구매: 국가, 지방자치단체 및 그 밖의 공공단체는 제23조의2 제1항 제2호의 노인일자리지원기관에서 생산한 물품의 우선구매에 필요한 조치를 마련하여야 한다. [본조신설 2019. 1. 15.]

■ 생업지원:

① 국가, 지방자치단체, 그 밖의 공공단체 중 대통령령으로 정하는 기관은 소관 공공시설에 식료품 · 사무용품 · 신문 등 일상생활용품의 판매를 위한 매점이나 자동판매기의 설치를 허가 또는 위탁할 때에는 65세 이상 노인의 신청이 있는 경우 이를 우선적으로 반영하여야 한다. 〈개정 2018. 3. 13.〉

② 국가, 지방자치단체, 그 밖의 공공단체 중 대통령령으로 정하는 기관은 소관 공공시설에 청소, 주차관리, 매표 등의 사업을 위탁하는 경우에는 65세 이상 노인을 100분의 20 이상 채용한 사업체를 우선적으로 고려할 수 있다. 〈신설 2018. 3. 13.〉

③ 제2항에 따른 위탁사업의 종류 및 절차 등에 필요한 사항은 대통령령으로 정한다. 〈신설 2018. 3. 13.〉

참고문헌

강상, 김명애, 남승희, 박은실, 박은아(2014). 학령전기 자녀를 둔 아버지의 양육태도 유형. **보건사회연구**, 34(1), 328-352.

강용규(2012). 노인자원봉사활동의 문제점과 활성화 방안에 관한 연구. **한국사회복지지원학회**, 7(1), 1-28.

강철희(2007). 기부 및 자원봉사와 신뢰의 관계에 관한 연구. Equation Model을 이용한 분석. **한국사회복지학**, 59(30), 5-32.

강철희, 고언정, 정혜영(2009). 기부노력에 대한 기부동기와 기부대상 인지매체의 상호작용 효과에 관한 연구. **한국사회복지행정학**, 11(2), 215-254.

강철희, 김유나, 조주희(2010). 기부충성도를 지닌 인구집단 특성에 관한 탐색적 연구. **한국사회복지행정학**, 12(1), 205-235.

강철희(2004). 자선적 행위 조사 연구에 대한 소고: 기부(charitable donations)를 중심으로. **한국비영리연구**, 3(1), 5-43.

강철희(2007). 기부 및 자원봉사와 신뢰의 관계에 관한 연구, Simultaneous Equation Model을 이용한 분석. **한국사회복지학**, 59(3), 5-32

강철희, 주명관(2007). 기부대상영역에의 기부참여행동과 기부정기성의 관계에 관한 연구. **한국비영리연구**, 6(2), 89-137.

강철희; 정상원; 이지혜. (2009). 종교인구의 사회봉사 참여수준에 관한 연구: 종교적 요인 및 비종교적 요인의 영향력에 관한 분석. **사회복지정책**, 36(1), 5-34.

강필원, 김정애, 이은희(2012). 지역사회 노인의 정신건강 향상을 위한 웃음치료 프로그램의 효과연구. Korean Journal of family welfare, 17(1), 85-104.

고윤희(2011). 어머니 정서표현성 및 영유아 탄력성이 영유아의 사회정서 발달에 미치는 영향. 배재대학교 대학원 박사학위논문.

고은실(2013). 영국의 초등학교에서 시민 교육프로그램 운영 분석, Grafton Primary School사례를 중심으로. 서울교육대학교 교육대학원 석사학위논문.

고재욱(2011). 독서치료를 통한 아름다운 가정 만들기 연구. 서울기독교대학교 대학원 석사학위논문.

교육개혁위원회(1995). 신교육체제수립을 위한 교육개혁방안.

교육부(2014). 성폭력 사안처리 가이드-교원용. 교육부.

구연배(2008). 중년기 여성의 스트레스에 미치는 독서치료의 효과에 관한 연구. 한국문헌정보학회지, 42(2), 51-68.

구혜영(2015). 자원봉사 조직특성 및 업무특성의 자원봉사자 활동유효성에 대한 영향 구조: 임파워먼트 매개효과를 중심으로. 가톨릭대학교 대학원 박사학위논문.

권민균, 문혁준, 성미영, 신유림, 안선희, 이경옥, 천화영, 한유미, 한유진, 황혜선(2012). 아동발달. 창지사.

권석만(1997). 인간관계심리학. 학지사.

권석만(2014). 이상심리학의 기초-이상행동과 정신장애의 이해. 학지사.

김경(2002). 유치원 생활 주제와 통합된 반편견 프로그램의 효과. 전남대학교 대학원 박사학위논문.

김경미(2009). 부부의 성격특성과 갈등의 상호작용이 결혼만족도와 이혼의도에 미치는 영향. 충북대학교 대학원 박사학위논문.

김경미(2010). 대학생의 성인애착, 사회적 지지 및 학교생활적응과의 관계. 국민대학교 교육대학원 석사학위논문.

김경신, 김오남, 이선미(1995). 미혼 남녀의 배우자 선택조건 및 관련 요인 분석. 가정과학연구, 5, 103-117.

김경호(2015). 우리는 사랑을 어떻게 경험하고 의미화하는가? 동서철학연구, 75, 5-28.

김귀분, 이경호, 최양자, 전은희, 홍영혜, 이은자, 석소현 외 (2001). 한국노인의 회상에 대한 문화기술지. 노인간호학회지, 2(3).

김남숙(2007). 기부활동에 대한 사회적 자본의 매개효과 분석. 부산대학교 대학원 박사학위논문.

김남숙(2009). 기부자극요인 분석을 통한 기부자 속성별 기부촉진전략에 관한 연구. 한국지역사회복지학, 28, 133-155.

김덕일(1996). 애착유형에 따른 부부간 사랑 유형과 결혼 만족도. 전남대학교 대학원 석사학위논문.

김동진(2007). 활동유형별 노년기 여가의 종류. 서울대학교출판부.

김명애, 장현정(2014). 간호대학생의 MBTI 성격 유형별 기질과 학습유형 및 학습전략. 한국콘텐츠학회논문지, 14(9), 400-410.

김명희(2003). 현대사회와 부모교육. 교육아카데미.

김미량, 송강영(2009). 중년기 남성의 운동변화단계에 따른 신체적 자기효능감과 우울 및 스트레스 수준 변화. 한국콘텐츠학회논문지, 9(9), 393-402.

김미령(2009). 연령대에 따른 여성의 결혼만족도 차이 및 영향요인 비교. 한국가족복지학, 26, 35-62.

김미숙(1987). 한국 청소년의 결혼관에 관한 연구. 이화여자대학교 대학원 석사학위논문.

김미영(2013). 노인요양시설과 노인재가시설 요양보호사의 자기효능감, 직무만족도, 이직의도에 관한 연구. 노인복지연구, 62(단일호), 361-382.

김민정(2005). 노년기 경제활동 참여와 참여만족여부가 정신건강에 미치는 영향: 성차를 중심으로. 호서대학교 여성문화복지대학원 석사학위논문.

김민주(2011). 부모애착이 친사회적 행동에 미치는 영향: 공감능력의 매개 효과. 경남대학교 교육대학원 석사학위논문.

김성일 (2005). 가정폭력, 성역할 학습. 학교폭력의 관계. 청소년학연구, 12(4), 215-241.

김수정, 이상민(2013). 직무요구가 일과 가정의 갈등 및 일과 가정의 증진에 미치는 영향. 한양대학교 대학원 석사학위논문.

김순미, 이현림(2008). 대학생의 자기효능감. 진로결과기대, 진로결정몰입 및 진로탐색행동의 구조 관계 분석. 진로교육연구, 21(3), 27-48.

김승환(2014). 시민 교육과 시민참여활동의 관련방식에 대한 질적 연구. 한국방송통신대학교 대학원 석사학위논문.

김아영, 최정혜(2014). 청소년이 지각하는 부모양육태도와 가족건강성. 중등교육연구, 26, 241-161.

김애란 외(2017). 부모교육. 정민사.

김영미(2008).호텔직원의 성격 유형에 따른 감정노동이 직무스트레스에 미치는 영향. 세종대학교 석사학위논문.

김영옥(2002). 유아를 위한 다문화교육. 정민사.

김영희(2000). 자녀를 둔 어머니의 출산과정 경험. 한양대학교 대학원 박사학위논문.

김영희, 고태순(2006). 함께 생각해 보는 아동발달과 육아. 양서원.

김정운, 박정열(2004). 주40시간 근무제 실행 후 노동자의 생활양식의 변화와 학습에 대한 태도 변화 연구. 대통령 자문 정책기획위원회 연구보고서.

김정준, 김정화, 신유림(1999). 유아에게 적합한 125가지 놀잇감. 창지사.

김주원(2005). 대학기부자와 자선기부자의 기부행동 결정요인에 관한 실증연구. 성균관대학교 박사학위논문.

김철진(2000). 렘수면행동장애. 생물치료 정신의학, 6(2), 260-269.

김춘숙(2008). 여성의 임신-출산 결정에 영향을 미치는 요인. 이화여자대학교 대학원 박사학위논문.

김평화, 윤혜미(2013). 아동학대가 아동의 정서결핍과 공격성에 미치는 영향. 한국아동복지학, 41, 217-239.

김향숙(2001). 대학생의 애착・사랑유형에 따른 성행동. 동국대학교 대학원 박사학위논문.

김혜경, 도미향, 문혜숙, 박충선, 손홍숙, 오정옥, 홍달아기(2016). 가족복지론. 고양: 공동체.

김현숙(2013). 지속된 학교폭력 피해경험이 청소년의 신체발달, 사회정서 발달, 인지발달에 미치는 영향. 청소년복지연구, 15(2), 121-143.

김현자, 이명숙, 노성향, 박선영, 이지영(2016). 아동권리와 복지. 어가.

김혜경 외(2016). 가족복지론. 공동체.

김혜선(2004). 조손가족 조부모의 양육태도와 양육스트레스가 손자녀 적응에 미치는 영향 연구. 한국아동복지학, 18, 85-117.

김혜연, 김정희(2001). 반편견 교육에 대한 학부모의 인식과 현황 조사. 제주관광대학 논문집, 7, 87-104.

김혜영(2000). 초기 청소년이 지각한 부모양육행동이 심리사회적 부적응에 미치는 영향 연구. 이화여자대학교 대학원 박사학위논문.

김혜영, 석말숙(2003). 아동기 학대적 경험이 자녀학대에 미치는 영향력에 관한 연구: 개인특성 및 가족관계의 매개효과를 중심으로. 한국아동복지학, 16(0), 71-97.

김호석 외(2011). 학교 교육과정 지속가능발전 교육(ESD) 강화방안. 한국환경정책 평가연구원.

나종혜(2002). 유아의 만족지연능력에 나타나는 부모 행동의 차별적 수용성. 한국영유아보육학, 28, 151-169.

남미애(2008). 청소년쉼터 및 가출유형에 따른 가출청소년의 이용만족과 삶의 질 차이. 청소년학연구, 15(6), 89-120.

노병일. (2016). 한부모가족이 겪는 어려움과 해결 방안-모파상의 [시몽의 아빠] 를 중심으로. Social Science Review.

노유진(2006). 성인 애착유형과 미혼남녀의 사랑유형과 이성교제의 관계. 중앙대학교 대학원 석사학위논문.

노진아(2014). 장애 영유아를 위한 부모 참여 중재 연구의 동향 및 WWC 평가 지표에 의한 분석: 국내외 단일대상 연구를 중심으로. 특수아동교육연구, 16(2), 425-453.

도미향, 이기숙, 강기정, 이무영, 박경애(2014). 가족정책론 3판. 신정.

류관열(2014). 어머니의 양육스트레스, 양육행동과 아동의 사회적 유능감. 아동교육, 21(3), 231-240.
마진주(2015). 노인 우울증의 시치료 경험 연구. 서울신학대학교 대학원 박사학위논문.
맹미현(2011). 미혼여교사의 배우자선택의 선호도. 한국교원대학교 대학원 석사학위논문.
박광희, 한혜경(2002). 농촌노인의 생활만족도에 영향을 미치는 요인. 한국노년학연구, 11, 43-61.
박상준(2011). 사회과교육의 이론과 실제. 교육과학사.
박성연, 김상희, 김지신, 박응임, 전춘애, 임희수(2008). 자녀와의 진정한 만남을 위한 부모교육. 교육과학사.
박수민(2009). 중년여성의 사회적 지지. 생활스트레스 및 자아존중감이 우울에 미치는 영향. 동아대학교 대학원 석사학위논문.
박신애, 박정희(2003). 대상관계이론을 통해 본 부모-자녀간 사랑의 유형전수에 관한 연구. 한국가족치료학회지, 11(1), 77-106.
박영자(2001). 유치원 교사와 학부모의 반편견교육에 대한 인식 및 실제. 이화여자대학교 교육대학원 석사학위논문.
박은선(2007). 대학생의 결혼 이미지, 부모로부터의 심리적 독립 및 낭만적 애착의 관계분석. 아주대학교 교육대학원 석사학위논문.
박재홍 외(2011). 청소년기 뇌 발달과 인지, 행동 특성. 생물치료정신의학, 17(1), 11-20.
박지영(2016). 가족자원봉사활동에 참여하는 부모와 자녀의 가족건강성 비교연구. 신라대학교 사회복지대학원 석사학위논문.
박태규 박수범 정영석(2003). 한국에서의 개인기부에 대한 요인분석. 한국재정학회학술대회논문집, 1-20.
반승원(2013). 가족커뮤니케이션이 자녀의 배우자선택에 끼치는 영향. 한양대학교 대학원 박사학위논문.
보건복지부(2011). 행복한 예비/초보아빠를 위한 육아가이드북 아빠라서 행복해요.
선정선(1994). 부모의 교육태도와 아동의 편견과의 관계. 한국교원대학교 대학원 석사학위논문.
설기문(2000). NLP의 원리. 학지사.
설순호, 권석만, 신민섭(2007). 걱정과 강박사고에 대한 인지적 평가와 통제방략. Korean Journal of Clinical Psychology, 26(1), 125-144.
송미선, 김동춘(2008). 유아교사의 직무스트레스와 조직효과성과의 관계. 교육과학연구, 39(2), 95-111.

송예리나, 김진영(2013). 여성 알코올중독자들의 도움요청과 사회적 편견에 대한 탐색적 연구. 이화여자대학교 대학원 석사학위논문.

송정미(2010). 아동기 자녀를 둔 어머니의 행복증진 프로그램. 서울신학대학대학교 상담대학원 석사학위논문.

신은수, 박은혜(2011). 유아교육과정의 설계와 실행을 위한 구성 요인 분석: OECD 국가의 유아교육과정 비교를 기반으로. **유아교육학논집**, 16(3), 71-91.

신은수, 박은혜(2012). 지속가능발전 교육을 위한 유아교육과정의 재방향 설정. **육아지원연구**, 7(1), 27-49.

심정수(2014). 청소년의 자원봉사활동 기간이 사회적 책임성에 미치는 영향. **한국케어매니지먼트연구**, 13, 225-247.

심혜숙, 김명권(1991). MBT1에 나타난 비행청소년 성격 유형. **한국심리학회지**, 10(1), 227-250.

심효정(2009). 대학생의 애착, 분리-개별화와 불안과의 관계: 사회적 지지의 사회적 상호작용효과를 중심으로. 이화여자대학교 교육대학원 석사학위논문.

안동현(2009). 청소년 정신건강 장애. **대한의사협회지**, 52(8), 745-757.

안라리(2005). 유아의 개인변인 및 어머니의 정서성과 유아의 정서발달, 사회적 능력의 관계. 이화여자대학교 대학원 박사학위논문.

안병환(2012). **교육사회학의 이해**. 공동체.

안우환(2007). 교육소외 계층의 교육격차 극복을 위한 교육복지 정책의 발전방안 모색. **교육학논총**, 28(1), 67-84.

안현정(2015). 에니어그램 성격 유형론을 활용한 부부역할행동 특성 분석. 숙명여자대학교 대학원 박사학위논문.

양경수(2011). 아버지의 양육태도와 유아의 친사회적 행동의 관계에서 자기효능감의 매개효과. **Family and Environment Research**, 49(2), 75-84.

양수민(2012). 가족자원봉사활동이 청소년의 가족건강성 및 학교적응에 미치는 효과. 동아대학교 대학원 박사학위논문.

어세스타(주). STRONG 직업흥미검사 II 매뉴얼. p.121-141.

엄판호(2002). 여성차별철폐협약과 남녀평등권. **공법학연구**, 3(2), 301-335.

엄현주, 전혜정(2014). 중년기 남녀의 자살생각에 관한 예측요인. **정신보건과 사회사업**, 42(2), 57.

여성가족부(2015b). 가족실태조사-성별과 맞벌이 여부에 따른 일/가정 양립의 어려움.

여성가족부(2015c). 다문화가족 실태조사.

여성가족부(2016). 초보아빠수첩.

연미희, 김진숙(2001). 부모교육 이론과 실제. 동문사.

연미희, 김진숙(2015). 부모교육. 동문사.

예종석, 강명애(2012). 기부공헌 수준에 의한 기부시장 세분화 가능성 탐색 연구. 한국사회복지행정학, 14(1), 61-85.

오선주(2002). 본인과 배우자의 성격특성이 결혼의 질에 미치는 영향. 대한가정학회지, 40(10), 201-215.

오연주(2013). 다문화가정 임산부를 위한 독서치료 태교프로그램 실행연구. 독서치료연구, 5(1), 1-24.

오영희, 김유경(2011). 인생 100세 시대 대응 국민인식조사결과. 한국보건사회연구원.

오정수, 정익중(2013). 아동복지론. 학지사.

온기영(2000). 주부의 스포츠 활동참여가 자아존중감에 미치는 영향. 전주대학교 대학원 석사학위논문.

왕석순, 전주람, 류경희(2015). 30-40대 싱글 여성의 일상생활 (의식주, 소비 및 여가 생활)의 의미 분석. 한국가정과교육학회지, 27(4), 67-91.

우미경(2009). 초등학생이 지각하는 부모의 양육태도와 자아존중감이 학교생활적응에 미치는 영향. 계명대학교 대학원 석사학위논문.

우정자(2012). 자원봉사 인정과 보상이 청소년의 지역 사회자본에 미치는 영향. 보건사회연구, 32(2), 335-363.

우태식, 김창래(2015). 자원봉사활동의 유래를 통한 행정체계의 발전방향에 대한 고찰.

유경희, 양진향(2014). 대학생의 자기효능감과 영향 요인. 한국간호교육학회지, 20(3), 435-442.

유계숙 외(2002). 부모됨의 의미와 동기에 대한 청년의식. 국가정관리학회지, 20(3), 39-47.

유은애(2008). 초등학교 아동의 스트레스가 자아탄력성을 통해 정서적 적응에 미치는 영향. 서울대학교 대학원 석사학위논문.

유현자(2010). 임신부를 위한 표현예술 태교프로그램 개발과 효과검증. 동국대학교 대학원 박사학위논문.

윤달원(1978). 한국여대생의 성공적인 결혼관 지도를 위한 일연구. 부산대학교 대학원 석사학위 논문.

윤매자, 송정애, 장정순(2011). 예비보육교사의 인권감수성과 아동권리인식과의 관계에 관한 연구. 한국여성교양학회지, 20, 23-53.

윤명숙, 조혜정(2012). 부모의 문제음주가 청소년 자녀의 음주행위에 미치는 영향: 부모애착과 학대경험의 조절효과를 중심으로. 정신보건과 사회사업, 32, 248-284.

윤연기(2010). 초등학생의 부모애착이 학교생활적응에 미치는 영향: 정서조절력과 또래유능성의 매개효과 검증. 인천대학교 교육대학원 석사학위논문.

윤지은(2011) 즉흥무용 시 무용전공자의 소외감에 따른 무용참가 및 무용성취의 관계. 국민대학교 교육대학원 석사학위논문.

윤지은, 최미경(2004). 어머니의 양육행동 및 모-자녀 간 갈등과 남녀 청소년의 자아존중감간의 관계. 한국가정관리학회, 22(5), 237-251.

윤희영(2016). 청소년의 자원봉사활동과 삶의 의미, 긍정 정서, 감사와의 관계. 고려대학교 교육대학원 석사학위논문.

이경우(2016). 특수층 미술교육의 사례분석 연구 –노년기와 장애우를 중심으로-.동방문화대학원대학교 박사학위논문.

이숙 외(2000). 어머니의 양육행동과 또래수용도가 아동의 자아존중감에 미치는 영향. 대한가정학회, 41(2), 31-42.

이숙 외(2010).인간행동과 사회환경. 창지사.

이경은(2003). 가족자원봉사 경험과 가족의 건강성에 관한 연구. 한국사회복지학회지, 53, 63-87.

이귀숙(2014). 지각된 부모관여가 저소득가정 아동의 심리사회적 부적응에 미치는 영향. 한국아동복지학, 45, 261-287.

이나경, 안권순(2014). 청소년이 지각한 가족관계와 자율적 행동동기와의 관계. 청소년학연구, 21(7), 243-274.

이도현(2014). 결혼정보업체의 지속가능경영을 위한 전략 연구. 경기대학교 서비스전문대학원 석사학위논문.

이명신(2000). 청소년의 집단따돌림의도 결정과정 모델. 한국아동복지학, 9, 177-203.

이명조(2012). 청년심리학: 일과 사랑. 한국외국어대학교 출판부.

이민아, 김석호, 박재현, 심은정(2010). 사회적 관계 내 자살경험과 가족이 자살생각 및 자살행동에 미치는 영향. 한국인구학, 33(2), 61-84.

이상철, 홍환, 박언하(2010). 정기적 기부 및 자원봉사 제고 방안 연구. 한국사회복지행정학, 12(1), 117-149.

이성한, 하연희, 이귀숙(2016). 아동권리와 복지. 창지사.

이소은(2007). 부모의 양육태도에 따른 유아의 문제행동과 주의집중력. 아동학회지, 28(2), 71-89.

이소희(2008). 부모교육에서의 코칭접근의 효과성 제고를 위한 탐색적 연구. **부모교육연구**, 5(1), 5-21.

이수정, 이주환(2015). 배움터: 연구노트; 성북구 청소년 노동인권 실태와 정책 방향. **노동사회**, 182, 96-111.

이숙, 최정미(2003). 어머니의 양육행동과 또래 수용도가 아동의 자아존중감에 미치는 영향. Family and Environment Research, 41(2), 31-42.

이시형(2010). **세로토닌 하라**. 중앙북스.

이영화(2011). 청소년의 부모애착 및 또래애착과 자동적 사고의 관계. 고려대학교 교육대학원 석사학위논문.

이영환(2008). 아버지의 자녀양육 참여에 영향을 미치는 변인. **아동과 권리**, 12(2), 189-210.

이영희(2007). 청소년자원봉사활동의 발전방향과 활동영역별 프로그램. **청소년보호지도연구**, 11, 55-73.

이옥형(1997). **아동발달**. 집문당.

이유경(2011). 여성결혼이민자의 자아분화가 결혼만족도에 미치는 영향. 건국대학교 대학원 박사학위논문.

이유진, 강지명, 윤옥경, 조윤오, 이상희, 이재연(2012). 아동·청소년 성보호 종합대책 연구 Ⅰ. **한국청소년정책연구원 연구보고서**, 1-354.

이윤수(2005). 행복한 부부생활을 위해서. **건강소식**, 29(7), 10-11.

이은화(2011). 개인의 기부인식과 태도의 관계. 숙명여자대학교 대학원 석사학위논문.

이재연, 박은미, 황옥경, 김형모, 이은주, 강현아(2008). **아동복지론**. 학지사.

이정서(2016). 인간의 성과 사랑표현 연구. 이화여자대학교 대학원 석사학위논문.

이정인(2008). 대학생의 자아존중감, 자기효능감이 비판적 사고 성향에 미치는 영향. **한국간호교육학회지**, 15(2), 166-174.

이주연, 조연희(2015). 부모의 양육태도가 남녀 아동의 진로성숙도에 미치는 영향. **열린부모교육연구**, 7(2), 53-70.

이지원(2007). 가족자원봉사활동이 가족건강성에 미치는 영향에 관한 연구. 중앙대학교 대학원 석사학위논문.

이지혜(2009). 종교인구의 사회봉사 참여수준에 관한 연구: 종교적 요인 및 비종교적 요인의 영향력에 관한 분석. **사회복지정책**, 36(1), 5-34.

이찬숙, 현은자(2008). 유아의 내재화, 외현화 문제행동에 영향을 미치는 유아 개인변인과 부모양육태도. **유아교육연구**, 28(3), 51-70.

이창준, 고영호(2002). 논문집: 줄넘기 운동 프로그램이 비만 학생들의 체력요인 변화에 미치는 효과. **체육과학연구**, 8, 55-64.

이창호(2007). 교회에서의 가족자원봉사활동이 가족건강성에 미치는 영향. 목원대학교 대학원 석사학위논문.

이태손(2015). 기혼자들의 성격특성과 사랑유형이 결혼만족도에 미치는 영향. 대구한의대학교 대학원 박사학위논문.

이해경, 방기연(2016). **청소년을 위한 성교육과 상담 이론과 실제**. 양서원.

이해경, 신현숙, 이경성, 신경수(2004). 비행 청소년의 생활적응 문제에서 우울/불안 및 공격성의 합병 효과와 성차. **한국심리학회지: 상담 및 심리치료**, 16(3), 491-510.

이해연, 방기연(2016). **청소년을 위한 성교육과 상담 이론과 실제**. 양서원.

이희경(2008). **유아 애착에 관한 Q기법적 연구**. 한국학술정보.

이희경(2016). **유아교육개론**. 태영출판사.

이희경, 지옥정, 장정애(2013). 유아교사의 녹색성장교육에 대한 인식 수준 및 의미 탐색. **미래유아교육학회지**, 20(2), 271-294.

이희정(2012). 가정친화경영이 일과 가정 양립에 미치는 영향. 전남대학교대학원 박사학위논문.

임선영(2013). 역경 후 성장에 이르는 의미재구성 과정: 관계상실을 중심으로. 서울대학교 대학원 박사학위논문.

임은경(2005). 중고시장 활성화를 위한 방안 연구. 숙명여자대학교 경영대학원 석사학위논문.

임주영, 전귀연(2004). 노인의 주관적 안녕감에 영향을 미치는 변인 연구. **한국노년학**, 24, 71-87.

임지은(2015). 온라인 기부포털 사이트를 통한 자선기부행동에 영향을 주는 요인에 대한 분석. 이화여자대학교 대학원 석사학위논문.

장영자(2003). 중년여성의 스트레스와 대처방안에 관한 연구. 인하대학교 대학원 석사학위논문.

장은영(2009). 개인기부자의 기부의향 결정변인에 관한 연구: 연령집단 비교를 중심으로. 서울여자대학교 대학원 석사학위논문.

장정수(2007). 외상 후 스트레스로 인한 불안을 경험하는 아동의 미술치료 사례연구. 순천향대학교 건강과학대학원 석사학위논문.

장지영, 황순택(2012). 부부의 성격과 결혼만족도 간의 관계. **한국심리학회지: 여성**, 17(2), 133-148.

장진영, 김진희, 김영희(2011). 아버지의 우울과 부부관계 및 자녀양육방식이 유아의 문제행동에 미치는 영향. **교육과학연구**, 42(2), 79-107.

장현(1997). 대학특성을 살린 사회봉사 활성화 방안에 관한 연구: 대학과 초중고등학교 자원봉사 협력방안을 중심으로. **한국사회복지학회 학술발표대회지**, 325-336.

장혜진(2016). 중년기여성의 사회봉사활동이 심리적 안녕감에 미치는 영향 : 삶의 만족과 우울감의 매개효과. 한영신학대학교 대학원 박사학위논문.

전동일, 김낭희, 서정민(2016). 장애인 거주시설 장애인과 종사자의 인권 인식 비교. Journal of Digital Convergence, 14(8), 11-18.

전미영, 강설아(2014). 재가 당뇨병성 족부질환자가 지각한 질병에 대한 불확실성, 가족지지, 자기효능감이 건강관련 삶의 질에 미치는 영향. **한국생활환경학회지**, 21(2), 260-271.

전효정(1999). 유아기 부모와의 애착경험이 성인기 애착유형과 배우자 선택에 미치는 영향. **대한가정학회지**, 46(3), 73-85.

정경연, 박휴용(2015). 노년층 전환학습 프로그램 개발 : Mezirow의 전환학습이론을 바탕으로 한 시안. **교육종합연구**, 13, 189-214.

정문자, 김문정(2004). 아동이 지각한 부모양육행동과 아동의 행동 문제간의 관계. **아동학회지**, 25(5), 11-27.

정미라, 강수경, 최은지(2013). 영, 유아기 어머니의 원가족 양육경험과 생활만족도가 자녀가치에 미치는 영향. **미래유아교육학회지**, 20(2), 193-215.

정아란, 유정희(2014). 대학생을 위한 행복한 성과 결혼. 공동체.

정영희(2012). 플라워디자인 프로그램이 중년주부의 스트레스 및 자아존중감과 체내 혈중 호르몬 변화에 미치는 영향. 단국대학교 대학원 석사학위논문.

정용교(2015). 시민 교육의 관점에서 본 학교폭력의 현황과 극복방안. **민족문화논총**, 60, 277-310.

정익중, 김지혜 (2012). 기부행동과 자원봉사활동은 중복적 보완관계인가? 보충적 대체관계인가?. **한국사회복지학**, 64(2), 133-158.

정종보(2012).성공적 노후 교육프로그램의 수요도 및 효과성에 대한 연구: 일자리 사업참여 노인을 중심으로. 호서대학교 벤처전문대학원 박사학위논문.

정태연, 조은영(2005). 노년기의 외로움 및 생활만족도와 관련된 변인탐색. **한국노년학회**, 25(1), 55-71.

정현숙(2001). 한국형 결혼만족도 척도개발 연구. **대한가정학회**, 39(12), 205-224.

정현숙, 유계숙, 최연실(2006). **결혼학**. 신정.

정희원(2010). 기부행동 및 자원봉사행동과 신뢰의 관계에 관한 연구: 성향점수 매칭의 방법(Propensity Score Matching)을 활용한 분석. 연세대학교 대학원 석사학위논문.

조석훈(2009). 기부태도에 영향을 미치는 요인에 관한 연구 : 대학생을 중심으로. 한남대학교 대학원 석사학위논문.

조선주(2007). 성별 기부특성에 대한 분석연구. **한국비영리연구**, 6, 165-203.

조성연, 이용교, 방은령(2000). 청소년의 원조교제에 대한 탐색적 연구. **청소년복지연구**, 2(2), 99-116.

조아미, 이명화(2001). 성매매 청소년의 과거, 현재, 그리고 미래. **청소년복지연구**, 3(2), 57-71.

조엽일(1998). 대학 사회봉사 이념과 방향 고찰. **사회과학논총**, 4.

조은정(2013). 사회적 지지가 부모로부터 학대를 경험한 아동의 학교생활적응에 미치는 영향. **대한가정학회**, 51(1), 17-26.

조주연(2001). 출산기 여성의 산후경험. 중앙대학교 대학원 박사학위논문.

조호경(2017). 창업교육 교육생들의 DISC 행동유형이 창업의지 및 학습몰입에 미치는 영향. 중앙대학교 창업·산업대학원 석사학위논문.

지승현(2007). 지속가능발전이해교육 프로그램 개발연구. 한국교원대학교 대학원 석사학위논문.

지옥정, 이희경 외(2012). 유아녹색성장프로그램. 부모용 자료. 교육부.

지옥정(2011). "지속가능성을 위한 유아교육" 사례로서의 "무심천 프로젝트"에 나타난 유아들의 지역사회 참여 내용 분석. **열린유아교육연구**, 16(6), 363-382.

차경수, 모경환(2008). **사회과 교육**. 동문사.

채진영(2011). 아버지의 양육행동에 영향을 미치는 변인에 관한 연구. **한국가정관리학회지**, 29(5), 75-83.

청소년폭력예방재단 서울대학교교육연구소(2008). 학교폭력 사안처리 가이드북. 교육과학기술부.

최경란(2017).기부활동에 참여하는 동기요인 연구: 헌혈, 자원봉사, 기부를 중심으로. 서울과학기술대학교 일반대학원 석사학위논문.

최나영(2012). 내러티브 접근을 활용한 초등도덕과 교육에서의 반편견교육 방안. 서울교육대.

최송식, 김현숙, 김희재, 박병현(2015). 외국인 노동자 건강정책의 쟁점과 정책 제언. **사회복지정책**, 42(4), 203-229.

최수진(2015). 어머니의 변인에 따른 의사소통유형, 자기효능감, 보모료능감의 차이. 광운대학교 교육대학원 석사학위논문.

최은숙(2012). 개인의 사회단체 참여수준과 기부, 자원봉사의 관계. 서울시립대학교 대학원 박사학위논문.

최혜순(2013). **부모교육**. 동문사.

통계청(2015). 일·가정양립 지표, 12, 7.

통계청(2016). 통계로 보는 여성의 삶, 6, 28.

하수정, 박성연(2011). 아버지의 양육태도, 학령기 영아의 성역할 고정관념 및 내적동기가 영아의 유능성에 미치는 영향. **인간발달연구**, 18(1), 133-149.

한국양성평등 교육진흥원(2012). 2012년도 생애주기별 양성평등의식교육.

한덕웅, 성한기, 강혜자, 이경성, 최훈석, 박군석, 김금미, 장은영(2008). **사회심리학**. 학지사.

허보윤, 한경자(2009). 유아기 자녀를 준 아버지의 양육태도와 어머니의 우울. **부모·자녀건강학회지**. 12(2), 131-146.

홍은진(2005). 기부참여와 기부규모에 영향을 미치는 요인에 대한 연구. **한국사회복지행정학**, 7(3), 123-152.

황선덕(2005). 한국 중년 남성의 조기퇴직 후 생활적응과정에 관한 질적연구. 강남대학교 사회복지전문대학원 석사학위논문.

황승회, 김혜연(2014). 중년기여성의 노후준비도 및 노후생활교육 프로그램 요구도 연구. **한국가정관리학회지**, 32(6), 73-87.

황창순(2003). 개인기부의 현황과 과제-한국기부문화의 현실과 전망. 사회복지공동모금회 창립 5주년 심포지엄.

황해익 외(2017). **아동권리와 복지**. 정민사.

Allen, F., Qian, J., & Qian, M. (2005). Law, finance, and economic growth in China. *Journal of financial economics, 77* (1), 57-116.

Arnett, J. J. (2003). Conceptions of the transition to adulthood among emerging adults in American ethnic groups. *New directions for child and adolescent development, 2003* (100), 63-76.

Aron, A., Paris, M., & Aron, E. N. (1995). Falling in love: Prospective studies of self-concept change. *Journal of Personality and Social Psychology, 69* (6), 1102.

Aunola, K., & Nurmi, J. E. (2005). The role of parenting styles in children's problem behavior. *Child development, 76* (6), 1144-1159.

Backer, D. P. & Entwise, D. R. (1986). The influence for mothers on the academic expectations of young children: A longitudinal study of how gender differences arise. *Seoul Forces, 65*, 670-694.

Balch, C. M., Soong, S. J., Gershenwald, J. E., Thompson, J. F., Reintgen, D. S., Cascinelli, N., ... & Atkins, M. B. (2001).Prognostic factors analysis of 17,600 melanoma patients: validation of the American Joint Committee on Cancer melanoma staging system. *Journal of clinical oncology, 19* (16), 3622-3634.

Banksetal. (2010) Fanconi's anemia in adulthood: chemoradiation-induced bone marrow failure and a novel FANCA mutation identified by targeted deep sequencing. *Journal of Clinical Oncology, 29* (20), e591-e594.

Baumrind, D. (1973). The development of instrumental competence through socialization. In A. Pick(Ed.). *Minnesota symposium on child psychology*(Vol.7). Minneapolis: University of Minnesota Press.

Berger, E. H. & Riojas-Cortez, M. (2012). *Parents as partners in education.* Boston: Perason.

Berscheid, E., Dion, K., Walster, E., & Walster, G. W. (1971). Physical attractiveness and dating choice: A test of the matching hypothesis. *Journal of experimental social psychology, 7* (2), 173-189.

Bossard, J. H. (1953). Parent and child. Studies in Family Behaviour.

Bowlby, J.(1958).The nature of the child's tie to his mother. *International Journal of psychoanalysis, 39,* 350-373.

Bretherton, I. (1992). Theorigins of attachment theory: John Bowlby and mary Ainsworth. *Developmental Psychology, 28,* 759-775.

Buck, G. A., Clark, V. P., Leslie-Peleky, D., Lu, Y., & Cerda-Lizarraga, P. (2008). Examining the cognitive processes used by adolescent girls and women scientists in identifying science role models: *A feminist approach. Science Education, 92,* 688-707.

Campbell, S. B., Denhamb, S. A., Howarth, G. Z., Jones, S. M., JessicaWhittaker, J. V., Williford, A. P., Willoughby, M. T., Yudron, M., Darling-Churchill, K. (2016). Commentary on the review of measures of early childhood social and emotional development: Conceptualization, critique, and recommendations. *Journal of Applied Developmental Psychology, 45,* 19-41.

Cho,R. C. L. (2015). *Counseling psychology. Singapore.* JohnWiley & Sons, Ltd.

Clark, S. C. (2001). Work Cultures and Work/Family Balance. *Journal of Vocational Behavior, 58,* 348-365.

Cloitre, M., Stolbach, B. C., Herman, J. L., Kolk, B. V. D., Pynoos, R., Wang, J., & Petkova, E. (2009). A developmental approach to complex PTSD: Childhood and adult cumulative trauma as predictors of symptom complexity. *Journal of traumatic stress, 22* (5), 399-408.

Coleman, M. (1988). "Ages and Stages," Serving child care needs: Development and curriculum issues, University of Georgia Cooperative Service, Athens, GA.

De Bellis, M. D. (2001). Developmental traumatology: The psychobiological development of maltreated children and its implications for research, treatment, and policy. *Development and psychopathology, 13* (3), 539-564.

De Cremer, D., van Dick, R., Tenbrunsel, A., Pillutla, M., & Murnighan, J. K. (2011). Understanding ethical behavior and decision making in management: A behavioural business ethics approach. *British Journal of Management, 22* (s1).

Derman-Sparks, L. (1989). Anti-bias curriculum: Tools for empowering young children. National Association for the Education of Young Children, 1834 Connecticut Avenue, NW, Washington, DC 20009-5786.

Diessner, R., Frost, N., & Smith, T. (2004). Describing the neoclassical psyche embedded in Sternberg's triangular theory of love. *Social Behavior and Personality, 32* (7), 683-690.

Direnzo, M. S., & Greenhaus, J. H. (2011). Job search and voluntary turnover in a boundaryless world: A control theory perspective. *Academy of Management Review, 36* (3), 567-589

Duvall, E. M., & Miller, B. C. (1985). Marriage and development. Harper Collins Publishers.

Elkind, Y., Edwards, R., Mavandad, M., Hedrick, S. A., Ribak, O., Dixon, R. A., & Lamb, C. J. (1990). Abnormal plant development and down-regulation of phenylpropanoid biosynthesis in transgenic tobacco containing a heterologous phenylalanine ammonia-lyase gene. *Proceedings of the National Academy of Sciences, 87* (22), 9057-9061.

Erikson, E. H. (1964). Inner and outer space: Reflections on womanhood. Daedalus, 582-606.

Feeney, J. A., & Karantzas, G. C. (2017). Couple conflict: insights from an attachment perspective. *Current Opinion in Psychology, 13*, 60–64.

Fenell, D. L. (1993). Characteristics of long-term first marriages. *Journal of Mental Health Counseling.*

Fergusson, D. M., Boden, J. M., & Horwood, L. J. (2008). Exposure to childhood sexual and physical abuse and adjustment in early adulthood. *Child abuse & neglect, 32* (6), 607-619.

Forster, E. M. (2010). *Aspects of the Novel.* RosettaBooks.

Galinsky, E. (1987). The six stages of parenthood. In E. H. Berger & M. Riojas-Cortez(2012). *Parents as partners in education.* Boston: Pearson.

Giddens, A. & Sutton, P. W. (2015). *Sociology.* Cambridge: Polity Press.

Giddens, A., & Sutton, P. W. (2015). *Conceptos esenciales de Sociología.* Alianza Editorial.

Gil, D. G. (1970). Violence against children: Physical child abuse in the United States.

Gilovich, T., Keltner, D., & Nisbett, R. E. (2006). *Social psychology.* New York: Norton & Company, Inc.

Glaser, R. L., ... & Cerrito, P. B. (2000). Sentinel lymph node biopsy for breast cancer: a suitable alternative to routine axillary dissection in multi-institutional practice when optimal technique is used. *Journal of Clinical Oncology, 18* (13), 2560-2566.

Greenhaus, J. H., Ziegert, J. C., & Allen, T. D. (2012). When family-supportive supervision matters: Relations between multiple sources of support and work-family balance. Journal of Vocational Behavior, 80(2), 266-275.

Ahn, H., Kim, H., Anh, J., & Kim., Y. (2009). Large-scale pattern growth of graphene films for stretchable transparent electrodes. *Nature, 457* (7230), 706.

Hall, N. S., & Rhomberg, V. (1995). The affective curriculum: *Teaching the anti-bias approach to young children.* Nelson Canada: International Thomson Pub.

Hanvey, F. G. (1976). *An Attainable Global Perspective.* NY: Center for Global Perspectives in Education.

Henslin, J. M. (2006). *Social problem.* Boston. New Jersey: Pearson Prentice Hall.

Henslin, J. M. (2009). *Sociology.* Boston: Pearson International Edition.

Hill, M. & Tisdall, K. (1997). *Children & society.* London: Longman.

Hine, P. M. (1980). Distribution of helminths in the digestive tracts of New Zealand freshwater eels: ✳ 2. Distribution of nematodes. *New Zealand journal of marine and freshwater research, 14*(4), 339-347.

Holland, J. L. (1997). *Making vocational choices: A theory of vocational personalities and work environments* (3rd ed.). Odessa, FL: Psychological Assessment Resources.

Hong, and Kwak. (2006). Plasma retinol-binding protein-4 concentrations are elevated in human subjects with impaired glucose tolerance and type 2 diabetes. *Diabetes care, 29* (11), 2457-2461.

Horton, P. B., & Hunt, C. L. (1980). *Sociology.* TokyoMcgraw-Hill Kogakusha, Ltd.

Hoy, W. K. & Miskel, C. G. (2008). Educational administration: Theory, Research, and Practice.

Hoy & Miskel. (2008). Teacher's academic optimism: The development and test of a new construct. *Teaching and teacher education, 24* (4), 821-835.

Hurlock, E. B. (1978). *Child Development.* 6th ed. New York: Mcgraw-Hill book Co.

Jun, Song, & Kim. (2000). Origin of graphite exfoliation an investigation of the important role of solvent cointercalation. *Journal of The Electrochemical Society, 147* (12), 4391-4398.

Kim, J. S., & Hatfield, E. (2004). Love types and subjective well-being: A cross-cultural study. *Social Behavior and Personality, 32* (2), 173-182.

Klemmer, E. T. (1971). Keyboard entry. *Applied ergonomics, 2* (1), 2-6.

Kniep, B., & Mühlradt, P. F. (1987). Forssman glycolipid, an antigenic marker for a major subpopulation of macrophages from murine spleen and peripheral lymph nodes. *The Journal of immunology, 138* (12), 4329-4335.

Kornhaber, A., & Woodward, K. L. (1995). *Grandparents/garand children: The vital connection.* Garden City, NY: Anchor Press.

Lam, J. H. W. (1977). Diaryliodonium salts. A new class of photoinitiators for cationic polymerization. *Macromolecules, 10* (6), 1307-1315.

Langlois, J. H., & Downs, A. C. (1980). Mothers, fathers, and peers as socialization agents of sex-typed play behaviors in young children. *Child development*, 1237-1247.

Lara Fergus. (2012). Prevention of violence against women and girls. In Background paper prepared for UN Women Expert Group Meeting on Prevention of violence against women and girls. Bangkok.

Lee, J. A. (1973). Colours of love: An exploration of the ways of loving. New Press.

Lerner. J., & Galambos, N. (1988). The influence of maternal employment across life: The OECD(2006). Starting Strong II. OECD.

Li, Y. & Ferraro, K. F. (2005). Volunteering and Depression in Later life: Social Benefit or Selection Processes. *Journal of Health and Social Behavior, 46* (1), 68-84.

Lindauer, U., Dienel, G. A., & Meisel, A. (2013). Sugar for the brain: the role of glucose in physiological and pathological brain function. *Trends in neurosciences, 36* (10), 587-597.

Madden, L. R., Mortisen, D. J., Sussman, E. M., Dupras, S. K., Fugate, J. A., Cuy, J. L., ... & Ratner, B. D. (2010). Proangiogenic scaffolds as functional templates for cardiac tissue engineering. *Proceedings of the National Academy of Sciences, 107* (34), 15211-15216.

Madey, S. F. & Rodgers, L. (2009). The effect of attachment and Sternberg's triangular theory of love on relationship satisfaction. *Individual Differerences Research, 7* (2), 76-84.

McClain, L. C., & Cere, D. (2013). A Diversity Approach to Parenthood in Family Life and Family Law. *What is Parenthood*, 41-64.

McGill, B. J. (Eds.). (2011). Biological diversity: frontiers in measurement and assessment. Oxford University Press.

Nelson. (2001). Metatheory of storage capacity limits. *Behavioral and brain sciences, 24* (1), 154-176.

Newland, K., Agunias, D. R., & Terrazas, A. (2008). Learning by doing: Experiences of circular migration. Program on Migrants, Migration, and Development, MPI (Migration Policy Institute), Washington, DC.

Nicholson, J. S., Howard, K. S., & Borkowski, J. G. (2008). Mental models for parenting: Correlates of metaparenting among fathers of young children. *Fathering, 6* (1), 39.

Nicole Wallace,(2007),"Still Growing Strong". *The chronicle of philanthropy*, Vol.19, Issue17.

Nixon, L. A., & Robinson, M. D. (1999). The educational attainment of young women: Role model effects of female high school faculty. *Demography, 36*, 185-194.

Ogburn, W., & Tibbits, C. (2010). The family and its functions. In R. T. Schaefer. Sociology. New York: McGraw-Hill.

Podina, I. R., Uscatescu, L., & Mogoase, C. (2014). Are We Confusing Passionate Love with Irrationality? Putting Passionate Love into a Cognitive-Behavioral Framework. Erdelyi Pszichologiai Szemle. *Transylvanian Journal of Psychology, 15* (1), 49.

Post, R. C. (1989). The social foundations of privacy: Community and self in the common law tort. *California Law Review*, 957-1010.

Rabin, R. L. (1965). When Is a Religious Belief Religious United States v. Seeger and the Scope of Free Exercise. Cornell LQ, 51, 231.

Sargeant A., & Lee. S., (2004), "Donor trust and relationship commitment in the UK charity sector: the impact on behavior". *Nonprofit Voluntary Sector Quarterly, 33*, 2.

Schaefer, E. S. (1959). Development of a maternal behavior: Research instrument. *The Journal of Genetic Psychology, 95*. 83-104.

Schaefer, R. T. (2010). *Sociology*. New York: McGraw-Hill.

Schanning, K. F. (1999). Doing Good Deeds: A Multi-Dimensional of Volunteerism. Virginia: Northland College, A Dissertation for the degree of doctor.

Seok, J. E.(2009). Case study on changes in relationship between family care givers and care receivers ari-sing from public home care for the elderly. *Family and Culture, 21* (1), 29-61.

Shanahan, L., McHale, S. M., Osgood, D. W., & Crouter, A. C. (2007). Conflict frequency with mothers and fathers from middle childhood to late adolescence: Within-and between-families comparisons. *Developmental psychology, 43* (3), 539.

Shelley, L., & Jay Polonsky, M. (2002). Do charitable causes need to segment their current donor base on demographic factors?: An Australian examination. *International journal of nonprofit and voluntary sector marketing, 7* (1), 19-29.

Solomon, Siegel. (2003). Healing Trauma: Attachment, Mind, Body and Brain (Norton Series on Interpersonal Neurobiology). WW Norton & Company.

Stein, P. J. (1975). Singlehood. An alternative to marriage. *Family Coordinator, 24*, 489-503.

Steinberg, R., & Wilhelm, M. (2003). Tracking giving across generations. *New Directions for Philanthropic Fundraising, 2003* (42), 71-82.

Sternberg, R.J.(1986). A triangular theory of love. *Psychological Review, 93*, 119-135.

Thio, A. (2007). *Society: Myths and Realities*. Boston: Pearson Education, Inc.

Turner, S. L. & Lapan, R. T. (2005). Evaluation of an intervention to increase non-traditional career interests and career-related self-efficacy among middle-school adolescents. *Journal of Vocational Behavior, 66*, 516-531.

Van Slyke, D. M., & Brooks, A. C. (2005). Why do people give? New evidence and strategies for nonprofit managers. *The American review of public administration, 35* (3), 199-222.

Watson, M., & McMahon, M. (2005). Children's career development: A research review from a learning perspective. *Journal of Vocational Behavior, 67*, 119-132.

Wherry, J. H.(2005). Early childhood education tips for parents. *Principal, 85* (1), 6-6.

Wilson, K. R., & Prior, M. R. (2011). Father involvement and child well-being. *Journal of paediatrics and child health, 47* (7), 405-407.

찾아보기

ㄷ

ㅁ

ㅂ

ㅅ

ㅇ

ㅈ

저•자•소•개

이희경
중앙대학교 유아교육과 졸업(교육학 박사)
저서 : 똑똑한 아이로 키우는 부모의 대화기술, 유아교육론 외
현, 부천대학교 유아교육과 교수

오유미
중앙대학교 유아교육과 졸업(교육학 박사)
저서 : 본능적인 사랑만으로 자녀를 잘 키울 수 없다, 유아인성교육(공저) 외
현, 부천대학교 유아교육과 교수

전종희
국민대학교 교육학과 박사 수료
저서: 영유아교사 인성교육(공저), 인간관계중심 인성교육(공저) 외
현, 사)한국가족상담협회 지부 가족상담센터장

예비부모교육(2판)

초판발행 2016년 9월 10일 1판 1쇄 발행
2판발행 2018년 3월 10일 2판 1쇄 발행 | 2020년 3월 10일 2판 2쇄 발행

지은이 이희경 오유미 전종희
펴낸이 최용구 | **펴낸곳** 도서출판 **신정**
주소 (04316) 서울시 용산구 원효로 89길 19 (원효로1가)
전화 02)3211-4782, 0266(영업부), 3211-4783(편집부), 3211-4784(팩스)
이메일 shinjeong72@naver.com | **홈페이지** www.sjbook.co.kr
등록 2001년 5월 11일 제13-702호
기획마케팅 최용구 장만동 송대용 최충구 | **책임편집** 석기은 황가연 | **표지** SDY

ISBN 978-89-5912-451-0 93370
정가 17,000원